JN219477

シリーズ

●監修● 瀬崎圭二

百貨店宣伝資料 2

白木屋 ② 『家庭の志る遍』第5号～第8号

ゆまに書房

い 友禪縮緬

金糸にて横縞のある上へ萌葱、薄葡萄、赤、黑の四色にて不規則の歪角形をつなぎ合せたる上へ竹を匹田形と寫生式に顯はしたる 長襦袢に動きなきもの。

價 拾七圓五拾錢

は 友禪縮緬

紅地、赤小豆文樣、白ぬきヌーボー式の葉と匹田又は狂言文樣等を路考茶、赤、紺青等にて雲霞に顯はしたる精巧品にて長襦袢としては比類なき品なり。

價 拾六圓

ろ 友禪縮緬

赤地へ白ぬきに櫻の花びらを散らし、白く丸ぬきにしたる中へ、上部に太陽の光線を引きたる、下部に提燈行列を紅染めに出したる祝捷文樣、例れ祝ひ着の下襲ねか長襦袢に面白かるべし。

價 拾四圓五拾錢

に 友禪縮緬

葡萄色の暈し、霞、破れ形のなかへ光琳

……に染出……

れ祝ひ着か合夫人の

價

い 厚板丸帶

地色鶯茶地配合よき色糸にて金襴手、萬曆式、祥瑞等名ある磁器の文樣をそのまゝ拉し來つて配置したる頗る高尚優雅の逸品二十歳前後の婦人に最も適當なるべし。

價 八拾圓也

ろ 綴錦男帶

鐵納戸無地、織出しの「カケ」になる部分へ濃茶金茶等のやたら縞に古代土器の地文の如き形を顯はしたる好事もの。

價 拾七圓五拾錢

第5号より

時代物應用枕蒲團
東山義政公遺愛蒔繪硯箱文樣
黒地美彩の蝶

代價
縮緬製　拾壹圓五拾錢
ケントン製　五圓參拾錢

雲井ショール及衿まき
鳥の羽毛の最も軟かき所を原料として織りたれば肌付き和かに温かきこと此上なく白木屋の特賣品

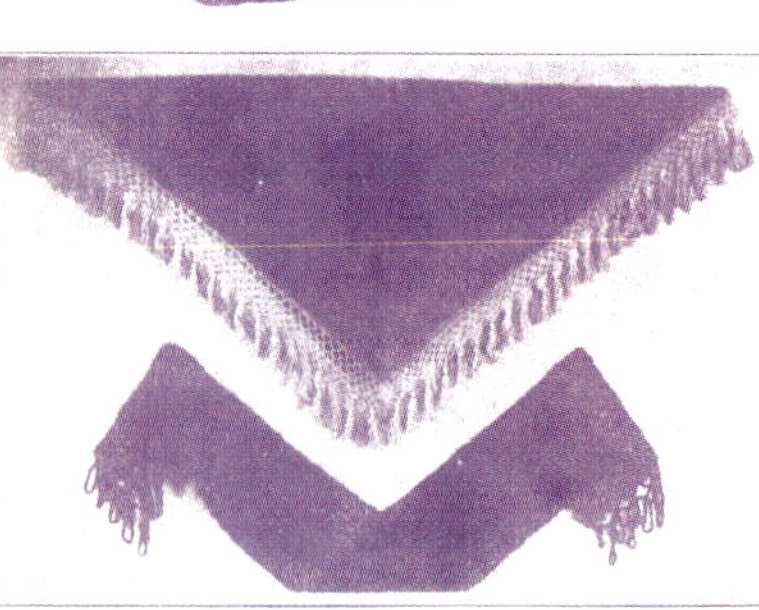

雲井ショール代價

上等	黒	七圓五拾錢
	茶	七圓貳拾錢
	青	六圓五拾錢
並等	黒	六　圓　也
	茶	五圓八拾錢
	花色	五圓五拾錢
	海老	五圓參拾錢
	青	五圓五拾錢

同衿卷代價

一黒	參圓九拾錢
一茶	四圓貳拾錢

時代物應用枕蒲團

イ　宇治平等院鳳凰堂天蓋格天井文樣
縮緬製　價　拾圓八拾錢
ケントン製　價　五圓參拾錢

ロ　高麗青磁浮牡丹文樣
縮緬製　價　拾圓五拾錢
ケントン製　價　五圓五拾錢

ハ、ニ　近江國西明寺所藏倭錦文樣
ハ　縮緬製　拾壹圓　ケントン製　五圓參拾錢
ニ　縮緬製　拾壹圓五拾錢
ケントン製　五圓參拾錢

第６号より

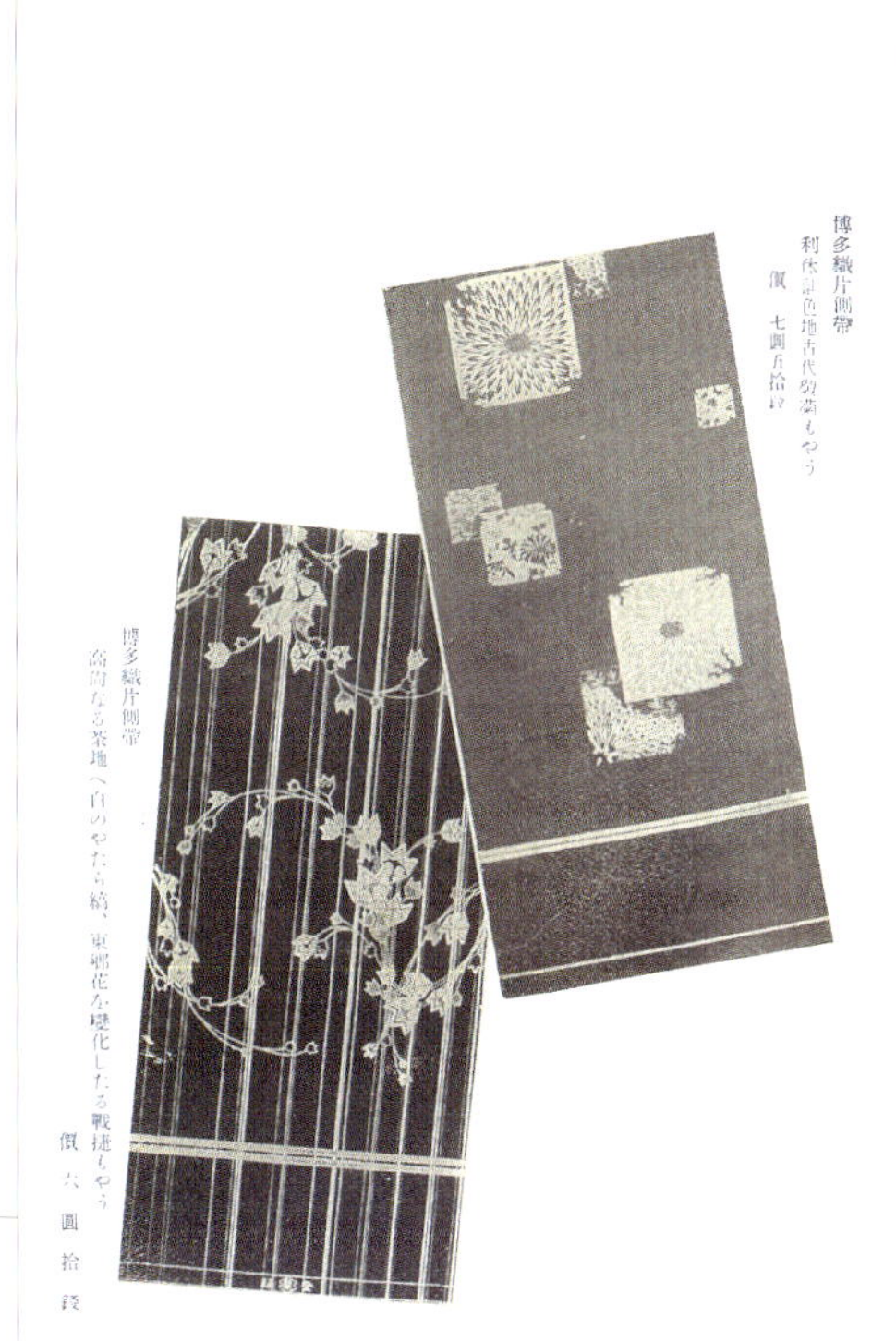

博多織片側帶
利休鼠色地古代切菊もやう
價　七圓五拾錢

博多織片側帶
高尚なる茶地へ白のやたら縞、東郷花を變化したる戰捷もやう
價　六圓拾錢

羽織肩裏三種

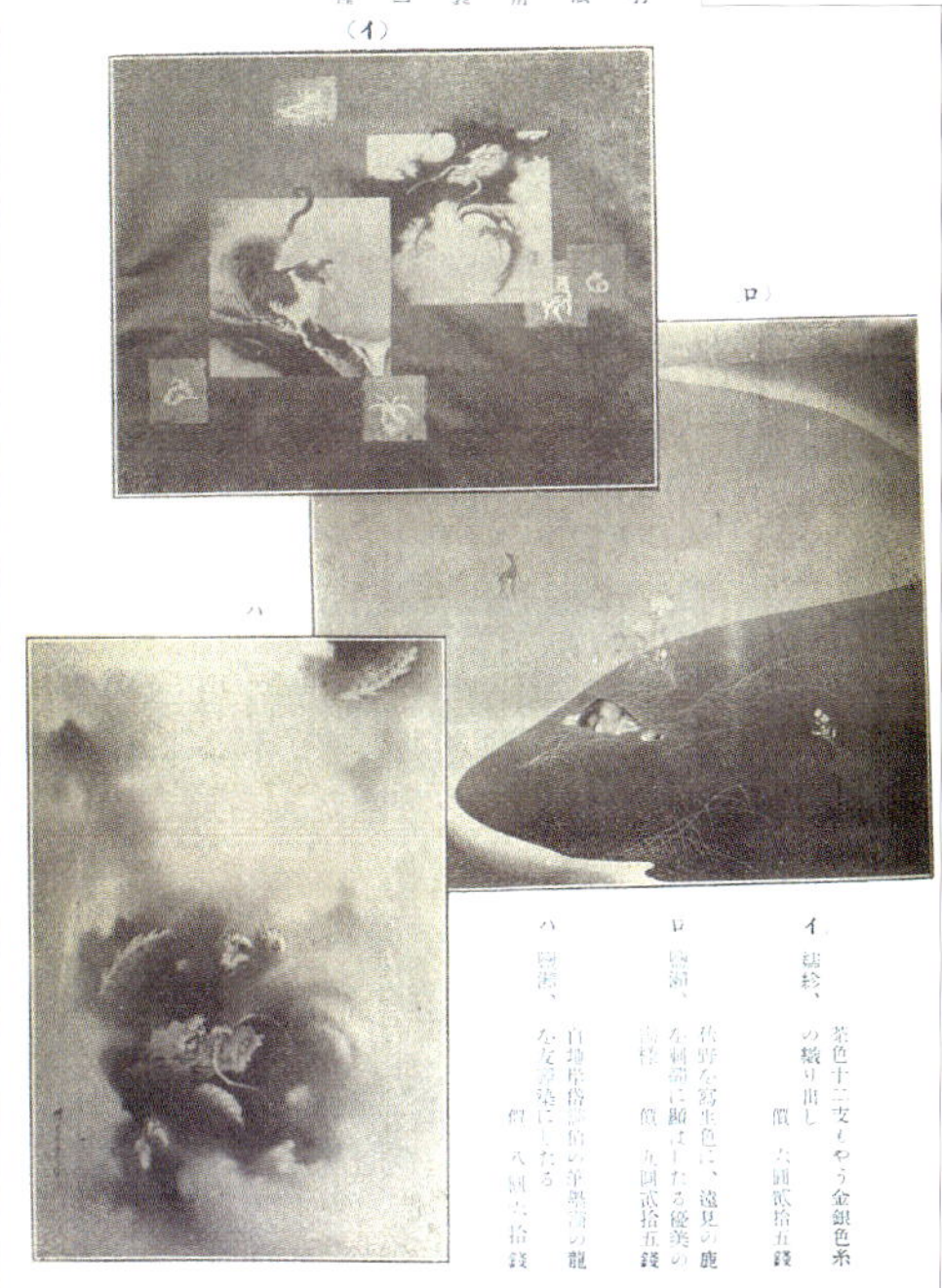

（イ）　（ロ）　ハ

イ　繻紗、茶色十二支もやう金銀色糸の織り出し　價　六圓貳拾五錢

ロ　縮緬、秋野を寫生色に、遠見の鹿を刺繍に顯はしたる優美の模様　價　九圓貳拾五錢

ハ　縮緬、白地[illegible]の筆墨畫の龍を友禪染にしたる　價　八圓六拾錢

第７号より

御題新年山と戰捷紀念帛紗

壹圓〇參錢

壹圓拾錢

壹圓拾五錢

七拾五錢

六拾八錢

壹圓〇參錢

九拾貳錢

六拾四錢

帛紗見本　第７号より

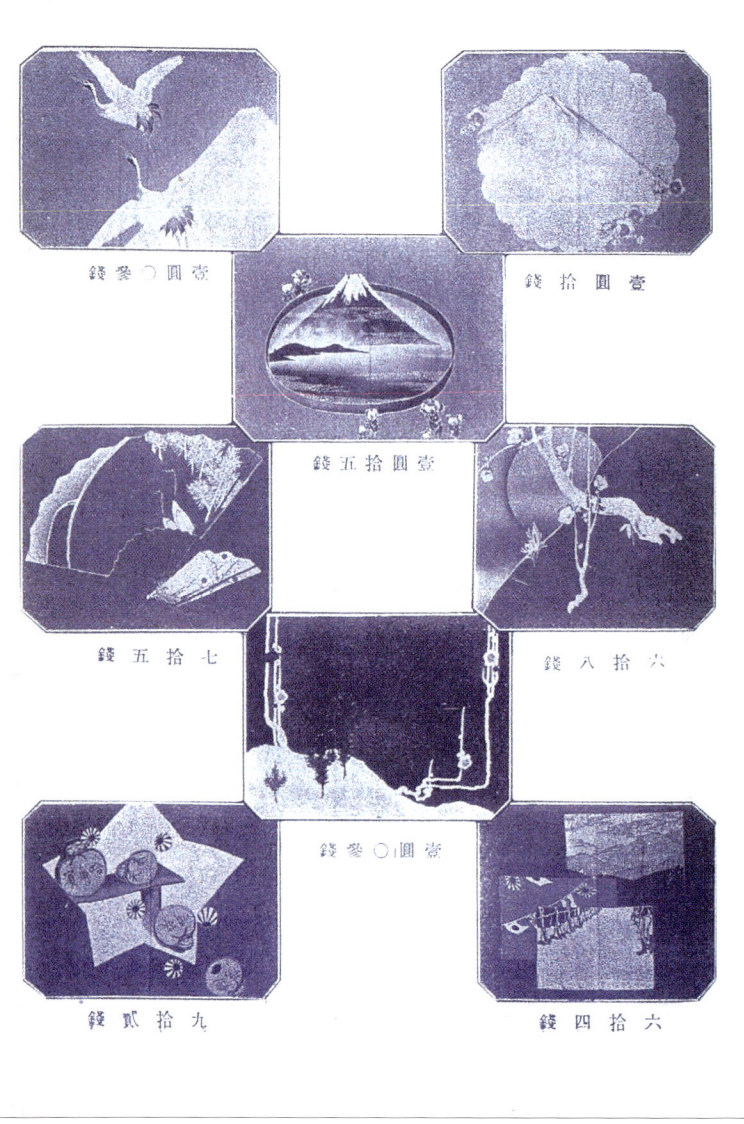

刊行にあたって

瀬崎圭二

かつて白木屋という百貨店が存在したことを知る人が現在どれほどいるのだろうか。それを、現在でも東京都内を中心に営業を続けている東急百貨店の前身であると説明することはもちろん可能である。しかし、白木屋の象徴であった日本橋本店の後身東急百貨店日本橋店も平成一一（一九九九）年に閉店してしまっており、その名残すら追うことは出来ない。そのような意味で、もはや白木屋は歴史となってしまっているし、それどころか、「百貨店」や「デパート」という語がもたらす質感、あるいは、その場が喚起するイメージ、物語ももはや失われつつある。

現在では知る人も少なくなっているのであろうが、江戸から昭和の時代において白木屋は日本を代表する呉服店であり、百貨店であった。それは単なる一商店ではなく、文化的な記号でもあった。白木屋の社史『白木屋三百年史』（株式会社白木屋　一九五七年三月）によると、その発端は、寛文二（一六六二）年に大村彦太郎が江戸の日本橋に開店した小さな小間物店にあるという。その後発展し、江戸有数の大店となった白木屋は、明治を迎え、近代的な百貨店の様式を取り入れていく。明治三六（一九〇三）年の店舗改築はその最たるもので、これを機に、巨大なショーウインドーや遊戯室、食堂の設置、陳列販売方式の導入が行われた。むろん、こうした改革は同時期の他の呉服店にも見られるものだ。

多くの呉服店が自社の宣伝のために月刊誌を刊行していくようになるのもちょうどこの頃のことである。白木屋では、明治三七（一九〇四）年七月に創刊された『家庭の志る遍』とその後継誌『流行』がそれにあたる。こうした雑誌の大きな特徴は、その店で扱っている布地や帯などの商品を、写真や価格と共に誌面で紹介している点にある。そして、読者／消費者は、雑誌に添えられている注文書でそれらを実際に購入することもできた。月刊誌という速度の中で更新された商品が、流行として意味づけられていくという意味では後年のファッション誌と同じであり、雑誌を通じてそれらを購入することもできるという意味では通信販売のカタログ誌と同じであると言うことも出来る。ここには日々刻々と変化する当時の流行の一端が刻まれていると言って良い。

この度、その『家庭の志る遍』が復刻されることとなった。全十八冊を数えるこの月刊誌の奥付に編輯者として名が記されている山口笑昨は、前掲の社史によると、新潟で裁判所の判事を務めたのち白木屋に関係するようになったという。発行所として記されているのは冨山房で、雑誌の価格は「一冊十二銭」とある。こうした雑誌の発行はその呉服店が担うケースが多いのだが、冨山房に発行を委託している点で『家庭の志る遍』はやや特異だ。

この雑誌が刊行されていた当時は、日露戦争の最中にあった。第一号に掲載された「本誌発刊の必要」という序文にも、「一は此良心警発の機を利用して、戦捷国民の新家庭を準備し、一は戦捷後の道徳界を予想して、其弊害を未雨に彫繆す」という二つの目的が掲げられている。つまり、戦時下、あるいは来るべき戦勝後の家庭や道徳を形作るための雑誌であるというわけだ。したがって、口絵も戦場の様子を伝えるものが多く、誌面も戦争色が濃い内容となっている。明治二〇年代から家庭（ホーム）という概念が広まり、「家庭」の名を冠した雑誌が刊行されるようになることはよく知られているが、こうした系譜の中にこの『家庭の志る遍』を置くことも出来よう。それらの多くが女性を家庭に囲い込もうとする力に満ちていたように、この雑誌の誌面にも家事、育児や礼法に関する記事が毎号並んでいる。よって、この雑誌に毎号掲載されている読み物や小説も、家庭の女性を読者として想定していると考えて良いだろう。例えば、第一号、第二号に連載された青濤の小説「夏蜜柑」には日露戦に出征した兵士とその帰還を待つ女性たちの生活が描かれており、この雑誌の特徴が表れた物語内容となっている。当時の呉服店が刊行していた雑誌には文学作品が掲載されている場合も多く、白木屋のライバル、三越が刊行していた『時好』（明治三六〈一九〇三〉年八月創刊）や『三越』（明治四四〈一九一一〉年三月創刊）は文芸誌的な側面が強い。『家庭の志る遍』には文芸誌と呼べるほどの要素は認められないが、第十一号（明治三八〈一九〇五〉年五月刊行）に、紀行文や山岳文学の書き手として知られる遅塚麗水の小説「籤当」が掲載されていることには注意すべきだ。この雑誌に掲載された小説や読み物に注目してこの雑誌を捉え直すと、日露戦の戦時下において、白木屋の想定する読者／消費者にどのような物語が発信され、また受容されていたのかを知る手掛かりも得られよう。

（せざき・けいじ　同志社大学准教授）

凡例

・本シリーズ「百貨店宣伝資料」は、明治・大正期において、流行の商品を消費者に宣伝し販売するために、各百貨店から発行された宣伝資料（ＰＲ誌）を復刻するものである。

・第Ｉ期第一回として、一九〇四（明治三七）年七月～一九〇五（明治三八）年一二月に発行された、白木屋のＰＲ誌『家庭の志る遍』（全十八冊）を復刻する。第二回以降では、後続誌である『流行』（一九〇六〈明治三九〉年一月～一九一八〈大正七〉年一二月）を復刻する。

・なお『家庭の志る遍』の「遍」には、実際には変体仮名である「遍゛」が使われているが（第一八号のみ『家庭の志るべ』の表記）、本復刻では「遍」で代用する。

・原書の判形は、210ミリ×152ミリ（Ａ五判に相当）、もしくは220ミリ×152ミリ（菊判に相当）である。収録に際しては、現行のＡ五判（210ミリ×148ミリ）に収まるよう適宜縮小した。

目次

『家庭の志る遍』

第五号（一九〇四〈明治三七〉年一一月）／第六号（一九〇四〈明治三七〉年一二月）
第七号（一九〇五〈明治三八〉年一月）／第八号（一九〇五〈明治三八〉年二月）

シリーズ

百貨店宣伝資料 2

白木屋 ②

『家庭の志る遍』

第五号（一九〇四〈明治三七〉年一一月）

家庭乃志るべ

第五號

明治三十七年四月七日第三種郵便物認可
明治三十七年十一月一日發行毎月一回一日發行

目次

○戰争と婦人
○裁縫指南……物外
○流行
○婦人服裝の梗概○呉服細工の婚儀用餅蓬萊（圖入）同進物の寶船（圖入）○帽子各種○戰捷紀念ネクタイとハンカチーフ○戰勝國婦女の帶留
○室内裝飾……松浦伯直傳
○式法……漱石
○素人醫者
○料理法
○通俗法律
○笑門……丈八述
○楔貴女紳士交際法……北廬譯
○茶道……勇猛精進菴
○育兒法……叢軒
○雜錄
○文苑
○小説（魔力）……月下人
○挿書
○同情○風雨中の斥候戰○滿洲惡路の重砲運搬前急土工○敎えの花
其他數件

同情

ポチや孃さまはまだお歸りにならないかねー

風雨中の斥候戰

滿洲惡路の重砲運搬前急土工

教の花

女子美術學校製品造花

或るやごとなきかたへ獻納になりたるもの

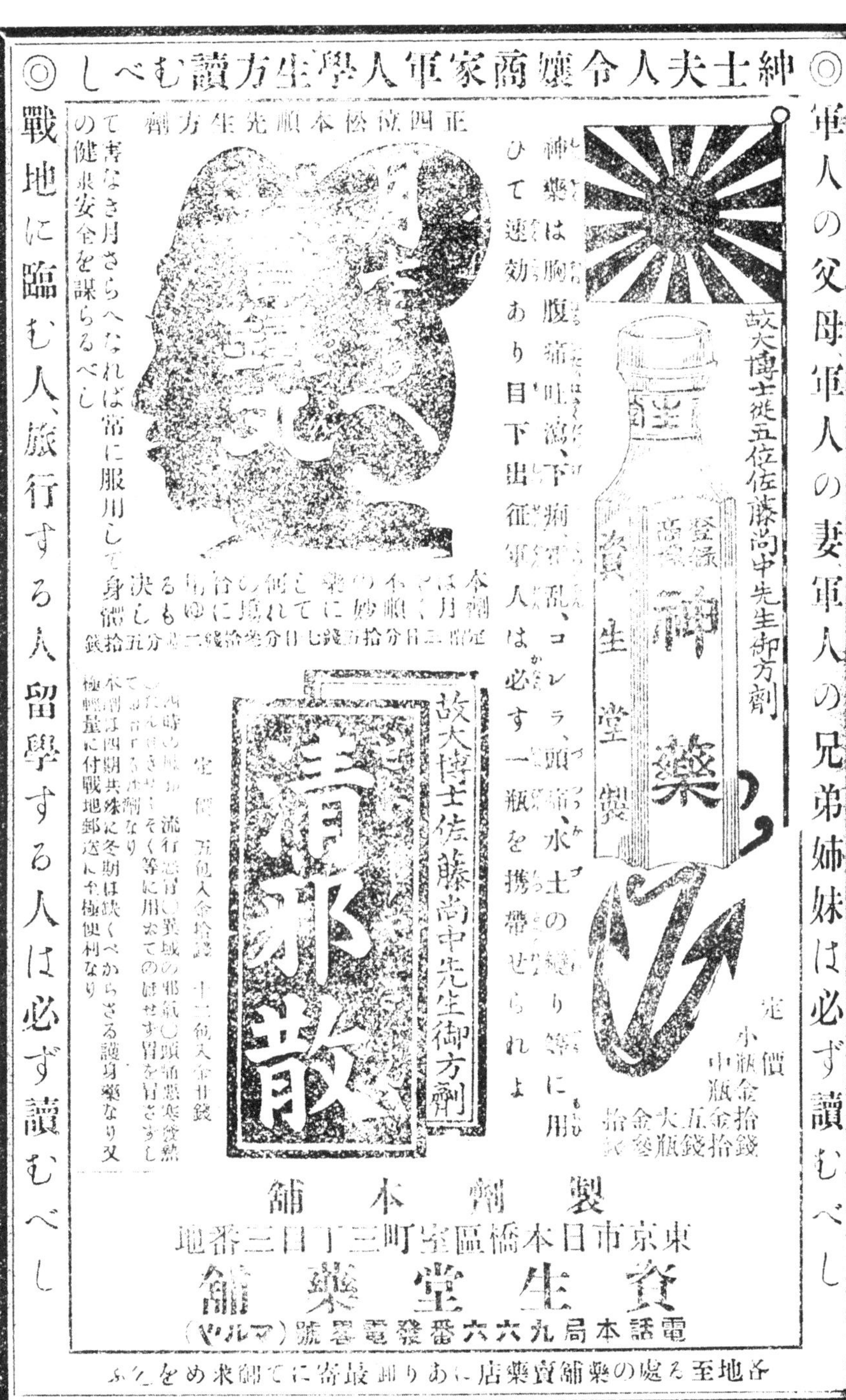
◎紳士夫人令孃商家軍人學生方讀むべし◎
軍人の父母、軍人の妻、軍人の兄弟姉妹は必ず讀むべし
故大博士從五位佐藤尚中先生御方劑
登録商標 神藥 資生堂製
神藥は胸腹痛、吐瀉、下痢、霍亂、コレラ、頭痛、水土の變り等に用ひて速効あり目下出征軍人は必ず一瓶を携帶せられよ
定價 小瓶金拾錢 中瓶金拾五錢 大瓶金參拾錢
正四位松本順先生方劑
て害なき月さらへなれば常に服用して身體の健康安全を謀らるべし
定價三日分拾五錢七日分參拾錢
故大博士佐藤尚中先生御方劑
清邪散
定價 五包入金拾錢 十二包入金廿錢
本劑は四期共殊に冬期は缺くべからざる護身藥なり又
極輕量に付戰地郵送に至極便利なり
戰地に臨む人、旅行する人、留學する人は必ず讀むべし
製劑本舗
東京市日本橋區室町三丁目三番地
資生堂藥舗
電話本局九六番發賣署電號（マルヤ）
各地至る處の藥舗賣藥店にあり最寄にて御求めをこふ

美術及時計裝飾品商

時計各種
指環眼鏡各種
鎖及釦各種

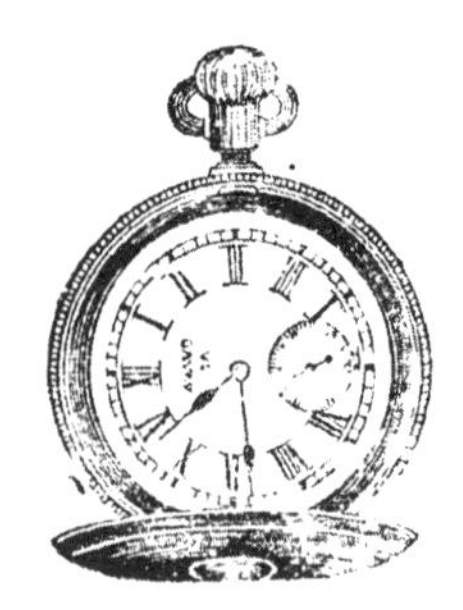

平圓盤蓄音機
其他貴金屬製
裝飾品一切

○市内は御報次第店員持參可仕候
○地方は代金引替小包にて遞送可申上候

東京
京橋區銀座一丁目七番地

竹内時計店

電話新橋七九三番

高等化粧水
ワイテルミン

定價一本金二十五錢　三個入七十五錢

皮膚を美しく滑ならしむるのみならず「にきび」、「そばかす」顏の小じは等生ずることなく又白粉下として使用すれば本邦在來の鉛毒白粉と雖も中毒を起すことなし

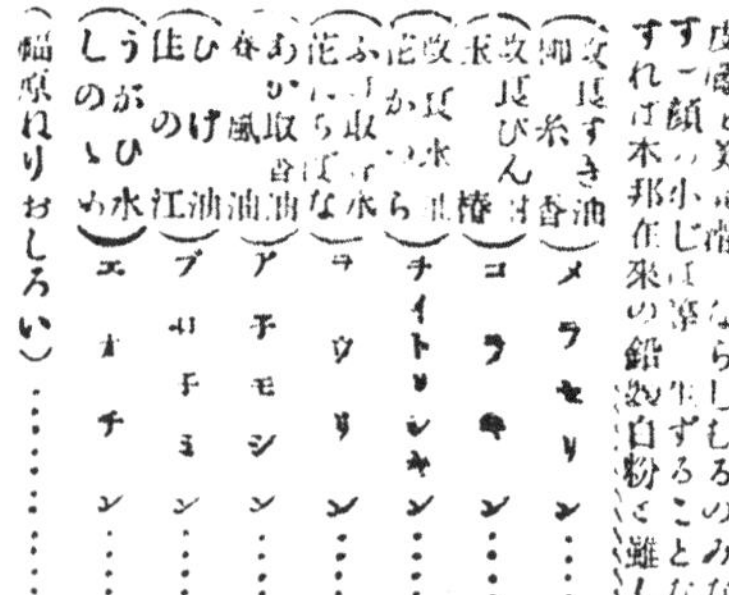

(髪長すき油 御糸香) メラセリン……一圓五十錢
(髪長びん付 玉椿) コラキン……一本二十錢
(髪長水油 花かつら) チイトリシャン……一本四十錢
(ふけ取香水 花ちらばな) ラウリン……一本六十錢
(あか取香油 春風油) アヂモシン……一本十錢
(ひのけ油 生江) ブリチミン……一圓三十錢
(うがひ水 しのゝめ) エオチン……一圓三十錢
(齒磨ねりおしろい)……一圓廿五錢

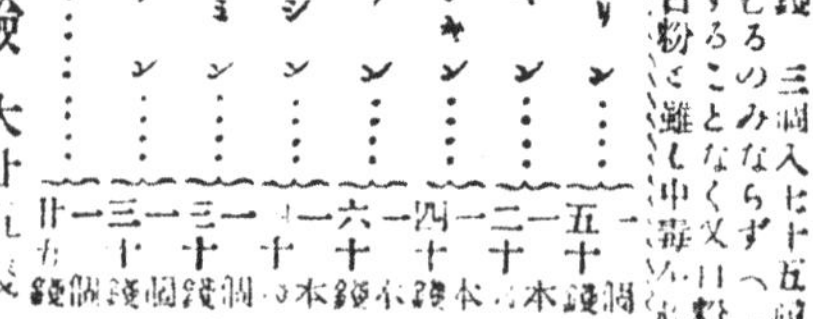

新製 旅行携帶用衛生齒磨 本品は簡便なるゴム器入一個三十錢

(總て美麗なる三個入に有之御進 物に適す取次は店の日に之候)

▲衛生齒磨石鹸 大廿五錢 小十五錢

●洗浴化粧 エリノイン (花の露)

は高尚なる芳香藥皮膚收斂劑の配合しあれば朝夕ハ顏又洗浴に際し此の液をたらし用ゆには如何なる水と雖ども皮膚肌色を損ずる患なく、色を白くし殺菌消毒の効力有る衞生上必要の逸品なり定價一瓶八十錢

衞生材料　藥品機械　處方調劑

東京新橋出雲町角 (電話新橋三二四番)

問屋●本舗　福原資生堂

新荷輸着

◉帽子　◉絹肩掛

◉車掛　◉羽根布團

◉襟卷　◉婦人用

◉羽根襟卷　◉マフ

其他毛織物類幷に洋物雑貨新荷輸着仕居候に付多少共御用向被仰付度偏に奉懇願候

東京市京橋區南鍋町二丁目

中與洋物店

電本　二七三八番

東京市京橋區銀座一丁目

同　支店

市内は御一報次第速刻持參地方は大凡の御望み御申越有之候はゞ代金引替便又は御送金に應じ物品撰定の上着金直に御送可仕候

戰勝紀念ピン

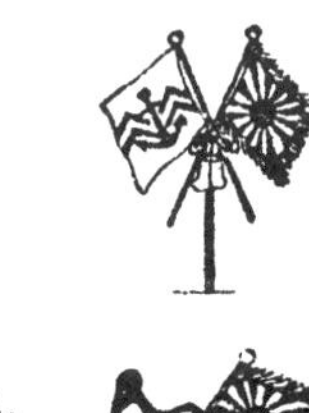

金銀の地金に七寶の彩色うるはしく圖案は孰れも陸海軍を象れる優美なる意匠に成れるもの世の紳士淑女たちは各その胸間に飾りて此の千載一遇たる皇軍大勝利の紀念としたまへかし

定價（純銀製壹個金參拾五錢以上　餘は御好み次第迅速調製可仕候）

此圖案の外陸海軍連勝にちなめる嶄新の意匠を凝らしたる手釦幷に提物澤山出來致居候

宮内省御用達

東京市下谷區池の端仲町

玉寶堂

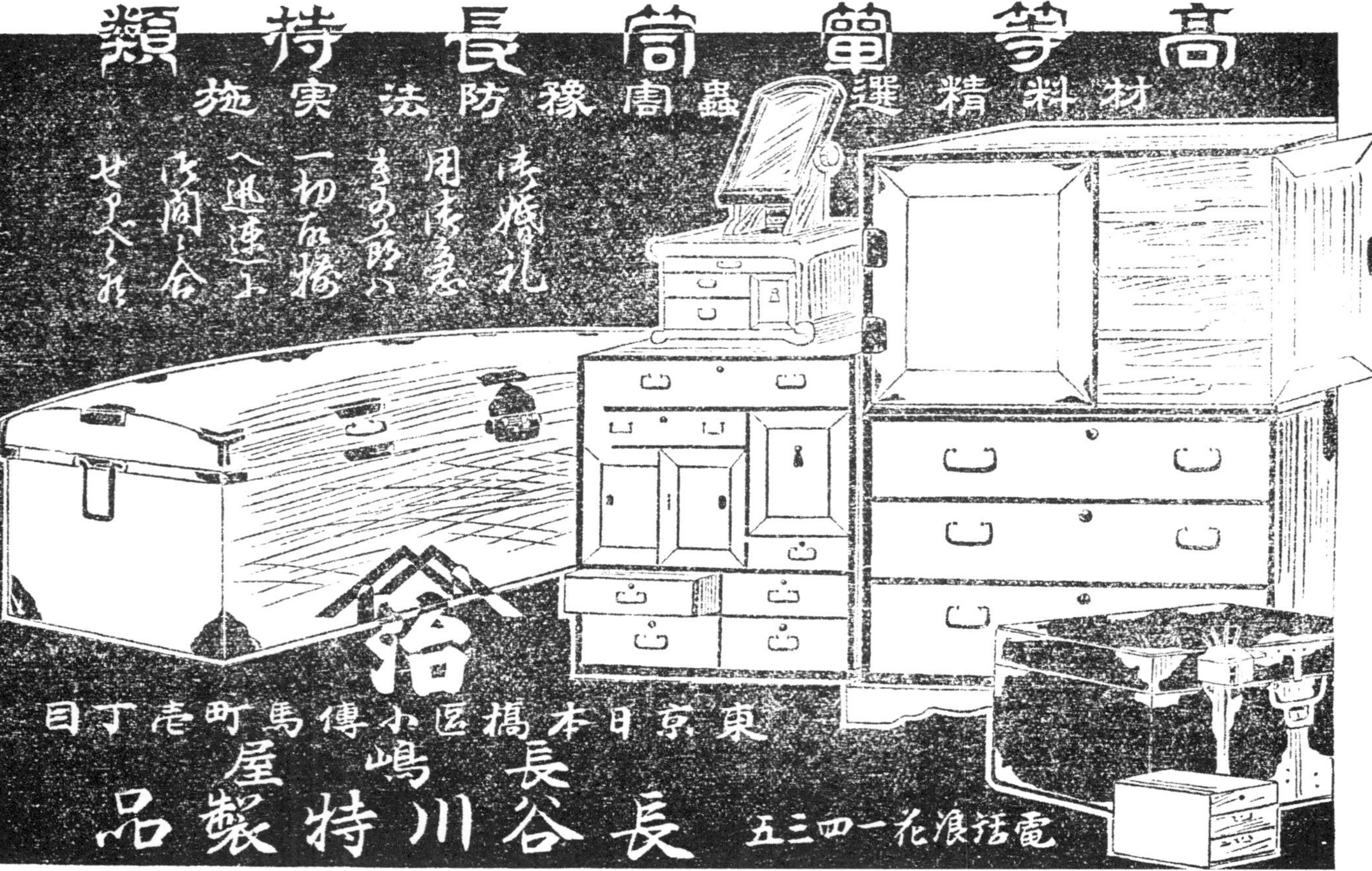
高等簞笥長持類
材料精選
蟲害豫防法実施
御婚禮御用向急ぎのものは一切取揃へ迅速ニ御間ニ合せ申べく候
東京日本橋區小傳馬町壹丁目
長嶋屋
長谷川特製品
電話浪花一四三五

白熱瓦斯燈は光力五十燭光以上を有し瓦斯代は**一時間**

九厘餘に過ぎず石油ランプよりも費用は遙に低廉なり

瓦斯竈は本社の發明品にして專賣特許を得二升の米は瓦斯代僅か**一錢三厘**は時間**十八分**にして炊くを得べく安全とに人手を省き瓦斯と水道は家庭は勿論料理店旅宿其他飲食店の必用缺くべからざるものとなれり

瓦斯七輪、燒物器、西洋料理器も使用輕便瓦斯代は木炭よりも遙に低廉なり

燈火及炊事器工事費は極めて低廉にして御申込次第工事費見積書御送付可申上候

▲▲▲瓦斯器陳列所　縱覽御隨意▲▲

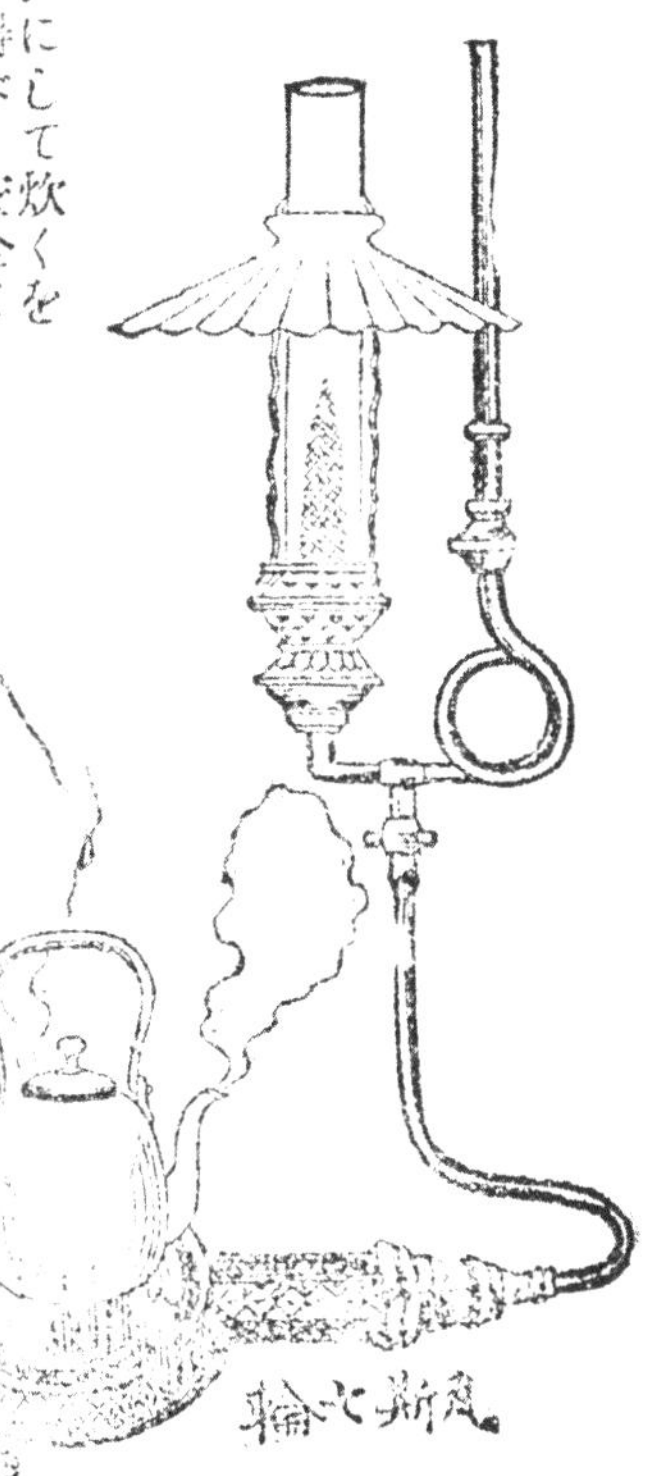

特許 瓦斯竈

神田區錦町三丁目

東京瓦斯株式會社

電話本局　一三〇。五四八。五七〇。

第五回內國勸業博覽會

賜二等銀牌

第三回博覽會
金牌受領

內國製産品[illegible]會
銀牌受領

第四回博覽會
褒狀受領

簞笥長持御婚禮道具一式

調製

精製確實　不誤時期

東京本店
東京市京橋區東谷町角
越中屋

鷲塚簞笥店

電話新橋五百七十一番

簞笥御注文の御思召ある御方樣には完全美麗なるたんす目錄呈上仕候
但し郵券二錢封入の事

大阪市東區南本町井池角
大阪代理店
中原簞笥店

貴婦人用時計金縁眼鏡及び銀盃廣告

一 拾四金側片硝子中蓋附拾形流金石入シリン　正價金貳拾五圓五拾錢也

一 拾四金側兩蓋中蓋附拾形流金石入シリン　正價金貳拾七圓五拾錢也

一 拾四金側兩蓋中蓋附拾參形ニッケレー石入アンクル　正價金四拾六圓五拾錢也

一 拾八金側兩蓋中蓋附拾貳形流金石入シリン　正價金參拾五圓五拾錢也

一 拾八金側兩蓋彫刻附拾參形石入シリン　正價金四拾八圓五拾錢也

一 拾八金側兩蓋樋附拾參形本ニッケル石入アンクル　正價金六拾參圓五拾錢也

一 拾八金側兩蓋裏三枚蓋拾參形本ニッケル總石入　正價金六拾八圓五拾錢也

一 九金縁縄蔓掛半掛及ビ差込眼鏡サック附　正價金七圓五拾錢也

一 拾八金縁縄蔓掛半掛及ビ差込眼鏡サック附　正價金拾四圓五拾錢也

一 拾八金縁縄蔓掛角縁及ビ自由替玉眼鏡サック附　正價金拾五圓五拾錢也

一 純銀製盃徑參寸桐箱縮緬服紗絹紐附　正價金五圓八拾錢也

一 右同斷參ツ組　正價金拾參圓八拾錢也

一 純銀製盃徑參寸五分桐箱縮緬服紗絹紐附　正價金六圓參拾錢也

一 右同斷參ツ組　正價金拾五圓五拾錢也

其他各種（市内は御報次第見本品持參可仕候地方は小包郵便を以て迅速に御送品可申上候）

各種時計同附屬品
雙眼鏡金縁眼鏡
寶玉入金製指輪
貴金屬製美術品類

柳古堂

東京市日本橋區通壹丁目十一角

岡野時計店

電話本局貳八參壹番

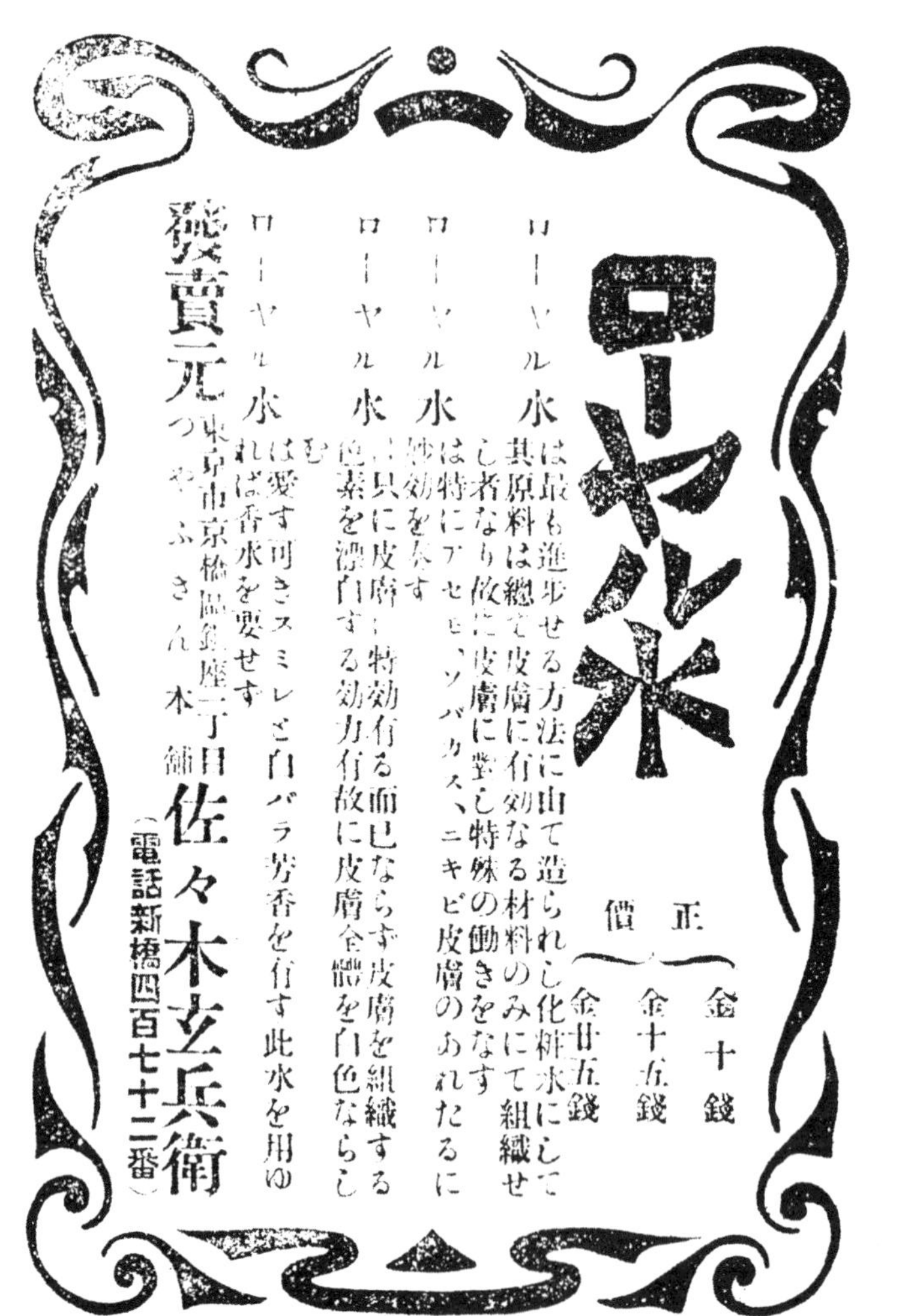
ローヤル水
正價
金十錢
金十五錢
金廿五錢
ローヤル水は最も進歩せる方法に由て造られし化粧水にして
其原料は總て皮膚に有効なる材料のみにて組織せし者なり依に皮膚に對し特殊の働きをなす
ローヤル水は特にアセモ、ソバカス、ニキビ皮膚のあれたるに妙効を奏す
ローヤル水は只に皮膚に特効有る而已ならず皮膚を組織する色素を漂白する効力有故に皮膚全體を白色ならしむ
ローヤル水は愛す可きスミレと白バラ芳香を有す此水を用ゆれば香水を要せず
發賣元 東京市京橋區銀座二丁目 つやふきん本舗 佐々木玄兵衛
（電話新橋四百七十二番）

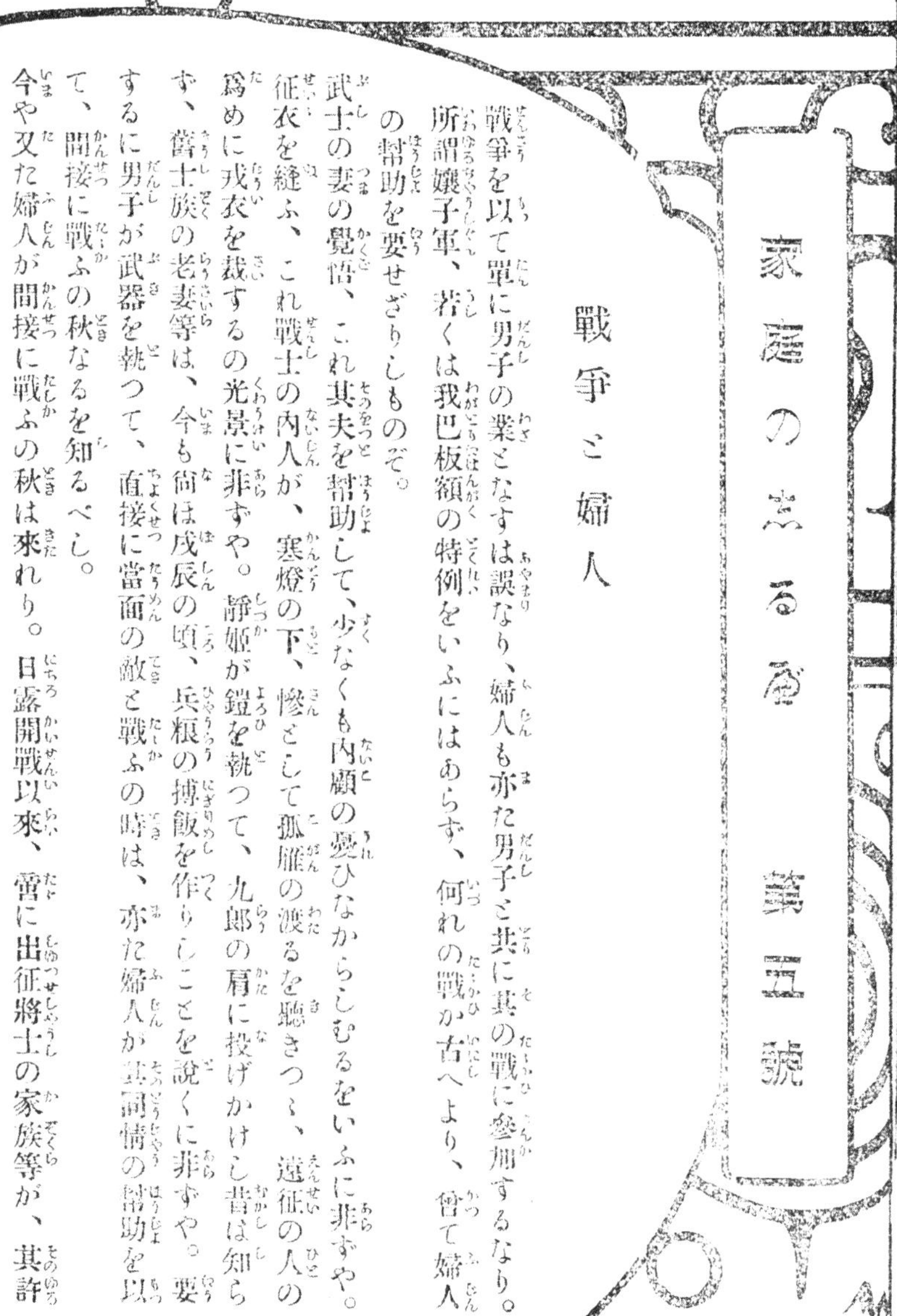

戰爭と婦人

戰爭を以て單に男子の業となすは誤なり、婦人も亦た男子と共に其の戰に參加するなり。所謂孃子軍、若くは我巴板額の特例をいふにはあらず、何れの戰か古へより、曾て婦人の幇助を要せざりしものぞ。

武士の妻の覺悟、これ其夫を幇助して、少なくも內顧の憂ひなからしむるをいふに非ずや。征衣を縫ふ、これ戰士の內人が、寒燈の下、慘として孤雁の渡るを聽きつゝ、遠征の人の爲めに戎衣を裁するの光景に非ずや。靜姬が鎧を執つて、九郎の肩に投げかけし昔は知らず、舊士族の老妻等は、今も尙ほ戊辰の頃、兵粮の搏飯を作りしことを說くに非ずや。要するに男子が武器を執つて、直接に當面の敵と戰ふの時は、亦た婦人が其同情の幇助を以て、間接に戰ふの秋なるを知るべし。

今や又た婦人が間接に戰ふの秋は來れり。日露開戰以來、啻に出征將士の家族等が、其許

さるゝ丈けの範圍に於て、古來婦人の爲せし所を爲し盡し、或は爲しつゝあるは言ふ迄もなく、家族以外の婦人と雖ども、所在恤兵若くは家遺族救護の道を講じて、出來得る限り征人を慰安し、鼓舞奬勵せんとするを見る。是れ今日の婦人が昔時の婦人に比して、意思の自由と行動の便宜とを得たる一徴にして、此自由と便宜とは、尙ほ益ゝ婦人に利用せられ、其同情遂行の利器たらんことを希ふものなるが故に、若し婦人にして利用充分ならず、益ゝ恤兵救護に勉むるなくんば、そも何んの面目があつて、古の婦人に對せんや。況んや古の婦人は、單に征人を幇助せんが爲めの幇助なりしに反して、今の婦人の盡力は、幇助以外、更に一の効果を收め得るの望みあるをや。

今更ながら、我婦人の男子に對する位置は、到底今日のまゝなるべからず、而して其位置を高むるには、必らず男子の認諾を要す。認諾の効力は、其勸誘的若くは强迫的ならんよりは自覺的ならしむるに於て確實なり、永遠なり。自覺的認諾を得るの道は、他なし、男子をして婦人の社會に對する能力が、今日男子が想像するよりも、更に强大なることを覺らしむるに在るのみ。

實際今日の男子中、能く婦人の同情の眞價を知る者ありや、若し有りとするも甚だ稀れならん。彼等は家庭に於ける同情の効果を知る、所謂慈善事業に於ける同情の効果を知る、然れども夫の美しく溫かなる同情の聲が、天樂の如く酣戰の野に反響する處、我武夫をして困憊の眠より覺めしめ、將に弛まんとせる銃の握りを緊めしめ、而して起つて奮鬪勇戰

せしむるの大効果に至つては、之れを知るもの果して幾許ありや。而かも我幾十萬の貔貅は、目下此同情の眞味を味ひつゝあるなり、耳朶に觸れて淸く柔しき其一聲は、重砲幾百門、軍艦幾十隻の增援にも增して、心强きを自覺しつゝあるなり。斯くして敵に克ち、平和を復し、國家の利福を進め得たりとせば、國家に於ける婦人の勳功は、金鵄勳章も之れを表彰するに足らざるに非ずや。金鵄勳章、我婦人に於て何んかあらん、我婦人の要求する所は、單に其位置を高むるの認諾に在るのみ。功多くして要求尠し、男子豈一の認諾に吝なる者ならんや。

奮へ今の婦人の人々、古の婦人の得る能はざりし意思の自由と行動の便宜とを利用しつゝ間接に敵と戰ふと同時に、亦た己れ婦人の爲めに男子と戰へ。而して男子が遼東の屈辱を酬うるを得たるの時、己れ等も亦た其先天の所得にして、久しく男子の蹂躪する所となりし己れ等の位置を恢復し、其自由の擴張に凱歌を揚げよ。思へば婦人の武器は恐るべき鐵火にあらず、美しくして淸く温かなる同情なることを。

裁縫指南

（承前）　物外

○

命だに心にかなふ物ならば何かわかれのかなしからましとは、源の實が筑紫へゆあみんとてまかりける時に、山崎にて別れ惜みける所にてよめると、はしがきあるしろめが歌である。凡人に別るゝといふことの悲しさは、遠離るべき道の遠近や、年月の長短に拘はるものではない、況て玉椿の千代八千代を祝いで、偕老を契つた所天、盡すべき職務によつてとは公道に於て言ふ詞、肉身の加旃も最愛の夫婦の間には忍び難い悲みを忍んで、生還は期さぬといふ言はゞ一生の別れに、禁じ難い涙をのんで征途に上つたその夫の消息が、功名といふ嬉しい裏に、豫て期したことゝはいへ負傷といふ哀しい便りであつたらば、那樣であらうか。寧一呼に死ぬるよりも永く苛責るゝのつらさと選ぶ所がないで有らうと思ふ。

玆に貞子は雄々しい觀念の臍を固めて、健雄が出征のその時から斯うと極めた覺悟は、玆に至つて彌堅く、自ら期する所を一貫して、假令健雄が死するも素より軍人の新世帯に、三年の糧が有らう筈のないを痩腕に支へて、見事齋藤家を雙肩に荷つて累代のおくつちに

香華を絶やすまじく、縦しや嗣ぐべき子はなくも他の子を養つても、家名を穢さないだけの養育をして吾が本分を全うしないうちはと心に誓ふ所が有つて、其の階梯として遂に習ひ得た技と學とをもつて職に就かうといふ序びらきに、家政學の自宅教授を隨意科として始めることになつたのである。

兄の祐一が參事官としての同僚や、學友としての甲乙に事の序に話したのが時にとつて聽く人の同情を迎へたと見ゑて、手ほどきは勿論のこと、温習として學校卒業後の人も見えるやうになつたが、差向は裁縫科ばかりであつた。例の滿江はこれに勵みがついて一日もかゝさない勉強を、貞子も樂しみのひとつに計へるのであつた。

昨日から入門したのは祐一と同局に奉職する屬僚村松某の愛女で、千枝子といふ十七八の勉強盛り。

秋田八丈の撚り糸入り縦縞蜀黍手の綿入れを一つ着にして、白衿の下繻袢に白紋壁の襦袢の衿を折り目正しく雛木偶のやうに整然と合せて、戰捷紀念形アンクルに一輪櫻の襟ごめ、時代紫カシミヤの袴、油氣のない束髮の膨くりと突き出した前髮と鬢に、護謨製ばら斑透し彫の三枚櫛をさしこんで居る當世處女。滿江と俊子はその傍らに凝結つて、千枝子にはまだ初對面の、しかも渠が多少年嵩だけにこの二人からは輙く口も綻びぬのである。

貞子は例の凜とした調子で、

『滿江さん村松さんは昨日初めておいでになつたのですが、是まで重に學課のほうを御勉

強になつたので、爾來裁縫を餘暇に御修めにならうといふお心算だそうですから、丁度お伴が出來て佳いのね』と紹介した。

滿江と俊子は無言のまゝ唯一齊に嬌面をつくつた、これが二人の挨拶であらう？』

『村松さんがお先へお出だつたから貴孃から始めませう』と促がした、で貞子も村松の程度が解らないから恰好滿江に授けやうといふ順序の課題を試驗的に持ち出して、滿江と共に答へさせることゝした』

『村松さんそれでは問題を言ひますから筆記して答案を作つて御覽なさい、滿江さんも御一緒に……』と前提を置いて。

長さ三丈の御召縮緬を以て女ものゝ單衣を裁つに袖丈一尺七寸に爲せば身丈及び衿衽地は何程なるや、且其の積り方及び裁方圖を示すべし。

此の問題に依て千枝子と滿江は等しく筆記を了つた、

千枝子は受業とはいへ初見參のことでも有るし多少從來習得する所の程度を試驗さるゝの感なきにしも非ずであるから此の答案の當否巧拙が自己の價値を定むる所である。又滿江に取ては手ほどきからの薫陶を受けて、謂はば他流試合のそれのやうに、若し打ち込まれては一大事と競爭心を奮起したのであるが、常ならば手を取つて教えられる所を、突き放して問題の加旃も競爭といふ場合であるから滿江にしては容易の業ではない。

傍観者の俊子も解らぬながら情願滿江から好い答案を出させたく祈るのであつた。

村松千枝子は先『違つて居りますか那様ですか』の冒頭を置いて、ノートブックへ書き顕はした答案は斯うである。

共衿	衿	頸	身	頸	身	袖	袖
衽	衽	衿カタ		衿カタ			

袖丈　17,0 × 4 = 68,0
用布　300,0 − 68,0 = 232,0
232,0 + 8,0（衽下り） = 240,0
240,0 ÷ 6 = 40,0 身丈
40,0 × 2 = 80,0
80,0 − 8 = 72,0 衿衽地

千枝子の出した此の答案を受け取つたまゝで貞子は滿江の方を向いて『滿江さんは如何？』と促した。

茲に至つて滿江も少しく躊躇の氣味であつたが書き了つた答案を握つても居られぬので、貞子の前へ密と出した。

貞子は雙方の答案を熟視して

『お二人ながら可く出來ました、が流石は村松さんのは實地もお進みで有ると見えて比較的に此の方が甲の方でせう、滿江さんこれを見てお寫しなさい』と村松のブックを示した。

默禮して受取つた滿江はその圖と算式とを熟視して

『此の圖では用布のなかに居敷あてが有りませんがこれは外の布で付けるのですか』と質問の矢を放つた。

『それは衿丈を短目にして四尺六寸取りますと二尺六寸殘ります、其の内から共衿を一尺五寸取りますと殘りが一尺一寸これを居敷あてにする積りです』と答へた。

滿江は多少此の答辯には未だ十分の同意はし兼るやうの面持であつたが、先默答して居つたのであるが、貞子は滿江の振素りに察して更に滿江に意見の發表を促した。此の誘問に依て

『妾の考へました所は衿丈を充分に五尺取りまして殘りの二尺二寸を共衿にして、其の共衿の幅を六分程裁ち落して脊縫ひだけの幅に長く付けますと居敷あてが目立たずに容子が可からうと思つてよ、家の母さんが何時も左樣するの……、形して共衿は長いほうが容が可いと思つて……』と答へた。

『成程餘所行きのものなどは其の方が可いのよ、そして、裂れを細かく裁ち切らないから後で何にするにも此の方が都合が佳いのです』と贊成した、で其の居敷あての點は滿江が勝利となつて、他の答案は無論千枝子が優等であるから、此の舐力は預りといふ景況で、貞子の注意に依つて、居敷あても圖中に加へる事になつて段落を告げた。

此の授業を默然として聞いて居た俊子は、不圖後方に人の氣配がするやうなので顧回ると襖の此方にお琴が小手招きをして居るのを擅見けて、密と立つて納戸へ往つた。蓋しお琴

が俊子の無聊を慰める意であつたらうが、前の問題が解決して一段落を告げると同時に、貞子に呼ばれて窘められたが、唯婆やが呼んだもんだからの一點張りで宥恕された。爰で今度は俊子を主人公として滿江も千枝子も相伴して一問題を授けられた、でこれも各自に筆記して思ひ〳〵の答案を出すべく命ぜられたので有る。

問題

幅一尺一寸の片面染めの布にて女兒の三つ身を裁つに袖丈一尺六寸五分身丈二尺七寸に爲せば其の用布何程を要するや且積り方裁ち方圖を示すべし。

例に依て一齊に書き取つたが、千枝子と滿江は互ひにより能き答案を得やうと苦心して、若しこれが試驗場で答案の時間に制限が有つたならば、監督者の督促を受けたで有らうと思ふほどで有つたが、案外に俊子が苦もなく答案を作つて貞子の前へ出したが、貞子は二人の出揃ふのを待て審査にかゝつた。

世の中の事の都てが數理で割りつけたやうに順當にはゆかぬもので、多少苦心の結果に產み出した千枝子と滿江の答案より、考慮の遑もなく、加旃も年少の俊子の答案が優等であつたので、貞子も意外に感じたので有つたが兎にかく優等答案の俊子のノートブックを採つて二人に示した、

『那樣したのでしやう俊子のが一番佳く出來て居ますの……、一寸これを御覽なさい』と團扇があがつたので。

二人の視線が集まつた俊子の答案は斯うである。

四寸八分　衽　六寸三分　後　前　四寸八分　袖　袖　七寸八分

六寸三分　後　前　衽　四寸八分　衿　三寸三分

袖丈　16,5　×　4　＝　66,0

身丈　27,0　×　3　＝　81,0

總袖丈　66,0　＋總身丈81,0＝147,0

但　用布一丈四尺七寸

此の圖と算式は二人の筆記に上つた。

罷るを待つて貞子は試みに

『俊さん、お前の作つた圖の衽の上に細い所が有つて夫れに何とも書いて有りませんが彼れは何？』

俊子は臆面もなく

『知らなくつてよ』と答へた

『夫れを知らなくつて那樣して彼の圖が出來ましたッ』と追窮された。俊子は更に臆面もなく、

『今の問題が昨夜讀んだ家庭のしるべの裁縫の所に出て居たのと同じだから、恰度可いと思つて書いたのよ』と有りの儘の答辯に貞子をはじめドッと笑つて響動みが止まらなかつた。これが鎮まると貞子はその圖中衽の上の端し裂れは、用布が片面ものゝ爲めに殘るべき裂れであることを說明して、此の書入れが俊子の記憶に無かつたことも解つた。玆へ新來の訪問者は何人で有るか幷は次號に述ぶるを待て。

○婦女の冬服

正式の莚に列する衣裳の地質は元來平物を選ぶべきでありますから、往昔は羽二重などが動きの無い所であつたが今では縮緬類が重に此の場合に使用されます、近來は何れにしても通常のものでは慊らぬといふ有樣で、平物では紋羽二重其外では山繭入縮緬、同絹縮、鶉織縮緬などが持て囃されて居ります。

色は諄くも申しますとほり、世の中の盛衰に左右される傾向が有りますので近年撲素な色が行はれて居りましたが、征露の戰ひも連捷の公報が續出すると同時に、社界の人氣が花花しくなつて來ますので、同じ栗梅や葡萄色などでも多少淡目の方へ流れて行くかの傾向で有ります。

文樣も地質のそれと同じ調子で先單調のものよりは複數のものが一般の嗜好に適するやうで、譬へば江戸褄白揚りの文樣の中へ花の蘂など要所〳〵へ刺繡を施すとか、螺鈿色に限取るなど風致ある高尚の行き方が上位を占めて居ります。

帶は繻珍、幽谷織、唐綾、厚板、綾錦、紬手錦の類は云ふまでもなく特に意匠を凝して好みのものを綴錦に織らする向は格別として前者の中より選べば動きのない所で有ませう、色は重に茶が勸迎されますやうで、文樣は有職ものは勿論、古鏡、萬暦式、國寶の建築裝飾など從前手の屆かぬ所を捉えて變化自在に織り出すその圖案と機工の進歩に從つて流行の潮先も在り來りのものでは得心のならぬ傾向を呈して居ります。

羽織の黑縮緬紋付は言はずもがな。其の他は薄栗梅、淡葡萄、赤小豆色の類、地質は衣裳の部に申した通りの縮緬類が多數を占めて居ります。又小紋は相變らず多くの需用者を持つて居るのでいつまでも廢りは有りません。

○流行の冬帽子 日本橋通三丁目よしの屋調

流行帽子を玆に報導するは少しく時機に後れたるの憾あるも前號原稿締切りまでには未だ充分なる觀察の餘地なく若し誤る事ありてはご持重して竟に本號に掲載することゝせり

山高帽 絹帽の代用ともいふべき黑山高帽は、紳士に愛用せらるゝこと例年の如く、本年の流行形は山高く鍔細目なるが嗜好に適する如く、山の高さ五吋七分、鍔の廣さ二吋四分のもの最も流行せり價三圓八十錢より七圓位迄。商家向きは山の最も低く一見敏捷に瀟氣なる形流行せり、山の高さは四吋二分五厘、鍔の廣さは二吋二分五厘。價三圓三十錢より四圓三十錢位。會社員向きは又それよりも山低く高さ四吋にて鍔の廣さ二吋二分五厘なれば、その形の釣り合ひは先[illegible]式の方なり。價三圓より五圓位まで。

ソフトハット は輕いのと和かいのを賞玩される所で、巻いてポケットへも入るべく、旅行、散策扨は銃獵などにも用ゐらる、色は極く淡き茶にて細きリボンに緣の切り放したるさゝ瀟洒なものなり。價一圓六十五錢より四圓三十錢位。

中折れ帽 紳士向きは山高く鍔狹く、色は焦茶、中茶、薄茶等あるも、茶の薄き色が愛用せらる、山の高さは五吋七分鍔の廣さは二吋七分五厘リボンは二吋に稍狹き方なり。價三圓より七圓五十錢まで。

中折れ反り鍔は山の高さ六吋鍔の廣さ三吋にて一體に大形に見ゆるもので、これも紳士間に持て囃さる。價二圓五十錢より六圓まで。

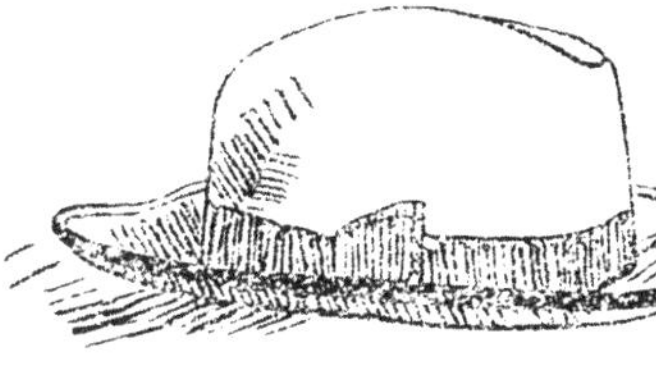

若紳士向流行中山は山の高さ四吋半、鍔は二吋半、この種を好まるゝ向は都て黑を愛せらるゝ如し。價三圓三十錢より五圓五十錢位。

ハンチングキャップの地質は羅紗スコッチに限ろやうにて、其の柄行は遠見には無地かと思はれ、近寄つて縞の見ゆるといふ向が流行。形は上圖に示す如く橫の脹れぬやう狹く、後は領の所まで深く下るを歡ばる。價一圓八十錢より二圓迄極廉もの七十五錢より。

最新形鳥打帽子は本年の新式にて上圖に示す如く、天は一文字、後ろに折り返しつきにて黑リボンにて緣を取りたる無地羅紗地の意氣向きもの、晩餐後のぶら〳〵步行き、近郊散策などにも妙なるべし。價最上一圓五十錢より三圓まで。

五歲男子祝ひ用帽子は海軍形にて地質は羅紗、天鵞絨、シールの類、前面にＴＯＧＯ、ＦＬＥＥＴ東鄕艦隊の意味を橫文で金糸縫ひにして、庇のきまり顎紐の付け根左右へ海軍旗と聯隊旗を縫ひにて顯はしたるもの、戰捷國男兒の祝ひ用として殊に需用多し。

價
羅紗〜六十五錢より一圓八十錢
ビロード〜五十五錢より一圓五十錢
シール〜一圓二十錢より二圓まで

◎新案ネクタイとハンカチーフ

日本橋　白木屋呉服店

△九重

九重ネクタイは　御帳臺の風帯なる洗ひ朱色と暗色とを片身がはりに染め分けたなかへ白ぬきに蝶鳥を染め出した優美高尚の有職もの、國粋中の粋を洋服附屬品に捕捉したる意匠得もいはれず文雅の士が捨て難き逸品。價一個一圓十錢。

△博愛

博愛ネクタイは　羽二重又は縮緬地に地色を黒にしてその中へ白く渦卷きと赤十字を染出したるもの。價一個八十錢より九十錢。

△海の勳

海の勳ネクタイは　羽二重又は縮緬地へ月桂樹色に黒線にて面白き波紋を染めたるなかへ、錨と櫻花ぢらしは柔しきなかに凛として色の配合も面白し。價一個八十錢ゟ九十錢。

△ほまれ

ほまれネクタイ　は縮緬、絹縮、羽二重等を時好に適したる色に染め、結び目の中心へ金鵄勳章を金糸と色糸にて鮮麗なる刺繍にしたるもの戰捷國男兒の紀念品として必須の逸品なり。價一個一圓五十錢。

△同盟國旗

同盟國旗ネクタイ　も前同斷の地質色合に、所々へ日英日米の國旗を交叉せしめたる刺繍の美くしきは文明國提携の美と相映じてなほ美くし。價一個一圓四十錢。

△皇國の花

皇國の花ネクタイも　前同樣の趣向にて、蜻蛉と櫻花を色糸にて縫ひにしたる佳品なり。價一個一圓三十錢。

○國の礎

國の礎ハンカチーフは　羽二重地四方折り返しの額ぶちへ、肩章に因みて竪筋を顯はし、その中へ金鵄勳章形の内へ群雄諸將の姓字を白ぬきに染めたる。價一枚四十五錢。

○陸軍萬歳

陸軍萬歳ハンカチーフ　は同樣山路と陸軍帽の前章とを配合よく染出したるもの。價一枚四十五錢。

右ハンカチーフは同樣の染め形にて綿にも出來しありて一ダース七十七錢賣り進物用には美麗なる箱に納めるなれば、時好に適して賣れゆき最も多しといふ。

○戰捷紀念の婦人帯留め

池の端　玉寶堂

家屋は雨露を凌ぐのみでない衣服も寒暑を凌ぐのみでない、其の中に自から美といふものゝ必要がなければ蔀も壁も、色も柄もいつた話しではない、それが色も選み柄も擇むのが美といふものゝ必要な證據である。

殊に婦人の裝飾は髪飾衣服の大から、指輪帯留の微に至るまで、一として美を失つてはならぬのである。

茲に池の端の玉寶堂が意匠をこらして調製した戰捷紀念帯留は、敷島の大和心のやさしきを世界に代表して居る櫻の花の盛りを見せて、一個は聯隊旗に陸軍を、一個はアンクルに海軍を利かせて、淑女賢婦人が帯の上にキリヽとしめて軍國女子の腹のしまりを是れ見よといふ趣向にも有るまじけれど、柔しいなかに、侵しがたい所の有る意匠面白し。價は一圓五十錢以上いろ〳〵あれば、地金彫刻とも好み次第なるべし。

前號本欄十四頁下段十二行七は五の誤植に付正誤す

癖好の性ある人は福なり　プルーハム

樂しめる心は病を痊すこと良藥の如し　箴言

松浦伯　直傳（三號のつゞき）

○花瓶

梅櫻の類が爛熳として軒端に今を盛りと妍を競ふときに、其の花をいけることは煩はしいもので、先は庭花に譲つて花瓶を出さないはうが宜しいのです、若花瓶を出すべくは庭にない花を用ゆべきで、それも櫻の時節に牡丹や椿のやうな美花は却て重くろしく見えますから、至て清らかなさつとした花を用ゆるが宜しい。庭に花がなくば櫻なり牡丹なり美しい花を入れて賞玩するが宜しうムります。花瓶は青磁か古銅が尤も宜しく先無地ものを可しといたします、藍繪の染付けものは用ゆべきも金欄手などの美麗な花瓶に美花を入れることは重くして悪く、此の取り合せには頗る功者の工夫を要することであります。

柱に掛ける花生は掛幅により床にもよるものですが、先細長き幅をかけましたときなどが取合つて宜しうムります、又花にもよります。

掛物の丈が長くて花の枝が紙中にかゝりますときは勝手の方へ外して置くが可し（掛物に欵印などあらば邪を避けて無き方に置くのであります、それは掛物を主として花瓶を客とする譯であります）

貴人の御作か又は殊に花美な花瓶には花を入れずに空瓶のまゝ床に飾ることがあります、これは花瓶を賞玩する心を表してのことであります。

○置物

掛物により繪によりて取り合せの工夫が肝要であります、人物の前に人物、牛馬龍虎の前に鳥獸の置きものは管々しくて惡しく、先櫻の圖に馬の置物、月の前に鹿などの取合せか可しく思はれますが、餘り添ひ過ぎても如何、先連歌の附合の心で行けば宜しからうと思ひます。

○香爐

手向けの爐は一足を本尊に向るが本式。

飾、空燒は一足を前にし。

本尊がありますときは中央卓か又は盆に乘せて置くのであります。

花鳥の掛物に香爐は相應はしくありません、其の時は棚に炷捨香爐を置いてよろし。

香爐を出しましたときは必ず香合を置合はねばなりません但卓なれば下に又は違棚にも置くので有ります。

以上初號から引續いて毎號演べました所で床飾だけは終りました。

是から書院飾り、棚飾りをお話し致しますが、これは詞で申しましても入り組んで解りかねますから圖にして御覽に入れます。

猶西洋式室内裝飾も引き續いて斯道達人の御研究になりました所を掲げまして讀者の御參考に供する考えでありますから號を逐ふて御覽を願ひます。

婚禮の部

前號のつゞき

漱石

○縁女より聟方へ土産を贈る古風が、中世より誤つて結納を取り交すことゝ思ひ違へて往々交換するやうなりたることの誤謬なることは前號に詳説せり。

偖次に表はす所の目錄書式及び目錄書の折り方は、則ち 土產品の目錄にして、其上包み竝びに扱ひ方共前既に逃べたる所なるを以て玆に贅せず。

甲種

折目

目錄

折目

一御羽織袴　壹具
一御小袖　壹重

折目

一扇子　壹對
一昆布　壹折

折目

一鰑　壹折
一鮮鯛　壹折

折目

一御樽　貳荷

以上

折目

折目

乙種

目錄

一御禮服　壹具
一末廣　壹對
一鰹節　壹臺
一昆布　壹臺
一御樽　壹荷

以上

右の目錄書は總て眞楷に認め筆畫の亂れざるを佳とするなり、又或る品によりて頭に御の字を冠らすること往昔よりの仕來りと知るべし。又下段乙種の目錄書式は、近來海陸軍人社會に多く用ゐらるゝ式にして、その書き方も快活に、窮屈なるを嫌ふ所より一ト折り一行にして品數を減じられたるが如し、而して禮服を軍服又は洋服となし、末廣を省きて時計指環の如き金屬品を贈りて後の紀念とするなどのこと行はるゝが如し、開明の世に徒らに虚禮に流れむよりは、實用品をもて式に充てるなどむしろ優れりとも謂ふべきか。

因に云ふ婚禮の式に用ゆる末廣といふは、下圖のものをいひ、全く扇子とは異なるなりされど眞の末廣、中啓とも常の用にならざるものなるを以て略して扇子を當て嵌めたるなり

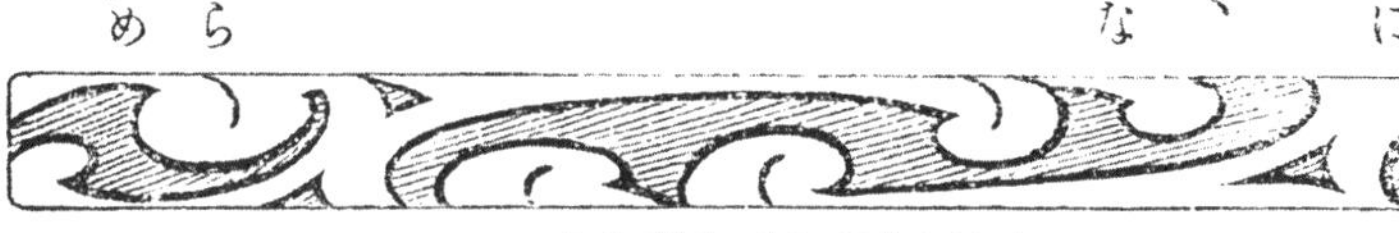

但末廣陽陰二種を合せて一對、陽は表金地に蓬萊、陰は銀地に西王母に桃樹何れも極彩色、裏は二本とも白地に蝶鳥、骨は赤資の竹を用ゐ、丁子彫をなし、本寸一尺二寸、略寸一尺〇五分を定式とす。

却説、嫁を迎ふる方にては合卺の日までに諸種の式具を用意し、これを間毎に飾るべし、其の式具には頗る輕重の差あるも今は最重の分は殆ど用ゆるものなきが如きをもてこれを除き、普通のうちにては鄭重なる分を撰びて左に示すべし。

合盃式々具品（俗に三三九度の盃といふ）

一 蓬萊島臺　一面
一 白瓶子飾り付　一對
一 長熨斗三方　一膳
一 富貴押臺（干肴を積みたるもの）　一膳

一白三ッ土器三方付　一組
一長柄提子飾り　略せば燗鍋銚子にて宜　一組
一御膳部　二膳
一白下捨土器　二枚
以上

色直しの式竝に舅見參式々具品

一高砂島臺　一面
一赤瓶子　二對
一長熨斗三方　一膳
一稲穂押臺干肴を積みたるもの　一膳
一銚子飾り　一對
一赤三ッ土器　一組
一御膳部　二膳
一赤下捨土器　二枚
以上

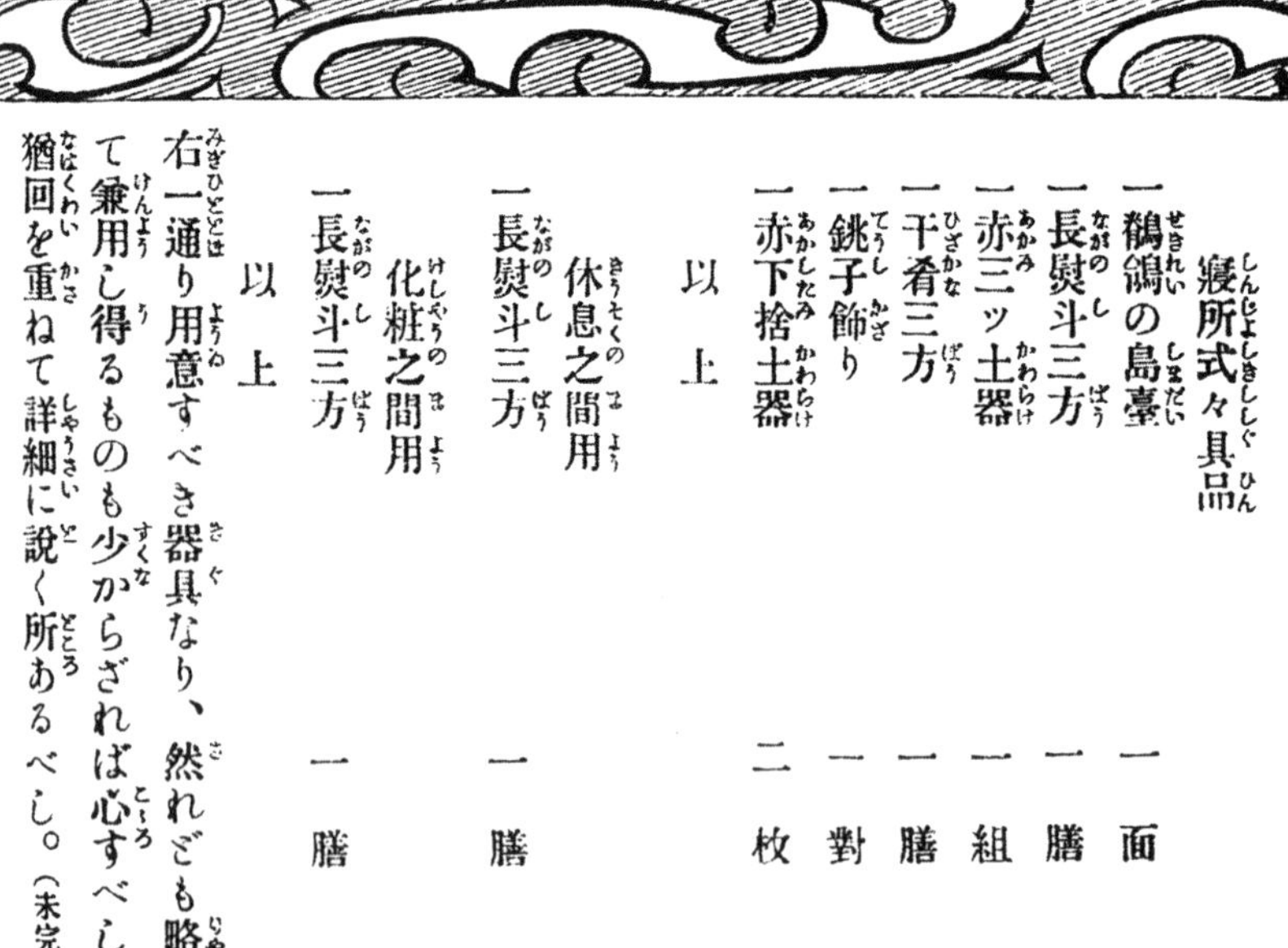

寢所式々具品

一鶺鴒の島臺　一面
一長熨斗三方　一膳
一赤三ッ土器　一組
一干肴三方　一膳
一銚子飾り　一對
一赤下捨土器　二枚
以上

休息之間用

一長熨斗三方　一膳

化粧之間用

一長熨斗三方　一膳
以上

右一通り用意すべき器具なり、然れども略して兼用し得るものも少からざれば心すべし。猶回を重ねて詳細に説く所あるべし。（未完）

素人醫者

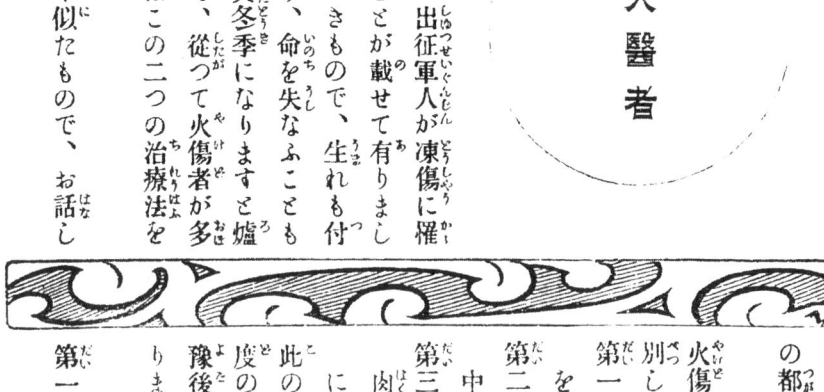

最近の新聞を見ますと、出征軍人が凍傷に罹つて難儀されるといふことが載せて有りましたが、實に凍傷は恐るべきもので、生れも付かぬ癈疾になりましたり、命を失なふことも澤山例のあることで、又冬季になりますと爐邊に親しくなりますので、從つて火傷者が多くなります、で本號にはこの二つの治療法を手近くお話しませう。

火傷と凍傷とは誠に酷く似たもので、お話しの都合上火傷の方から申しませう。

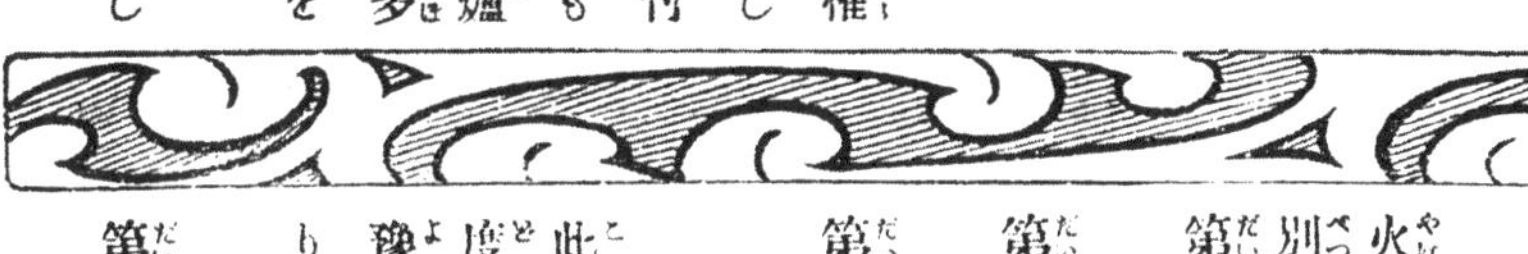

火傷

火傷はその輕重に依て醫學上これを三度に區別して有ります。

第一度の火傷といふのは皮膚の表面に紅い斑を呈しまして、膨る位の所。

第二度は大小水疱を生しまして薄皮の膨れた中に白く薄稀い粘液をもつて居るもの。

第三度は腐化性で熱強く皮膚ばかりでなく筋肉から骨まで侵され、外部は褐色又は黒色に化するもの。

此の程度に區別されて居りまして、若し第三度の火傷に全身の三分の一を侵されますと、豫後は不良と相場が極つて居る程のものであります。

療法

第一度は布を水に浸したもの或は布を百倍の

鉛糖水に浸したものを交換引き代へ患部にあてゝ置きまして、痛みが去りましたら十倍の硼酸軟膏を貼用て置くと治ります。

第二度は水疱の薄皮を徐と刺して中の水を取りまして、其の疱膜は損じませんやうに保全して置くのです、而して亞鉛花二分と澱粉八分の割合に混和したものを患部へ撒布して置きますか又はアマニン油と石灰水と等分の液に布を浸して第一度の如く罨法を行ふも宜しい。

第三度は絶體に醫療を乞ふの外はありませんが、醫に不自由な所などで治療を受くるまで放任て置けぬ、其の時はラッサー氏酸化亞鉛六十分とヲリーブ油四十分のものを患部に塗布がよろしい。

又少しの火傷なれば、患部にヲリーブ油を塗つて其の上へ蕎麥粉を水で練つて布にひいて纏つて置くと痛も早く去つて直に治ります。

凍傷

凍傷も亦火傷と同じやうに三度に區別して有ります。

第一度は耳、鼻、手足が侵され易い、而して最初は患部に痳痺を發しまして八日乃至十日の後に水疱を發します。

第二度となりますと患部が藍赤色を呈しまして灼痛、瘙痒を覺えて浸潤を起して來ます。

第三度の腐化性のものは壞疽狀に陷り易く終に脫落して形を失ふほどの大患となることが往々有ります。

都て凍傷は豫防が肝腎ですが若し冒されましたならば湯に酢を加へて酸性としまして、これで患部を洗ふか又は生海鼠を茹た汁で洗つても効驗が有ります、其他石油を塗擦するも宜しうござります。都て凍創にはタンニーネ一

分と單軟膏十分のものを貼付して置くと治ります

第三度の重症に罹りましたときは、最初寒冷にして漸く温かくするのが可いので、先雪で身體を摩擦して夫から水を掛け、後に温湯で温めまして血液の循環を恢復せしめなくては不可ません、而して若し壞疽に陥りましたらば手なり足なり其の分界線から思ひ切つて切斷しなくては全身に及ぼして死を免かるゝことはできません。

雪中の旅などで吹雪のために進退の自由を失ひまして餘義なく雪中に蹲つて晴れ間を待つなどゝいふときに、最初に寒氣に堪え難いのが漸く暖やく覺えて眠りを催して來ることがあります、又雪國の旅人に往々睡魔に侵されて雪の中を歩行きながら睡りつゝ來るものなどが有ります、これは全身が既に凍傷に侵されつゝあるので、既に外面は凍結して血液が循環せぬやうになりまして、血液が内部へ凝り集つてまいりますから、自身は温暖を覺ゆるのであります。

若し斯ういふ既に凍死の徴候を顯はした患者に出會ひましたら、先雪を掴んで鼻の頭を擦り、吃驚して眼の覺るやうにして知覺を興奮恢復せしめて後に前に述た第三度凍傷の手當てをして一面速かに醫者を迎へて治療を請ふのが肝腎であります。

既に雪中に倒れて凍死して居るかのやうな患者でも、手當てによつて回復することは往々あるのですから、直に斃死者として拋棄することは早計の至りです。

此の如き患者を取り扱ふに、猥りに患者の身體を動かし又は擔つて人家に運ぶなどのことは最も危險で、既に身體の外面は凍結して居るから少し荒く觸れば壞れ落る恐れがあります、で最初雪で身體をそつと擦つて冷して置いて、更に水を掛けまして、それから温湯を濺ぎ方纔　温かくして血液の循環を恢復させてそれから適當の治術を施さねばならぬのでありますから心得のためこゝに述べて置きます。

前號正誤

前號本欄内藥物の名にゼ●ルマトールとあるはデ°ルマトールの誤植に付き正誤す。

豆腐料理つゞき

○通常品

△高津湯どうふ

又南禪寺豆腐

是は昔大阪高津の社の境内に湯どうふ屋三四軒ありまして、其の料に用ゆる豆腐屋が門前に一軒あつて日本一と唱えたほどの妙製でありまして、それから高津豆腐の名が高くなりましたので、當時京師の南禪寺にもありました。

絹漉し豆腐を鬆のたゝぬほどにさつと湯烹し熱き葛あんをかけ上に芥子を置く。

△草の八杯どうふ

豆腐を太き溫飩ほどに切り、醤油と酒にて烹調し、かくし葛(薄葛)つかひ、おろし蘿蔔を置くなり。

△草のケンチエン

眞のケンチエンの下に出すべし。

△霰どうふ

よく〳〵水を押しぼり、小さき骰の目に切り、笊籬(亀の甲笊ともいふ)に盛り振りまはせば豆腐の角とれるなり、これを油にてさつと揚げ、調味好みしだひ

但骰の目の少し大きなるを松露豆腐といふ

△雷 豆腐一名南京どうふ

胡麻の油をよく炒り、豆腐を摑み碎きて打ち入れ、直に醤油をさし調和し、葱の白根をざく〳〵切り、おろし大根、おろし山葵をいれ又はすり山椒を入れるもよし。

但水氣をよくしぼりて右の如くするを黃檗豆腐ともいふ、佳品の部に出す黃檗どうふとは別なり、又一說に隱元どうふともいふ。

又法、豆腐の水をしぼり摑みくづし、青菜を微塵に刻み豆腐と等分位にし、油をよく煮たたせ、先どうふを入れてよくかきまわし、次に青菜を入れ又よく攪し醤油にて調味すこれを碎き豆腐といふ。

△再炙田樂

但豆腐十挺に油二合位の分量にてよし。

△凍どうふ

阿漕でんがくの下に出すべし。

一挺を八ツほどに切り、籃にならべ、沸湯を

かけ、屋外へ出し極寒天に一夜さらし、翌日又湯にて煮やはらげ、浮あがるとき取り上げ少し壓をかけ置き又篭にならべ、幾日も太陽にさらすなり、淪湯に山梔子を割りて入るれば蟲のつくうれひなし、但屋外へ出すには夜半よりするをよしとす。

△速成凍豆腐

前の如くして只寒天に一夜さらすばかりにて翌日用ゆるをいふ、椀盛の種などにして最妙なり。

△すりながし豆腐

擂鉢にてよくすり、葛の粉を混ぜて又よくすり、味噌汁のなかへすりながすなり。

△おし豆腐

布に包み、板を斜にして並べ載せ、潰れぬほどの壓石をかけよく水氣をしぼり、生醤油と酒しほ等分にて煎染め小口切りにす。

通俗法律（養子）

養子といふことは上皇統連綿にましまして、下も亦家族制を重んずる國柄でありますから、古來より此の制の存する所でありまして、西洋に於ても家族制を重んじました時代には各國ともに養子といふ制が有りましたやうに思はれます、就中羅馬の(Adrogatio. adoptio)養子は實に我が邦の養子制に甚近似して居つて、其の目的も亦同一で有るやうに思はれます、即ち祖先の祀を絶たぬやう、子孫繼續して家名を長へに殘すといふことで有ります。扨養子制を置かれて見ると、其の養子といふものが必ずしも嗣子を得るためにのみ限る譯にはまいりません、是れも古來からの習慣で有りまして、隨分一家で三人も五人も養子の有るのがある、此に至つて養子にも亦弊を生ずるのでありまして近來彌其の弊が多い爲めに寧ろこれを禁ずるを可とする論者も有るやうであります。方今の如く養親の多くが、養子する名は家名相續で有つて、其の實は老後に扶養を受くるのが唯一の目的であり、甚しきは養子の名の下に人身賣買に類似の弊行はるゝ等の事を算へ來れば、此の養子制を存するの利害得失に於て多少疑ひなきを得ぬのでありますが、古來の慣行を一時に破るといふことは大に苦痛を感ずるものでありますから、弊害は法律の力を以て矯正すれば足れりとして立法者が此の民法に於ても養子制を存して置かれたので有らうと思はれます。

扨本文に入りまして

第一款　緣組の要件

緣組の要件には實質上の要件と形式上の要件とあります、これは逐次本文に依て説明します

實質上の要件

民法

第八百三十七條　成年ニ達シタル者ハ養子ヲ爲スコトヲ得

是は養親の年齡に付て規定を設けられたもので有りまして各國ともに此の制にも種々沿革の有つたことで有りますが、我が民法は多分

白耳義國の民法草案に據られたもので有りませうと思はれます、同草案の文意を按じますに、多くの人は成年に達してから初めて子を擧ぐるを常とするから、未だ成年にも達せぬうちに養子をするが如きは毫も必要を感じない、夫れのみならず普通の場合に於ては自然に反することか多いから敢てこれを許さぬを可とすとの意で有ります。

實に其の如く加旃養子は他人の子を取て自己の嫡出子とするのでありますから最重大の事件であります、これを智能の完からぬ未成年者に爲さしむるは頗る危險と謂はねばなりません、夫れ等によつて本條を設けられたのであります。

民法

第八百三十八條　尊屬又ハ年長者ハ之ヲ養子ト爲スコトヲ得ス

是も前條に類しました理由のあるものでありまして、養子緣組は人爲的に親子の關係を創造するもので有りますが、何如に人爲で造つた親子にもせよ、尊屬が却て卑屬になりましたり、子の方が親より年長である如きは最も不自然の極であります、外國の法律には養親の年齡と養子の年齡との距離の年限を幾年より近くはならぬと制限して實際の親子の如き年の差を有らしめやうとした例も有ますが、我が國には然ういふ慣例も有りませず、餘りに束縛に過ぐるの嫌があるので、單に年長者を養子とすることを禁じたのであります。

又尊屬とは直系尊屬（本誌第一號廿一頁に解說す）は勿論兄姊伯叔父母等古來の慣例によりて所謂目上と稱するものを總稱して云ふので、單に血族のみでなく姻族までをいふのであります。

（以下次號）

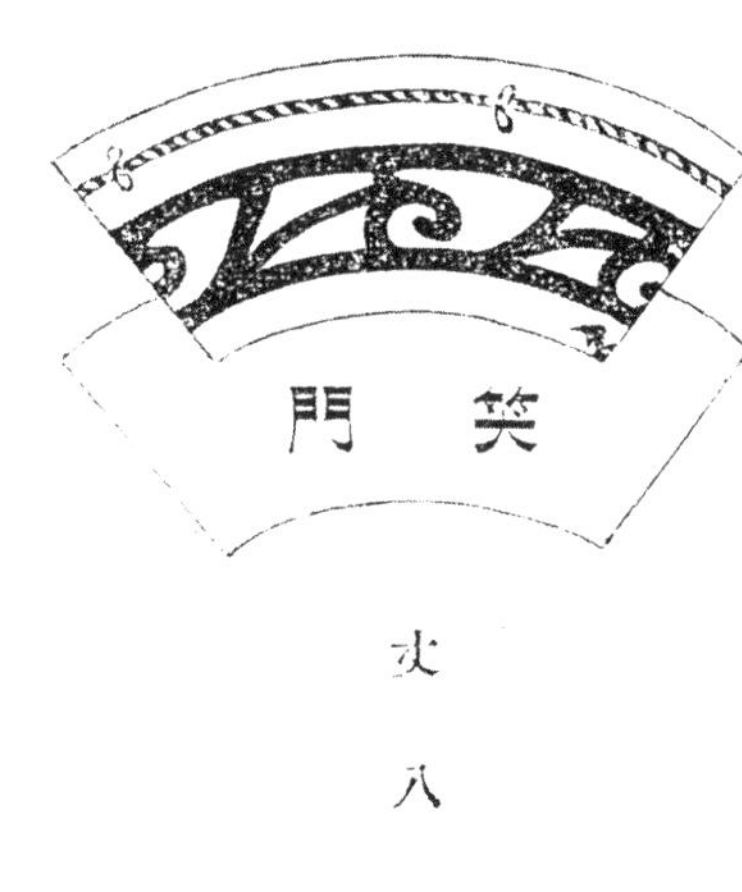

丈八述

○

相も變りませず取りとまりのないお笑ひ草を二つ三つお話し致します。

掠緣薄

山寺の僧侶が里の寺に法會がありましたので其の寺へ參りまして、鱈腹精進料理の御馳走になりまして、良い心持に鼻謳がわりに和讃か何かを曲節面白くうたひながら、人里離れた谿間を踉々とやつて來ますと、一陣の腥風が颯と吹いて來る、谿蔭の木の下がガサ〳〵と鳴るかと思ふと、眼は百錬の鏡の如く、牙は刄を植えたるが如しと言ひそうな虎が一疋顯はれ出ましてニヤー……。

實は丈八虎の怒つたときの聲を存じません、動物園の虎も唯ガーといひますがこれも柔順いときの聲で、どうも形のうへから考へますとニヤーの大きいのだらうと思ひますが、想像ですから間違ひましたら御免を蒙ります、又其の聲を御存じのお方は哀願お敎えを願ひます。

閑話休題、坊主吃驚仰天しまして手に持つて居た鐃鈸一片を投げつけましたが、なを追つて來る、又一片を投げたが彌迫つて來る、これは堪らないと不圖懷中に經卷が有るのに心付きましたから、御經の功力によつて助け

たまへと彼の經卷を披いて虎の鼻の先へ銜きつけたら、虎は忽ち耳を垂れて這々の體で逃ていつた。

坊主大悦で、此時初めて御經の功力を識つて救世の御誓ひ有り難し、南無歸命頂來釋迦牟尼佛と拜みながら山寺へ歸りました。

お話しかわつて彼の虎の穴では虎の母が何でおまへは逃て來たと子虎に聞て居りますと、子虎が申しまするは

『坊主が來たから喰ふと思つたら、煎餅二枚で逃げやうとしやがつたから癪に障つてなを追駈たら、坊主奴纔か二枚の煎餅を餌にしてすぐに勸化帳をひろげた、これでは逃げずには居られないではないか』

原文

和尙做二功德一回、遇レ虎懼甚、以二饒鈸一片一擊レ之、復至、再投二一片一亦如レ之、乃以二經卷一掠法、虎急走歸レ穴、穴中雛虎問レ故、曰適遇二一和尙一無禮、止擾二得他

い 厚板丸帶

地色鶯茶地配合よき色糸にて金襴手、萬暦式、祥瑞等名ある磁器の文様をそのまゝ拉し來つて配置したる頗る高尚優雅の逸品二十歳前後の婦人に最も適當なるべし。

價 八拾圓也

ろ 綴錦男帶

鐵納戸無地、織出しの「カケ」になる部分へ濃茶金茶等のやたら縞に古代土器の地文の如き形を顯はしたる好事もの。

價 拾七圓五拾錢

い　幽谷織丸帯

地色は濃き茶、本品獨特の織り方にて金茶、海老色、縹色などの色糸にて光琳式の浪を地文にして金通しに有職の鶴、品位と雅味を兼ねたる優等品何れ廿二三の令夫人に好適と見らる。

價百圓也

ろ　糸錦中帯

地色は時代紅、路考茶の組子を菱形の格天井にして、繋ぎには有職の花菱、黄と金通しの蝶鳥を配置よく散らしたる祝ひ着用。

價拾八圓

は　鹽瀬中帯

紅地に白鳳、寫生色の桐、白鳳の冠を赤の粒縫ひに、桐の葉に金糸刺繍の隈どりは品位高き令嬢の祝ひ着に動きなきもの。

價貳拾參圓

い　友禪縮緬

金糸にて横縞のある上へ萌葱、薄葡萄、赤、黑の四色にて不規則の歪角形をつなぎ合せたる上へ竹を匹田形と寫生式に顯はしたる長襦袢に動きなきもの。

價　拾七圓五拾錢

は　友禪縮緬

紅地、赤小豆文樣、白ぬきヌーボー式の葉と匹田又は狂言文樣等を路考茶、赤、紺靑等にて雲繝に顯はしたる精巧品にて長襦袢としては比類なき品なり。

價　拾六圓

ろ　友禪縮緬

赤地へ白ぬきに櫻の花びらを散らし、白く丸ぬきにしたる中へ、上部に太陽の光線を引きたる、下部に提燈行列を紅染めに出したる祝捷文樣、例れ祝ひ着の下襲ねか長襦袢に面白かるべし。

價　拾四圓五拾錢

に　友禪縮緬

葡萄色の暈し、霞、破れ形のなかへ光琳式の草花をいろ〳〵に染出したる優雅の意匠、何れ祝ひ着か令夫人の長襦袢に可なるべく。

價　拾六圓參拾錢

米澤琉球紬

一見大島紬に見紛ふ出來にて破れ市松に菊水は六圓九拾五錢　同　放れ立涌に井桁は六圓貳拾五錢何れも下着か思ひ切つて男の子の筒袖など妙なるべし。

甲

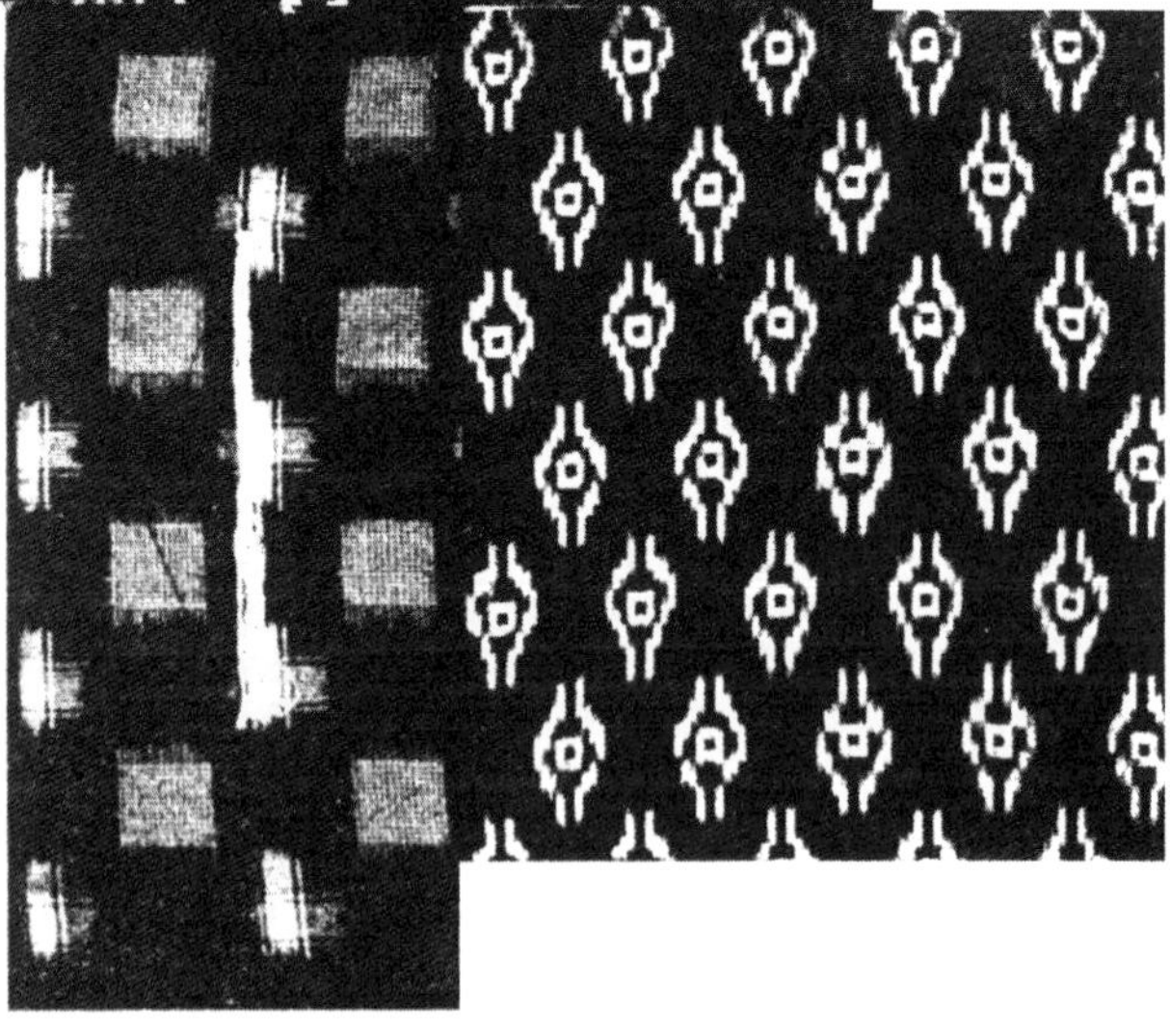

紡績かすり　男兒筒袖着物　同　羽織等に妙。

甲　貳圓五錢

乙　壹圓七拾五錢

乙

兩片薄臉ニ就掠ニ一本綠簿ニ過來、不レ得レ不レ跑、

打半死

某所に滅法界な慾張りが有りました、豪富の貴人が申しますには『貴樣は隨分間拔けの慾張りだが今千圓やるが乃公に打ち殺させないか』と云ひましたら、慾張りも些と考へましたが良久しくしまして、『貴人、五百圓にして半死半生になされては何如です』

原文

一人性最貪、富者語之曰、我白ニ送爾一千銀子ニ、爾與レ我打死了罷、其人沉吟良久曰、只打ニ我半死ニ、與ニ我五百兩ニ何如、

代り合ひまして今度は日本のお話をお聽きにいれます、これは近頃のことで、昔ばなしではムりません、强て名を付けますれば

詞

とでも申しませうか。

近年は相撲道の流行は非常なもので厶りまして、紳士方が先達で日下會などゝいふ御連中が出來ましたり、公爵樣の御定連などが厶ります、上の好む所下これより甚しとか申しまして、八公熊公などは一切夢中であります、細ッこい體軀を自分ばかり肥大て居るつもりで、肩で風を切つて大股に歩いて、口のうちでドタリ〳〵と足音の聲色をつかつて行くなどゝいふ愛敬ものがあります、

斯ういふ有樣でありますから、此所の路次彼所の空地に毎晩素人角力がはじまる、出兒の山とか出ると負なざゝ勝手な名を命けて、嘩喧だか喰い合ひだか解らない騷ぎ。

所でいよ〳〵大業になりまして、差配人が年寄株で番附をこしらへるといふ騷ぎ、横町の仙さんといふ魚屋が器用な所から、番附書きに撰ばれまして、差配人の拵えた下書を見ました所が、蒙御免と書いた下に行亊木村何と

か式守何とか書いてある、所が魚屋の仙さんは多少字が讀めるから是では承知しない、『大屋さん東京の俗差配人を指して大屋と呼ぶ此の行事の字は年行事月行事などの事の字で、相撲のギヨウジのジの字とは違ふではないか』と突つこんだ、大屋も負けない氣になつて『それじやあ何と書くか知つてるか、行事の事の字に違いが有るものかといふ、魚仙躍起となつて、

『箆棒奴ー知らねー奴が有るもんか、耳の穴を堀つてよく聽きねー、行司の司の字はナ、同といふ字を片身おろしにして骨付きの方だ。

英米 貴女紳士交際法（承前）

北盧譯

貴女の部

衣服の事(DRESS)

地方に居る時の衣服は、都に居るときのとは餘程違ふ、夜の衣服は地方も何處も同樣であるが、日中の衣服は一般にズツト素樸である、地方にては都の樣に、午後に衣服を改める必要がない、間食の時の衣服を脱いでしまう必要がない、であるから五時の茶の時までは、朝からの衣服を着續けて宜しい、それより中

養までの數時間は、大抵自分の部屋に居るのであるから、茶の時に着換へたチーガウン（茶席の表衣）で通すのである、能く作法を心得た人は、地方に居る時は相當の理由がなければ、日中立派な服裝はせぬ、公會の場所でなければ似合はぬ衣服を着けて、菓物園を見廻るなぞは、如何にも可笑しき樣に思はれる。

併しまた是非とも義務として立派に着飾ざらねばならぬ場合がある、無雜作な服裝が相手に對して一種の無禮となる場合がある、例へば朋友の婚姻の席に招待された時は、先方の面目の爲め充分盛裝して行くが義務である、人に誘はれて劇場へ行く時は、衣服萬端五分もすきのないやうにするが必要である。人を訪ねて滯在を勸められた時は、朝から晩まで精々良き服を着けべきである、他の家に客となり居る時は、世間に對する主人の信用を增すも破すも自分の如何によつてゞある、外見身仕度が自分にとり大切であるは、固よりの事であるが、又主人たるものに對する敬禮の重要部を占めて居る。

午後の會の衣服 (DRESS FOR AFTER-NOON PARTIES.)

衣服の禮法に關する法式は、前述の如く簡單なるものであるが、時としては如何にせば宜しからんと惑ふも道理な場合がある、主婦が何か新奇な接待をしやうと思ふて、招待された人が、分別に迷ふやうな案內狀を受けることがある、男の目から見ては、婦人がどんな服を着やうかと、それを心配するのは可笑しいやうであるが、招待された席で、着飾り過ぎてか、または服裝不足で、實際恥かしい場合に出逢ふた人は、何ふしても忘られぬ程に口惜しいものである、故に相應はしく身仕度すると云ふ事は、多少の考慮を費やの價値がある、而して折にふれては、隨分と裁決に苦しむ時がある、例之ば三時より七時までと云ふ時間で、朋友の家に演劇會がある、それに招待されたと思ふて見られよ、演劇會と云へば、自然半化粧で行くと云ふ考が起る、併し時刻の上から見れば、是非ボン子ット（婦人帽）が必要である、斯う云う時に其取捨に迷ふは尤な話ではないか、併し斯樣な時に適用すべき法式は、下の如くである、乃ち指定の時刻が七時前ならば、夜服の入用はないと心得て宜しい、一體交際社會の人々は、中餐を目當に服裝するものと極まつて居るから、中餐後は何れへ行くにも、自然夜服を着用するのである、總じて衣服の禮法だけの點では、中餐の時刻が交際社會の主眼となつて居るのであるから、服裝の取捨に迷ふ時は、之を目標とするが一番安全な仕方である。

午後の在宿（AFTERNOON AT HOMES.）

午後の在宿と云ふ事は、ロンドンになくてならぬものゝ一ツである、若し斯云ふ取極がなければ、市中の人々は互に其朋友の面を見ることだに得出來ぬであらう、一週毎に其一日を割いて應接日と定め朋友に面晤の樂を得さするのは、誠に其宜しきを得たるもので、少しも高慢臭いことはない。

此在宿日に人を招くには、混入た禮法はいらぬ、唯さる面會の折に自分は毎週何の日には必ず在宿であると云ふ事を、それとなく相手の者に知らするか、又は訪問の時名刺に火曜日とか水曜日とか記るして置けばよいのである、左すれば向ふの婦人は、其定めたる日に來さへすれば、必ず會はれると云ふ事を知る都合になる。名刺の下の方に姓名を記入するものもあるが、上の方の左側に横に書くのが最新の風である、訪問は三時から七時迄と極つて居るから、殊更に應接の時間を記す必要は無いのである。

これから少しく應接室の飾附排置の事を語つて見やう。（此項未完以下次號）

茶道

二號のつゞき　勇猛精進菴

○茶道は元來以心傳心でつたへ來つたものでありますから、書物に殘つて居るものが誠に少いのであります、偶書物として印行されたものがありましても當時何事にも極意を秘すといふ傾向がありますので爰といふ肝腎眼目といふところが盡して有りません。尤書物に顯して有つたとしても他の科學と違つて書物のみに據つて習熟することは迚も出來るもので

ありませんから、書いたものばかりを手本にして茶道を習得せらるゝことは出來ぬのでありますが、菴主は飽くまでも、秘訣口傳といふやうな狹いことを言はず有るたけのことを書き表はして、斯道に執心な讀者の備忘誌ともなれば菴主は大に滿足するのであります。前にも述べましたとほり菴主は茶道無流儀といふ持論でありますから、本欄に書きたてる事柄におきましても、微細に渉る手前のことなどは故と省くことゝ致します、尤も近頃出版になりました茶道手ほどきの書などには、茶巾や不洗絹のたゝみかたなど委しく書たものも有りますが、到底書たものを的にして練習し得られるものでは有りません、又不洗絹や茶巾のたゝみかたをも習得せぬ人が、書物に就いて學ばうとするのは抑不量見の至りと考へますので、菴主は茶の湯大體の本道を說くと同時に手續きを解き明して讀者の栞に供するのを目的とするのであります。

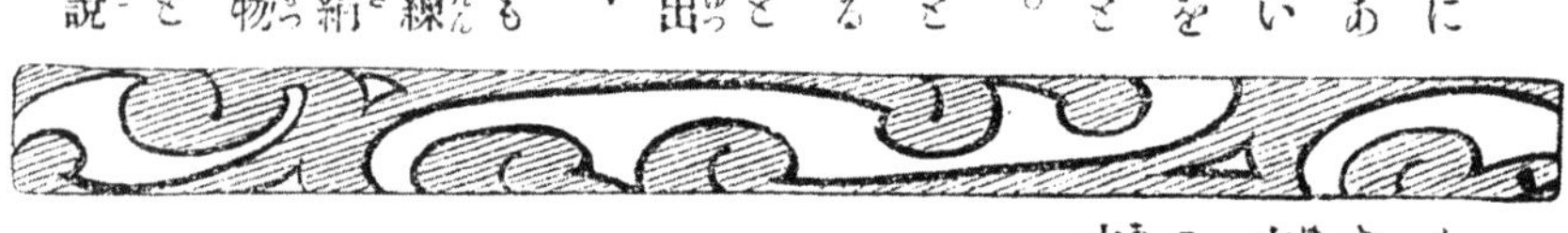

本號から利休傳來茶道の手續きを述ますが、これを分けて主方客方の二つと致しまして先主方から述べます。

○主　方

客約束の事

一貴人の宛を招請いたしますには、自身伺候して、何日何時に御茶進上致したく又御相伴は誰々に仕り然る可き哉を伺ひて定るが禮としてあります、偖日限も相伴も定まりましたらば更に前禮と申まして、豫じめ御入來御承諾有り難き旨御禮に參る其の節貴賓が食品の禁物も伺ふをよしとしますので、好物を伺ふことは避ける方がよい、と申すは若し其日に好物の品が有り合せませぬときは却て不興にもなり亭主も不本意に感せられます。

一同輩の客を招待しますには、來る幾日何時御茶進上致度よしを、書狀にて申遣はして可いのですが、招くべき人々へ各別に書狀を出すならば、相客は誰々といふことを必ず書き添えねばなりません、又都合に依りましては連狀に認めて同章にすることも有ります。

一客方よりそれ〴〵日限承知、指定の時刻に參るべき由の返事がありましたらば、御入來　忝　この禮のために自身又は書狀で挨拶するを禮としてあります。又主方より招請せぬ人或は未聞にても、來る何日御茶會有之段誰殿より承りたるに付參上致度と懇望して來ましたならば快く承諾して　忝よし挨拶するのが古例であります。

○客により道具取合注意の事

一客方にて兼て所持する道具と同一のものは其茶會には出さぬ方が可いのであります。縱令ば、客方で前に光悦作の赤茶碗を使ひました後に、其の客を招いで同じ作の赤茶碗など出しますことは、自ら甲乙を競ふやうになりまして面白くありません、是は獨り道具に限つた譯ではありません、料理などでも前に菜汁の出た後へ、菜汁を出すやうのことは避けなければなりません。

但佗人は道具も一通りで茶の湯を致すことでありますから、假令差し合ひの道具が有りましても、避けるには及ひませんこと〻定めてあります。

（以下次號）

育兒法

衛生眼より研究したる（前號のつゞき）

叢軒

前號には妊娠中及び分娩後母體の攝生法等を詳說せり、玆に妊婦は勿論一家内が都ての準備の爲めに知らんと欲する所のものは其の分娩の時期なるべし。

抑或る結果によりて妊娠したる初めより胎兒の產るゝまでには生理學上一定の胎内發育期あるを以て、（母體の病的其の他の故障の爲に多少例外の場合を生ずることあるも）之を數字の上に於て前知すること難からざるなり。

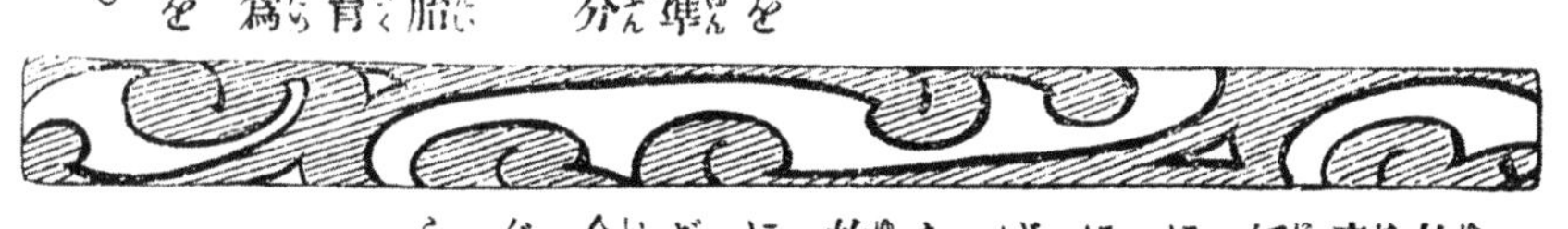

故に簡短に其の分娩期を豫知するの方法を諸彥に授く可し。

妊娠の日數は四十週日を定則とす、即ち最終に月經の來りたる日より算へて九箇月と七日に到る日が分娩すべき當日となるなり、例せば一月一日が最終月經の來りたる日なれば即ち分娩の日は十月八日となるの類これなり、故に秩序ある家庭にして記錄を苟くもせざるに於ては妊婦が分娩期を豫知すること難からざるなり。

今試に簡易なる出產期早見表を作り左に揭ぐるを以て、諸姉これに因て分娩期を豫知せらるれば益する所尠からざるべし。

但該表に三百六十五日を悉く示すことは煩に堪えず且浩澣に涉り限り有る紙數の能くすべきに非ざるを以て每五日を隔てゝ造れるなり。

分娩期早見表

最終月經	出産
一月一日	十月八日
五日	十二日
十日	十七日
十五日	廿二日
二十日	廿七日
廿五日	十一月一日
二月一日	四日
五日	八日
十日	十二日
十五日	廿二日
二十日	廿七日
廿五日	十二月一日
三月一日	六日
五日	十日
十日	十五日
十五日	二十日
二十日	廿五日
廿五日	三十日
廿八日	一月二日
四月一日	六日
五日	十日

最終月經	出産
四月十日	一月十五日
十五日	二十日
二十日	廿五日
廿五日	三十日
廿八日	二月二日
五月一日	五日
五日	九日
十日	十四日
十五日	十九日
二十日	廿四日
廿五日	三月一日
廿八日	四日
六月一日	八日
五日	十二日
十日	十七日
十五日	廿二日
二十日	廿七日
廿五日	四月一日
廿八日	四日
七月一日	八日
五日	十二日

最終月經	出産
七月十日	四月十六日
十五日	廿一日
二十日	廿六日
廿五日	五月一日
廿八日	四日
八月一日	八日
五日	十二日
十日	十七日
十五日	廿二日
二十日	廿七日
廿五日	六月一日
廿八日	四日
九月一日	八日
五日	十二日
十日	十七日
十五日	廿二日
二十日	廿七日
廿五日	七月二日
廿八日	五日
十月一日	八日
五日	十二日

最終月經	出産
十月十日	七月十七日
十五日	廿二日
二十日	廿七日
廿五日	八月一日
廿八日	四日
十一月一日	八日
五日	十二日
十日	十七日
十五日	廿二日
二十日	廿七日
廿五日	九月一日
廿八日	四日
十二月一日	七日
五日	十一日
十日	十六日
十五日	廿一日
二十日	廿六日
廿五日	十月一日
廿八日	四日

偖これより臨産の場合都ての處理法を示すべし。

産の方法は諸國習慣を異にするも舊來概ね蒲團を積み重ねてこれに凭掛らしめ、或は火燵櫓の類に靠れ掛る等の類多し。（古書などを閲するに天井より扱きたる布を下し、産婦がこれに攀縁て努力する狀を描けるものあり）斯の如き方法は斷じて襲用すべからざる弊習にして、妊婦産に臨むときは靜かに仰臥し、而して破水（俗水霜といふ）下りてのち横臥分娩すべし。

且往昔は産を穢れたるものとし、大小の官人家に出産あるときは産穢と稱して官衙に登るを避けしめたる等のことあり、此の習慣俗を爲して遂に産所を一家の内最下等の室に設け、或は日光を憚り産所を密閉暗黑にする等謂れなき宗教的惡習慣は皆悉く害あるものにして、寧ろ比較的清潔に能く光線の達し且つ大氣の流通よき室を選ぶこと最も肝要なり。

子生れて産婦に異狀なくば先汚穢物を取り片付け、豫て晒木綿に包み置きたる生兒を洗滌すべく俗これを初湯といふ。

生兒を浴せしむべき湯の温度は攝氏三十五度より四十度則ち華氏九十五度より百〇五度を可しとす、此の温度を試むるには湯の中へ腕を浸し熱を感ぜざるほどのものを適度と知るべし。

扨生兒を温湯中に入れ（無論頸より上は上に出して）第一に眼を洗ふべく、其の方法は、温湯に浸したる綿布にて外眦より内眦の方へと能く洗ひ、（此の際生兒の瞼を開き、五十倍の硝酸銀水一二滴を眼の中へ滴して且能く洗ふを最も可とす、世に生れながらの盲目者多きは、生兒の眼を洗ふことを能くせず又は不潔の布片を以を洗ひ爲めに病的瞎目するもの少からざるなり）夫より口、耳、鼻と順次に洗滌すべし。

此の初湯をつかふことは身體に附着する所の諸種の不潔物殊に俗間「ヒヱ」と稱する眞珠樣の光りある灰白色の附着物を洗ひ去るを目的とするなり。故に可及的第一回の浴湯に於て此の附着物を洗ひ去るを要するも、その入浴時間は五分時間より長くも十分間を超ゆるを不可とするを以て、若し其の時間中に洗ひ去ること能はざりし時は徐々二回三回の入浴時に洗ひ去るべし。

但初湯のとき生兒の全身にヲリーブ油又はワセリン若くは鷄卵を塗り附け、徐に掌を以て擦るときは彼の灰白色の附着物は泡を生じ、恰も石鹼を溶解したる狀となりて容易に剝落するなり、又如何に兒體が不潔なりとも決して石鹼を用ゆることを嚴禁す。

却說初湯を了りたる生兒は豫て乾きたる布を火に温め置き、これを以て能く拭ひ、更に温めたる産衣を着せ靜に蒲團の上に横臥せしむべし。

注意　生兒を横に臥さしむることは、當時胃中に在るものを吐出することあり、此の際仰向けて臥さしむるときは誤つて排泄物の氣管に入る恐れあればなり。

産衣の用布はフランネルを良とす、袖廣く丈は足より四五寸長くし、帶を緩やかにして呼吸を妨げざるやうすべきなり。

産後母親は多少寒氣をおこし、發熱發汗して分娩の疲勞のために大に睡を貪るものなり、假令何程發汗するも全身を拭ふ等のことは身體動搖するの害と感冒の恐れあるを以て、其の儘靜かに熟睡せしむべく、生兒も亦よく眠るものなれば是も亦よく睡らすべし。

斯くて母親は二三時間の後氣分爽快となり渴を訴ふべく、これには淡き茶、麥湯、砂糖湯のうちを與へ藥物など用ゆるに及ばず、又加琲紅茶の如きは一週間の後にあらざれば用ゆべからず。

（以下次號）

臍帶の切り方及び其の處置方、授乳法、其の他生兒が生涯中に係る良習慣の種蒔きともいふべき躾方の注意等一日も速く讀者に知らしめんと欲する要件夥多あるも紙數に限りあるを以て筆を擱くことゝは爲したり、請ふ編を次で益佳境に入るを待て。

雜錄

本欄には大方諸彦の投稿を歡迎す

○人氣の消長といふものは恐るべきもので、政府の頒布する法律よりも普く一致することに於て數等上位に居る。

五穀豐熟して海外貿易順調といふときには、自然に活氣を帶びて來るので其の活氣が都てのうへに表はれて來る。此の活氣なるものが勇氣を惹き起すので各人が知らず識らず不遠慮に大道を濶歩するやうになる、其の表象は衣服の色が衒耀になる、從て文樣も大きく華美として來る、裄が厚くなる、木履の鼻緒までが太くなる、斯う萬事が賑やかになるので、若し此の反對に農作物は稔らず、貿易は輸入超過、公債株式は下落と來ると、都てが陰々として、其の表象は衣服の色が燻んで來る、從て文樣が低く小さくなる、裄が薄くなる、木履の鼻緒までが細くなる、斯う萬端が樸素になるのである。

所で今年は那樣であるかといふに、既に樸素の頂點に達して居た所で霜雪の裡に在る梅花も南枝先綻ぶるが如く、一陽來復の氣運に嚮つて來た萠しが有つた所へ、禾穀豐穰と來て居るから、軍國多事の際といふ言葉にも多少厭が來たと見えて、徐々華美文樣になる萠しが見ゐるやうである。

○

日本の衣服も西洋の衣服のやうに、縞柄や色ばかりでなく仕立てかたにも大に注意して工風を凝らす餘地が有ると思ふ。

一寸したことだが子供の衣服の肩揚げや腰揚げなども、成長するに從つて揚げをおろして着せるといふ必要から作られたものに相違ないが、今ではこれが裝飾の一つになつて居る、若しこれが必要の點だけならば、高貴のかたがたで、實際掛け流して、成長に從つて揚げをおろして年々着せるといふことのないむきでも肩揚げ腰あげはつけてある。又これがなければ見た形もよくないやうに感じるではないか、斯ういふやうな譯で、袂の形とか裙先とかいろ／＼な所に工風を凝したら面白いことであらう、彼の袖口に別の切れをつけるといふことも昔は裏に紅絹を用ゐたもので、男子の袖口に赤いものゝ出るのは妙でないと細川三齋公が創められたといふことが沾涼の世事談に書いてある。

家屋を建築するに其の間どりの都合や光線のとりかた大氣の流通などに頗る注意を要することは無論であるが、其の間ごと〳〵の構造が同一筆法で目先が變らぬでは自然倦きが來る道理で、家庭快樂の一を失ふことゝなる、夫と同じで室内の裝飾にも物の取り合せ、形や色の配合など頗る注意を要することは、羽織衣もの帶などの配合に注意を要するのと同じことである。演劇などの衣裳の調和背景など實に慘憺たる苦心の痕が見ゆる、彼の兜軍記琴責の段などを見ると、上手家臺には岩永が赤面に赤地錦の社袮、黑天鵞絨の着付けに樺色繻子の袖口、朱鞘の刀といふ拵えで、中央に重忠が白衿を揃えて白地錦の長社袮、顔の白い所へ天鵞絨張りの月額、白柄に蠟色鞘の刀、平舞臺下手に榛澤六郎が淺黃地金糸入縫の社袮に高股立ち素足に三里隱しの紙を當てた快活な扮裝で居る前へ、阿古屋が竪兵庫に後光のやうに笄をさして、好みの裲襠姿、筒に活けたる牡丹花の水揚げかねるありさまに坐を占めた所は、色の配合人物の取り合せ等實に一幅の活人畵である。

都てのことに斯ういふ色彩りや配合の注意を要するので、此の上晝夜の色の撰びかたもあるから何事にも苦心せねばならぬが又苦心の痕は歴然として顯はれるから愉快も亦多いことで有らう。

○

女は五障とか三從とか言つて聖人でさへも女子と小人とは養い難しなどゝ今から見れば實に心得違ひな話しである。

斯ういふ學說が準繩になつて組立てられた社

會であつたから、女子が發達しやう筈がない、而して發達しないから彌輕侮されるといふ順段であつたのが、近來は社會が女子の發達を促すことに汲々として居る、既に教育ある女子に於ては其の抱負といひ業といひ男子も恥かしい程である、此の女子が良妻となり賢母となるから國家の階級が自然に上昇して來るといふことは疑ない理數で實に將來が樂しいことである。

而して從來の女子の如く針妙と炊事と乳母との三課を不完全ながら勤められさへすれば、一家の主婦としての能事了れりといふやうな不見識者は日一日と減じて來る、更に容貌の美を憑んで袖手坐食、生涯を玩弄土偶に甘んじるやうな不覺者の地を攘ふに至るは實に喜ばしい至りではないか。

偖前にいふ通り女子の學業が發達して來ると社會が捨て置かれないので、女子に就業を促して來た、が今の女子は今の女子が社會に促されつゝある職業に滿足しては居らない、で將來の希望を達する爲めに此の種の學校が頗る盛況を極めて居る。

現に本鄕弓町の女子美術學校は明治三十四年の創立で日は淺いのであるが、彼の醫學博士佐藤進氏の夫人靜子女史が校主兼校長として且教員中知名の人も多く何れも熱心に校務に當つて居られる所から目下は四百五十名ほどの生徒が日本畫科、西洋畫科、彫塑科、蒔繪科、造花科、編物科、刺繡科、裁縫科の八分科を各自の志願に任せ撰科として授業しつゝあるが、其の成蹟は頗る佳良であつて、去月撰科生の定期試驗の結果四十五名の卒業者を出したとのことで、其の成績の佳良であることは卷首の寫眞銅版花中籠に花弁は同校最近製作の造花で或るやごとなき方ざまに獻じたものを請ふて寫眞にして掲げたので、その精巧は贅辯を待たぬのである。

白露の色はひとつをいかにして
　秋の木の葉をちゞに染むらん
　　　　　藤　原　敏　行

久かたの雲の上にて見る菊は
　あまつ星とぞあやまたれける
　　　　　お　な　し　人

○白木屋呉服店の染織品競技會とよせ切れの大賣出し

本誌初號以來流行案內中呉服物に係る材料は必ず白木屋呉服店に就て探訪するのが例となつて居る、蓋し記者が上流下流を通じて多方面に顧客を有する商店が比較的流行の範圍が廣く調査し得らるゝと、價格も平準公平であるといふ事を認めて研究の結果斯く定めたのである。

此の因緣を結むだ爲めに今度の染織品競技會開催に付いて其の景況を見るべく約束が有つたので、呉服店の賣出しを初鰹や新鮭のやうに「はしり」を貴ぶ譯でもないが、十月一日の早朝に先登した。

我れ社は一番乘りと思ひの外同店の門前は娘子軍が隊を爲して陣門の開くのを待ち構えて居る、平山も熊谷も佐々木も梶原も有つたも

い　木綿ちゞみ友禪

濃き路考茶地へやたら格子、白、紫根、濃納戸の重ね龜甲、中には鼠の渦巻きに篆書の福壽、帶側か女兒の平常羽織に可し。

價　貳圓八拾錢

ろ　木綿ちゞみ友禪

栗梅地へ白ぬきの網を手綱染めにして、大小の花菱ぢらしを路考茶、焦茶、赤小豆色等にて面白く配置したる、遠見には縮緬かと疑はるゝ出來にて帶の片側か女兒の平常羽織など可かるべし。

價　貳圓八拾錢

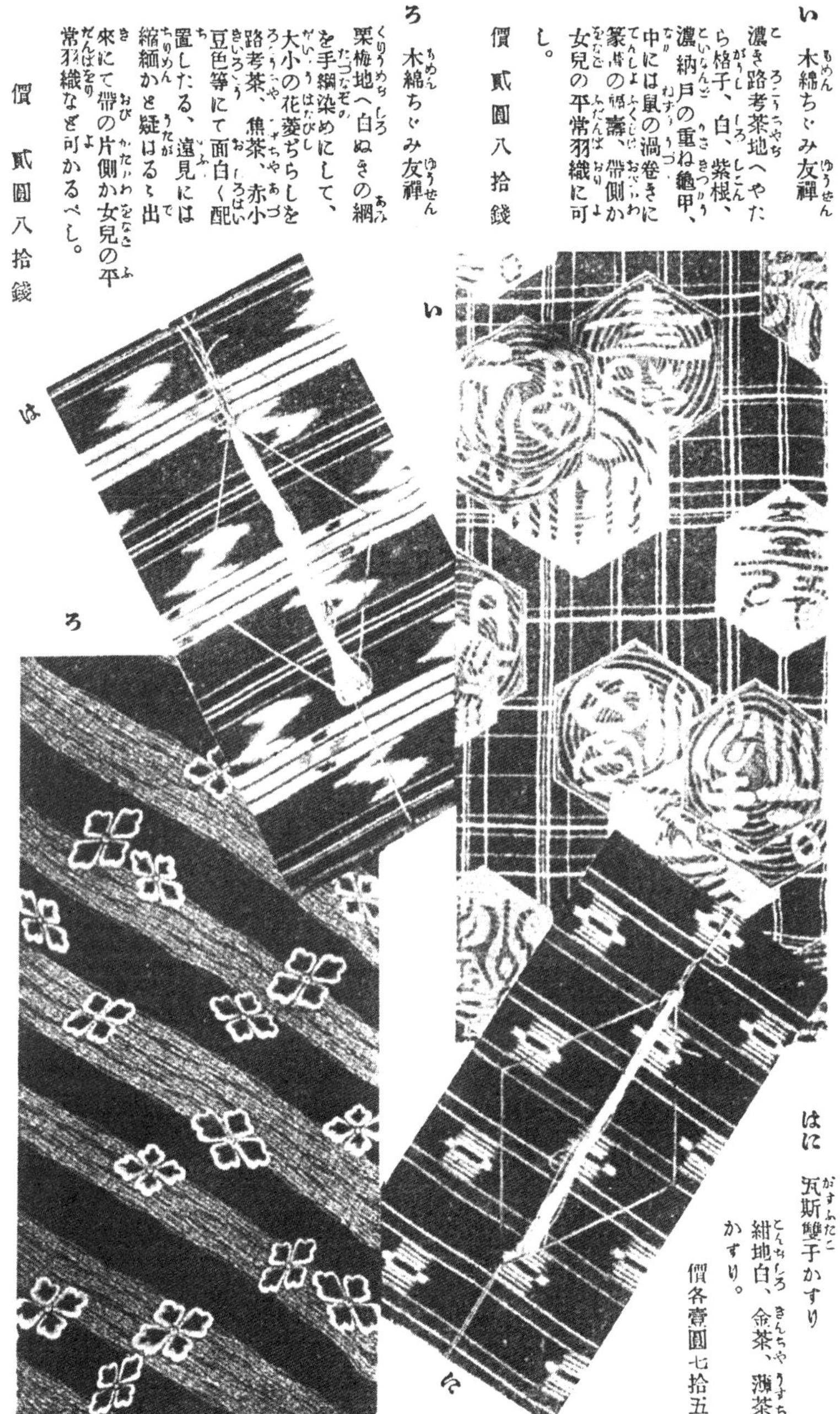

はに　瓦斯雙子かすり

紺地白、金茶、薄茶のかすり。

價各壹圓七拾五錢

寶船

帆を羽織の胴裏にて、船を染め眞綿にて、寶盡しを帶揚げ、半襟、男帶等にて造り、式の如き白木の臺に載せて諸祝賀の贈り物とすること又流行せり。

價　一臺　拾五圓以上

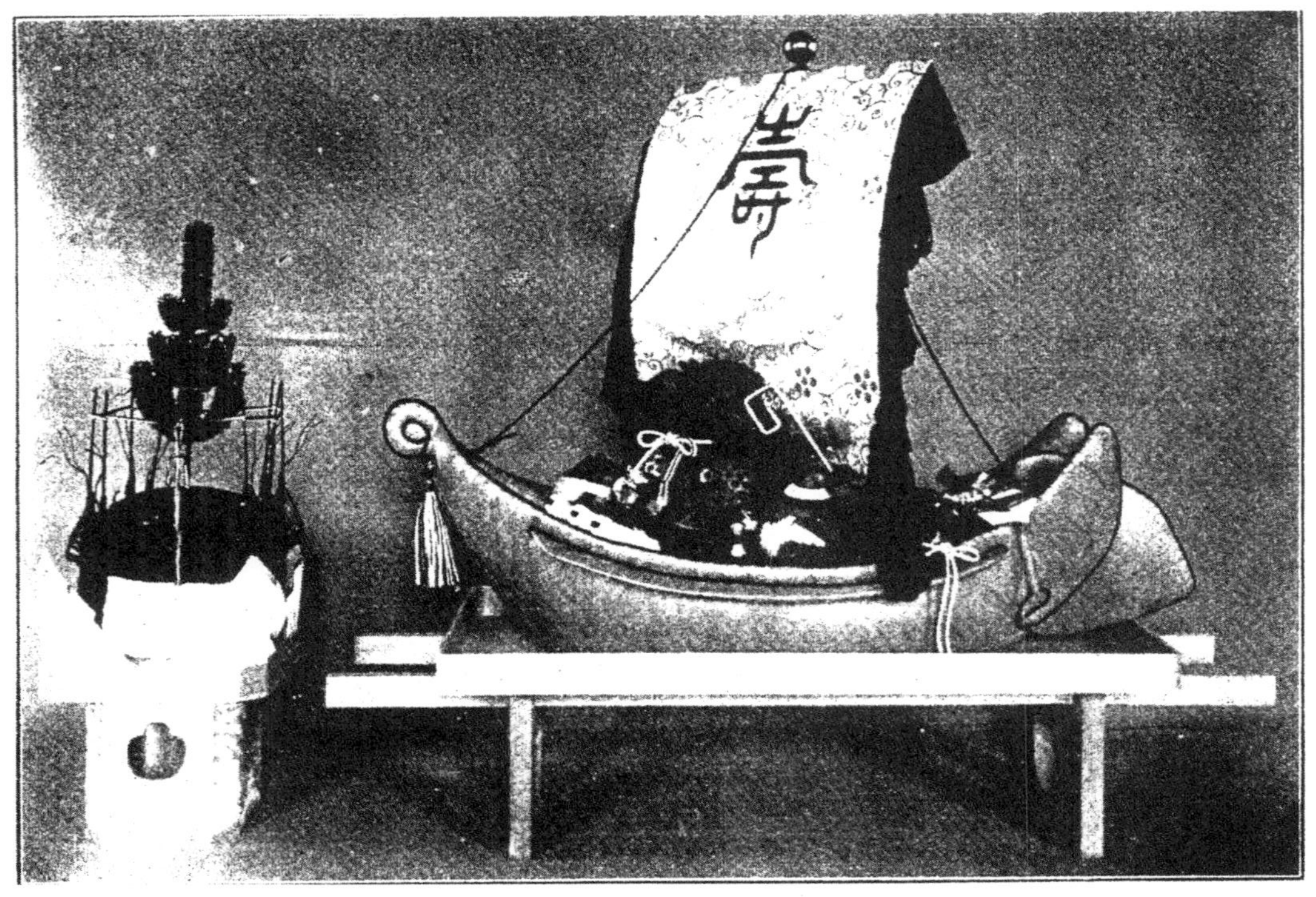

餅蓬萊

元來餅蓬萊は合卺の式に（松岡流にては）床の間に飾るものなり、當時はこれを緋縮緬にて上備と海老を作り下備は白縮緬にして式の如き三方に載せ新婚祝ひの贈り物と爲すこと大流行なり。

價　一膳　拾圓以上

い 友禪縮緬
梅鼠地、栗梅の浪に片輪車及び大小の櫻等はいろ〳〵の色にて賑やかなる美麗品いづれ一ツ身などには可愛らしきものなるべし。

價拾六圓

ろ 友禪鶉縮緬
地色薄葡萄に角形ちらし、葡萄鼠の横大明、四季の花卉をいろいろの色にて土耳其形に出したる祝ひ着適當品。

價拾四圓五拾錢

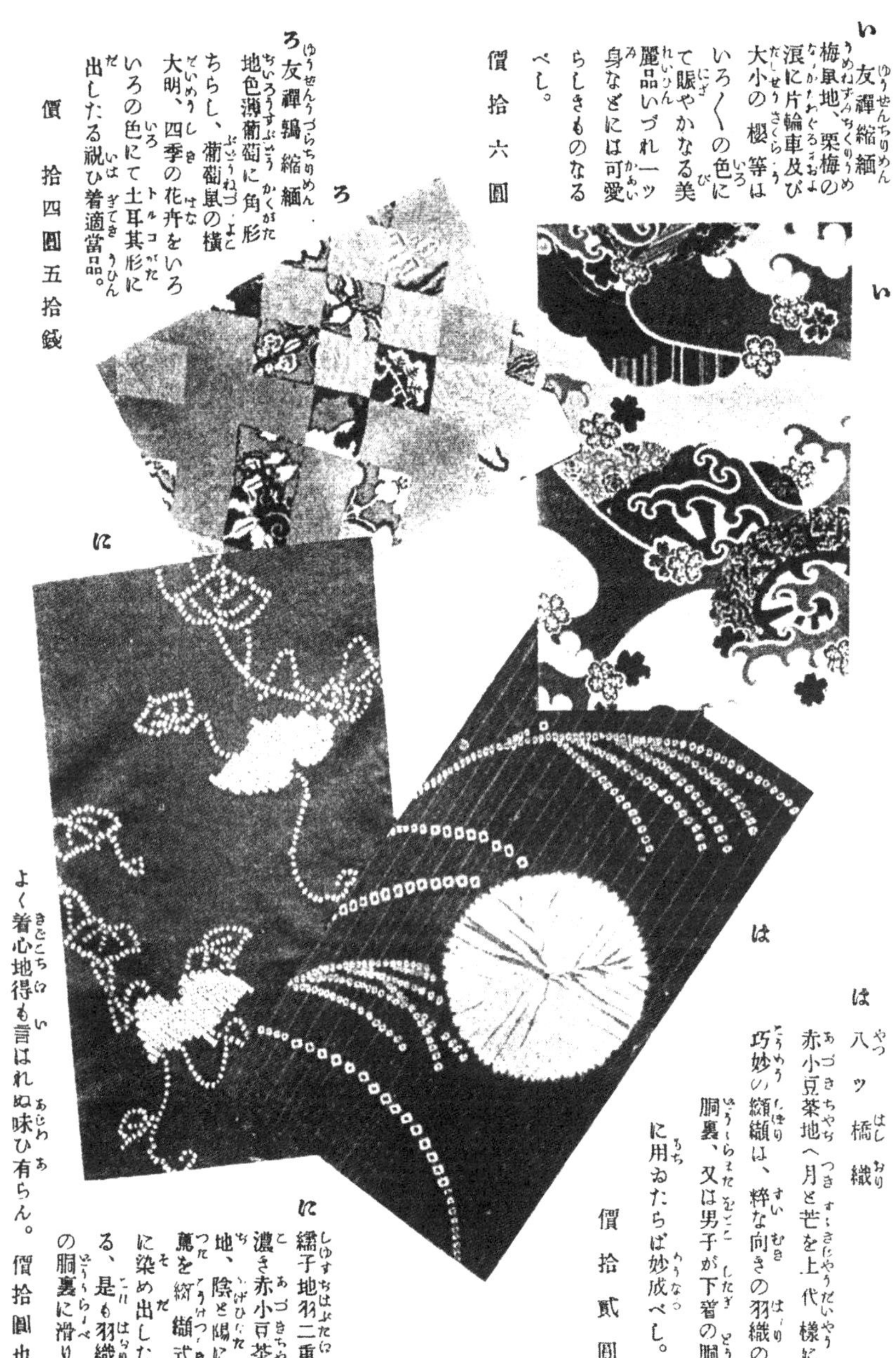

は 八ツ橋織
赤小豆茶地へ月と芒を上代樣に巧妙の纐纈は、粋な向きの羽織の胴裏、又は男子が下着の胴に用ゐたらば妙成べし。

價拾貳圓

に 繻子地羽二重
濃き赤小豆茶地、陰と陽に蔦を纐纈式に染め出したる、是も羽織の胴裏に滑りよく着心地得も言はれぬ味ひ有らん。價拾圓也

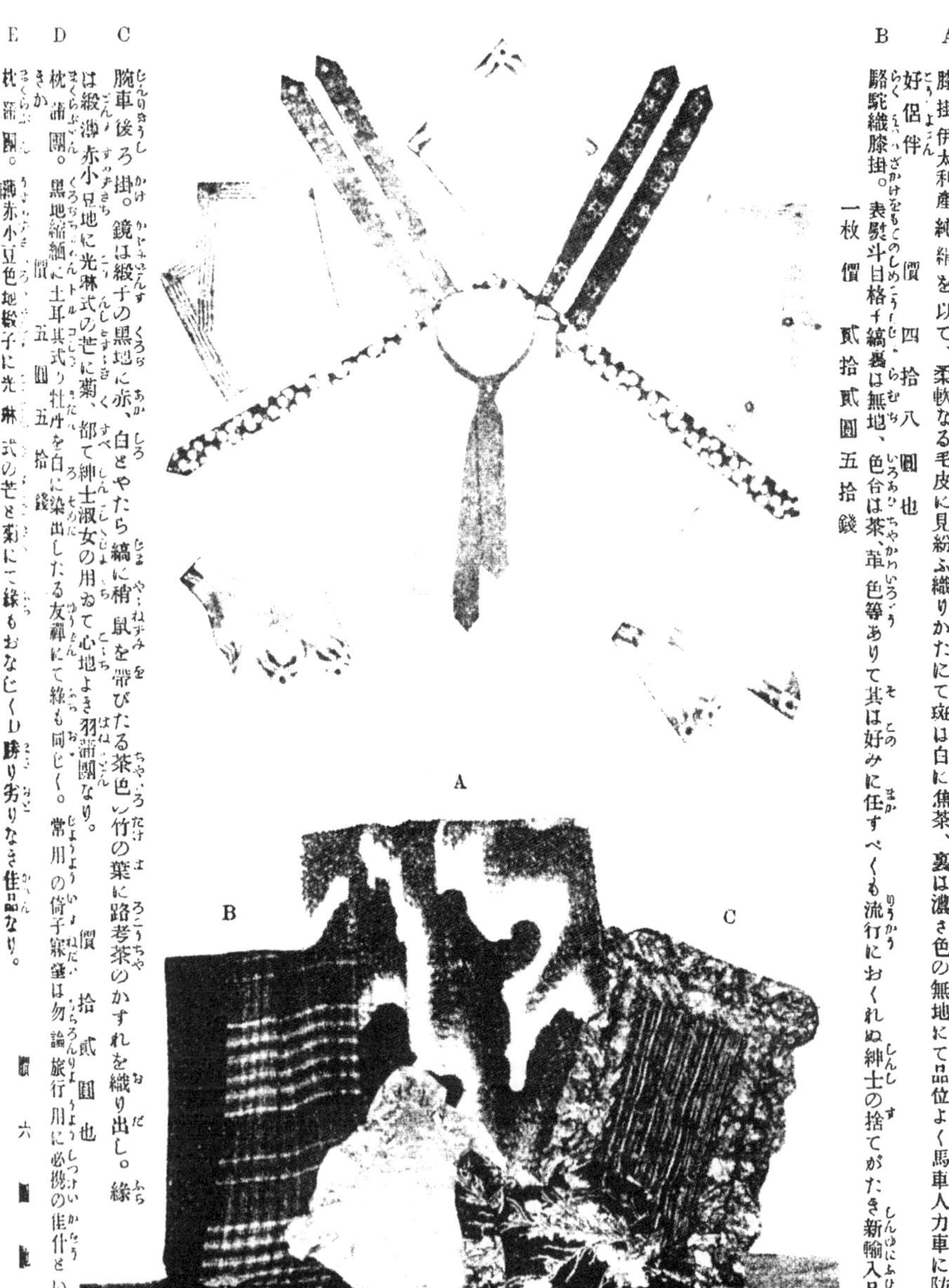

A　膝掛伊太利産純絹を以て、柔軟なる毛皮に見紛ふ織りかたにて斑は白に焦茶、裏は濃き色の無地にて品位よく馬車人力車に防寒の好侶伴

價　四拾八圓也

B　駱駝織膝掛。表熨斗目格子縞裏は無地、色合は茶、草色等ありて其は好みに任すべくも流行におくれぬ紳士の捨てがたき新輸入品なり。

一枚　價　貳拾貳圓五拾錢

C　腕車後ろ掛。鏡は緞子の黒地に赤、白とやたら縞に稍鼠を帯びたる茶色の竹の葉に路考茶のかすれを織り出し。縁は緞薄赤小豆地に光琳式の芒に菊、都て紳士淑女の用ゐて心地よき羽蒲團なり。

價　拾貳圓也

D　枕蒲團。黒地縮緬に土耳其式り牡丹を白に染出したる友禪にて縁も同じく。常用の倚子寐臺は勿論旅行用に必携の佳什といふべきか

價　五圓五拾錢

E　枕蒲團。薄赤小豆色地緞子に光琳式の芒と菊にて縁もおなじくDに勝り劣りなき佳品なり。

價　六圓也

のではない。

只見る縱覽口の門戸は徐々として繰り上げられた、恰も洪水の堤を決するが如く我れがちに入り込む娘子軍に壓されて、身は不立のまま足も勞せず器械的に忽然として店內へ運ばれた。

豫て期したる店內の下足番は腕に撚をかけ、手藥煉ひいてゐたと云はぬばかりに一齊に片端から整理するその神速さは有繫に馴れたもので有る。

店內の飾り付けは、中央明りとりの天井から三階二階を通じて眞中のアーク燈を中心に四方へ光線の輝り引く如く幾百筋に造花の菊を以て線を畫された、白に黄に紅にその美くしき雨曼陀羅華の天國はかくやとばかり思はるゝ、其の下に排置よく飾られた呉服ものは、何れも競ふて出品した意匠嶄新の精巧品であるから何れに優り劣りはない。

中に就て記者の記臆に殘つたものを大體に付いて云へば、

新柄の丸帶地が其の地色に多少濃淡こそあれ茶色が十中の九分九厘を占めて居ること、

總ての織り物が工業の進步に伴つて複雜して來るから、單調のものが追々少なくなる、假令ば、地文を唐綾に織つて、その上へ更に重ねて全然織りかたの異つた倭錦文樣を顯はす類で有る。此の織りかたを分析して見ると、數年前までは、地文の唐綾は唐綾織として特立したもの、更に其の上に顯はれた倭錦も亦獨立すべきものである、これを重ね合せたやうに綯交せに文樣を織り出すことは、工業進步を表顯して居るので、其の割合に價格を昻げぬ所は彌機業家が文明的に勉强して居ることが解る。

友禪の圖案に就ては、著しく歐洲化して居る、一見英佛の美術應用書物中に面識のある圖柄を消化して來た結果が歷々見ゆるが、斯う總てが世界的になつて來るから當業者の苦心は層一層と重なつて心配の範圍が廣くなる夫れだけ成効しての愉快も亦大きいのであるから彌々奮勵せずには居られないであらう。

扨陳列品のことは流行欄擔當の記者がページのゆるす限り實物寫眞で御覽に入れるから玆に品評を施すのは重複の恐れがある、で外部裝飾の梗概を報導しやうと思ふ。

前號に多少店員から聞た所を吹聽して置いたが、百聞は一見に如かず、實見して其の壯嚴に驚かざるを得ぬのである。

　吳服部のショーウヰンド

背景は都て室內、四枚びきの襖は白地に金砂子の純と青とをもて遠山を押したる、其の前面右の方に衣桁が置かれてある、これに掛けて有るのが總紅疋田絞りの衣裳と、地白に扇面散らしの刺繡文樣のある袿であつた、更に左方には餅蓬萊を飾られたがこれは紅白縮緬の細工もので其の式は何れ有職家の正したもので有らう。

中央に直立して居る盛粧美人は高髷に玳瑁の花笄、上衣薄葡萄色曙の裾文樣に、光琳宗達を咀嚼した菊文樣の振り袖、三枚襲ね、繻珍金通しの帶を締め終つたを、母親が其の結び目などに落なく注意しつゝある光景は、温かい家庭の和氣花の如き有樣がその笑顏に表象されて居る。

その母親は黑縮緬紋付きの上衣に白羽二重の二枚下着、何れ上流花燭の盛粧。背面白地に砂子遠山の襖と紅白の餅蓬萊、黑漆の衣桁に掛けられた紅疋田と地白の袿、薄葡萄の令孃に黒小袖の母親と調和して全幅を彩どつて居る苦心は記者の大に首肯する所である。

同中央のショーウヰンド

全面を花やかに扇子の地紙形幾個となく、繻珍、倭錦、厚板、唐綾など善盡し美盡した帯地のいろ〳〵、相撲とり並ぶや秋のから錦の趣がある。

洋服部のショーウヰンド

壯年紳士が銃獵の小憩姿、歐米の新流行に同店獨特の技術を加味して造り上げた狩獵服を穿ち、鳥袋ケース帯等都て實物の新形ものを着け、凛としたうちに愛敬ある眼に愛犬が雉子を啣へ來たのを見て居るさまの木偶に運動服の標本を示し、背面に二連の銃口に象つた飾りをリボン其他の小間物で美くしく細工して、其他の空隙を同店新意匠の祝捷襟飾り、同ハンカチーフ等の商品で花やかに裝飾した全體に見褪めのしない、そうかといつて仲見世の小間物屋式に混多々々せぬ爽快な飾りつけには、歩の運びも止まる筈、迂濶と電車から下りて乘車賃を重複たこは此の頭此の邊の電車内で屢探訪者の耳にとまる所であるそうな。

論より證據賣出し當日の光景は讀賣新聞に委しく出て居たから切り拔いて御覽に入れる又陳列品に就て同店獨特のものは時事新報社の伯樂に見出されて同紙上に報導されてあつたから、記者が鈍い筆を操るより遙に優る所であるからこれも切り拔いて御覽に入れることとした。

●十月六日讀賣新聞所載

●織染物品競技會(白木屋)　日本橋通一丁目の白木屋呉服店にては冬物の賣出しを兼ね本月一日より染織物競技會を催せるが店頭のシ

ヨーウキンドも美しく裝飾し呉服部に屬する北隅には婚儀衣裳の標本として妙齡の美人人形を盛裝せしめ介添として母も盛粧して肝煎る狀を模し中央には帶地にて扇面の形を作るなど美麗目覺むる計りなり又洋服部に屬する南隅には運動服を着せし紳士の狩獵小憩の狀を人形にて模しありて和洋の對照の掛り面白く出來たり抑て全國の染織業者を奬勵する爲め染織品競技會を催せしことなれば出品は何れも吟味せり然れば毎日午前六時より見物に押掛ける者夥しく三階の寄切れ見切反物賣場の如きは全く動かれぬほどの混雜なるが來客の數は一日一萬五六千人位にして初日の賣高は午前六時より午後六時まで六萬二千五百六十九圓三十錢の多額に達したるが之を時間に割當れば一時間に五千二百十四圓一分間に八十六圓九十錢とは流石市內第一流の呉服店

なり。

●十月十一日時事新報所載

●白木呉服店の熨斗目織　は繻珍にて地色は焦茶、革色、鐵色の類多く織模樣は千差萬別なれど腰明きは燬金絲にて翁格子に飜れ松葉或は青海浪に舞鶴などを織出したり何れも二枚襲ねの織地にして儀式張つたる時の下着なるべし價三十四圓より三十七圓なり一體白木呉服店は熨斗目には精しく此意匠に就ても結婚葬祭等に用ふる種類を異にし色合を正し又芝居の衣裳めきたる模樣を避けたるなどの注意は一見して明かなり、儀式の席に褊綴を着て見たき茶人などには表着の好みもあるべし

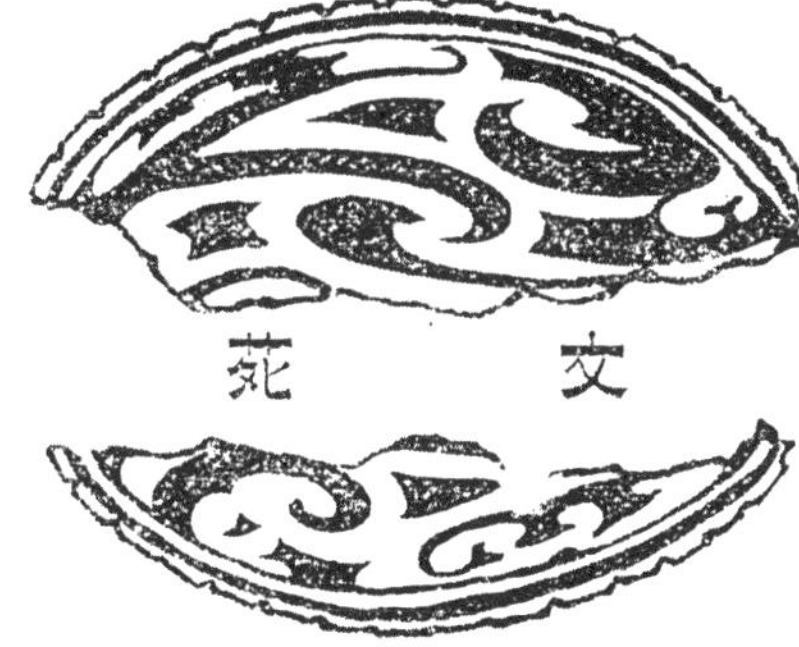

應募川柳　題　近事　失戀

海邊の黑人評

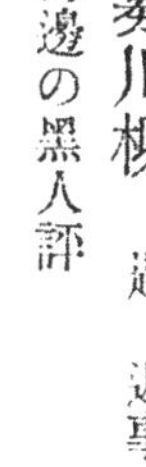

人

獵期來れりと黑鳩飛んで逃げ　埼玉　米蘭迷

評　斯う散彈にやられては流りゲース勢も無からう。

地

抽籤の前夜寐られぬやつ數萬　本鄕　松井生

評　樂みまた此の中に在り。

天

五圓なき衆生債券度しがたし　深川　鶚亭

評　彌陀も金で光る世の中。

川柳　次號の課題

奧様

十一月十五日堅く締切り

投稿所　下谷區西黑門町四番地
家庭のしるべ發行所

俳句掲載の儀は大に擴張の考案有之あらゆる方面より玉吟を集め度目下各大人方に交渉中前號より休募致し候處例に依て御投吟相成候向も有之候得共當初の意志が近き將來の擴張を待つにありて本號には募集せぬ積りなりしを以て玆に點取りの結果を御披露することは致さず候。併し折角の玉吟を沒するはいかにも惜しければ、その中の秀句を同人間にて選

み掲載することゝ致し候。

序に前日來締切り後着のために沒書と相成候分の内にての秀句も揭げて、出吟者が無念の怨靈をなぐさめ申候穴賢々々。

○

鍬の柄に蜻蛉ひとつの小春かな　越後　寒竹
稻を刈る里のうない子色黑し　同　寒香
稻刈りに出征の家族揃ひけり　近江　水樂
蟷螂の露に弱りしかまへかな　東京　三星
かなめ垣秋の蚊屋干す別かな　同　同
露深し礎石のこる西大寺　京都　半井

◎◎◎愛讀者諸君に謹告仕候

本誌は發刊日猶淺しと雖ども幸に大方諸彥の御愛顧を蒙り、内に在ては南臺灣より北千島に至り外に在ては隣邦清韓は言ふも更なり、歐米各國にまで行き渡り候こと實に發行者の名譽これに如かず候。

偖此の廣き滿天下に散在する愛讀者諸君に冀ひ候は餘の儀にこれなく、此の長蛇の如き我が國勢に在ては寒暑の關係は勿論風俗習慣方言等に甚しく相違する所これあり候は論を俟たざる儀、殊に廢藩置縣前に在ては、列藩割據のありさまにして、砦を築き關を構へ隣國の者といへども容易に足を入るゝ能はざるものあり況て交通の便なく、今よりこれを回顧すれば實に呆然たるものに御座候。

斯の如き制度なりしを以て彌その風俗習慣を異に致すことは勿論にて、因襲の久しき開明の今日といへども猶前日の觀あるもの少からずと存じ候。

就ては冠婚葬祭は勿論、地方鎮守の祭禮、年始中元歳末の回禮、盂蘭盆會、豊年踊り、田植茶摘の唄に至までそれ〴〵御報導被下度、是を本誌に掲載して彼此交換致し候事は諸般の研究上補益少からず且最も趣味あることゝ存候、就ては事の大小を問はず何くれとなく御報導願上候。

但右御報導被下候には事柄さへ解り候へば宜敷、むしろ文章の綴りなどに拘泥して眞實を誤り候やうにては面白からず候間必々文章の責任は編者の負ふ所と御承知下され意味だけ通じるやうに願上候。

前にも申候やうなる僅に數年前まで列藩割據の有様殊に交通不便の爲め世に顯はれざる風景も亦夥多これ有る可く、僻陬の地に節を曳く毎に、名も知れぬ地に捨て難き景色の潜み居ることに一驚すること一再に止まらず候。是等の類は其の土地の誇りとして寫眞御寄贈下され候へば、美麗なる寫眞製版にして掲載致すべく、實に從來名勝として世に誇り居り候山水は交通不便時代の山水にして、滊車流船開通道路改良の今日彼等が日本名勝の壟斷を私すべきにはこれなくと存候。

斯の如くにして滿天下に散在する愛讀者諸彦が座にして數百里外の風俗を知り名勝を見ることは裨益多く趣味深きことと申すまでもこれなくと存じ偏に諸彦の御寄贈を仰ぎ、編者はその媒介者となり筆硯の勞と製版の費を惜まず而して本誌が錦上花を添ゆべく冀望の至りに候間敢て讀者諸彦に悃願する所に候敬具。

家庭のしるべ

編輯部同人拜

魔力（上）

月下人

廣島より申上候。汚くも敵に背後を見せて、一週間前此處に到着、白衣の二の腕に赤十字ひけらかす腑甲斐なさ、胸中御察し下さるべく候。實は敵前百米突にて從卒は戰死、小生は重傷、愈〻此處の草の露と覺悟いたし候處、圖らずも一婦人の爲めに一命を取留め、同時に無形の戰利品を獲得いたし候。傷の經過は良好なり。

萬は澁谷あたりの病院にてと申殘し候。

親友藤山大尉の此手紙は、自分をして二樣の意味を以て、再生の人に逢ふが如き感あらしめた。一は到底と想うて居た健康の快復に於て、一は彼の心機の一轉が、彼をして別人の如くに見えしめる事に於て。

大尉は頑冥なる無妻主義者であつた。尤も別に小喧ましい理窟のあるではない、唯何處までも軍人氣質の、善いから善い、惡いから惡いと、快刀一揮、亂麻を斷つて、軍人の妻帶は大害あつて小利なし、婦人は軍人の仇敵であると極めて了ひ、自分の反對說などには、

頓と耳さへ貸さなかつた、その彼が今忽ちに、婦人の爲めに一命取留めましたとは、何の顔振下げての御披露か。

繰返して讀めば讀む程、婦人に對する感謝の心の仄めいて居るのが見える。さては彼、重傷を負うて其場に倒れ、戰の小休みを待つて、死體の衣物を探りに來た支那の土人の、それに混つて居た婦人の情に縋り、繊弱い手に扶け出されたのではあるまいか。所謂無形の戰利品も、或は其婦人の愛を意味した謎々かも知れない。さりとは際鋭い場所の際鋭い藝道、恐らく世界開闢以來の大椿事出來といはねばならぬ。婦人の愛を重んじ給へと、自分が口を酸くして言つたことを、先生鐵火繽紛の間、血の川骨の山の道場で、始めて大悟されたは可いが、例の極端から極端に走つて、土産話の刷毛先きが、支那に歸化したいなどと熱を吹くことになりはすまいか。

大尉着京の日、自分は大尉の母と共に新橋に出迎へた。颯爽たりし出征當時の英姿に換へて、黧く青褪めた面の、さても國の爲めに痩せたる哉。顴骨高く秀で、鬚髯蓬々と伸びて、曾ては泣兒を懐かせた眼光の、徒らに鋭く搖いて、今も猶ほ敵を睨み、飛彈の影を宿すかとばかり物凄い。

彼れが始めて土産話の口を切つたのは、晩秋の氣の爽かに、好く晴れた日の、何處やらに勇ましい鵙の鳴く音の聞えて居た、入院後三日目の朝であつた。

『君、あの手紙を見て、何んと判斷したね？』と大尉は先づ淋しく笑つて、繃帶のある左

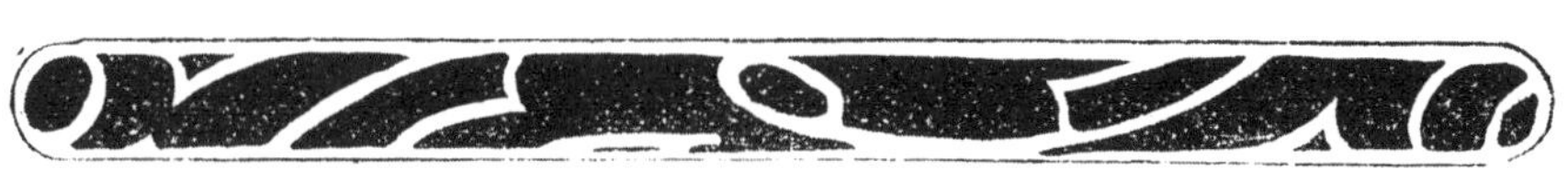

の腕を庇護ひながら、臥たまゝの身を振返へやうとして眉を顰めた。

『脚の方が、未だ癒着しないといふぢやないか、安静にして居給へ。……別に判斷のしやもないさ、唯だ君が僕の説の前に、白旗を掲げたのださ、……。』

『白旗?! 馬鹿な。』と聲はやゝ勵んだが、顔には微笑を見せて居る。自分は八分の勝利を感じたので、直ぐ笠にかゝり、短兵急に彼が急所を衝かうとした。

『君、間違つたら許し給へよ。對手は何れ、支那の土人の娘でもあるのだらう。』

『アッ……ハッハ。』と破れるが如く吹出して、彼は又急に氣息を引いた。傷所の響きに驚いて、堪へがたき笑ひを噛むのであらう。

『止せ。』と聲を殺して、『臍の茶なら管はんが、創が血を沸すぞ。馬鹿な。』

大地の槌が外れたので、自分は深く言ひ過ぎを耻ぢて、直に問返へす勇氣もなかつた。

『急くな、今話すよ。』と大尉は右の臂を枕に立てゝ顔を起し、『窮鼠却て猫を噛むで、死物狂ひだから堪らんよ、結局包圍が膠となつて、彼等の結合力を確めたのだからな。よし又左うでないにしても、退いて指揮官の洋劍の錆になるよりか、寧ろ進んで敵彈の煙となれ位は、ロスキー流石に辨へてるさ。』

理が否でも掩堡にかぶり付いて、其前には鐵條網に狼穽、勿論塹壕もある。壕には機關砲が覘つて居る。堰を切つて落して、潴池の水でぶん流しの、沈んだ身體は壕底の針抗で縫留めるといふ工夫もある。凡そ防禦工事に於ては、實に至れり、盡せりで、辨慶の七つ道具

なぞ、物の數でもありやしない。兎も角も實際難攻不落だ、我忠烈無比の日本兵でなくて、誰れが寄付けもするものか。

で、我軍は大抵夜を待つて攻擊にかゝる。晝か、晝は壕を作る、堤を築く、そして攻擊の用意をするのよ。それで夜が來る、闇の夜なら最も妙だ。直ぐに攻擊に着手すると、ロスキーも待ち切つて居るわ。擊合ひが始まると狼煙が揚る、ウム花火と思や間違ひないのだ。颯と開いてパッと照る、その明るいこと新聞が判然讀める。それで三分間も滅えずに居て、上から照す、横から擊つ、堪るまい君。皆伏勢だ、顏を土へ摺込んで、斯うなると拳程の石塊も、一寸の草の葉も吾〻に取つて無上の地物だ。

やつと滅えたかと思ふと、また揚る。左うさ其間が約一分もあるかな。之れを圖に書くと、三尺の白に二尺の黑、段々染が出來るのだ。で、吾々は其白に伏し、其黑に起き、二分間を以て猛進する、と斯ういふ順序だ。

斯うして追々肉薄すると、手に取るやうに敵の號令が聞える、同時にカタ〱と鳴出すのが機關砲だ、それは實に氣味の好くない奴で、宛然如露の水のやうに、ザア〱と鐵の雨を浴せて來る。……』

『で、君の負傷したのは？』

『ウム是れからだ。安子嶺の前に一砲壘がある、それを突擊せいとの命令、宜しいと受合つて夜擊をかけ、例の白に伏し、黑に進んで、無理から二百米突まで押寄せた。それから

突貫で又百米突、カタ〳〵の響が益〻急になると思ふと、何に堪るものか五十人程バタバタと將棋倒しよ。』と句を切つて、太息を吐いた。

『君、これでも僕は、猶は「進め」といへると思ふか、殘念ながら「伏せ」を命じたよ。で僕は從卒と二人で立つて、敵の動靜を監て居ると、恰ど其時狼煙が開いた。「中隊長殿、危險です、伏して下さい、早く〳〵、お願ひです」と其處にも此處にも兵卒の聲がする。途端に僕は平手か何にかで、胸を撲かれたと思つた、續て腕をやられて倒れかゝると、今度は脚だ。同時に從卒は腦の眞甲を貫れて戰死した、狙撃されたのだね。倒

れながら僕は「進め」をやつた、狼煙が滅えて黑の部に移たので。で、中隊は又突貫して行つた、僕は味方の死骸の間に殘された。繃帶をして見たが動けさうもない、動もすると眼が眩なりかける、是れしきの傷でと、吾れながら殘念で堪らなかつたが、不圖思ひ出したのは、先刻胸を撲かれたやうな感じのした事だ。或は肺でもやられては居らんか知らと、搜つて見たが血糊の流れる様子もない。念の爲め内衣嚢に手を入れて、紙入を引出すと、中程に窓が開いて、紛れ込んで居た銀貨が一二枚、微塵に砕け、

加之に裏面へ彈丸が拔けて居やうぢやないか。で、叉た衣嚢を檢めて見た、すると驚いたよ、御本尊が肋の肉に頭を入れて、横にチヤンと立つて御座る。手が觸つたのでコロリと落ちて、衣嚢の底に留まつたが、彈丸と一緒に喰込んだ襯衣、それから今一品。
サア、その一品を何んだと思ふ？』

（下）


『ハヽハ、解るまい、實際解る筈がないのだ。』と大尉今や得意の秋。

『で、僕は苦痛を忍んで、肋骨の間からそれを引拔いた。彈丸の力が幸ひに弱かつた爲めとはいへ、その物は亦た確かに、彈丸から僕を護つて吳れた、即ち僕の一命を取留めて吳れた障礙物の一つであるから、それをも引出して、感謝の接吻を敢てしたよ。

それから再び衣嚢の中へ納れやうとした其時だ、最後の狼煙が闇黑を破ると、僕の顏に亂れかゝつた露草の、葉每々々に鮮やかな影を地に落した。眼の前が蒼蠅いので、それを拂はうとした手の先きに、忽ち閃めいた物があるので、思はず凝と視線を留めた。

君、好いか、僕は有りのまゝ、感じたまゝを話すのだぜ、君もその心算で聽いて吳れんと困る。

その時、僕の眼に映じたのは、年の頃十六七の、温乎として邪氣ない、玉のやうな美人なのだ。眼の愛くるしい、口つきの利發さうなのが、故意とではなくて、嫣然と笑つて僕を視た。品の好い、ふうわりとした總前髮の、その陰にリボンの花が一輪、眞白に咲いて居

る。温順しい質素な着物に胸高の袴、繕はぬ姿のスラリと立つた、その清く、麗はしく、氣高いことは、恐らく宇宙の美を揑ねて、萬物の愛で丸めたやうな、能くいふ天の使とは是れかと思つた。

君、ツイ眼の前の砲壘には、この時既に我隊が斬込んで居るのだぞ。戰や酣だ、小銃、機關砲、銃劍の擊合ふ音、號令の聲、をたけび、悲鳴、それが雜然になつて何んともいへぬ物凄い意味を送つて來る。實に其聲毎に音毎に、血烟が立つのだ、肉の塊が吹散るのだ。生靈今を限りの阿鼻叫喚を百米突の彼方に控へた、その百米突の此方は何うか。

例の狼煙に照されて、臥て見る僕の眼には、草の葎が綠の雲だ。葉におく露の一つ〳〵、燦爛たる珠となつて、雲の間に五色の瓔珞を散らしたのが、裙の朧ろな美人の袴に、撩亂として光つて居た。艷なる景色、莊嚴の風韻、イヤ僕もこの亂軍の巷に在つて、髣髴天國を見やうとは思はなんだよ。決して昏睡中の幻影ではない、其神々しくて懷かしい、親しむべき中に狃れがたい所のある、譬へば春の光の如き靈妙の氣に擊たれて、竦然と五體が引緊つたと思ふと、不思議ぢやないか、創の苦痛は忘れたやうになつて、俄かに精神の爽快を感じたのだ。

光り物の滅えると共に、ドッといふ鯨波の聲、いよ〳〵白兵戰が始まつたなと思ふか否や、勃々と起上つて、五步六步われにもあらず步み出したのだ。が勿論無益さ、腕には貫通、脚には盲管性の銃創を負つて居るのだもの、進めやう筈がないさ。

しかし君妙だらふ、旣に度々眩暈を感じて居たその僕が、彼の美人に逢着すると、勇氣が奮つて、假しんば五步でも步み得たのだからね。と大尉は長い物語を結んだ。ハヽヽ、君とう／＼

『見給へ、僕が言はんことか、軍人も亦た婦人の愛を重んじ給へと。

僕の軍門に降つたね。』と自分は手柄顏に凱歌を揚げた。

『實は僕も其以來、婦人に一種の魔力あることを疑はんでもないが、………』

『疑ふ事はないぢやないか。現に君が重傷に倒れて、言はゞ半醒半覺の夢でさへ、婦人の愛の光は、君を其死から起したのだ。』

『半醒半覺の夢⁉ 馬鹿め、まだ其樣事。』と大尉は再び叫びかけたのである。自分は可笑しさを吾れと抑へて、

『夢でなくて何んだ。多分君が餘り婦人を無視するので、婦人の怨念が精となつて、君が戰塲の夢枕に立ち、そして仇に酬うるに恩を以てしたものだらう。見給へ婦人の德は、其怨靈でさへ斯くの如く慈悲に富んで居るのだ。殊に交戰國に在つては、婦人の愛の光ほど、外征將士の後援となるものはないのだよ。』と嘲弄氣味に持ちかけた。すると彼は躍氣となつて、

『好し／＼、今解らしてやる。』

言ひながら枕元の提袍――遼東の風雨を染めて、處々擦剝げのある鞄の中から、小さな紙包を取出して、

『サア、是れだ、これがその狼煙の光に浮いた美人なんだ、熟く見給へ。』
包を披くと、それは自分等の親友の妹から、大尉に贈つた餞の寫眞であつた。

＊＊＊＊＊＊＊＊＊＊

翌日右の親友は、妹と共に大尉を訪うた。彼は妹に向つて、再生の恩を謝したが、其擧動も、其言葉も、宛然上官に對するが如き態度を取つて居たので、その間露いさゝかも、柔しい色を認め得ぬのであつた。

兄妹の歸つた後で、彼は其塲に居合せた自分に向ひ、申渡すやうに斯ういつた。

『僕は、彼の塲所の、彼の時に於ける彼の娘、即ち此寫眞を愛して、彼の一刹那の美感と共に、之れを終生の友にしやうと思ふのだ。僕が無形の戰利品を獲たといつたのも、此意味に外ならぬので、娘その人は、僕の心に何んの關係もないのだからね、君も誤解して呉れんやうに頼むよ。婦人の魔力問題は、追つて又解釋を試みる心算だ。』

此申渡しの中に、自分は甚しき矛盾を認めたのである、けれども今は、それを爭つて居る塲合でない。暫く默して彼が解釋を待たうと思ふ。

本誌定價表

一冊	金十二錢	郵税一錢
六冊	金六十五錢	郵税六錢
十二冊	金一圓二十五錢	郵税十二錢

本誌廣告料

一頁	半頁	四半頁
金二十圓	金十二圓	金七圓

○郵券を以て購讀料の代用を希望せらるゝ向は其料金に一割を加へて申受べし

○本誌廣告扱所　京橋區南佐柄木町二番地日本廣告株式會社

明治三十七年十月三十日印刷
明治三十七年十一月一日發行

編輯兼發行者　東京市下谷區西黒門町四番地　山口笑昨

印刷者　東京市日本橋區兜町二番地　木村鍋作

印刷所　東京市日本橋區兜町二番地　東京印刷株式會社

大賣捌所　東京市神田區表神保町　東京堂

白木屋呉服店御注文の栞り

◎白木屋呉服店は　寛文二年江戸日本橋通一丁目に開店以來連綿たる老舗にして呉服太物一切を營業とし傍ら洋服部を設け歐米各國にまで手廣く御得意樣の御愛顧を蒙り居り候

◎白木屋呉服店は　呉服太物各産地に仕入店又は出張所を設け精良の品新意匠の柄等澤山仕入有之又價格の低廉なるは他に比類なき事と常に御賞讃を蒙る所に御座候故に益勉強販賣仕居候且洋服部は海外各織物産地へ注文し新柄織立させ輸入致候間嶄新なる物品不斷仕入有之是等は本店の特色に御座候

◎白木屋呉服店は　數百年間正札附にて營業致居候間遠隔地方より御書面にて御注文被下候とも値段に高下は無之候

◎白木屋呉服店は　店内に意匠部を設け圖案家畵工等執務致居候に付御模樣物等は御好に從ひ嶄新の圖案調進の御需めに應じ可申候

◎白木屋呉服店は　御紋付用御着尺物御羽織地御裾模樣物等急場の御用に差支無之樣石持にて染上置候に付何時にても御紋章書入れ迅速御間に合せ調進可仕候

◎白木屋呉服店へ　染物仕立物等御注文の節は御注文書に見積代金の凡半金を添へ御申越可被下候

◎白木屋呉服店は　前金御送り被下候御注文品の外は御注文品を代金引換小包郵便にて御

送附可仕候

但し郵便規則外の重量品は通常運送便にて御届け可申候

白木屋呉服店は　當分の内絹物の運賃は負擔仕候

白木屋呉服店へ　爲換にて御送金の節は日本橋區萬町第百銀行又は　東京中央郵便局へ御振込み可被下候

白木屋呉服店へ　電信爲換にて御送金の節は同時に電信にて御通知被下候樣奉願上候

白木屋呉服店へ　御通信の節は御宿所御姓名等可成明瞭に御認め被下度　奉願上候

東京日本橋區通一丁目

白木屋 呉服 洋服 店

電話本局（八十一 八十二 八十三 特四七五）

大阪東區心齋橋筋二丁目

白木屋出張店

電話　東　五四五

白木屋呉服店販賣呉服物代價表

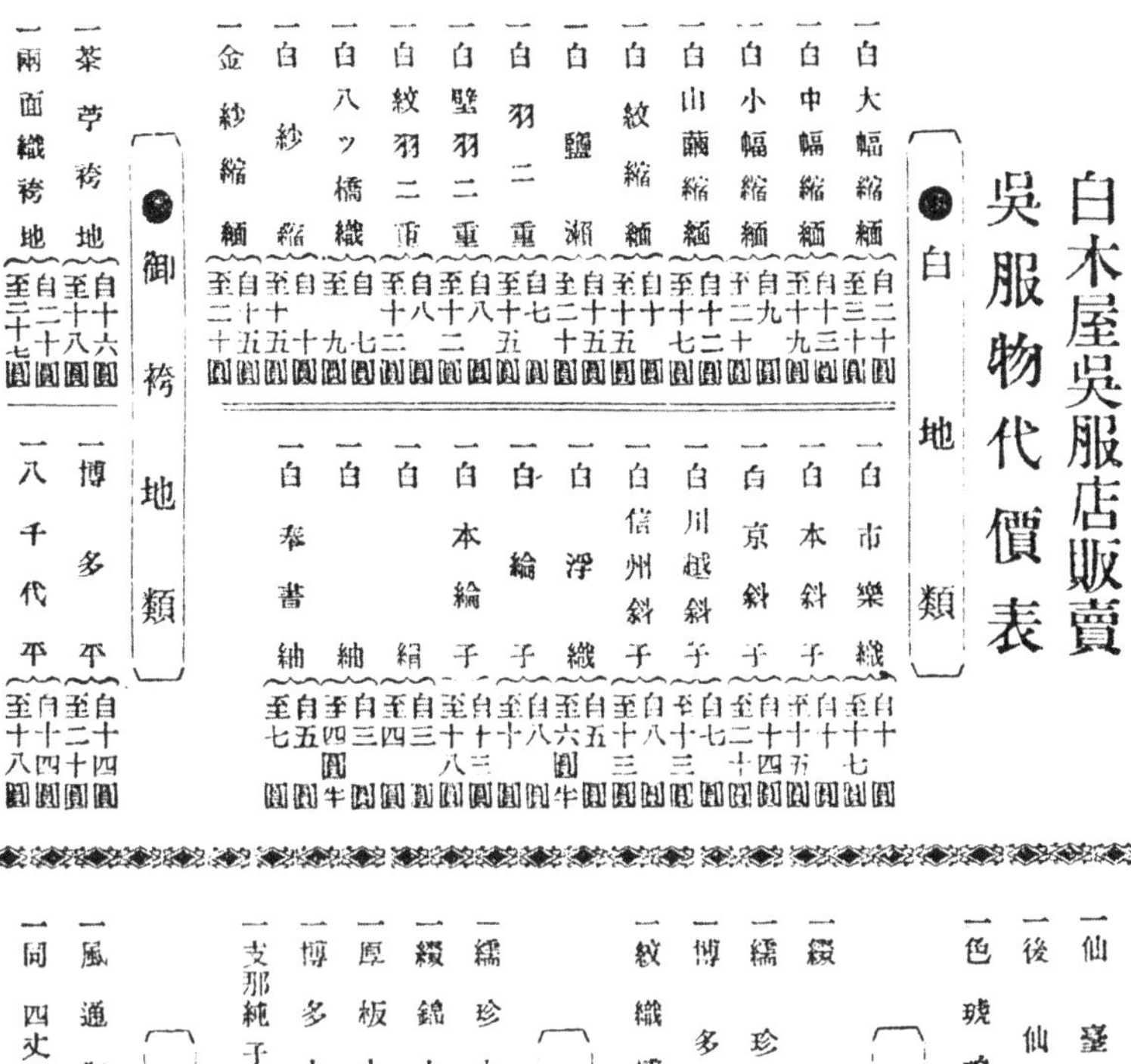

白地類

一白大幅縮緬　自二十圓　至三十圓
一白中幅縮緬　自十三圓　至十九圓
一白小幅縮緬　自九圓　至二十圓
一白山繭縮緬　自十二圓　至十七圓
一白紋縮緬　自十圓　至十五圓
一白鹽瀬　自十五圓　至二十圓
一白羽二重　自七圓　至十五圓
一白堅羽二重　自八圓　至十二圓
一白紋羽二重　自八圓　至十二圓
一白八ッ橋織　自七圓　至九圓
一白紗縮　自十圓　至十五圓
一金紗縮緬　自十五圓　至二十圓

一白市樂織　自十圓　至十七圓
一白本斜子　自十圓　至十五圓
一白京斜子　自十四圓　至二十圓
一白川越斜子　自七圓　至十三圓
一白信州斜子　自八圓　至十三圓
一白浮織　自五圓半　至六圓
一白綸子　自八圓　至十圓
一白本綸子　自十三圓　至十八圓
一白絹　自三圓　至四圓
一白紬　自三圓　至四圓半
一白奉書紬　自五圓　至七圓

御袴地類

一茶苧袴地　自十六圓　至十八圓
一兩面織袴地　自二十圓　至二十七圓

一博多平　自十四圓　至二十圓
一八千代平　自十四圓　至十八圓

男帶地類

一仙臺平　自十圓　至十八圓
一後仙平　自九圓　至十圓
一色琥珀平　自十圓　至十三圓

一節糸織平　自五圓　至七圓
一カシミヤ　自三圓　至四圓

一綴織　自十七圓　至二十圓
一繻珍織　自八圓　至十三圓
一博多織　自四圓　至十圓
一紋織博多　自六圓　至十圓

一厚板織　自六圓　至八圓
一博多兒帶　自二圓　至六圓
一繻珍兒帶　自三圓　至四圓

御婦人帶地類

一繻珍丸帶　自十五圓　至百圓
一綴錦丸帶　自百圓　至二百圓
一厚板丸帶　自十六圓　至六十圓
一博多丸帶　自十四圓　至三十五圓
一支那純子丸帶　自九圓　至十圓

一黒唐繻子丸帶　自十一圓　至十四圓
一色繻子丸帶　自十圓　至十六圓
一繻珍中帶　自八圓　至廿五圓
一博多中帶　自七圓　至十圓

縞着尺地及御羽織地類

一風通御召　自十四圓　至十九圓
一同四丈五尺物　自廿二圓　至廿五圓

一縞御召　自十圓　至十三圓
一同四丈五尺物　自十五圓　至二十圓

一吉野入紋御召	自十七圓	至十八圓
一吉野御召	自十二圓	至十四圓
一無地御召	自十三圓	至十四圓
一扶桑御召	自十二圓	至十四圓
一風通糸織	自十二圓	至十五圓
一繻珍織	自十四圓	至十[illegible]圓
一桑都織	自十三圓	至二十圓
一縞市樂	自十三圓	至二十圓
一繋糸織	自十三圓	至十八圓
一吉野織	自七圓	至十圓
一八端織	自十圓	至十六圓
一本八丈	自五圓	至八圓
一元龜織	自十四圓	至十六圓
一光輝織	自十二圓	至十五圓
一大島紬	自十三圓	至二十圓
一大島風通	自十圓	至十五圓
一米澤琉球	自四圓半	至八圓
一結城紬	自九圓	至十二圓
一信州紬	自六圓半	至八圓
一上田紬	自七圓	至九圓
一伊勢崎銘仙	自四圓半	至八圓
一秩父銘仙	自四圓	至六圓
一節糸織	自五圓	至八圓

●友仙及染地類

一友仙中巾縮緬	自十三圓	至十八圓
一友仙小巾縮緬	自十三圓	至十七圓
一小紋縮緬	自九圓半	至十三圓
一更紗縮緬	自九圓	至十二圓
一板〆縮緬	自九圓	至十三圓
一玉糊縮緬	自九圓	至十二圓
一絞り縮緬	自九圓	至十三圓
一玉糊紋羽二重	自八圓	至十二圓
一友仙紋羽二重	自十二圓	至十五圓
一色紋羽二重	自九圓	至十三圓
一更紗斜子	自八圓	至十圓
一更紗奉書	自六圓	至七圓半

●裏地類

一花色正花溥花絹	自三圓	至七圓
一花色正花溥花秩父	自二圓半	至四圓半
一變り色絹	自三圓	至九圓
一鼠羽二重	自五圓	至七圓半
一紅羽二重	自六圓	至十圓
一本紅絹	自三圓	至五圓
一直り紅	自六圓	至八圓
一紅秩父	自二圓二十錢	至四圓
一糸好紅	自二圓半	至四圓
一琥珀袴裏地	自七圓半	至八圓
一繻珍額附胴裏	自五圓	至十二圓
一紅緞子胴裏	自五圓	至八圓
一繪緞子胴裏	自五圓	至十五圓
一時代緞子	自六圓	至十圓
一遠州緞子	自四圓	至五圓半
一綾綸子胴裏	自二圓半	至三圓半
一織綾胴裏	自三圓半	至四圓半
一色甲斐絹尺	自十八錢	至廿五錢
一縞甲斐絹尺	自二十錢	至廿五錢
一繪甲斐絹尺	自二十錢	至廿五錢
一瓦斯甲斐絹尺	自四錢	至九錢
一花色正花溥花新獻裏地	自一圓四十五錢	至一圓七十錢
一羽二重金巾	自七十錢	至一圓四十錢
一花色木綿眞岡	自六十五錢	至九十五錢
一花色金巾	自五十錢	至五十八錢

●帛紗類

一綴錦	自十三圓	至廿五圓
一御殿織	自九圓	至十圓
一九重織	自八圓	至九圓
一壁千代呂友禪	自四圓	至六圓
一鹽瀬友禪縫入	自六圓	至八圓
一同袷無雙	自十圓	至十六圓

一縮緬友禪 一枚 自三圓至五圓
一紋鹽瀬裏地 同 自四圓至五圓
一同中巾 同 自九十錢至一圓半

一郡内縞 自一圓半至三圓
一鹽瀬茶帛紗 自一圓至一圓半

●夜具地類

一郡内絹 自六圓至七圓
一糸織 自七圓至九圓
一本八丈 自六圓半至八圓半
一縞八丈 自六圓至八圓
一銘仙 自四圓至六圓
一節糸織 自四圓至六圓
一秩父縞 自四圓至五圓
一岸縞 自二圓半至三圓半

一絹堅瓦斯 自一圓半至二円三十錢
一熨斗横織 自一圓半至二圓
一御納戸大形縮緬 自十圓至十五圓
一御納戸大形秩父 自三圓半至四圓半
一唐草風呂 自七十五錢至九十錢
一更紗風呂 自七十錢至一圓
一紡績織 自一圓二十錢至一圓半
一松坂縞 自七十五錢至九十錢

●座蒲團地類

一本緞子 一枚 自六圓至十圓
一綿緞子 同 自七十錢至三圓
一大形縮緬 同 自三圓半至四圓
一更紗紬 同 自九十錢至一圓
一本八丈 同 自一圓四十錢至二圓

一綾八端 一枚 自一圓八十錢至二圓二十錢
一縞八丈 同 自一圓四十錢至二圓
一郡内縞 同 自一圓二十錢至一圓半
一銘仙 同 自九十錢至一圓十錢
一秩父 同 自七十錢至一圓

一節織 一枚 自七十五錢至九十錢
一熨斗横織 同 自三十錢至四十五錢
一瓦斯糸織 同 自廿五錢至卅五錢

一紡績織 一枚 自三十錢至卅五錢
一更紗風呂 同 自十三錢至二十錢
一更紗綿斜子 同 自二十錢至廿五錢

●絹綿交織

一九重御召 自三圓至六圓
一瓦斯御召 自二圓至三圓
一風通瓦斯御召 自五圓至八圓
一博多紬 自二圓半至三圓
一本場結城 自一圓七十錢至二圓二十錢
一同糸入 自二圓四十錢至二圓八十錢
一博多結城 自一圓半至三圓
一結城木綿 自七十五錢至一圓二十錢
一愛知結城 自一圓二十錢至一圓半
一吾妻銘仙 自一圓三十錢至一圓半

一新秩父縞 自一圓半至三圓
一紡績織 自一圓至二圓
一新琉球絣 自一圓半至二圓四十錢
一新大島絣 自二圓半至四圓
一本瓦斯雙子 自二圓至三圓
一細雙子 自一圓二十錢至二圓
一雙子織 自八十錢至一圓二十錢
一木綿紺絣 自一圓半至二圓半
一伊勢松坂縞 自八十錢至一圓

●吾妻コート地類（仕立上り）

一色紋綾糸織 自二十圓至三十圓
一幸織 自廿二圓至廿五圓
一共紋風通織 自二十圓至廿八圓
一無地御召 自十七圓至廿五圓

一黑、紺、色綾絨 自十五圓至廿五圓
一黑紺色絨 自十五圓至二十圓
一色カシミヤ 自十圓至十二圓

●色物類

一色大巾縮緬一尺　自八十錢　至一圓二十錢
一色中巾縮緬一尺　自四十五錢　至七十錢
一色小巾縮緬　自八圓　至十三圓
一色紋縮緬　自十圓　至十五圓
一色紋羽二重　自八圓　至十二圓
一色紬　自三圓半　至四圓半
一色太織　自二圓　至三圓
一色獻中　自二圓半　至二圓八十錢
一色獻緞　自三圓半　至五圓
一色絹縮　自九圓　至十二圓
一色、紅、絞り絹　自三圓　至四圓半
一紅、色、板締絹　自三圓半　至四圓半
一地白板締絹　自三圓半　至四圓半
一紅色絞纈瀨大巾尺　自一圓　至一圓半
一紅色壁千代呂大巾一尺　自八十錢　至一圓十錢
一木摺鼠間合羽地　自九十錢　至一圓十錢
一鐵色鼠間合羽地　自七十錢　至一圓
一色キヤラコ　自五十錢　至七十錢

一萌黄唐草染　自七十ゞ　至八十五錢
一萌黄眞岡木綿　自六十錢　至八十錢
一白大巾縮緬兵兒帶　自六圓　至十三圓
一同　中巾兵兒帶　自四圓　至八圓
一白獻緞兵兒帶　自一圓半　至二圓
一縮緬下締　自一圓八十錢　至二圓半
一海老色琥珀袴　自十圓　至十三圓
一海老色カシミヤ袴　自四圓　至五圓
一海老色毛朱子袴　自一圓八十錢　至二圓三十錢
一友禪縮緬蹴出　自四圓　至五圓
一縮緬頭巾　自三圓　至五圓
一縮緬半襟　自五十錢　至二圓
一縮緬シゴキ地　自四圓　至六圓
一縮緬帶揚ケ　一圓卅錢　至四圓半
一紋羽二重帶揚　自一圓　至四圓

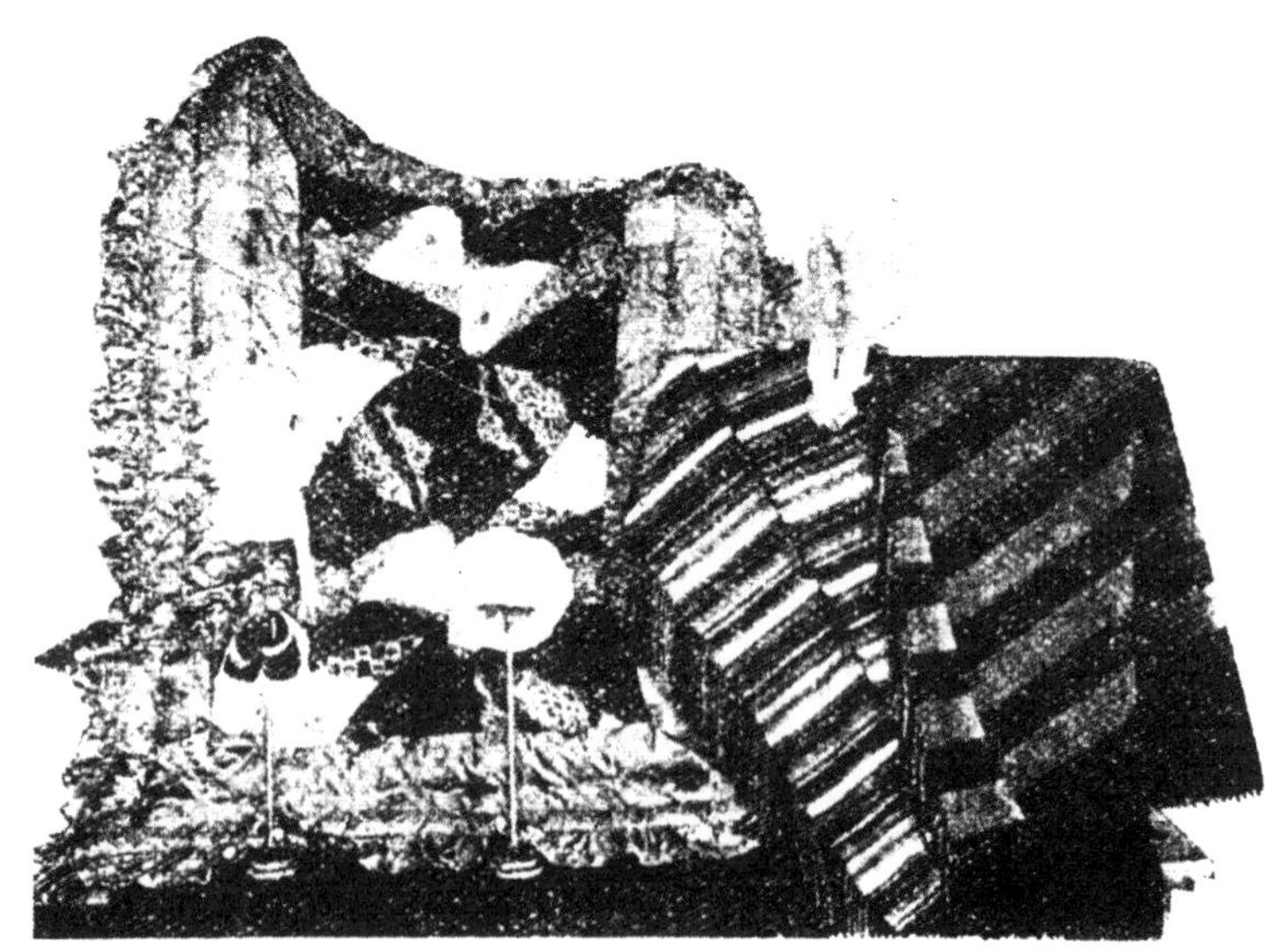

白木屋洋服店洋服目錄

品名	地質	製式	價格
勅任官御大禮服	表、最上等黒無地絨 裏、白綾絹	銀臺金消モールにて御制規の通、襟、帽子、劍、劍釣、正緒共	金二百七十圓
奏任官御大禮服	表、同上 裏、同上	同	金百八十圓
爵位御大禮服	表、同上 裏、同上	同上外に肩章付	金二百圓
陸軍御正服	表、上等濃紺無地絨 裏、黒毛朱子	御制規の通	將官 金八十圓 佐官 金五十五圓 尉官 金四十圓
同略服	表、同上 裏、同上	同	將官 金三十圓 佐官 金二十七圓 尉官 金二十三圓
同外套	表、同上 裏、同上(但將官ハ紅絨)	同	將官 金三十五圓 佐官 尉官 自金二十三圓 至金二十五圓
海軍御正服	表、濃紺無地絨 裏、黒佛蘭西絹及綾絹	同	將官 金八十五圓 佐官 金七十五圓 尉官 金六十五圓
同軍服	表、同上 裏、黒毛朱子	同	將官 金六十圓 佐官 金五十圓 尉官 金四十五圓
同上通常軍服	表、同上 裏、同上	同	將官 佐官 尉官 自金二十三圓 至金二十八圓
同外套	表、同上 裏、同上	同	將官 佐官 尉官 自金二十三圓 至金三十圓
燕尾服	表、上等黒無地絨 裏、黒佛蘭西絹	三ツ揃琥珀見返付	自金四十五圓 至金六十五圓

トキシード	表、黒朱子絨及無地絨 裏、黒佛蘭西絹	三ツ揃琥珀見返付	自金四十圓 至金四十五圓
フロツコート	表、黒無地絨或は朱子目綾絨 裏、綾絹	同	自金三十五圓 至金六十五圓
モーニングコート	表、黒、紺、斜綾絨或はメルトン、裏付朱子及ビ綾絹 裏、黒毛朱子及綾	上衣、チヨキ、黒及紺ヅボン立縞	自金二十八圓 至金四十五圓
片前背廣	表、相鼠、濃鼠、霜降メルトン、スコチ或は綾絨 裏、同色毛朱子或はアルパカ	三ツ揃	自金十八圓 至金三十三圓
兩前背廣	表、黒、紺、綾メルトン或は玉ヘル及霜降太綾絨 裏、縞サーヂ	三ツ前	自金二十圓 至金三十五圓
ヲーバコート	表、鼠、茶、霜降絨、同斜子綾絨 裏、共色綾絹	カクシ釦絹天鵞絨衿付	自金二十八圓 至金三十五圓
同中等	表、同上 裏、共色毛朱子及綾アルパカ	カクシ釦共ゑり	自金十八圓 至金二十五圓
ロングコート	表、ラクダ玉絨、厚地綾メルトン 裏、佛蘭西絹	ゑり及見返し袖先獺毛皮付裏綿入菱形さし縫	自金八十圓 至金百十圓
同中等	表、玉絨、厚地スコッチ 裏、縞サーヂ	頭巾付兩前	自金三十圓 至金四十五圓
インバネス	表、茶鼠霜降綾絨 裏、共色毛朱子、或は甲斐絹	和洋兼用脇釦掛	自金十八圓 至金三十圓
銃獵服	表、枯葉色スコッチ 裏、共色毛朱子	半ヅボン脚絆付三ツ揃	自金十八圓 至金三十圓
小裁海軍形	表、紺天鵞絨及紺絨 裏、毛朱子	五才位より八才迄錨縫箔付	自金六圓 至金九圓
和服用外套	表、黒、紺綾絨及霜降 裏、緞子及綾絹	英形（一名ダルマ形 帶ヒダなし）頭巾付	自金三十五圓 至金四十八圓
同中等	表、同上 裏、甲斐絹及毛朱子	同上	自金二十圓 至金三十五圓
同角袖外套	表、同上 裏、甲斐絹	頭巾付	自金十八圓 至金二十五圓
吾妻コート	表、紺、黒紋織綾絨 裏、緞子及繻珍	被布ゑり及道行ゑり共色糸飾紐付	自金二十圓 至金三十圓

同	表、同上 裏、甲斐絹及綸子	同上	自金十五圓 至金二十圓
同	表、風通紋織、綾絲織 裏、綾綸子、紋羽二重	同上	自金二十三圓 至金三十圓
判、檢、辯護士法服	表、黑絹セル、及琥珀 裏、黑甲斐絹スベリ	正帽付制規の縫箔	自金十六圓 至金二十八圓
學校用御袴	表、海老色カシミヤ	單仕立太白糸腰紐	自金四圓 至金五圓五十錢

右之外陸海軍各學校御制服等御好ニ應シ入念御調製仕可候

白木屋洋服店販賣 小間物目錄

●毛布類

- 白毛布二枚續キ　自八圓八十錢　至十七圓
- 鼠毛布一枚物　自五圓二十錢　至七圓

●膝掛及肩掛類

- 最優等 毛織膝掛　自三十圓　至五十八圓
- 上等 絹ブラシ膝掛　自二十五圓　至三十二圓
- 並等 同　自十三圓　至十五圓
- 絹ラッコ製膝掛　自十三圓五十錢　至十八圓
- 駱駝織膝掛　自二十二圓五十錢　至二十五圓
- 同肩掛　自二十二圓　至二十五圓

●衿卷及ビショール

- 絹ラッコ製　自四圓九十錢　至五圓八十錢
- 毛糸製　自六十五錢　至七十五錢
- 毛糸ショール　自一圓二十錢　至二圓五十錢
- ブラシ製ショール　自一圓四十五錢　至七圓
- 同長卷　自一圓八十錢　至六圓五十錢

●メリヤス類

- 白毛メリヤスシャツ　自二圓十錢　至五圓五十錢
- 同ズボン下　同斷
- 白地綿物シャツ　自一圓　至一圓三十錢
- 同ズボン下　同斷
- 鼠毛メリヤスシャツ　自一圓五十錢　至三圓
- 同ズボン下　同斷
- 鼠厚毛メリヤスシャツ　自三圓六十錢　至四圓七十五錢
- 同ズボン下　同斷
- 駝毛メリヤスシャツ　自一圓八十錢　至二圓九十錢
- 同ズボン下　同斷
- 鼠毛メリヤス股引　自二圓二十錢　至三圓
- 婦人物シャツ　自一圓九十五錢　至五圓
- 小兒物シャツ　一圓三十錢
- 縞ジャケツ　自一圓五十錢　至二圓九十錢

●手袋類

- 男物メリヤス製　自四十錢　至一圓五十錢
- 同皮製　自二圓五十錢　至三圓五十錢
- 婦人物メリヤス製　自三十八錢　至一圓六十錢
- 同ビーズ入半手袋　自三十八錢　至一圓二十錢
- 同絹糸製　自一圓　至二圓
- 同革製　自二圓八十錢　至三圓三十錢
- 防寒用皮製　二圓八十錢
- 同ブラシ製　一圓三十錢

●ハンカチーフ類

- 金巾製一ダース　自六十六錢　至二圓二十錢
- 麻製一ダース　自一圓九十五錢　至八圓
- 絹製一枚ニ付　自四十錢　至一圓八十錢
- 戰捷紀念羽二重製一枚ニ付　自三十錢　至四十五錢
- 同金巾製一ダース　七十七錢

●櫛、簪類

- ゴム製櫛　自十錢　至九十五錢
- 同ヘーヤピン　自八錢　至八十三錢
- 飾ピン　自一圓五十錢　至二圓
- 造花簪　自十五錢　至八十五錢
- ショール留メ　自六十錢　至三圓八十錢

●帽子類

- 禮帽（シルクハット）　自七圓五十錢　至十一圓五十錢
- 鳥打帽子　自一圓五十錢　至二圓
- 乳兒用帽子毛糸製　自一圓二十錢　至一圓七十錢
- 同絹天製　自二圓八十錢　至三圓三十錢

羽根布團類

- 更紗シルケット大布團　自十三圓　至十四圓五十錢
- 純子縮緬製同　自三十三圓　至三十七圓
- 枕布團縮緬製(パンヤ入)　五圓五十錢
- 同純子製(パンヤ入)　六圓
- 同羽二重製(パンヤ入)　自四圓五十錢　至五圓三十錢
- 同小形純子製(パンヤ入)　三圓八十錢
- 同綴錦製　自二十五圓　至二十八圓
- 車掛純子縮緬製　自八圓三十錢　至十二圓

襟飾

- 結び下げ　自五十錢　至一圓五十錢
- ダービー(フォーアインハンド)　自六十錢　至一圓三十錢
- 蝶形(ボー)　自三十五錢　至一圓
- 巾ダビー(フローイングフォーアインハンド)　自一圓三十錢　至二圓八十錢
- 縮緬製　自九十錢　至一圓十錢
- 縫模樣入同　自一圓三十錢　至一圓八十錢
- 戰捷紀念いろいろ　自八十錢　至一圓五十錢

出來合物類

- インバネース甲斐絹裏　自十七圓　至二十四圓
- 東コート(甲斐絹、リンズ裏)　自十一圓五十錢　至十五圓五十錢
- 和服用外套(甲斐絹、ドンス裏)　自十七圓五十錢　至三十二圓
- 縞フランネルシャツ　自二圓十五錢　至二圓七十五錢
- カシミヤ袴 寸法は紐下一尺八寸から二尺五寸迄　自二圓八十錢　至四圓五十錢
- 國旗(モスリン製) 巾は一布、一布半、二布　自三十六錢　至三圓三十錢

ズボン釣及胴締

- 並物　自八十五錢　至一圓二十錢
- ゴム入　自一圓　至三圓五十錢
- 絹製　自一圓八十錢　至三圓
- 皮製胴締　自一圓五十錢　至三圓五十錢

釦類

- カフス釦(リンク)　自六十錢　至二圓八十錢
- 同金製　自八圓　至二十圓
- 胸釦　自五十錢　至一圓八十錢
- カラ釦　自十錢　至四十錢

靴下類

- メリヤス製　自四十八錢　至九十八錢
- スコッチ製　自四十三錢　至一圓三十錢
- 同自轉車用　自一圓　至一圓九十五錢
- 絹製　自一圓八十錢　至二圓
- 小供物　自二十八錢　至八十錢
- 乳兒用　二十二錢

タヲール類

- 和製　自三十錢　至五十五錢
- 舶來　自一圓十錢　至一圓七十錢

ホワイトシャツ

- 並物一枚に付　自一圓二十錢　至二圓五十錢
- シングルカラ一本に付　三十三錢
- ダブルカラ一本に付　五十五錢
- 麻製一枚に付　自六圓五十錢　至十一圓
- 縞物カラ二本付　自二圓九十錢　至三圓八十錢

リボン類

- 一吋半巾模樣物一ヤード　自二十五錢　至五十錢
- 同水波一ヤード　自三十錢　至四十錢
- 一吋巾模樣一ヤード　自二十錢　至三十五錢
- 同水波一ヤード　自二十錢　至二十五錢
- 細目各種一ヤード　自八錢　至二十錢
- リボン製簪一個に付　自七錢　至五十錢

靴及足袋

- 色羅紗製小供用靴　自一圓七十錢　至二圓
- 毛足袋大人用　四十七錢

稟　告

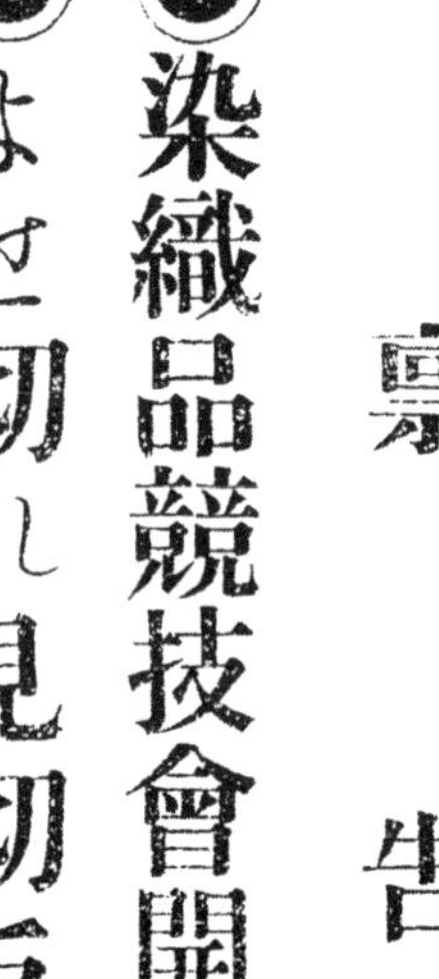

●染織品競技會開催中

●よせ切れ見切反物日々新品澤山差出し置き申候間倍舊御來店奉願上候

白木屋呉服洋服店

注文書

男子／女子用衣裳又は羽織等

年齢

用途

品柄

好みの色

好みの柄

紋章并大さ及び数

好みの模様

惣模様

腰模様

裾（スソ）模様

江戸褄（ツマ）模様

奴褄（ヤツコヅマ）模様

袘（フキ）模様

仕立寸法

丈

袖

ゆき

口明

袖幅

袖付

前幅

後幅

衽（オクミ）幅

衽（オクミ）下り

衿（エリ）幅

褄（ツマ）下

袘（フキ）の厚（アツ）さ

人形

紐（ヒモ）付

前下り

紐下

備考

右注文候也

住所

明治　年　月　日

姓名

白木屋呉服店地方係中

明治卅　年　月　日

御宿所貴名	服名	地質見本番號	見積金額

摘要

御注文用箋

白木屋洋服店

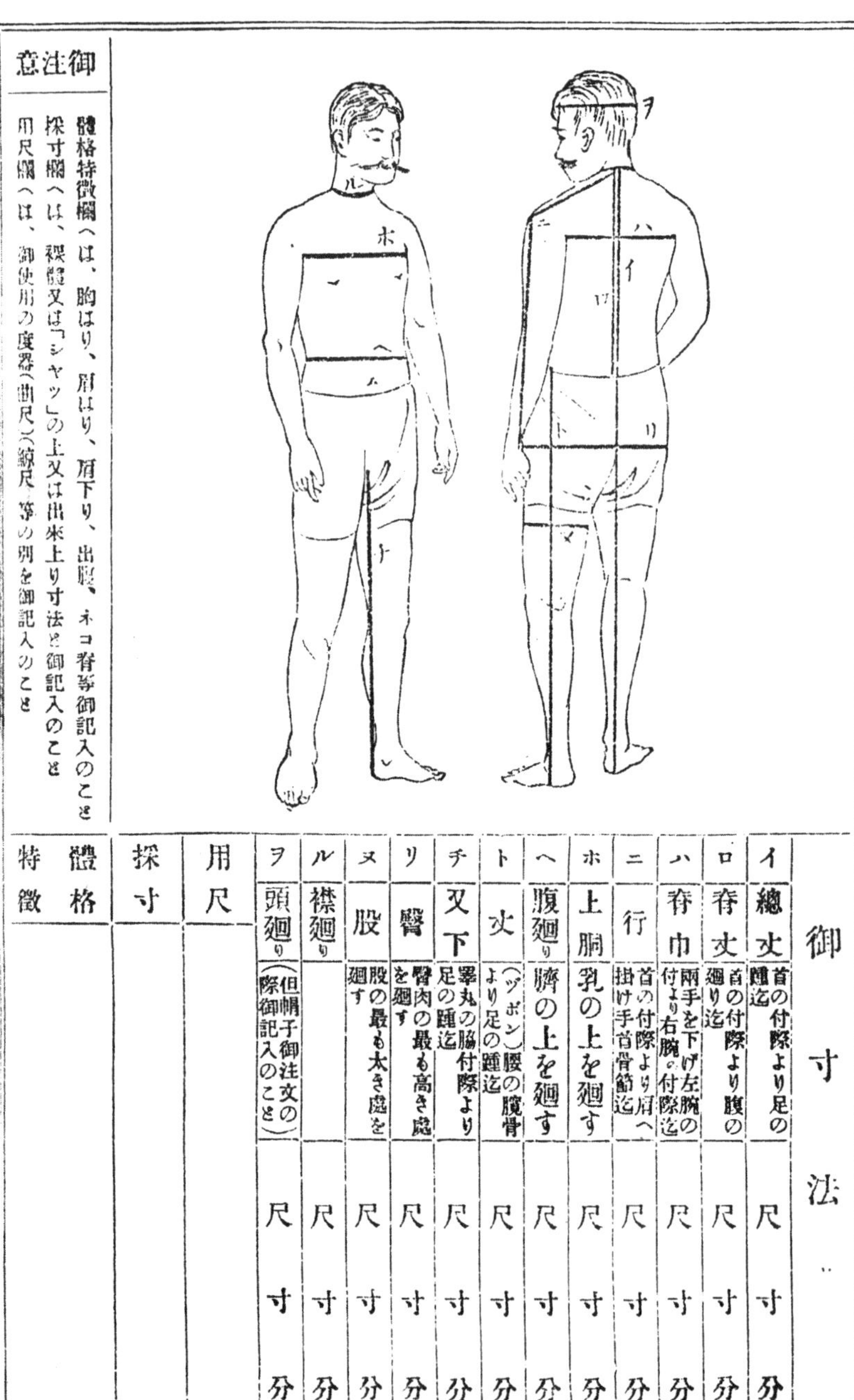

御注意

體格特徴欄へは、胸はり、肩はり、肩下り、出腹、ネコ背等御記入のこと

採寸欄へは、裸體又は「シヤツ」の上又は出來上り寸法を御記入のこと

用尺欄へは、御使用の度器（曲尺）（鯨尺）等の別を御記入のこと

御寸法

	部位	摘要	寸法
イ	總丈	首の付際より足の踵迄	尺　寸　分
ロ	脊丈	首の付際より腹の廻り迄	尺　寸　分
ハ	脊巾	兩手を下げ左腕の付より右腕の付際迄	尺　寸　分
ニ	行	首の付際より肩へ掛け手首骨節迄	尺　寸　分
ホ	上胴	乳の上を廻す	尺　寸　分
ヘ	腹廻り	臍の上を廻す	尺　寸　分
ト	丈	（ヅボン）腰の臗骨より足の踵迄	尺　寸　分
チ	又下	睾丸の脇付際より足の踵迄	尺　寸　分
リ	臀	臀肉の最も高き處を廻す	尺　寸　分
ヌ	股	股の最も太き處を廻す	尺　寸　分
ル	襟廻り		尺　寸　分
ヲ	頭廻り	（但帽子御注文の際御記入のこと）	尺　寸　分

用尺	採寸	體格特徴

●戰捷紀念御袋物帶留等各種出來仕居候●

美術小間物袋物商

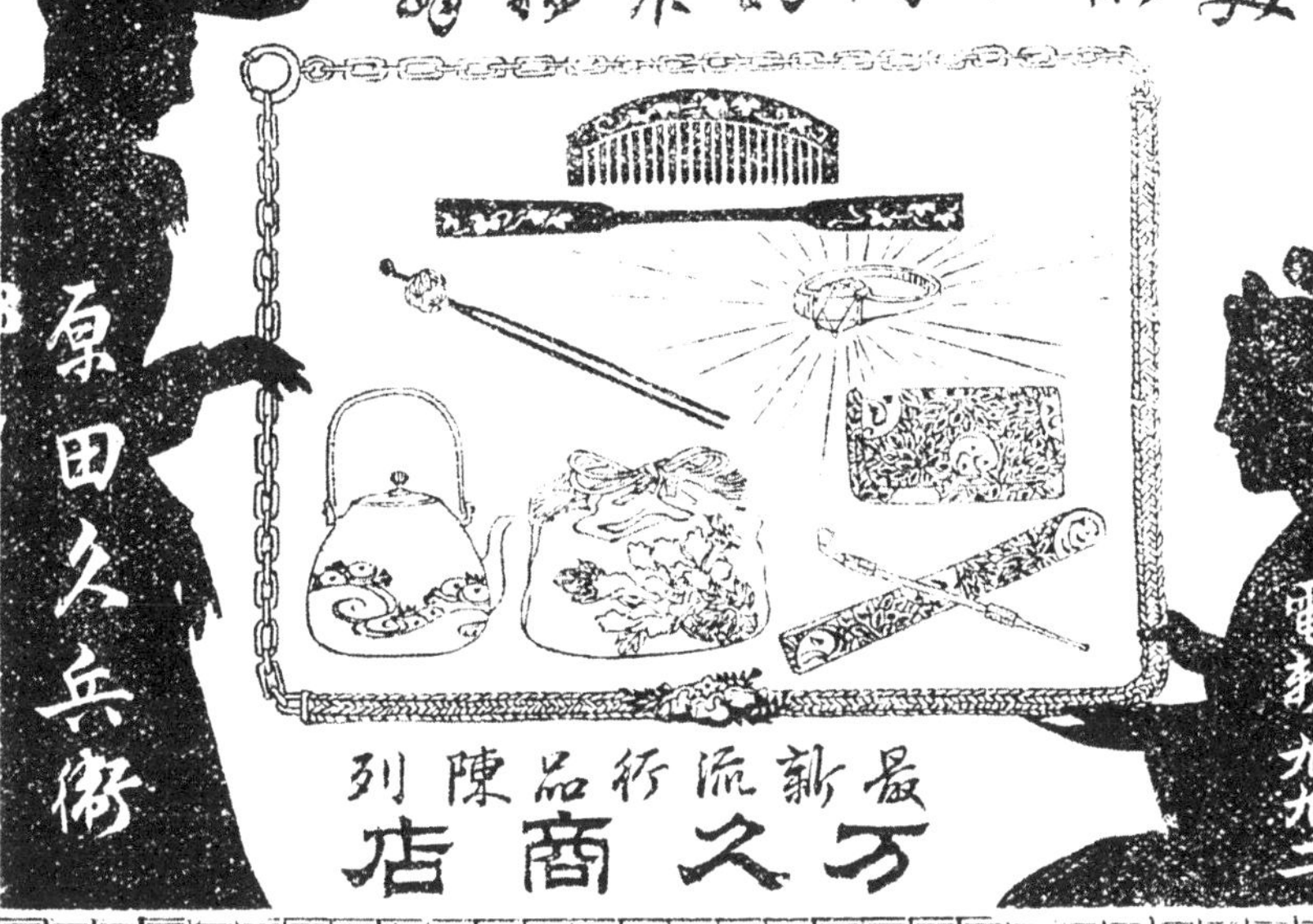

戰捷紀念簪

開戰以來向ふ所敵なき我陸海軍の大捷紀念として上圖の如き束髪ピンと前差とに兼用の簪發賣仕候

一號　陸海軍紀念

二號　赤十字紀念

三號　陸勝紀念

三種何れも純銀製にて金色と各色の七寶とを配合せしいとうるわしき品に有之候

此紀念簪は聊か戰捷の祝意を表し特別廉價にて差上候間御注文あらんことを

一、二、三號

金貳圓宛

市外送料　金拾錢

東京市京橋區尾張町

白牡丹本店

松田幸治郎

特電話新橋五五一番

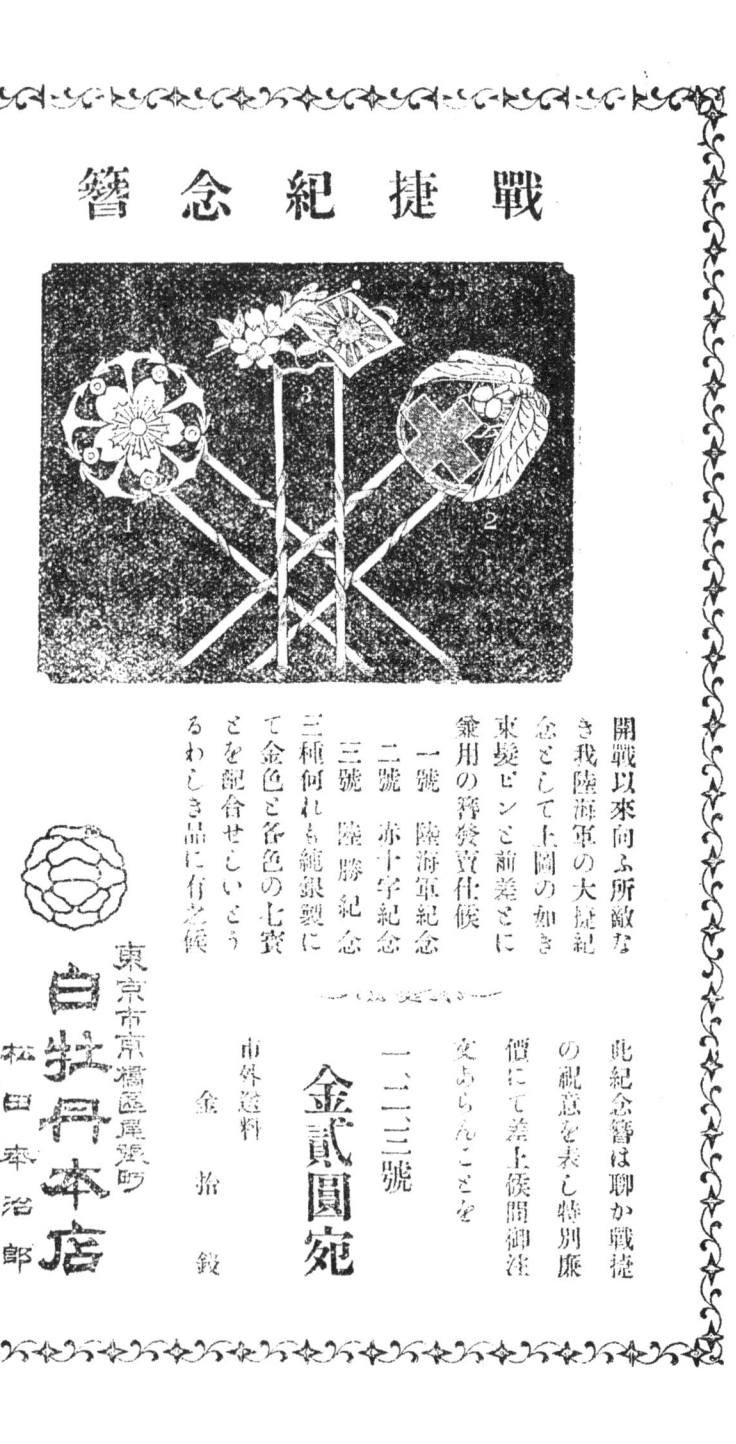

御婦人方注意廣告

鼈甲櫛笄
儀式用品
金銀細工
簪指輪帯止
珊瑚珠并に
寶石玉根掛
美術彫刻
流行蒔繪物
最新流行
束髪用櫛簪
新形各種
かもじ前髪じん
花簪各種
其他御注文に應じ
調進可仕候

●市内御報次第參上
●地方は代金引替小包

日本橋區通一丁目
十五番地
美術小間物商
小紅屋
（白木屋向角）

十一月一日より五日間
戰勝紀念大賣出し
當日より景品進呈

男女表付
新案占領下駄發賣
價壹圓五拾錢

七五三御祝儀品澤山取揃へ有之候市内は御一報次第直ちに店員御伺可申候地方は其注文次第引換へ小包にて御送付申上候

登録商標 香

淺草區茅町二丁目一番地
香取屋本店
（電話下谷千百九十二番）

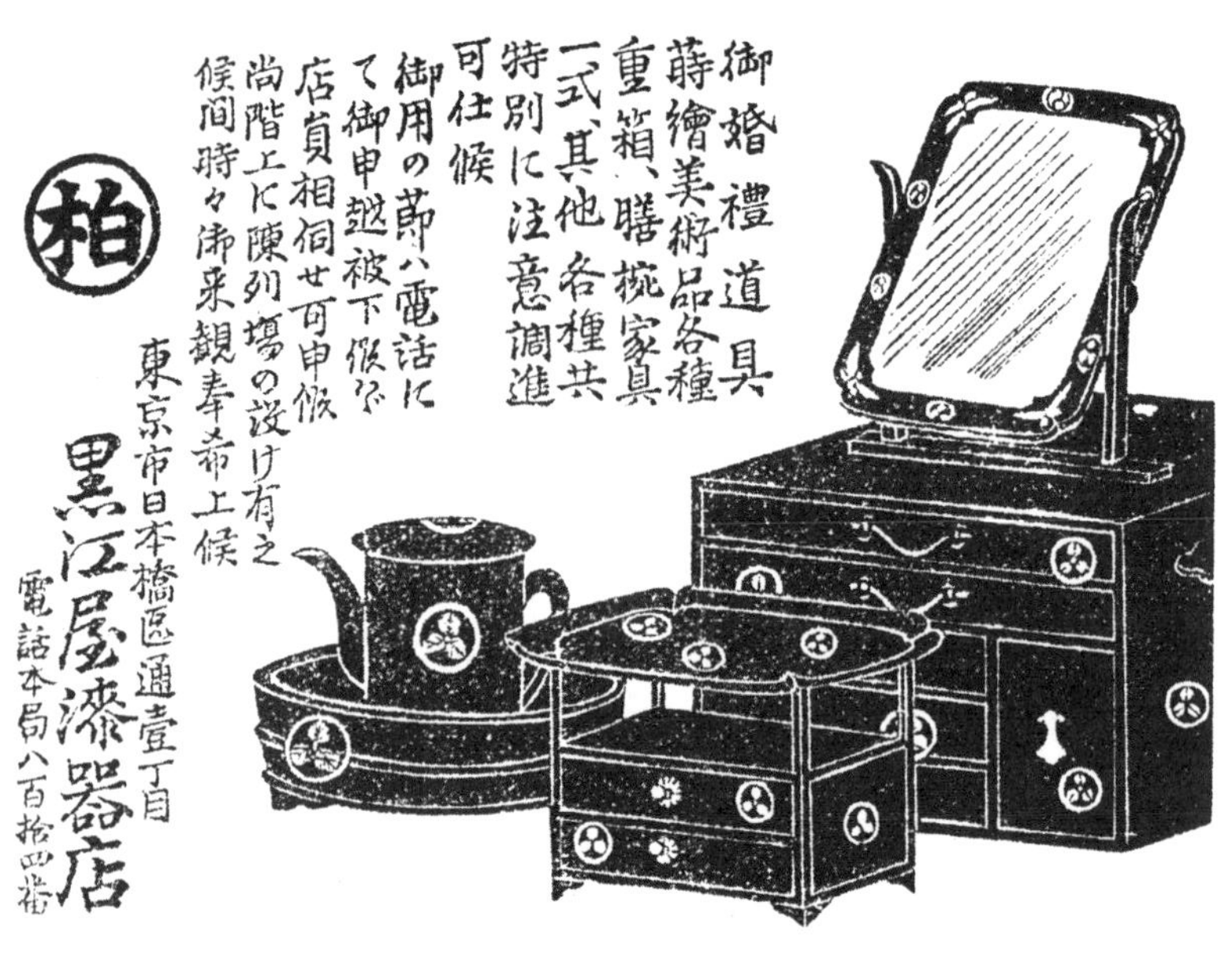

舶來洗粉ボケット

ホケット洗粉は米國「ニューヨルク市」ストリング會社の製品なり。**ボケット洗粉**は同國貴婦人界に幾多化粧品中最も好評を得たり。其他諸大醫の證明無數**特効**皮膚を細かにし、色を白くし、艶顔ならしめ、白粉の鉛毒を去りニキビ、ソバカスを全治し白粉の乗りを能くす。

日本一手販賣 京橋區靈岸島町二番地 **吉田清光堂**

特約販賣 日本橋區長谷川町 **横田孫八**

特約販賣 日本橋區蠣殼町水天宮前 **安藤井筒堂**

高等化粧用いろは洗粉効能

抑も弊店販賣のいろは洗粉は他の品々と異り品位高尚優美にして尤も實用に適しアレ性の御人と雖も常に此いろは洗粉を御用ひ相成れは自然キメ細かなる人となり殊に肌の色を白くする處の効力ある原料を用ひあるに依りアレ性の人もあぶらつよき人も必ず御用ひ相成てよし香氣馥郁實に古今無類のあらひ粉なり又頭髪も他の品にておちざる時は此あらひ粉を用ゆれば必ず清々する事妙なり。

●發賣本舗　小兒藥王　大野一角丸支店

◎全國到る處の化粧品小間物店賣藥店等にあり

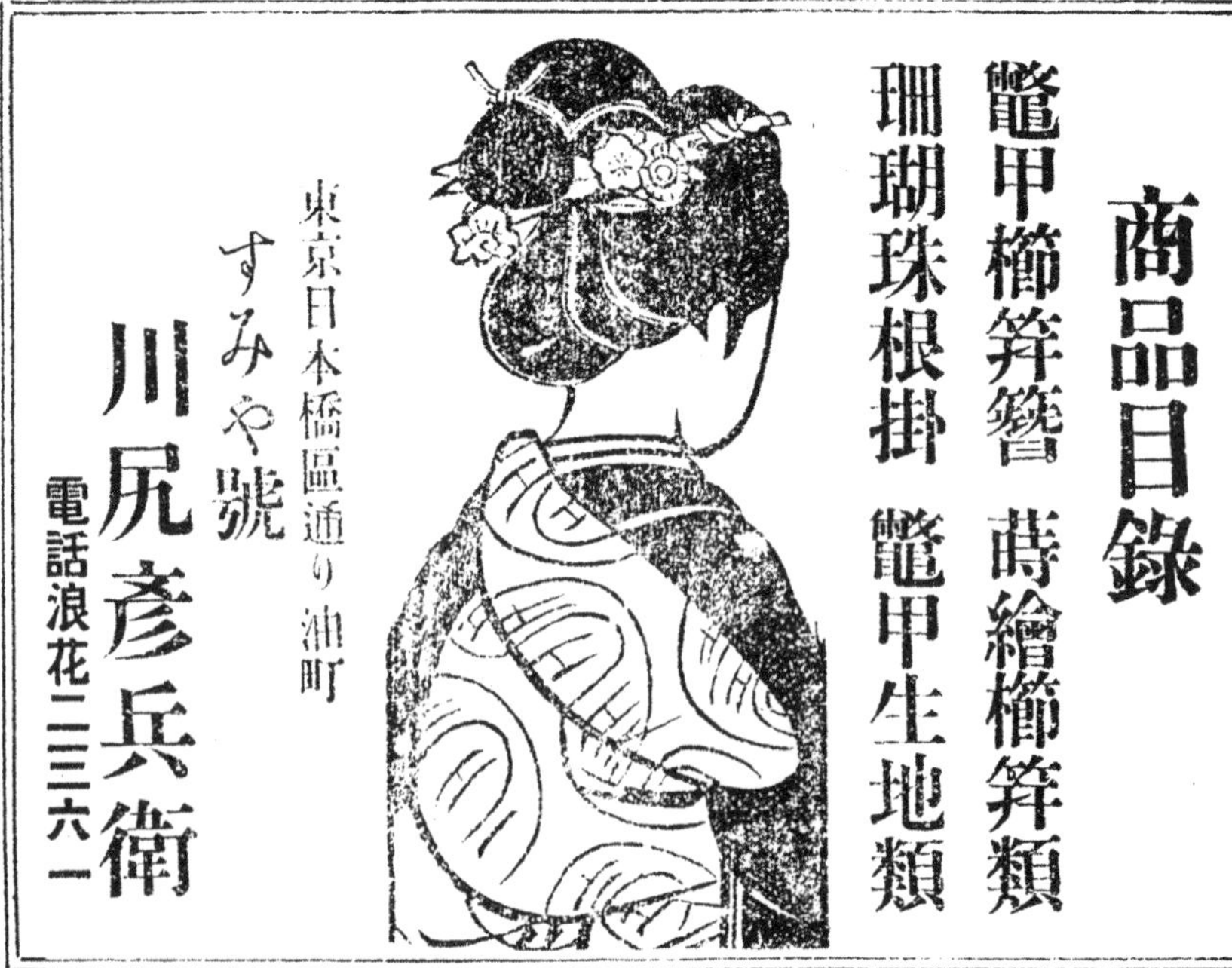

意匠登録出願

金銀張分
純金ゆびわ

はをる分刻黄色趣
表下裏に圖施彫張銀
裏は書白の題美日配
、施に圖の美しく津々

征露紀念

價壹圓六拾錢送料拾錢
東京日本橋通十軒店
東京土産商會

登録 本家 八 商標

旅行乗船携帯良藥（たびだちふねのりたくわへぐすり）

東京銀座三丁目
神仙萬金丹
八 松澤八右衛門

定價
●金五錢
●金十錢
●金二十錢
●金三十錢
●金五十錢

能効
●汽車汽船のゑい（きしやきせん）●腹痛（はらいたみ）●水害下痢（みつかはりくだり）●頭痛（づつう）●引風（ひきかぜ）●寒さあたり（さむ）●（中暑）（あつさあたり）
○氣のふさぎたるときは二十粒より三十粒を嚙み碎き用ゆれば必ず妙効あり
○常に此神仙萬金丹を服して水害あるひは悪き疾にかゝる患なし
●賣捌所全國有名藥舗賣藥店に販賣す

登録商標

壽美禮おしろい

第五回內國勸業博覽會 褒狀受領

●壽美禮おしろい●

●すみれ白粉は常に用ひて皮膚を艶麗ならしめ御顏肌等の色を白變せしめきめをこまやかに御肌へを清々しく天然の色白きに至るべし

ねりおしろい定價（大壜二十錢 小壜十二錢）水おしろい定價（大壜廿五錢 中壜十五錢 小壜十錢）

●壽美禮あらひ粉●

●壽美禮洗粉を朝夕御用ひ給へば漸々皮膚の色を白くし美しく艶を出しきめをこまやかにす常に髮洗ひに用ひ給へば毛の拔る病を豫防し毛のくせを直す

定價 綠藍紅彩蝶鉸の罐詰六錢五厘 ボックス入三錢 袋入一錢

東京東兩國橋際元町

製造本舗 伊勢吉壽美禮堂謹製

（販賣處は全國到る處小間物化粧品店賣藥店洋物店其他各勸工場劇場各運動場等に在り）

歐米最新流行形輸着

販賣乞御購求

東京市京橋區

南傳馬町二丁目

田村帽子店

電話本局二百七拾壹番

精實廉價

（雛形無代進呈）

本社製造の織姫繻子の義は品質精良にして堅牢耐久なることは世間既に定評あり御帯側御半襟御袖口等に御使用の方々其結果の僞ならざるを御風聽を祈る

殊に流行色は其時好に從ひ時々新品織出し申候

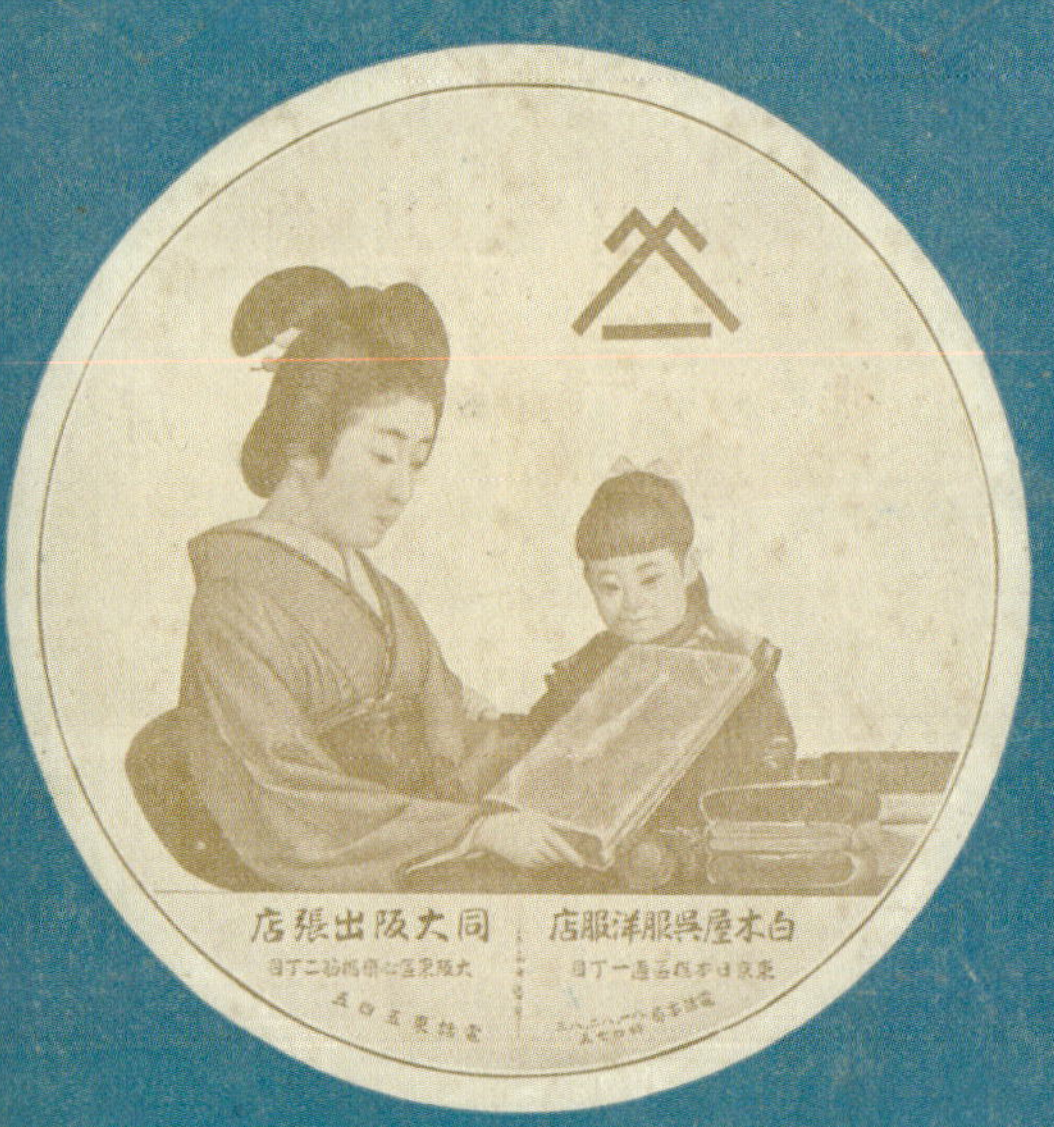

家庭のしるべ

第五號

明治三十七年四月七日第三種郵便物認可
明治三十七年十一月一日發行（毎月一回一日發行）

『家庭の志る遍』

第六号（一九〇四〈明治三七〉年一二月）

家庭乃志るべ

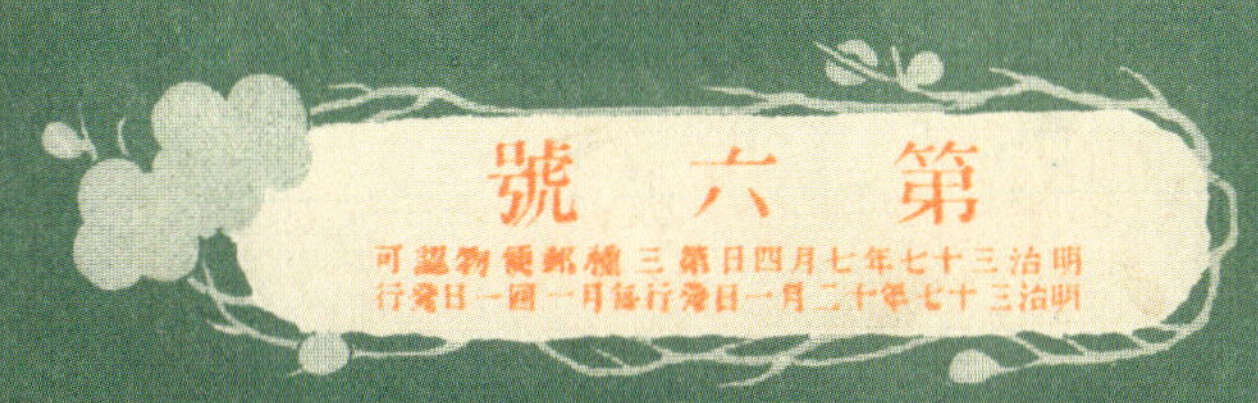

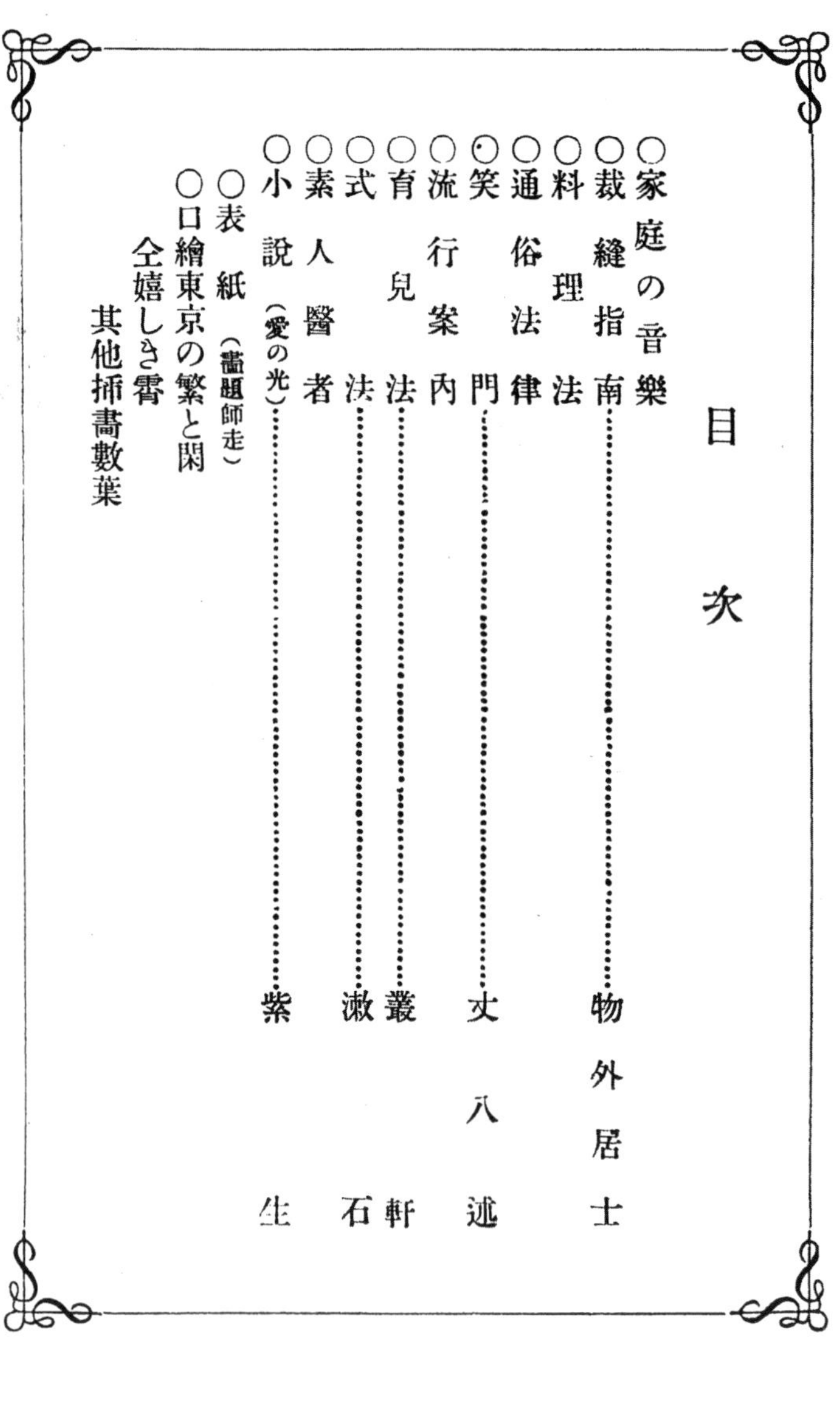

目次

○家庭の音樂

○裁縫指南……物外居士

○料理法

○通俗法律

○笑門……丈八述

○流行案內

○育兒法……叢軒

○式法……漱石

○素人醫者

○小說（愛の光）……紫生

○表紙（畵題師走）

○口繪東京の繁と閑

仝嬉しき霄

其他揷畫數葉

繁と閑

兩國の開橋式

大久保村の收穫

江戸裙もやう圖案

白木屋意匠部考案

●戰捷紀念御袋物帯留等各種出來仕居候●

ムスク香水

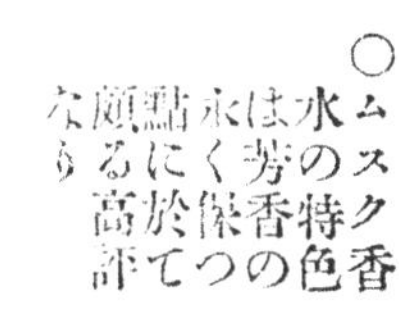

大瓶壹圓
小瓶廿五錢

ホーサン石鹸

○本品を常用せば皮膚病を全治し身體を白色艶麗ならしむる効あり

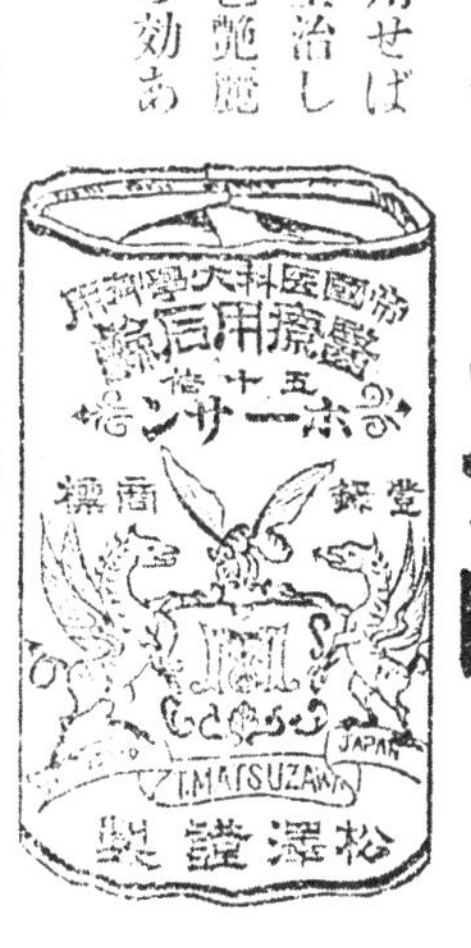

大形廿錢
小形拾錢

○賣藥小間物化粧品店に有升御試用を乞ふ
○偽物品有之候間松澤名義に御注意を乞ふ

芳香藥種問屋 （八） 松澤化粧品部
東京日本橋區本石町四丁目廿番地
電話本局百四十五番

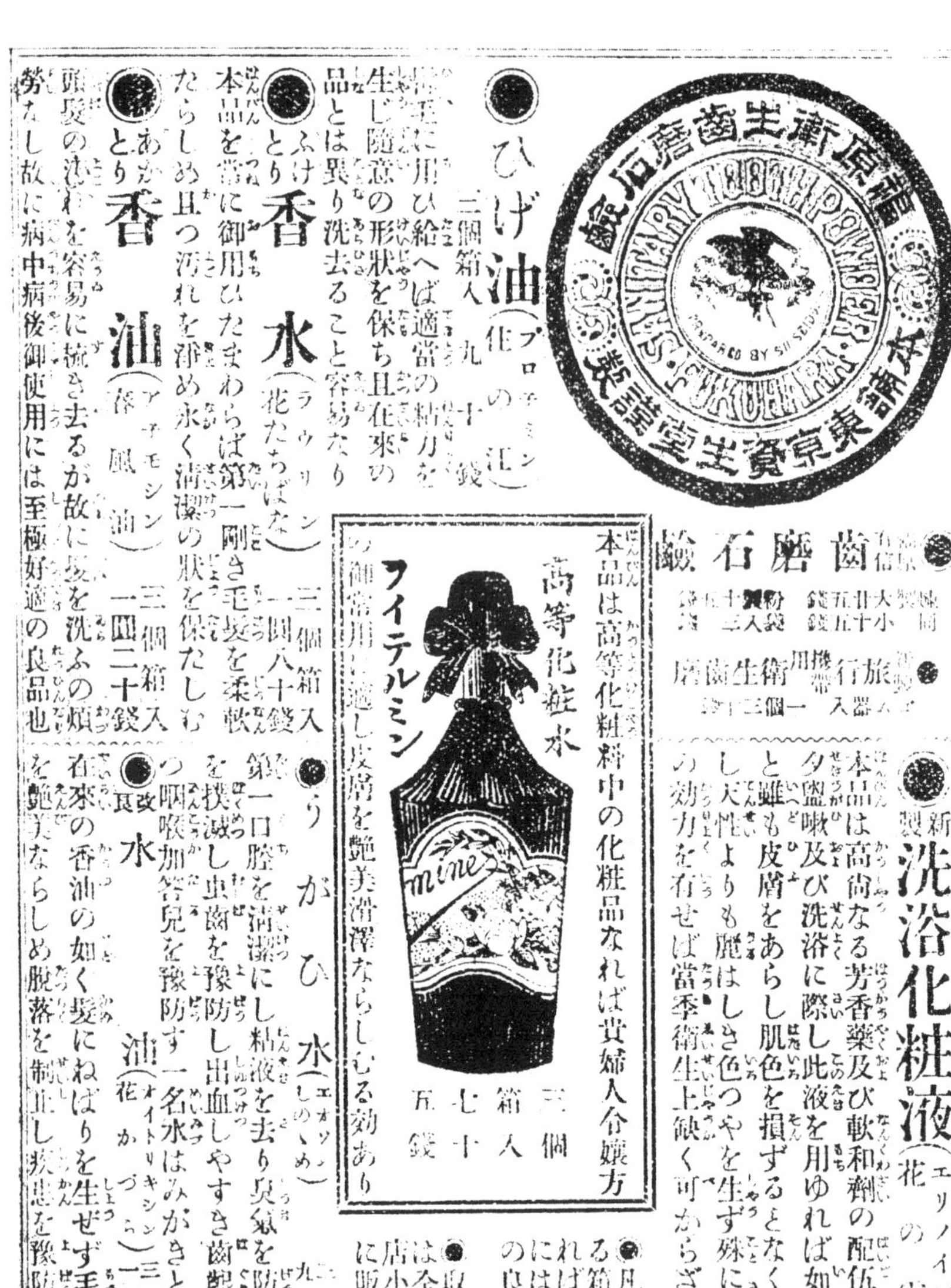

處方調劑・藥品器械・衛生材料・化粧品問屋

本舗　東京市新橋出雲町角　電話新橋三二四番　資生堂　福原有信

白熱瓦斯燈は光力五十燭光以上を有し瓦斯代は**一時間九厘餘**に過ぎず石油ランプよりも費用は遙に低廉なり

瓦斯竈は本社の發明品にして專賣特許を得二升の米は瓦斯代僅かに**一錢三厘**時間は**十八分**にして炊くを得べく安全と人手を省き瓦斯と水道は家庭は勿論料理店旅宿其他飲食店の必用缺くべからざるものとなれり

瓦斯七輪、燒物器、西洋料理器を使用輕便瓦斯代は木炭よりも遙に低廉なり

燈火及炊事器工事費は極めて低廉にして御申込次第工事費見積書御送付可申上候

▲▲▲瓦斯器陳列所　縱覽御隨意▲▲

神田區錦町三丁目

東京瓦斯株式會社

電話本局　一三〇　五四八。五七〇。

貴婦人用時計金緣眼鏡及び銀盃廣告

一拾四金側片硝子中蓋附拾形流金石入シリン　正價金貳拾五圓五拾錢也

一拾四金側兩蓋中蓋附拾形流金石入シリン　正價金貳拾七圓五拾錢也

一拾四金側兩蓋中蓋附拾參形ニツケルー石入アンクル　正價金四拾六圓五拾錢也

一拾八金側兩蓋中蓋附拾貳形流金石入シリン　正價金參拾五圓五拾錢也

一拾八金側兩蓋彫刻附拾參形石入シリン　正價金四拾八圓五拾錢也

一拾八金側兩蓋樋附拾參形本ニツケル石入アンクル　正價金六拾參圓五拾錢也

一拾八金側兩蓋裏三枚蓋拾參形本ニツケル總石入　正價金六拾八圓五拾錢也

一九金緣繩蔓掛半掛及ビ差込眼鏡サック附　正價金七圓五拾錢也

一拾八金緣繩蔓掛半掛及ビ差込眼鏡サック附　正價金拾四圓五拾錢也

一拾八金緣繩蔓掛角緣及ビ自由替玉眼鏡サック附　正價金拾五圓五拾錢也

一純銀製盃徑參寸桐箱縮緬服紗絹紐附　正價金五圓八拾錢也

一右同斷參ツ組　正價金拾參圓八拾錢也

一純銀製盃徑參寸五分桐箱縮緬服紗絹紐附　正價金六圓參拾錢也

一右同斷參ツ組　正價金拾五圓五拾錢也

其他各種（市内は御報次第見本品持參可仕候地方は小包郵便を以て迅速に御送品可申上候）

各種時計同附屬品
雙眼鏡金緣眼鏡
寶玉入金製指輪
貴金屬製美術品類

柳古堂

東京市日本橋區通壹丁目十一角

岡野時計店

電話本局貳八參壹番

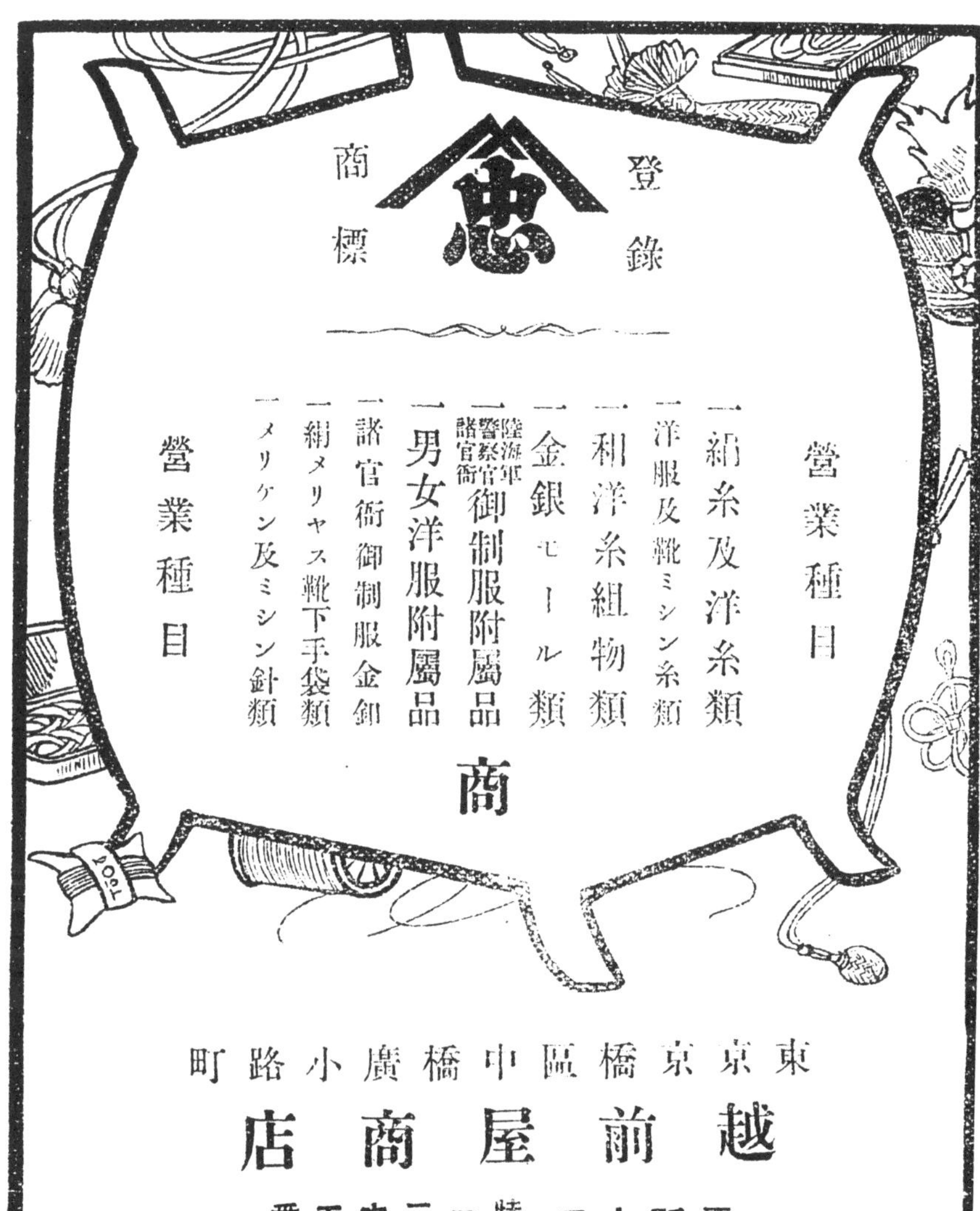
登録商標
營業種目
一絹糸及洋糸類
一洋服及靴ミシン糸類
一利洋糸組物類
一金銀モール類
一陸海軍警察官諸官衙御制服附屬品
一男女洋服附屬品
一諸官衙御制服金釦
一絹メリヤス靴下手袋類
一メリケン及ミシン針類
營業種目
商

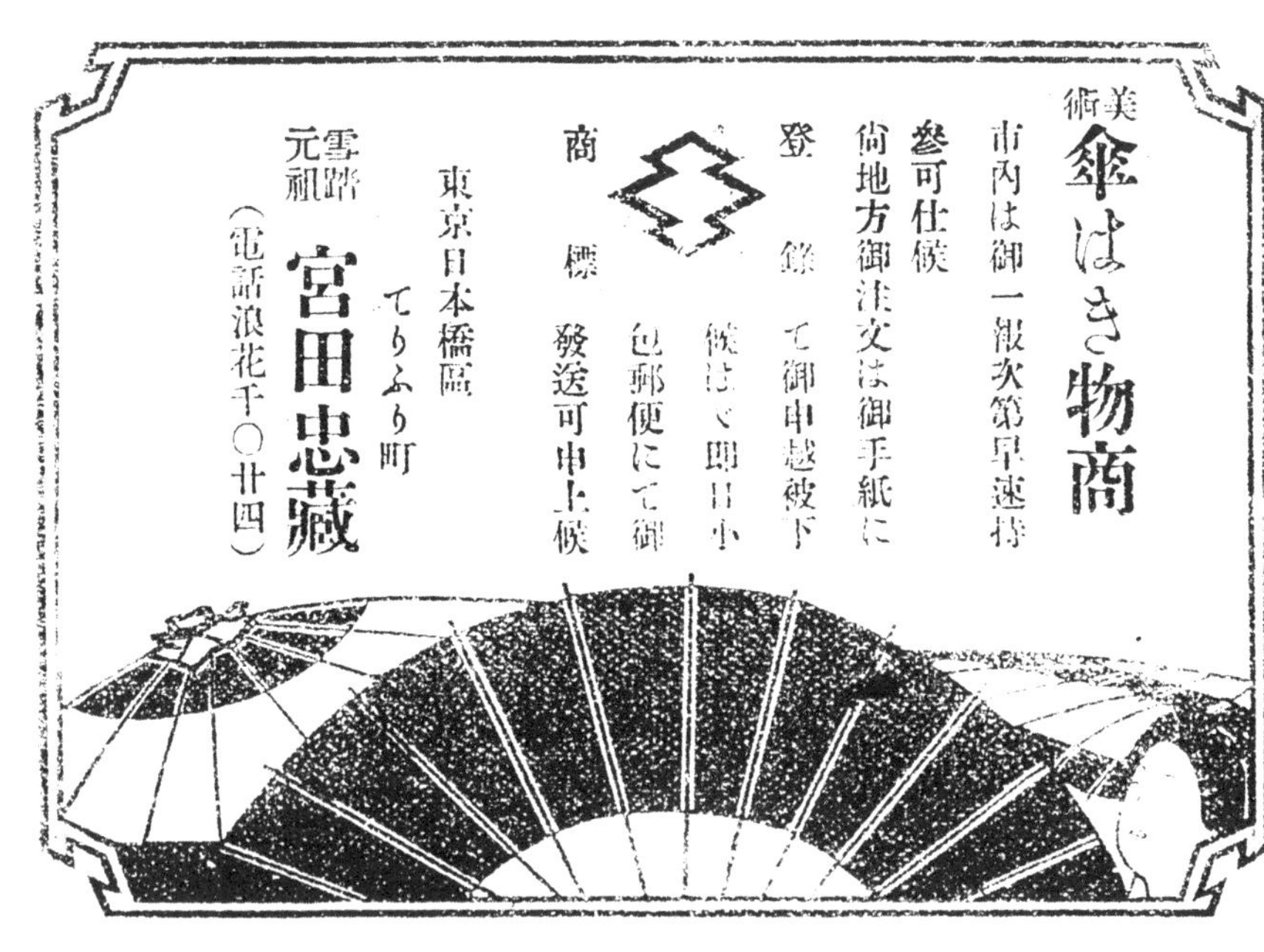

衛生滋養かきもち和歌ぶし

抑も此衛生かき餅一名和歌ぶしは弦齋居士小説食道樂春の巻衛生輕燒餅の製法に倣ひ今回新に製造したる輕燒かきもちにして最も衛生的完全の味ひの良美なる事を専一とし製造したるが故に頗る御嗜好に適す●其特長は老人及バ小兒の食物としては少しも胃を害する事なく最も滋養に富み之れは茶受けとしては味ひ殊によろしく殊に腐敗變味の憂ひなければ下戸にも上戸にも四季をり〱の御進物としては至極體裁よき適當の佳品なり●御注意和歌ぶしは鑵類に入れ置かるゝをよろしとす

日本橋區松島町二十五番地水天宮横

製造販賣元 喜八堂 田嶋喜八

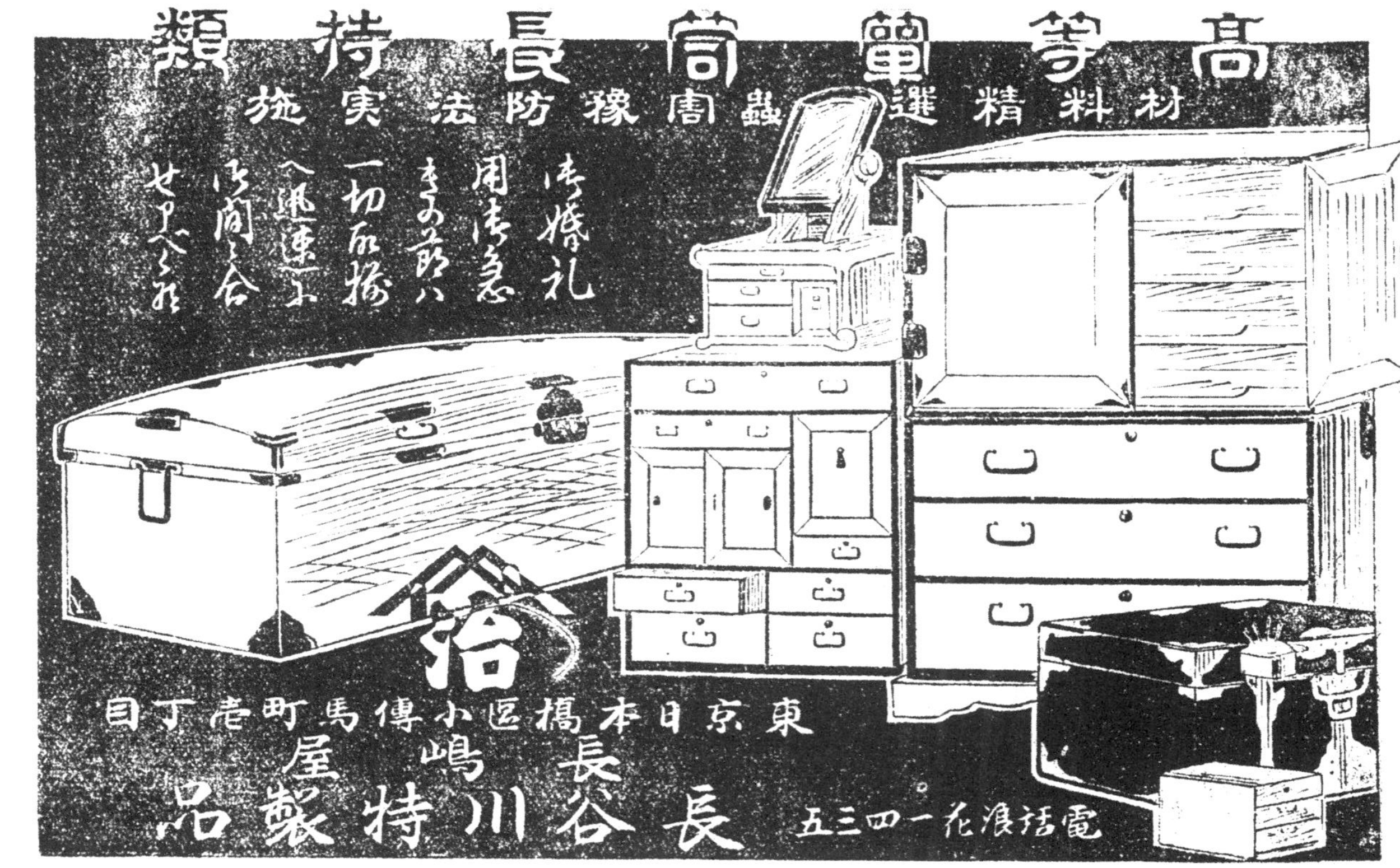
高等簞笥長持類
材料精選　蟲害豫防法実施
御婚礼
御用意
の節ハ
一切御揃
へ迅速に
御間に合
せ申すべく候
東京日本橋區小傳馬町壱丁目
長嶋屋
長谷川特製品
電話浪花一四三五

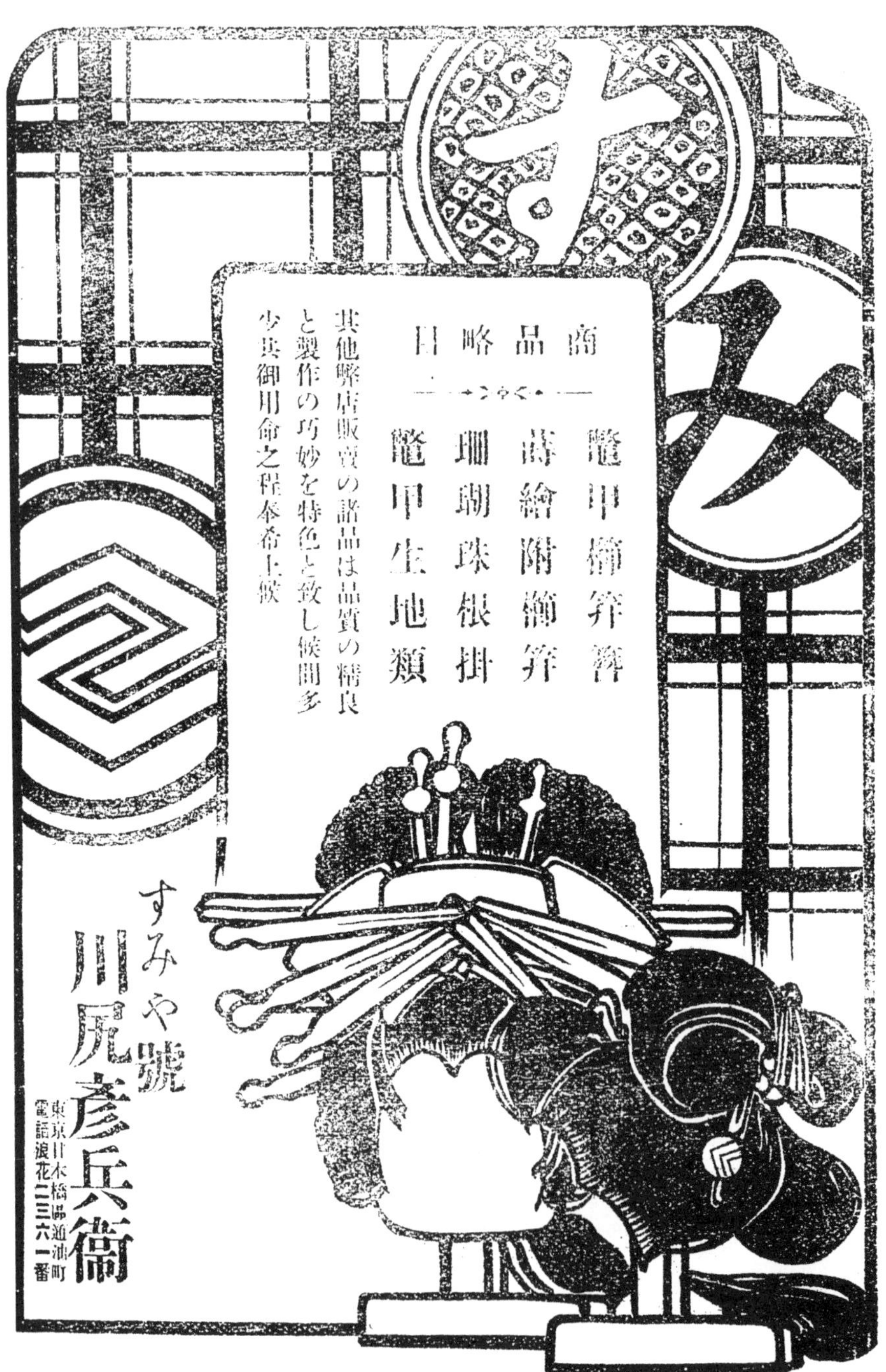
商品略目
鼈甲櫛笄簪
蒔繪附櫛笄
珊瑚珠根掛
鼈甲生地類
其他弊店販賣の諸品は品質の精良
と製作の巧妙を特色と致し候間多
少共御用命之程奉希上候
すみや號
川尻彦兵衛
東京日本橋區通油町
電話浪花二三六一番

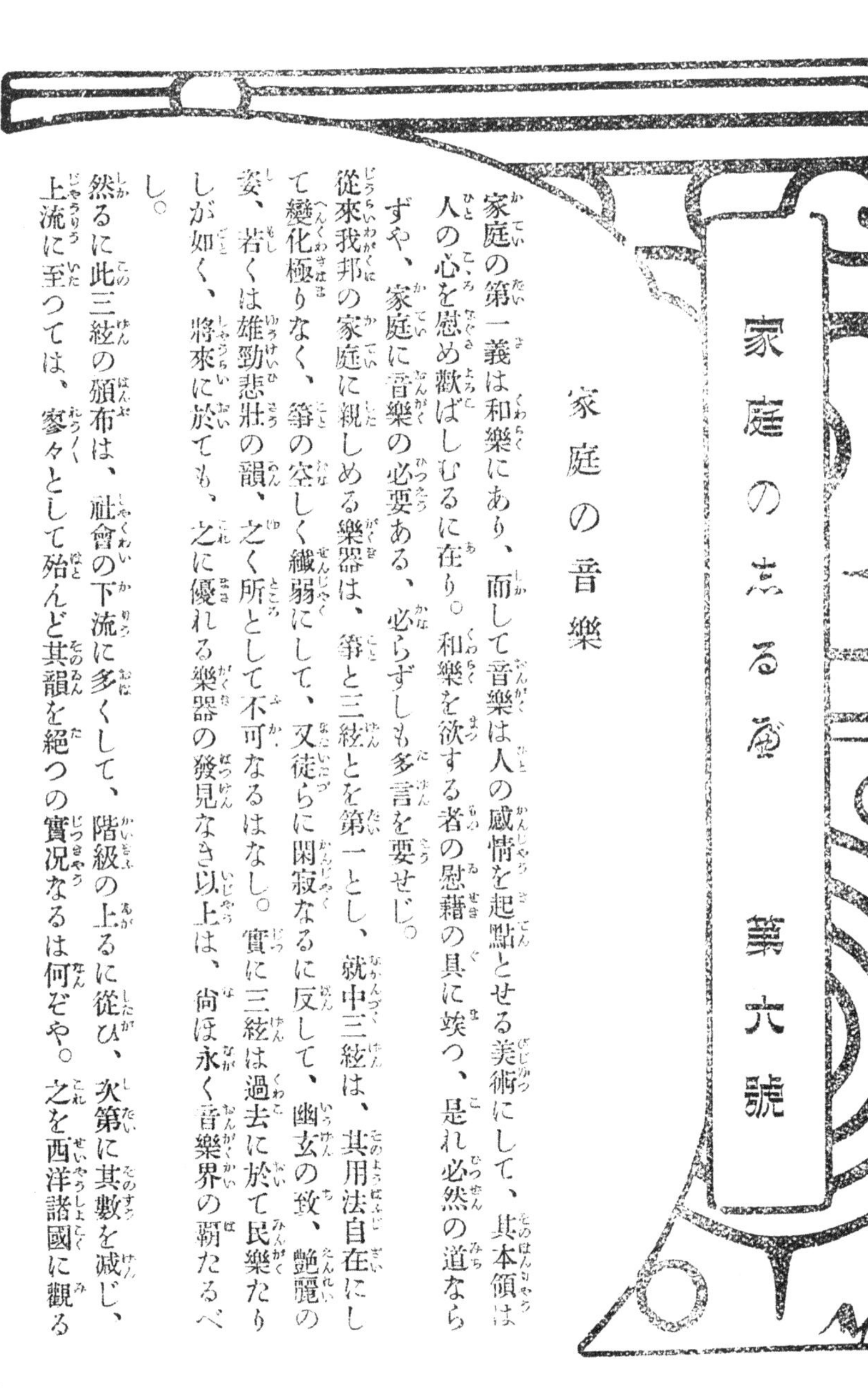

家庭の音樂

家庭の第一義は和樂にあり、而して音樂は人の感情を起點とせる美術にして、其本領は人の心を慰め歡ばしむるに在り。和樂を欲する者の慰藉の具に竢つ、是れ必然の道ならずや、家庭に音樂の必要ある、必らずしも多言を要せじ。

從來我邦の家庭に親しめる樂器は、箏と三絃とを第一とし、就中三絃は、其用法自在にして變化極りなく、箏の空しく纖弱にして、又徒らに閑寂なるに反して、幽玄の致、艷麗の姿、若くは雄勁悲壯の韻、之く所として不可なるはなし。實に三絃は過去に於て民樂たりしが如く、將來に於ても、之に優れる樂器の發見なき以上は、尙ほ永く音樂界の覇たるべし。

然るに此三絃の頒布は、社會の下流に多くして、階級の上るに從ひ、次第に其數を減じ、上流に至つては、寥々として殆んど其韻を絕つの實況なるは何ぞや。之を西洋諸國に觀る

に、家庭の音樂を用ふるは、下流よりも中流に多く、中流よりも上流に多きに引換へ、我邦の家庭は、正に之と反對の奇象を呈せるは何ぞや。他なし三絃を以て鄭聲多く、淫靡卑猥の氣、家庭を毒するとなせばなり。故に中流以上に於ては、已むなく箏によりて、若くは歐洲樂によりて、音樂の缺陷を補ふの現狀なるも、箏の單調にして變化に乏しき、若くは歐洲樂の發達が、全然我民族嗜好の音樂と其歷史を異にせる、素より是等家庭の需用を滿足せしむべき筈もなく、從つて彼等は之によりて、よく歡樂の鄉に遊び、恍惚として榮枯得喪の念を脫却し得たるや否や、反言すれば我中流以上の家庭は、箏若くは歐洲樂を以て、最も適當の音樂と認め得たるや否や、況んや箏も亦た其歌詞に於て、淫猥卑陋の痕なしとせざるをや、又況んやピヤノ、オルガンの類は、現在の日本家屋に適せず、又高價にして、普通家庭の需用と相應ぜざるをや。

斯くいへばとて吾輩は、歐洲樂を以て獎勵するに足らずと爲すには非ず、否西洋思想の各方面に輸入されたる今日歐洲樂も亦た大に其傳播を計るの要あるを認むるも、而かも今日の民樂として、一般の家庭に通行せしむべきものを撰ばんか、尙ほ箏に非ず、歐洲樂に非ずして、依然三絃を取るの外なきを信ぜんと欲す。

淫靡卑猥は三絃その物の罪に非ずして、其歌詞に在り、若し歌詞の罪を以て樂器に嫁せんとせば、今日の箏も亦た淫靡卑猥なり。同じく淫靡卑猥にして、中流以上の獨り三絃を賤むに至れる所以は、適々三絃の表情力が、箏に比して適切自在なるとを證するものなり。

然らずんば三絃の需用廣くして、普ねく社會に行渡れるを見て、下流社會と其嗜好を同うするを耻とする中流以上の驕慢心を暴露するものなり。

唯だ歌詞を改めよ、然らば三絃も高潔ならん。詳しく言へば、樂曲中の不穩當の部分のみに改删を加へ、成るべく大躰の意味を存して、在來の曲に應ぜしめよ。蓋し器樂の表情は、抽象的にして具象的に非ず、而かも其抽象の表情に對して、一種格段の意味を寓せしむるものは聲樂なるが故に、こゝに聲樂の歌詞を改めんか、器樂は其曲を變へることなくして、即ち音樂美を減ずることなくして、淫靡卑猥の氣を脫するを得べきなり。

同時に教授の組織を改めよ、然らば傳播力を進め得ん。從來社會が此尊重すべき音樂授受の權を以て、一に所謂師匠なる者の手に委したる弊は、延ゐて師弟の風儀に及ぼし、教授法の不備を來し、左らぬも三絃を淫猥視する者をして、益々厭惡の情を增さしむるに至れり、故に此際其組織を改善して樂譜を作り、善良なる教師をして、正式に教授せしむるの方法を執らば、三絃の嗜好は翕然として社會を掩ひ、殆んど完全に近き此器樂をして、益々其本領を發揮せしむると同時に、音樂に缺乏せる今日の家庭は、亦た之によりて幾段の幸福を添ふるを得べし。

裁縫指南

前號のつゞき

物外

○

近頃珍らしい男客の然も『頼もう』と嚴格な明治の玄關に餘り聽き馴れぬ調子であるから、一坐目と目を見合せて居るうち、下婢のお琴が取り次ぎに端書大の名刺を持つて來たのを貞子が手に受けて見ると、萩園家々扶平岡惟定と明朝三號の活字で記して有つた。

名刺を出すまへに齋藤健雄殿の御留守宅は此方でムるかと念を押したとのお琴の言葉に依れば無論門違ひの筈はない、何はともあれお通し申してとの貞子の吩咐に坐蒲團火桶の準備を倉皇〳〵に整へて、彼の平岡惟定なる來人を八疊の間へ通した。

此の間に俊子は甲斐〳〵しく急須の茶を茶碗に移して客に進めたのである、蓋し俊子は偵察の任務を盡す意で有つたと見えて

『姉さん髯の長い老爺さんよ』と私語たのである。貞子は滿江と千枝子とに霎時御免と挨拶して客間へ入つた

『初めまして……、妾は齋藤貞と申しまして……』

『イヤ是はハヽヽア、拙者は平岡惟定と申す無骨者、萩園子爵の家扶を勤めまするものでム

つて、以後お見識り置かれますやうに願います。』

『御叮嚀の御挨拶恐れ入ります、情願御手をお翳し下さい』

と火桶を進めて、

『昨今は誠にお寒さが強うムいまして……』

『イヤ此頃の寒さには老人甚だ困却致しますで……』と火桶に躙り寄つて袂から紫小櫻革の拜領煙草入れを出して如眞張りの煙管で輕く烟りを吹いて、更に改まつて、

『實は突然推參しましたのは、兼て主人の同藩の者で永らく内務省の屬を奉職して居る速見と申す者がムつて、此の者がたしか貴孃の兄御樣に當られる明石殿に平常御厚情に與つて居るとのことで、其の明石殿からのお話を速見から主人の子爵へ語された所が、老主人は非常に御同情を寄せまして、开樣いふお心掛けの御人に家庭教育を願つたら嘸可からうとのことで、夫人とも御相談の上で拙者に罷り出で御願申すやうにとのこと……御邸にはお十九とお十一の姫樣、若旦那は二十八、御次男がお廿二といふ御同胞で、其のお姫樣方に裁縫其の他の御教授を願ひ度い譯で……、實は老主人が維新の勳功によつて華族に列せられては居りますが、元來舊藩中では門閥といふ方ではないので御邸は今でも何方かと申すと平民主義で……。』

默聽して居た貞子は此の談話の斷れるのを待つて、

『左樣でムいますか、不束の妾尊貴がたの家庭教育など思ひも寄りませんことで……。』

『何様致して‥‥、夫れで御承知下されたならば自由ながら日曜か水曜のうちをお撰びになつて、御都合の宜いほうにお極めを願いたいと申すことで‥‥。』

『思召は有り難ふムいますが、兄からのお話しならば、何れ兄から何とか妾のほうへ話もムいませうし、妾の一存で直にお受けも致しかねますから、何れ協議の上で御挨拶を‥‥。』

『成‥‥成‥‥至極御尤‥‥、併し主人は至つての短氣ものでムるで、何れにしてもお速く御決定を願い度いことで‥‥。』と韓人式の疎髯を握つては扱きながら頷いて居るのである。

貞子は手を鳴らして茶を進めなどするうちに、平岡は煙草入れを懐にして嘉平治平の袴の膝に手を置いて、

『左様なら何れ御挨拶を伺ひに罷り出るでムらう、御教授のお妨げを致して甚だ恐縮で‥‥。』

『甚麽致しまして、眞にお匆々‥‥、お搆ひ申しも致しませんで、失禮ながら御目には懸りませんが宜敷仰せ上げられまして‥‥』と互ひの默禮が畢つて平岡は立ち去つた。

是まで書齋に強て沈默を守つて居た三人の口は忽に綻びて平岡老人の品評から子爵萩園家の豫想談に霎時の間を消して己が恣し解散したので有つた。

雪かと想ふほど霜は甍を白く染めて、散り殘る椋の梢から日溜りの蘭天竹に通ふ鵯の聲は立樹に罩る前栽に谺するやうに自から俗塵に遠離つて居る。山松と楓の植えごみの下は氈を敷き詰めたやうに刈りこみのとゞいた芝生が霜溶けの濡れ色に代赭の隈取りした中から、燕脂の付けたてに葉を染めた龍膽の哀れに咲き殘つた一莖を剪つて枯れ尾花に添えて挿すべく、彼れか此れかと選むで、鋏の手を躊躇つて居るのは萩園家の令孃壽子である。

御召縮緬立涌に矢絣りの上衣、同じ吉野入りの下着、薄葡萄色八ッ橋織の被布に態と道行きの飾り紐をつけたのは母君の好みなるべく、油氣の無い束髮の後れ毛が耳朶から頰へ線を引いて散りがての紅葉を透して來る日の光りに、ほつと赤みを彩る色の美しさは錦上花を添ゆるの趣きが有る。

母屋の緣から庭下駄を輕く刻むで延べ檀の外れから木の間を透かして、壽子の姿を撞見て急に足の運びを早めて近寄りながら

『姫樣お客樣でムいます』と聲をかけたのは腰元であつた。

壽子は振り向きさまに

『何誰?』と問ふた。

『何誰樣でムいますか……、只今奥樣とお對話ちうで……貴孃を召しましたのでムいます。』

『然う？』と輕く受けて躊躇うて居た枯尾花の一と本を剪つて龍膽とひとつにして腰元に交付し身繕ひしつゝ徐々母屋へ歩みを運むだ。延べ檀石の兩側に植こむだ蘭天竹の隈からピーと聲をたてゝ鵯は遙假山の杜へ飛むでゆく跡に音もなく白蘭天竹の實と山茶花が飜れた。

○

十八疊の書院、九尺の床には祝枝山の草書の大幅を揭げて青貝山水の中央卓に靑備前の屑屋形の香爐、下には鎌倉彫の香合が置き合つてある、違ひ棚には料紙硯箱式の如く中段の推朱の軸盆に恭しく載せてある卷き物は、維新當時の志士が國事のために往復した書簡を集めて後の紀念にと表帵して置かれたので、內容の桂小五郞など當年の偲ばるゝ逸物であらう。

桐胴に光琳紅葉の蒔繪をした火鉢を前に紫根縮緬の大坐蒲團の上に坐を占めて寂鐵納戸色紋縮緬五所紋の羽織に紋織り御召の小袖、少ない髮を小さく束髮にして居らるゝが當家の奧方であるが、慶應時代には木屋町あたりに黨寐の夢を見られたらし。

これと對い合ひに少し席を離れて對の火鉢に坐蒲團を遠慮がちの片端に坐を占めて、八丈の小袖二枚、白綸子の繻絆の襟を緊く合せて鐵色カシミヤの袴を穿つて居るのは貞子女史である。

今や對話の央へ間ひの襖を明けて僅に半身を屈めて

『母樣御用‥‥？』と壽子の聲に、

『サーお入り、此方がナ先度速見はんの言やはつたソレ齋藤はんの奥さん、平岡から願ふた依つてにお前のお躾けにナ來やはつたのや‥‥、此れが邸の孃やさかいお見知り置かれてナ‥‥』と貞子に引き合せた。

『其れでは御挨拶が出來かねます、情願お進み遊ばして‥‥。』と貞子が蒲團を辷るべく爲たのを夫人に停められて、壽子はまた夫人に進むべく促されて坐に着いたので簡短に初對面の辭を交換した。

『最う時分じや依つてに何はなくとも飯あげて‥‥、鄕の部屋へ御伴れ申してな、』

『其れでは先生此方へ御いでを願ひます』と壽子に促されて席を辭して廻り緣を折り曲つて八疊の小座敷へ伴はれた。

此所の床には研精會出品中の白眉と評判のあつた某畫伯の冬牡丹の小幅が掛けてあつて傍らに琴が立て掛けてある、片脇の宗且好み手桶形の塗り花入れに無慙と龍膽と枯尾花のさしこむで有つたのは前の腰元が水を斷らせまじとの注意に活て置いたのである

玆に運ばれた午餉を共に濟まして、いよ／＼裁縫の稽古に取り掛られた。

『夫れては御稽古を申し上げませうが、貴孃は唯今まで何れ程の程度まで御進みでありましたか解りませんが‥‥』と貞子が言ひ淀んで居るうちに壽子は引つ取つて、

『母樣が被布の御稽古を願へと申すことで』と發言した。

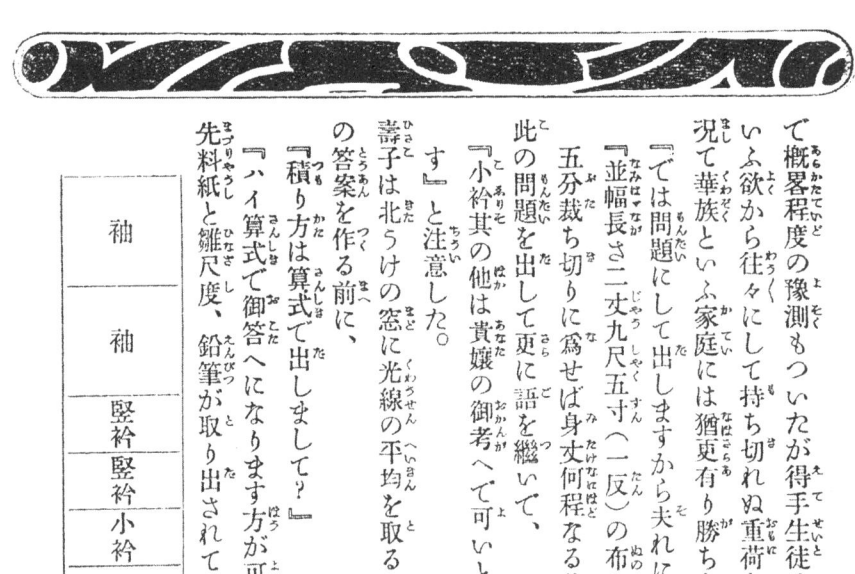

で概畧程度の豫測もついたが得手生徒は自身の程度より以上の事が早く敎へて貰いたいといふ欲から往々にして持ち切れぬ重荷を我れから擔つて、學業の進路を妨げる弊が有る、況て華族といふ家庭には猶更有り勝ちなことであるから、先試むべく思つた。

『では問題にして出しますから夫れに御答案を御付け遊ばして御覽じませ』と前提を置て

『並幅長さ二丈九尺五寸（一反）の布を以て十八九歳位の女物被布を裁つに袖丈一尺七寸五分裁ち切りに爲せば身丈何程なる哉、其の積り方及び裁ち方圖を示せよ』

此の問題を出して更に語を繼いて、

『小衿其の他は貴嬢の御考へで可いと思し召した所を御答へになれば宜しいのであります』と注意した。

壽子は北うけの窓に光線の平均を取るべく作られた出し文机に向つて、彼の問題に對しての答案を作る前に、

『積り方は算式で出しましまして？』

『ハイ算式で御答へになります方が可しうムいます』

先料紙と雛尺度、鉛筆が取り出されて、其の結果を表はした答案は

袖
袖
竪衿
竪衿
小衿
後
前（衽・袖口）
前（袖口・衽）
後

$$\left\{295{,}0-\left(17{,}5\times4+13{,}0+24{,}0\times2+\underset{\text{後前ノ差}}{6{,}0}\right)\right\}\div4=\underset{\text{後丈}}{39{,}5}\qquad 39{,}5+\underset{\text{前下リ}}{3{,}0}=\underset{\text{前丈}}{42{,}5}$$

此の裁ち方圖と算式の外に、裁ち方圖に對する説明として寸法書きを添えて有つた

袖丈　一尺七寸五分
竪衿丈　二尺四寸
小衿丈　一尺三寸
後丈　三尺九寸五分
前丈　四尺二寸五分

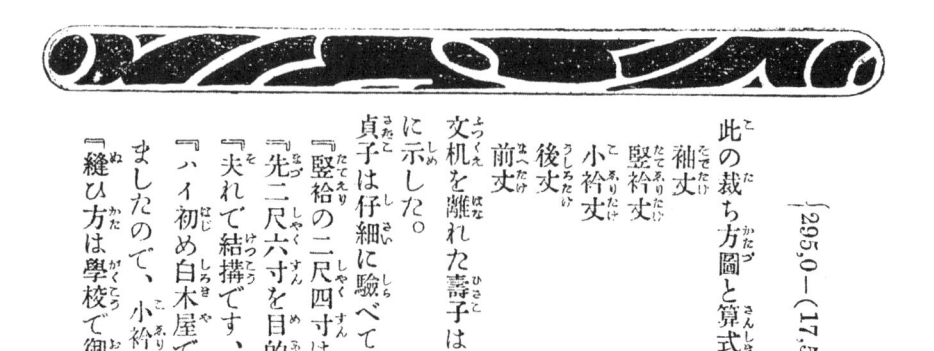

文机を離れた壽子は尺牘用の罫引き洋紙へブラックインキで書き上げた此の答案書を貞子に示した。

貞子は仔細に驗べて

『竪衿の二尺四寸は身丈の仕立上り何寸位と假定して御作りに成りました？』

『先二尺六寸を目的に作りましたが最う少し長くなりましても可いかと思ひまして……』

『夫れで結構です、今着て御出の被布は何誰が御仕立遊ばして？』

『ハイ初め白木屋で仕立て來ましたのですが今度直しました時に妾が敎はりながら縫ひましたので、小衿の反りが此の通り惡くつて……。』

『縫ひ方は學校で御稽古に成りましたの？』

『イヽヱ乳母に……』

『それでは縫ひ方の順序を概畧伺ひませう。』

『ハイ……、彼の表袖と裏袖を縫ひまして、躾をかけて……、身頃の胴接きを爲まして、それから、下りの縫ひ方や襠の入れ方は羽織のとふりに仕て、裏表の袖を附けまして、振りから身の八ッ口へ躾をかけて、一番終に竪衿を前の表へ縫ひましてから綿を入れて絎たと覺へて居ます。』

『小衿は何樣遊ばしまして？』

『アノ小衿は慥か乳母が手傳ひましたので、妾は能く記臆て居りません。』

『失禮ですが今着て御在のは小衿の丈が短い故か大層上の方に着いて居りますが、貴孃位の御年頃では成る丈け長く御着けになつた方が上品で御格好も可いと思ひますから、用布のゆるす限りは一尺四寸五分位までは有りましても可しう厶います。

夫から小衿の標付け方と縫ひ方を一寸申上ませう、

標の付け方は、表を中に仕まして――一寸其の用紙と鉛筆を拜借……』と文机から取つて書いた圖は

小衿

月形

『此の二つの形のうち人々の好みに依るので有りなすが、月形の方は重に中年以上の方の着用に適するのであります。

又小衿の縫ひ方は、表になります方の裏へ心を綴ぢ附けます、其の心は最初に表の通りに標を附けまして衿付の方を除いて他は殘らず一分ひいて合せ、而して待針を爲て縫ひます、丸みは袂形の時のやうに縫ひ縮めて裏の方に折りをつけ引き返して隱し躾をかけます、

夫から身頃へ附けますときに小衿の表を少し弛るめにして身頃の裏の方に合せまして、一針抜きに心と一緒に縫つて薄く綿を入れて表で細かく絎ければ可く衿が反りますから今着て在つしやる御衿のやうなことはありません。』

これで一段落了つたのである。が貞子は最前壽子が縫ひ方順序を演べたうちに一點詳細を缺いた所の有るのを思ひ浮むで、更に此の疑問を發した。

『先刻伺つた縫ひ方順序の御答へに付いて今一度伺ひますが、袖の振りは甚麽いふ手順にお縫ひになりましたか委しくお聞き申したう厶います。』

『夫れは裏と表の袖を身頃へ別々に付けまして、身頃を絎けるときに振りへ綿を含むで絎けました。』

『其れでは不可ません。妾の敎えられました手順は、最初に表袖を縫つて躾を掛けまして、夫れから裏袖へは御存じの通り袖口を掛けまして、縫つてから幅の標を附けます、

而して表袖を手前に裏袖を向ふにして袖幅の標をよく合せましてから、袖下の縫ひ目の所と、袖付けの標の所へ表を一分ばかり寛めて待ち針を刺して、猶其の間適宜の所へ二ケ所程待ち針をして置きまして、表袖の方を縫ひます。

次に綿を程よく伸ばして矢張り前の通りに表袖の方を見て、裏袖の方へその綿を粗く縫ひ付けまして、其の上から輕く鏝をあてそれから引き返して表を出して疊むで置くのでムいますが、何樣も種々經驗して見まして、此の順序が一番可いやうでムいます。』

此の時書生の聲で御歸り――と告げたので、廊下に烈しく足音が聞こえる、壽子も御免遊ばせと匆々に起て一と列の鴈に後れた一羽の追ひ行くやうに、足音が玄關の方へ刻まれながら霧隠れして、貞子ひとり夜明けの月と淋しく瓶架けの松風を友として居た。

以下次號

豆腐料理つゞき

△金砂どうふ

豆腐の水をよく搾りてよく摺り、鷄卵の白身をつなぎに入れ、板にのばし、上へ煮ぬき鷄卵の黄身をはらりと蒔きて砂子の如くしよく押さへ蒸して後小色紙に切るなり

△敷き味噌どうふ

茶碗をよく溫めおき、山葵味噌の溫なるを下へ敷き、花鰹節を置き、烹調よき軟どうふを網杓子にてすくひ盛るなり

山葵味噌の製は味噌に白胡麻と胡桃とをよく摺り合せ置き、用ゆるとき擦し山葵を入るゝなり

△ヒリヤウヅ

豆腐の水をしぼりよく摺り、葛の粉をつなぎに入れ、加料として皮牛蒡の纎切りと銀杏木耳の三味を油にて炒りつけ前の豆腐にて包み其のとき麻の實、燒き栗か慈姑を小骰に切りたるものを加味し、大小宜きに隨ひ油にて煠るなり。

又饂飩粉をころもにかくれば尤よし。

炒り酒におろし山葵

白醋に山葵の針に切りたるをおき、又は田

歳末年始の贈答品は價の高下に拘らず、品柄の趣向によりて其人の奥床しきを知らる。

下に顯はせる戰捷紀念品のいろ〳〵

鹽瀬地旗行列莨入　價壹圓

ふな妻帶留は蝶貝の錨に組糸の鎖り打　價六拾錢

鹽瀬錨もよう銀貨入　價四拾八錢

縮緬君が代小帛紗　價八拾五錢

同　提燈行列小帛紗　價壹圓拾五錢

櫻に山道形莨入　價壹圓

千代結び羽織紐　價五拾九錢　六拾參錢

男物羽織紐菊桐と櫻　價壹圓五拾錢

碇櫻銀貨入　價參拾錢

砲車形銀貨入　價參拾七錢

縮緬筆蹟小帛紗　價八拾五錢

篤志婦人銀貨入　價五拾七錢

勝むし莨入　價壹圓

ふな妻帶留　價貳拾八錢

とんぼ掛羽織紐　價六拾錢

イ

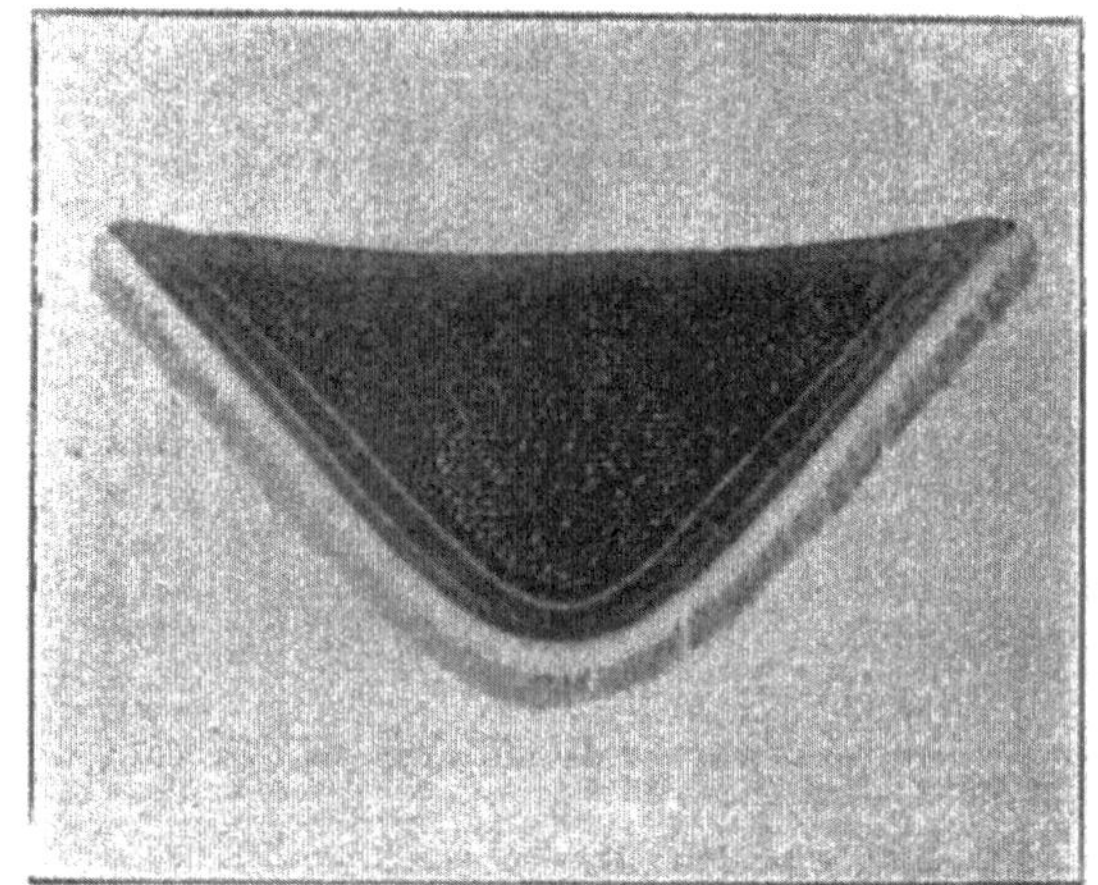

イ　新羽衣ショール
三角絹ふさ付流行品
肩掛　價參圓拾錢

ロ

ロ　全最流行ハイカラ向
價參圓拾錢

ハ

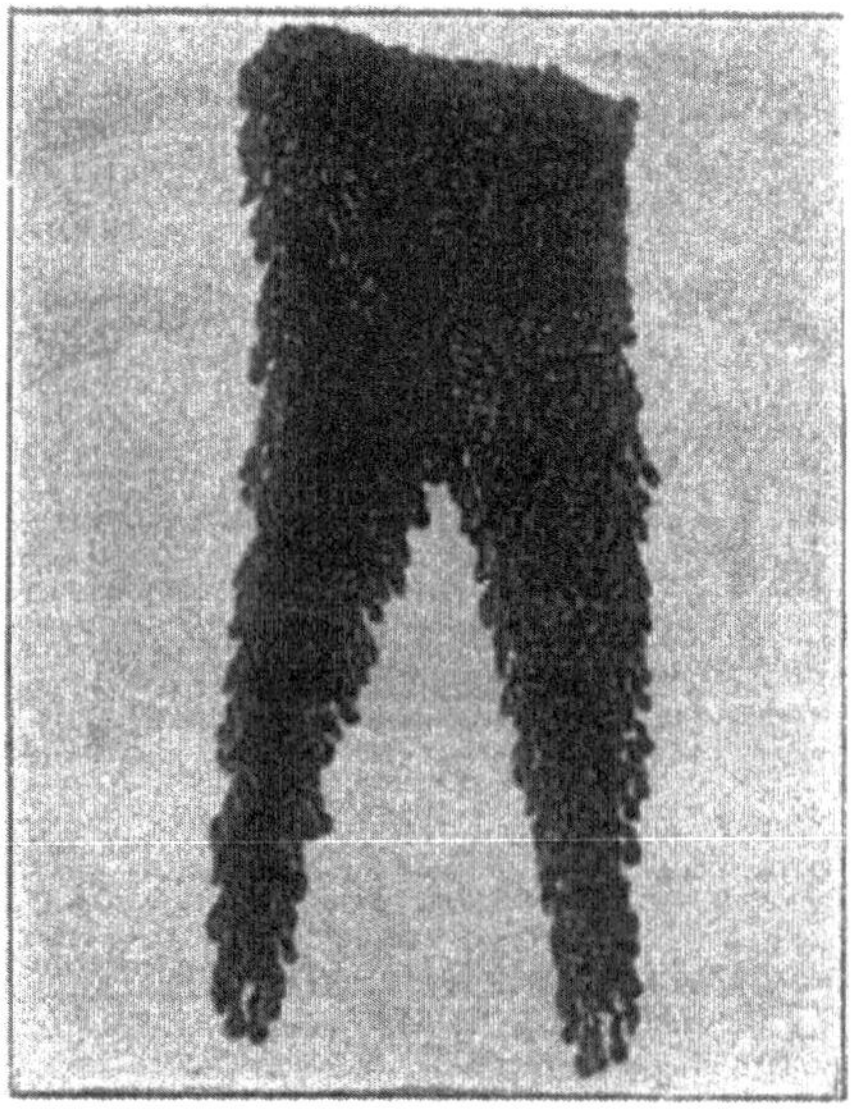

ハ、全金糸入美麗品
價參圓貳拾錢

時代物應用枕蒲團
東山義政公遺愛蒔繪硯箱文樣
黑地美彩の蝶

代價
縮緬製　拾壹圓五拾錢
ケントン製　五圓參拾錢

雲井ショール及衿まき
鳥の羽毛の最も軟かき所を原料として織りたれば肌付き和かに溫かきこと此上なく白木屋の特賣品

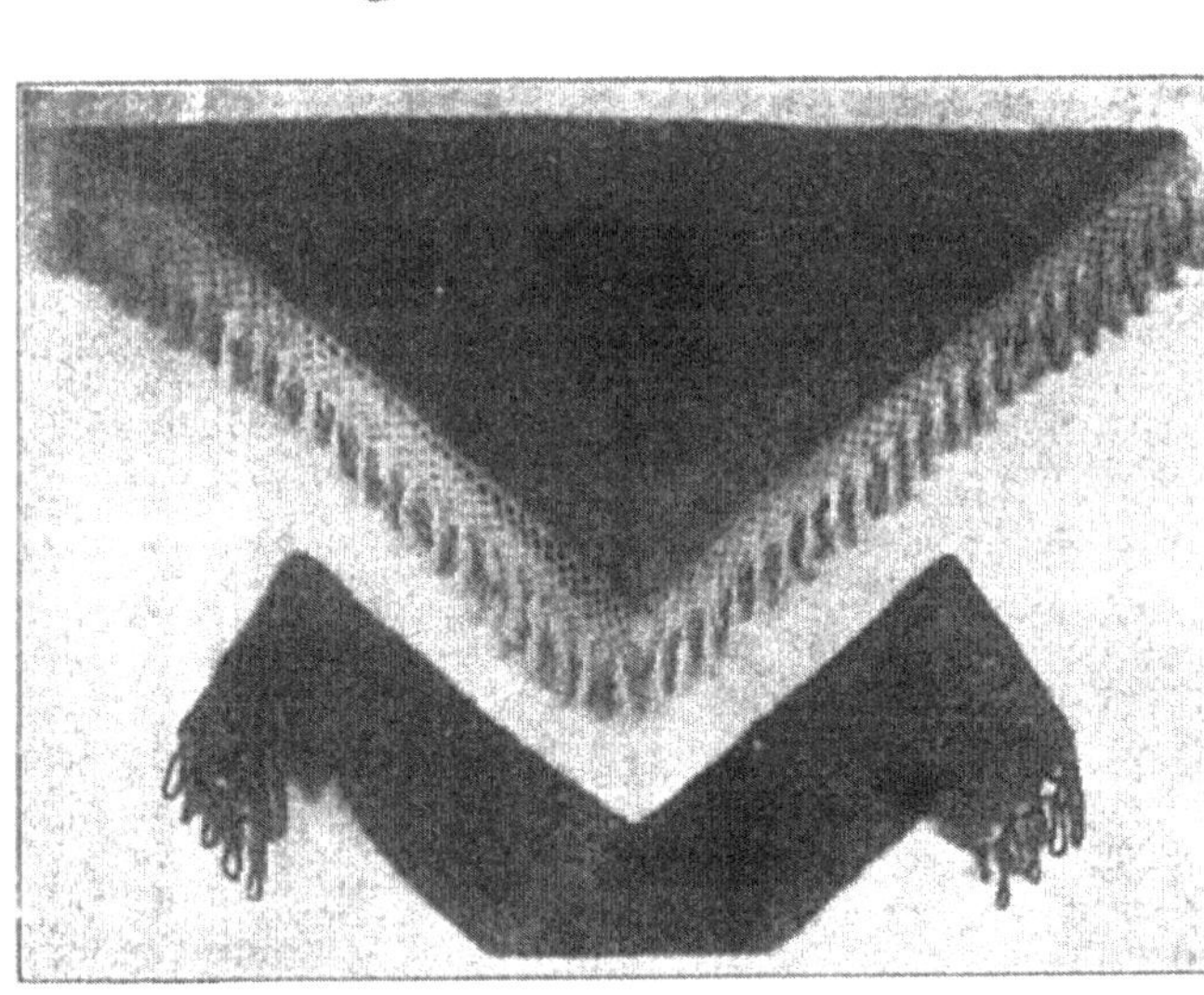

雲井ショール代價

	色	代價
上等	黑	七圓五拾錢
	茶	七圓貳拾錢
	青	六圓五拾錢
並等	黑	六圓也
	茶	五圓八拾錢
	花色	五圓五拾錢
	海老	五圓參拾錢
	青	五圓五拾錢

同衿卷代價

色	代價
黑	參圓九拾錢
茶	四圓貳拾錢

時代物應用枕蒲團

イ 宇治平等院鳳凰堂天蓋格天井文様
縮緬製 價 拾圓八拾錢
ケントン製 價 五圓參拾錢

ロ 高麗靑磁浮牡丹文様
縮緬製 價 拾圓五拾錢
ケントン製 價 五圓五拾錢

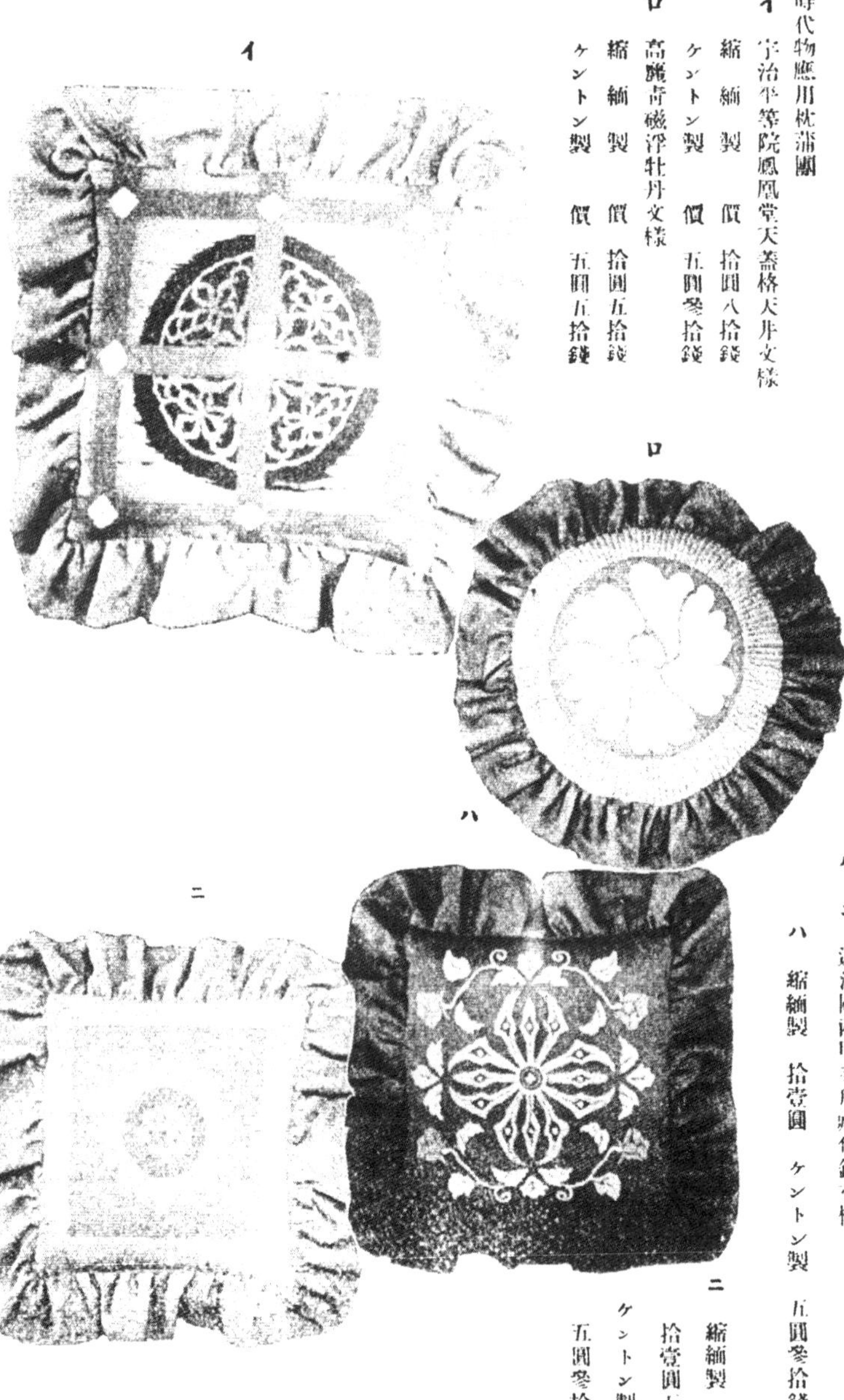

ハ、ニ 近江國西明寺所藏倭錦文様

ハ 縮緬製 拾壹圓 ケントン製 五圓參拾錢

ニ 縮緬製 拾壹圓五拾錢
ケントン製 五圓參拾錢

樂にして青味噌を振りかけ喰するもよし
白酢の作り方は、罌粟を炒りてよく擂り豆腐を少しすり入れ、酢を入るゝなり。甘味を好まば大白砂糖を入るべし
又豆腐の代りに葛粉を入るゝもよし
青味噌の製法は味噌をよく擂り青粉を擂り混ぜるなり

△ふは〳〵豆腐

鶏卵と豆腐を等分に混ぜよくすり合せ、ふは〳〵烹にするなり而して胡椒の粉を振る。斯くすれば鶏卵のふは〳〵と風味かわることなし、倹約を行ふ人専用ゆべし

△松重ねとうふ

水前寺紫菜を敷き、豆腐へ鶏卵の白身をつなぎに混ぜ、紫菜の厚さ一倍にのべ敷き、蒸して味をつけるなり、切かた好みしだい

△梨子豆腐

青干菜を炙り細末にして擂り豆腐にかき交ぜ能きほどにとり、布に包み淪るなり。調味好みしだひ。
昆布をよく炙り細まかにして右の製にするを墨染とうふと云ふ

△豆乳

軟どうふをよきほどに取り、美濃紙に包みて淪るなり。

△鶏卵とうふ

豆腐の水をよくしぼり、葛粉をつなぎに入れ能くすり少し硬めにし、胡蘿蔔のしんの無き良品を丸剥きにし、よく〳〵和らかに烹て右の擂り豆腐にて巻き包み、又竹の皮にて巻き括り淪て小口切にす。

（次號よりは豆腐料理中の佳品と稱するものを掲載すべし）

通俗法律

（養子）

（實質上の要件のつゞき）

前號には民法の第八百三十八條尊屬又は年長者は養子とすることの出來ぬ理由を說きましたが未だ盡さぬ所が有りますから拾遺として玆に補つて置きます

法律の命ずる所に依つて自己の尊屬や年長の者を養子とすることの出來ませんのは、事實の上からも當然のことでありまして間然する所はありません。

そこで此れと反對に自己の卑屬は甚麼であるかといふに勿論嫡出子でも庶子でも私生子でも養子とすることに差支えは有りません。

偖嫡子、庶子、私生子、皆我が子で有りますのに、これを養子とすると申しましたら、讀者は一見甚奇といふ感を懷かれるで有りませうが、全躰他人の嫡出子、庶子、私生子等を養子として一家を相續爲せることが出來ますのに現在我が嫡出子（勿論他家に在るもの）庶子、私生子を養子とすにことの出來ぬといふは實に不公平も甚しいのであります、因て民法修正案の最初の原稿には直系卑屬を養子とすることは許さぬ法文になつて居りましたのを委員諸君の愼重な議論に依て終にこれを削除することゝなつたのであります。

併し什麼なる場合に我が子を養子とする必要

が有りますかと申しますと、假令我が嫡出子でも他家に在るときは此の者を直に家督相續人とすることは出來ません、況て庶子や私生子は猶更のことであります。併し人情として赤の他人の子を養子にするよりは、現在我が子が有るものですから夫れを擧げて繼がせたいと思ふのは當然のことでありますから、此の場合に是等を養子として繼がせる道を法律で開かれた譯なのであります。

舊來嫡子とは第一に生れた男子、俗にいふ惣領息子のことゝ覺えて居らるゝ人が多いのですが、法律上では正當に婚姻した夫婦の間に擧げた子の惣稱でありますから、注意のために玆に述べて置きます。

扨是から次のお話しにかゝります。同じ養子といふ名稱でも男子と女子とは其の趣きを大に異にして居ります

民法

第八百三十九條　法定ノ推定家督相續人タル男子アル者ハ男子ヲ養子ト爲スコトヲ得ズ但女婿ト爲ス爲メニスル場合ハ此限ニ在ラス

此の法律の條件は全然從來の習慣に反しましたもので、本法施行以前に在りましては昔から惣領の嫡子の有りました上へ更に男子の養子を爲すことが自由自在に出來たので有りますが民法制定に依て此の習慣を破られたので有ります。

元來男子を養子とするの主たる目的は那邊に在るかといふに、家督相續人を得て家名を絶やすまじくといふに歸着するので有ります。であるから無論法定の家督相續人たる男子の存在する場合に男子を養子とする必要がありません、夫れのみならず却て男子を養ふため

に財産分割等の事から不測の禍を醸し、平地に浪を起すやうなことは往々にして有る事實でありまず、併し其の推定家督相續人が女子であるなれば、本邦人の情として男子に家督相續をさせたいといふのが通例で有りますから、其の女壻として男子を迎へるのは差支え無いばかりでなく、女子が數人有つてこれに壻を取るのは制限を加ふるの必要なしとして此の法條を定められたので有りませう。

夫れから養子縁組の出來ない塲合がありますこれは後見人が自身の後見して居る幼者則ち被後見者を養子とすることが出來ません。

民法

第八百四十條　後見人ハ被後見人ヲ養子ト爲スコトヲ得ズ其任務ガ終了シタル後未タ管理ノ計算ヲ終ハラザル間亦同ジ

前項ノ規定ハ第八百四十八條ノ塲合ニハ之ヲ適用セス

此の法條を設けられました理由を研究しますると、後見人が被後見人の財産に付いて若し不正の行爲がありまして、これを掩ふ手段として被後見者を養子とするやうなことが有つてはならぬと此れ等を慮つて禁ぜられたので有ります。

假令ば後見人が被後見者の財産を横領したと假定しませう、其の後見人が任務を了りましたときには悉く計算を明かにして親族會に提出しなくてはなりません、此の塲合に後見人が被後見者を自己の養子にして親族會其他の監督を免れ曖昧の間に糊塗して了ふといふやうなことが往々歐洲諸國に例のあることで、其の經驗から本條の規定を設けて豫防されたのであります。

恁く後見人が被後見人の財産に付いて專横私

曲の行爲の出來ませんやうに設けられた法條でありますから、假令後見人が後見の任務を滿了しました曉は既に後見被後見の關係は無くなりまして通常一般の間柄になつて居ります其れでも法律の目的は獨り後見被後見の關係の有る丈で養子縁組を禁じた譯では有りません、約り後見人が私曲を掩ふ爲めに被後見者を養子として親族會等を監督を免かれやうとするなどの事が有つてはならぬといふ點から設けられた法條でありますから管理の計算を終らぬうちは縁組は出來ぬのであります。併し此の規定は民法第八百四十八條の場合に於ける遺言に依ての養子縁組は其の養父となるべき後見人が死んでから執行するもので有りますから、死者が私曲を逞ふする患ひが有りませんので、これには適用せぬことゝして取除けられてあるので有ります。（以下次號）

笑門

丈・八　述

腹内全無

男兒志を立て郷貫を離れ學若し就らざれば死すとも歸らずと、稚馴染の庚申塚や道祖神に告別して、霜除けに焚く畑の烟りが夕凪の中空に一文字を引いて、鎮守の杜の淡く暈された夕景色を後に殘して、『兄や壯健で歸つて來うョー』と祖母の聲で送られた時は、從二位勳一等の肩書を耀かして、湘南の別業に半日の保養も各新聞の記事に上る位の身になるつもり、少くも知縣相公となつて、曾て新田の杢左衛門が村黌の開校式に傲然教壇に登つて、フロックコートの脱ぎ衣紋で傍訓つきの祝辭を讀んだ、彼の村長に土下座を爲せるくらゐの事は茶の子食ふ間に埒のあく心算てあつたが。

扨廣い東京へ出て見ると初めのうちは何がなにやら一切夢中の間に遠慮なく月日は經つ、一寸の光陰輕んずべからず所の沙汰ではありません。未だ覺めず池塘春草の夢心地に、銘酒屋通、同摺連などおひ〳〵修業が積みましたが、國への申譯のために某る法律學校へ入學はして居りまして、初中實家から學資を送つて呉れるので、學生中では小遣錢の運轉る所から陷落生の喰いものに爲れて居ますやうな譯で。

左う右うするうちに某る牛屋の女中で田舍旗亭の達摩あがりとふい爆聯婦にひつかゝりまして竟に貸二階に二人住みといふお安くないことに爲つて了いました。

扨恁うなつて見ると下宿賄ひと違つて費用はかゝる、國からはそろ〳〵學資の道が遠くなつて來る御當人七轉八倒の苦しみで、什麼とかして資金を獲る途をと頻に心配して居りますと、一日某る新聞に會社事務員募集の廣告が揭げてありました。

地獄で佛と歡んで讀み下しますと、履歷書に添えて記事文を造つて出さなければなりません、課題は何々と極まつて居ります、サー大變何とかして此の文章を作つて美事及第して採用されませんでは麵麭に間へるといふ斷末間で有りますから日夜憂欝として腦漿を搾つて見ましても一字一句も出て來ません、食も

喉を通らず夜も碌々寢られず眞に寢食を忘れて考えて居るのを見まして、流石に同棲の情見るに見兼ねまして

『卿、大層御屈托のやうですが文章とかを作るのは、其樣に骨の折れるものでせうか。

『今更乃公に尋ねるまでもないワ、此の四五日の乃公の苦心の有樣でも骨が折れるか折れないか解りそうなものだ。

『成程卿の日に增し瘦るのを見ても大抵なことではなからうと察しますが、假りに女の分娩のときと何方が骨が折れませう？。

『阿呆な事を言へ、產が何程重いと云つても腹の中に有る兒を產むまでのことではないか、乃公のは全く腹にない文章を生み出さうとするのだから其の骨の折れること分娩どころの沙汰ではないソ。

原文

一秀才將レ試日夜憂搆不レ已妻乃慰レ之曰看ニ爾作レ文如レ此之難一好似ニ奴生產一一般夫曰還是爾每生レ子容易妻曰怎見得夫曰爾是有レ在ニ肚裏一的我是沒レ在ニ肚裏一的

書低

或る學生が市中の下宿屋は雜沓を極めて沒風流であるといふ所から谷中の某寺の閑室を賃借しまして、庭前の紅楓に四十雀の聲を聞きながら山靜にして太古の如しなどゝ濟して居りました。

此の梵刹には佛書ばかりでなく讀書も澤山有るやうです、或る日寺の小僧に何か書物を貸して呉れまいかといふので、早速小僧が納所に談した所が、文選が可からうといふのでこれを持つて往つた所が、低い〳〵と言ひますから更に漢書を持てゆきました所が、これも未だ低い、で再應納所に相談して今度は史記を持つていつた、所が瞥と視たばかりで低い〳〵恁樣低い書物が何になるかと突き戻した

這々の躰で小僧庫裡へやつて來まして『辯長さん〳〵書生さんがね、史記なんぞ恁樣低い書物が何になるかと言ひました』納所の辯長驚きまして文選、漢書、史記の三書の其の一つに熟すれば博學といつても可いのであるが此の書物を低いとして悉く斥けるのは什麼なる大學者で有らうかと畏る〳〵學生の部屋へ來て聞て見ました、すると學生は平氣なもので『左樣か、僕は讀むのではない、書物を取り寄せて午睡の枕にしやうと思つたのだ』

原文

一生貸二僧房一讀レ書、毎日遊玩、午後歸レ房、呼二童取レ書來一、童持二文選一視レ之曰低、持二漢書一視レ之曰低、又持二史記一視レ之曰低、僧大詫曰、此三書熟二其一一足レ稱二飽學一、倶云レ低何也、生曰我要レ睡、取レ書作二枕頭一耳、

偖、代り合まして一席辯じまする、前席には支那の落し噺しを相變りませず丈八が御機嫌を伺ひました所が、御贔負樣方御喝采のうちに本年も御名殘と相成まして、丈八より呉々も御禮を申上て呉るやうにと樂屋内での依賴に厶りましたで、同人に代りまして御禮を

申上まする、猶來年も相變りませず末永く御悠樂と御引立の程を願ひ上げます。明治三十七年も僅かに本月で御名殘と相成ますので何かお伽になりますことを手短かく申上るやうにと丈八の勸めによりまして一席御機嫌を伺ひまするのは、恰度十二月、彼の有名な赤穗浪人大石内藏助外四十五人が、吉良上野介宅へ亂入に及び不倶戴天の讐を報じましたのが元祿十五年十二月十四日のことで、當時とは曆法こそ逆へ矢張十二月で厶りますからこれに因まして其時の始末を正確な記錄に就て取調ました所を掻摘んで申上ます。扨元祿十五年十二月十四日復讐の日より本年まで二百三年の間に此の事蹟を書き綴りました小說稗史、淨瑠璃物語り、芝居狂言、講談、落語等に作りましたものも夥多厶りますが、皆義士の立場から綴りましたものばかりで吉良家の側から作りましたものは少しも厶りません。底で御慰みに當夜討入りの始末書などの記錄に殘つて居りましたものを一ツ二ツ御披露致しませう。

○

一十二月十五日吉良左兵衞殿より粕谷平馬を以て御老中御用番え被相屆候口上

今曉八半時頃淺野内匠頭元家來私宅へ切込同姓上野介殺害いたし私立合相働手負申候狼籍者手負ひ候者御座候得共引纏ひ立退候死骸は殘り不申候急候に付口上にて申上候

此の屆けが上野介子息左兵衞から老中御用番稻葉丹後守へ差出された所が、當日稻葉丹州には御用都合に依つて土屋相模守方へ廻され同役宅で使者粕屋平馬から口上の覺書として差出したものが前の書付であります。

即日撿使として吉良家へ差遣はされました役人には

御目付

安部式部　杉田五左衛門

御徒目付

神谷傳左衛門　樋口彌右衛門

星野嘉右衛門　佐藤茂右衛門

外に御小人目付六人

此の役々の人が同家へ出張に及ばれまして取調べられました討死の人々には

左兵衛屋敷死人之覚

一座敷の庭に　左兵衛用人　鳥居利右衛門　六十歳

一同次の間に　須藤市右衛門　同

一臺所口に　上野介中小姓　清水一學　二十三歳

一同所に　同　大塚治部右衛門　三十歳

一小屋口に　左兵衛中小姓　齋藤清右衛門

一玄關に　同　左右田源五郎　四十歳

一同所に　同　新見彌七郎

一同所に　同　小堀源次郎

一　小屋口に　同　鈴木元右衛門　二十二歳

一　同　同　小笠原七三郎　二十五歳

一　臺所口に　同　柳原平右衛門　五十歳

一　小屋前に　同坊主　牧野青齋　同

一　馬屋前に　表番　足輕　權十郎

一　小玄關前に　臺所役　中間　平右衛門

都合拾六人

右之内十一人は刀脇差に血付切込等相見へ申候五人は働しれず

手負口書之事　松原太仲

昨十四日夜八半時頃火事と申裏門に物音仕候に付私小屋門脇に御座候に付早速罷

出候處に弓を以射られ矢疵負ながら大勢
に向ひ候故門打放し候槌にて打倒され右
之疵故相働不罷成候

一　齋藤十郎兵衛
私儀は當番にて廣間に臥居候て罷在候處
に大勢切込申候に付働重き疵負候故働成
兼申候

一　清水團右衛門
小屋に罷在候處火事と申に付罷出候へば
鎗刀を以刃向申に付大勢故鎗疵も刀疵も
負上野介座敷迄罷在度存候處深手故働不
申候

一　宮石所左衛門
私小屋に罷在候處騷動に付罷出小屋前に
て大勢に向ひ手負申候

一　山吉新八郎
私儀小屋に罷在候處火事と申に付罷出候
へは刃物にて向候へ共切拔旦那近所迄參
候へ共亂入者有之に付相働重き手負申候

一　加藤太左衛門
小屋に罷在候に付右騷き故罷出小屋前に
て手負働成兼申候

一　永松九郎兵衛
近習不寢番在勤罷在大勢切込候に付相働
□□成不申候

一　杉山三左衛門
屋敷騷候に付罷出小屋前に四五人罷在刃
向申候に付何卒切拔度候へ共手負働成不
申候

一　天野貞之丞
廣間當番にて罷在大勢切込候に付働候へ
共深手故旦那近所の座敷にて働成不申候

一　堀江勘左衛門
書院近習座敷に罷在候處切込候に付働手

負申候

一　小屋に罷在小屋前にて手負働成兼申候

伊藤喜右衛門

一　裏門に罷在候處大勢罷越屋敷之内に火事有之候間門明け申候様申聞候に付門の間より見申候に尤火事裝束にて參候へ共火事屋敷之内に無之に付門開不申候に付何れも門打破り大勢入候に付出向候處疵を請申候

大河内六郎左衛門

一　大勢切込候に付出向疵を請申候

門之下番中間

是が負傷者でムります、侍分十二人足輕中間五人、合人員十七人が負傷者で討死十六人總計三十三人の死傷者で實に決死の勇士四十六人が夜襲致しましたのでムりますから遂に主人の首級をあげられましたのも是非ないことでムります。然も吉良家々臣並びに上杉家からの附け人を合せまして其の中で全く死傷を免かれましたのは僅かに九人

小笠原忠五郎　村山甚五左衛門　馬塲治部右衛門　石原彌一右衛門　粕谷平馬　柳原五郎右衛門　平澤助太夫　古澤善右衛門

新見傳藏

斯の通りでムりますから不意の夜襲をうけたとしては相當の働きを致しましたもので吉良家に取りましては實に忠臣勇士でムります又義士の遺留品が有ります其の記録を見ますと

亂入者共取落置候品々

一弓半弓弦切て有	二張
一根矢袋に入	二十本
一根矢内五本茅野常成早水政利と書付有	三十本
一斧	二挺
一かけや	二挺

一竹札に書付　二十三枚
一白鞘刄 勝守銘有　一口
一笛　一管
一太刀鞘　一本
一鎗切折れ　三筋
一てぎ　一本
一かぎ付細引　三筋
一鎗印
牧野長門守裏門前に落有之物
一十文字鎗貫身　一筋
一山鳥尾
一鎗鞘　五本
一竹札 十二月十四日村松三太夫打死と書付有
以上
此の外にも澤山の記録がムりますが諄々しくなりますから畧しますゝ
肝腎の上野介の手疵は如何と調べますと勿論

首級はムりませんで
兩の手の内に一ヶ所づゝ、左りの腕掛りに一ヶ所、右の膝口に二ヶ所、こむらに一ヶ所と記錄に見へます
首級は泉岳寺から十二月十八日に曲物に入れて送り届けられました、其の時の受取書に
一首一ツ
一紙包一ツ
右慥に請取申候
吉良左兵衛内
午十二月　左右田孫兵衛
齋藤　宮内
此の時の落首に
少將の首を小桶に入れおいて
寺より里へ送るはつもの

流行案内

事始め

明治三十七年も茲ひと月で御名残となつた、扨朝となり晝となり夜となれば更に繰り返して朝となるものとは知りながらも、年の尾といふ極りが有つてみると却々に忙がしい心地のするもので、

「引き結ぶひと粒金やとしの暮」と家の内は誰れ彼れとなく脇目も觸らぬなかへ、外には「節季候や疊へ鶏を追ひ上げる」など何となく世間が色めいて來る。

是が何ゆへに世間が賑はしくなるかといふに「古暦ほしき人には參らせん」と此の舊年を送つて新らしい年を迎へる準備に忙はしいのである。

新年を迎へる準備といへば先第一に指を折られるのは春着で有らう

扨その春着を作るには世の流行に後れぬやうとは誰れも彼れも心掛る所で無論此の好尙の如何が其の人の文野を表するのであるから、迂濶としては居られない譯である。

で今の流行に外れない所を見立てゝ讀者の御參考に備えやうと白木屋呉服店に就て調べて見た所は斯うである。

令孃

上衣の地質は縮緬、羽二重、山繭入の縮緬で地色は花葡萄、薄栗梅、花紫根の脊切り暈し

い　博多織片側帶

濃葡萄地へ落付たる色の雲に金糸の星、所々に霞のように樂譜な織り出したる。

價　六圓八拾五錢

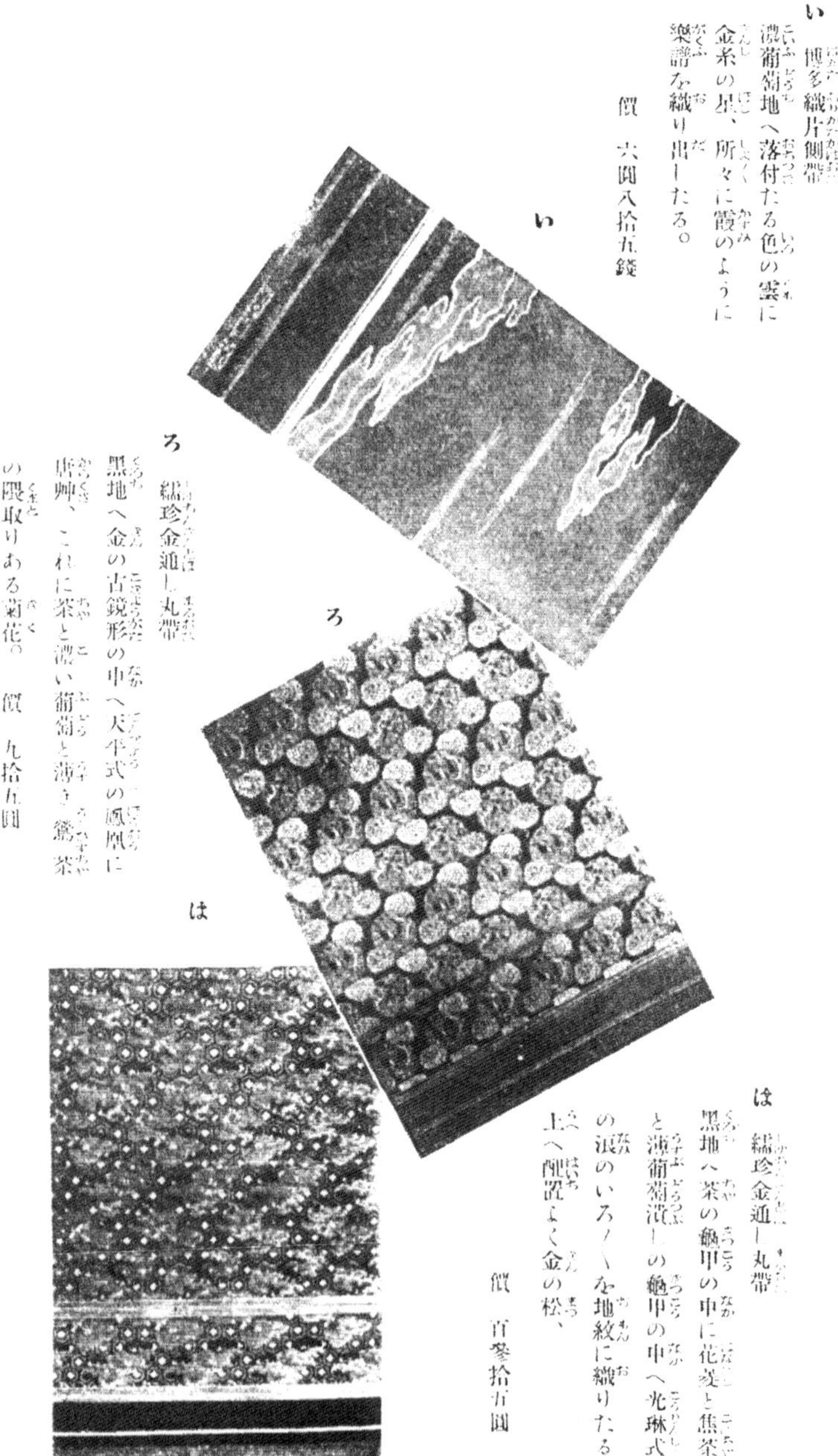

ろ　繻珍金通し丸帶

黑地へ金の古鏡形の中へ天平式の鳳凰に唐艸、これに茶と濃い葡萄と薄き鶯茶の隈取りある菊花の

價　九拾五圓

は　繻珍金通し丸帶

黑地へ茶の龜甲の中に花菱と焦茶と薄葡萄潰しの龜甲の中へ光琳式の浪のいろ〳〵を地紋に織りたる上へ配置よく金の松、

價　百參拾五圓

ろ

は

に

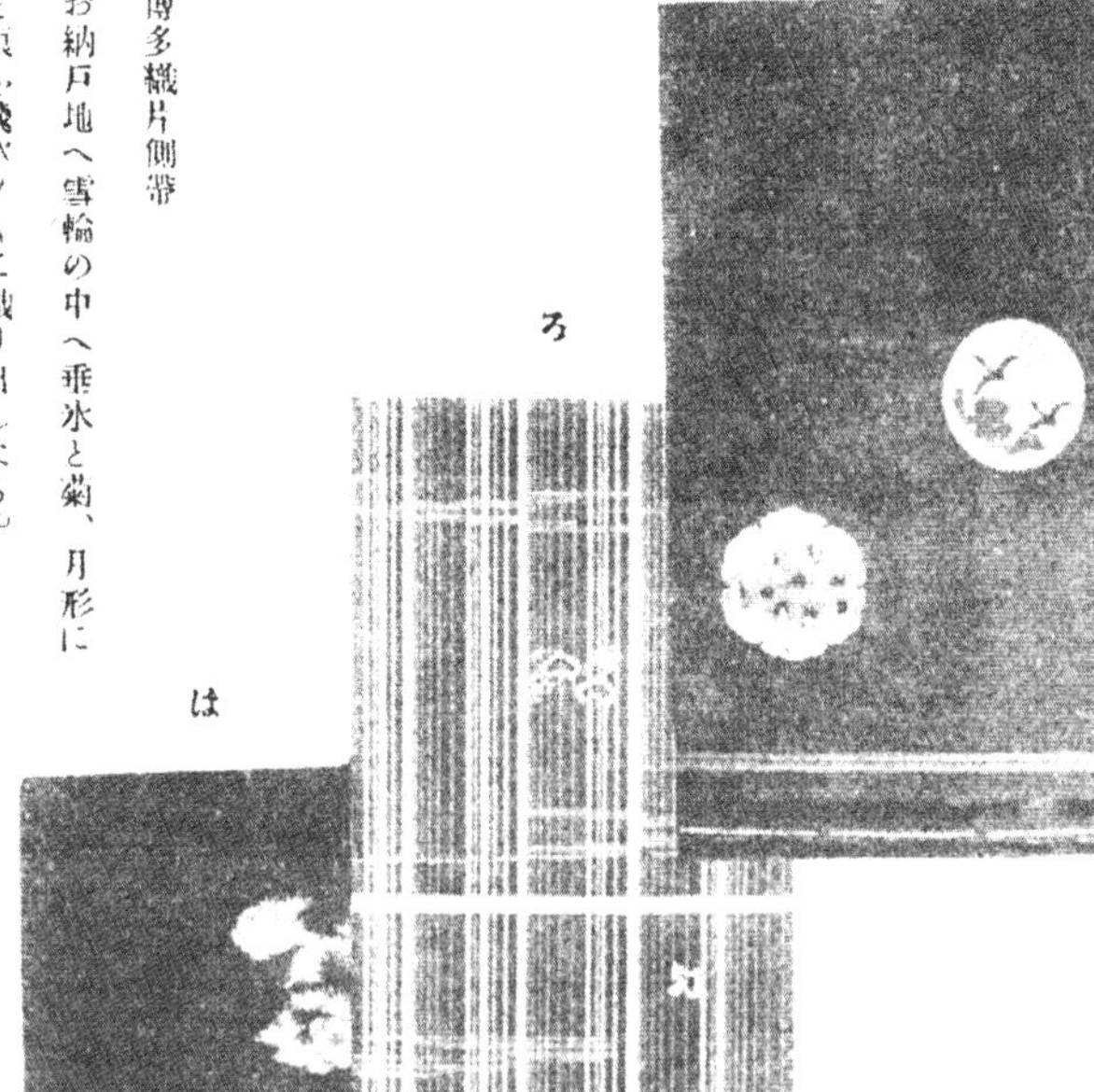

い　博多織片側帶

鐵お納戸地へ雪輪の中へ垂水と菊、月形に鷹と浪を飛び／＼に織り出したる。

は　同

茶地へ梅花に月桂樹を應用したる勳功の魁文樣

價　六圓參拾錢

ろ　瓦斯博多織片側帶

路考茶地、白のやたら筋、霞に松竹梅を金糸、茶、松葉色、白等にてちらしに織りたる

に　同

濃き葡萄色地、白のやたら筋、金糸、松葉色、白等にて土耳其式に蔦や鳥を織り出したる

價　各壹圓四拾五錢

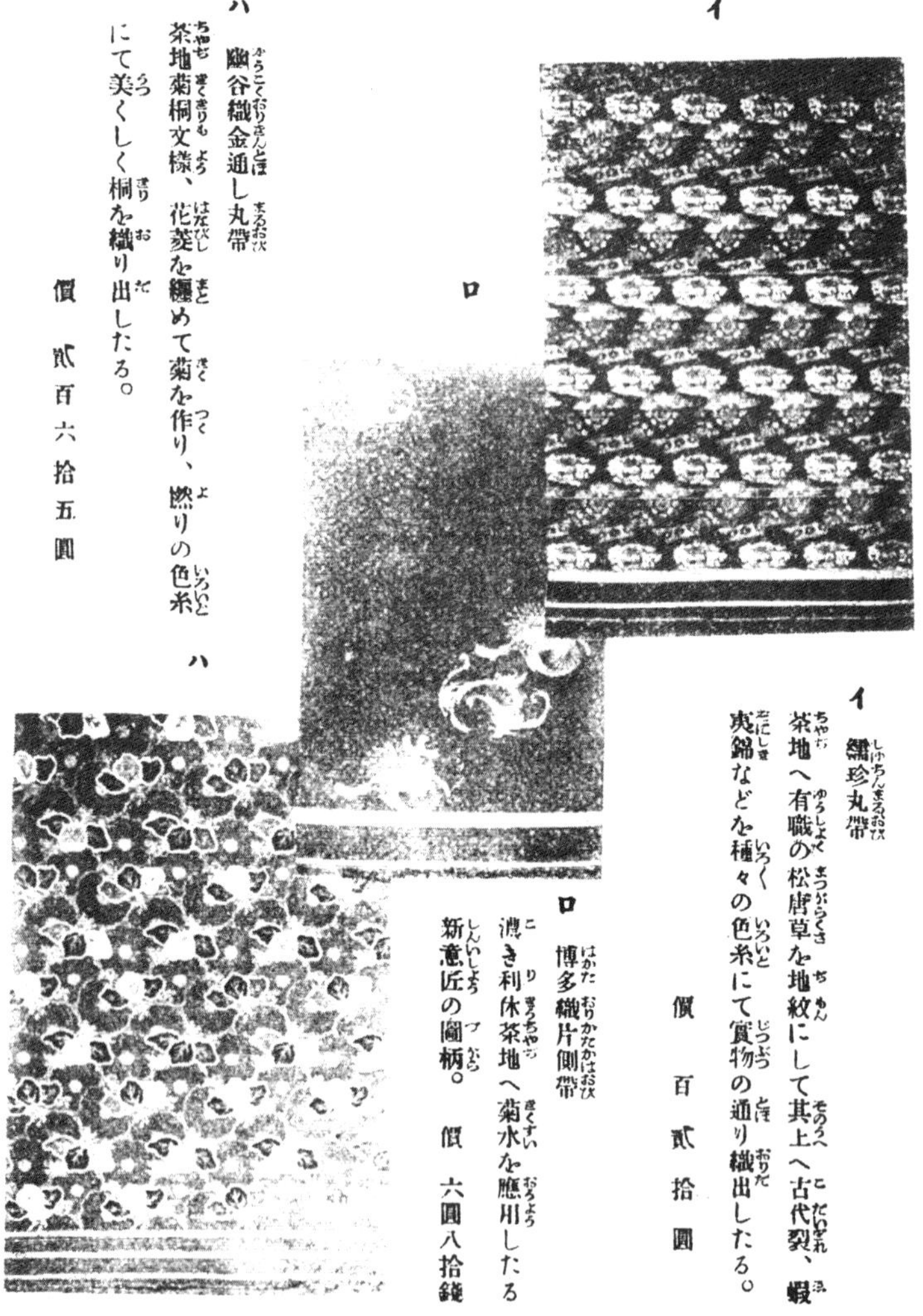

イ　繻珍丸帶

茶地へ有職の松唐草を地紋にして其上へ古代裂、蝦夷錦などを種々の色糸にて實物の通り織出したる。

價　百貳拾圓

ロ　博多織片側帶

濃き利休茶地へ菊水を應用したる新意匠の圖柄。　價　六圓八拾錢

ハ　幽谷織金通し丸帶

茶地菊桐文樣、花菱を纒めて菊を作り、撚りの色糸にて美くしく桐を織り出したる。

價　貳百六拾五圓

い　友禪縮緬

地色は白茶、是へ斜に焦茶、鼠、澁路考茶等にて三筋四筋のやたら縞を置き、更に全體へ古代文樣の鳳凰と唐花を落付きたる色にて配合よく染たる。　價　拾五圓

ろ　友禪縮緬

薄葡萄鼠の刷毛目を地文にして扇面散らし、地紙を光琳の紅楓牡丹菊其他秋草を寫生色に染め、扇の骨を靑竹と黃染色に配合したる。　價　拾六圓

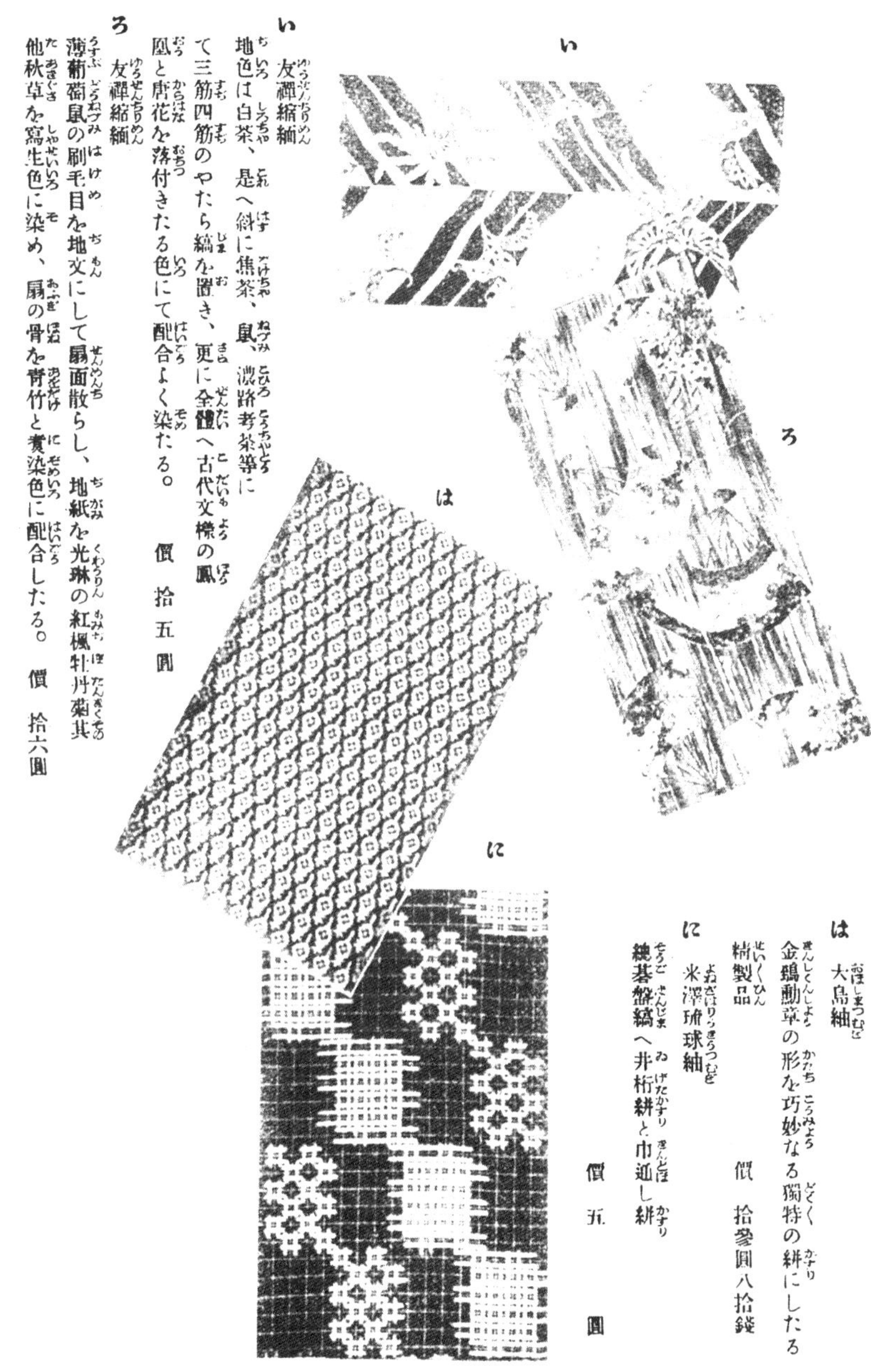

は　大島紬

金鵄勳章の形を巧妙なる獨特の絣にしたる精製品　價　拾參圓八拾錢

に　米澤琉球紬

總碁盤縞へ井桁絣と巾通し絣　價　五　圓

瓦斯かすり壹反
○弐　圓
○壹圓八拾錢
○壹圓六拾錢
○壹圓六拾五錢

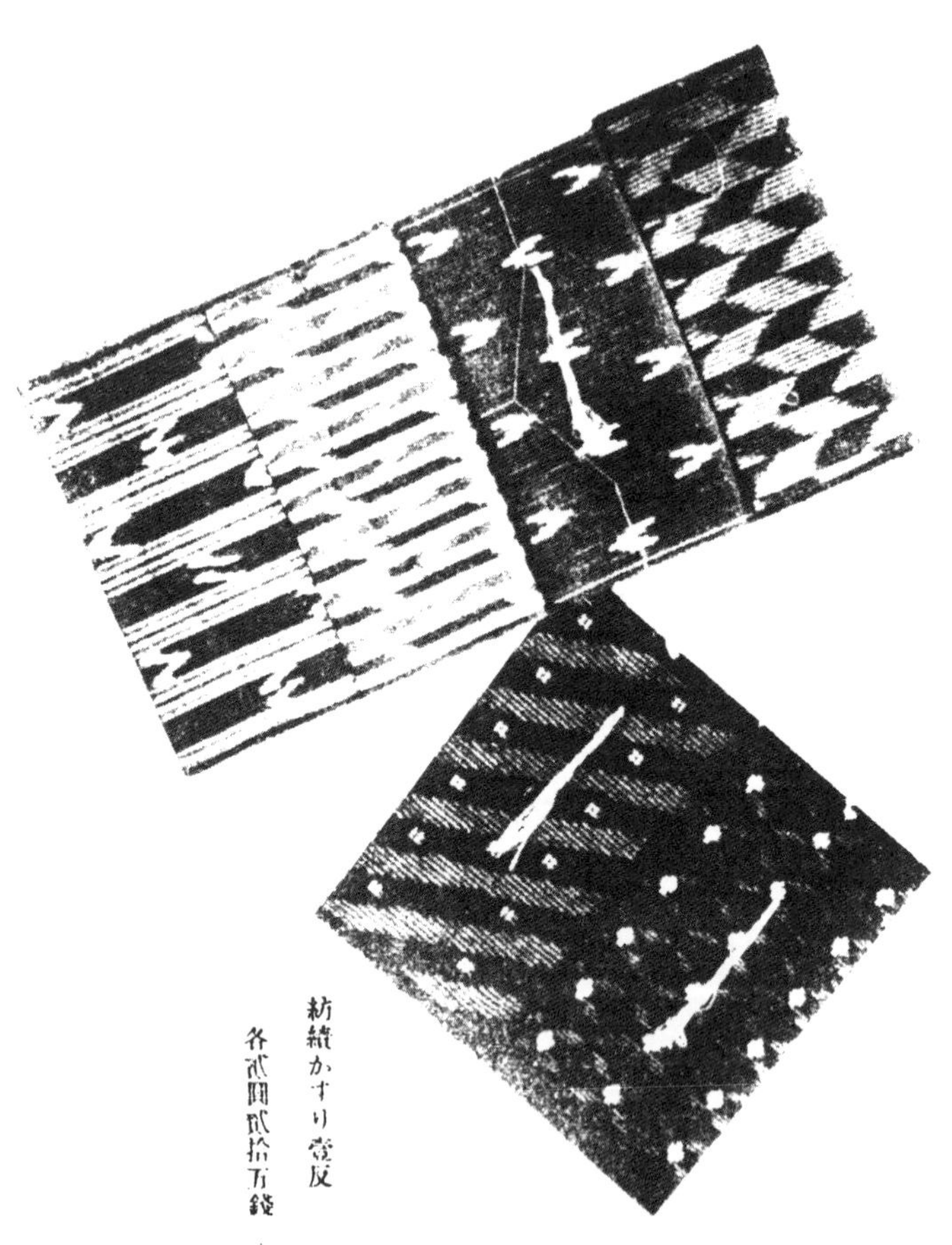

紡績かすり壹反
各弐圓弐拾五錢

胴に金茶纐纈の八ツ橋織これも裏は紅絹にして、
帯は矢張り繻珍、幽谷織の類で其の品は寫眞版にして一二を示してあるからその梗概は知るゝで有らう。
長襦袢は紋縮緬へ栗梅地菊桐形の畫羽匹田纐纈など優しく思はる
此のひと揃の價が（百三四十圓から百六十圓位）
又年始回禮その他正式の服裝とすれば
上衣は黒羽二重五所紋付、地落しの江戸裙文樣
下着は白の紋羽二重か通常羽二重を無垢にして二枚重ね、
帯は前の分と通じて用ゐられるから諄く繰り返すに及ばずとして此の衣裝に用ゐる
長襦袢は白の紋羽二重か紋絹縮が適當で有る
此の好みで揃へた所の價格は（帯は前掲のものを用ゐて）金（百二三十から百五十圓位）
是より稍畧した取合せにすれば
小紋縮緬の三枚揃ひにして下着の胴は羽二重白地に茶の三升繋ぎか、又は搗色か焦茶へ匹田形の花纐纈、
帯は畧した場合でも品質に差ひはなく、唯織文と色彩に斟酌するまでのことである、
長繻絆は友禪縮緬の栗梅地で畫樣は宗達光琳の流派によつて文樣化したものが調和するやうに思はれる。で此のひと揃への價が、（百十圓から百三十圓位）

男子

上衣の地質は鹽瀬、羽二重、京魚子のうちを撰んで、黒の五所紋、大きさは鯨尺で一寸か一寸一分、
下着は利休鼠の羽二重無垢二枚重ねであるから無論上衣の裏も同樣である。

此の下へ同じ半胴着を用ゐて
長襦絆は縮緬が着心地が佳いからこれを銹鐵か藍氣鼠に染めて、脊と袖裏とへ光琳式の花鳥を白脱きにしたら面白からうと思はれる

帶は綴錦か紋博多、
袴は茶宇、都平、博多平、仙臺平の內、何れにしても薄色でなくては引き立たぬ。
羽織は無論上衣と同じもの、無双でなくは緞子の胴裏を用ゐて此のひと揃への價格が

百四五十圓から
百八十圓位

是は日本服の禮式着としては頂上の所である
少しく略した所で
上着は羽二重の黑五所紋、
下着を小紋御召か小紋羽二重の二枚重ねにして裏は何れも中花色、
半胴着は更紗羽二重、
長襦絆は胴を紋縮緬にして袖を縮緬の無双に袖裏の所へ古代裂文様か、古渡り書き更紗摸しの文様を染るも可し、
帶と袴は前に變りなく、
羽織も京魚子か鹽瀨、羽二重の內を選んで、無双に染るも緞子の胴裏をつけるも好みに任せるとして、此のひと揃への價格が

百二三十圓

◎戰捷紀念の簪　下谷池の端　玉寶堂

安永七年上野の山下へ開業して畏くも輪王寺宮御用達となり、數代連綿として聖駕御東下以來宮內省御用を勤めるといふ家柄だけ有つて都ての作品に何となく優美の氣が滿て居る。搗て加へて圖案家製作家の粹を集めて參謀本部を組織し、嶄新又嶄新と工風に工風を凝して製作するのであるから、精緻巧妙といふ點に於て間然する所がない。

茲に掲ぐる戰捷紀念簪の三種は

海の勳
陸の勳
博愛

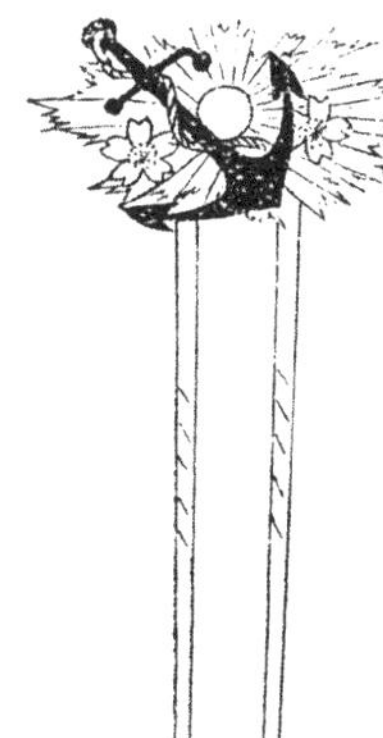

○海の勳　日出る國の光りを世界に輝かす我が　皇國の表顯として中心に旭をきらめかし、錨は言はても海のいさほ、大和心の敷島をやさしき櫻の色も香も知る人ぞ知る製作の巧みさ、

○陸の勳　聯隊旗に光り眩ゆき昇る旭の照りひく所、面を向くべき敵はあらじ。菊花は尊き御章の薫りも高き御威稜には露もたまらで散り失せなん。

○博愛　一視同仁赤十字の徽章に床しき櫻を取り交ぜて特志婦人のかざしに得も言へぬ意匠右三種何れも壹圓五拾錢以上さまぐ好みに從ふよし。

◎正月履きの木履　日本橋照降町　宮田商店

駒下駄の流行は形ちに於ては變ることなく、一般に愛でらるゝは兩刳りである、鼻緒も細いのが好まるゝが品は博多、七子の類で色は鐵色、茶、生壁が持て囃される、偶々戰捷紀念として眞中へ白の山路を織り出して左右を鐵お納戸と藍鼠で織り分けたなどは男物の流行を逃さぬ數奇者向きであらう。木履の高さは一寸五六分より高くては野暮の方へ算えらるゝ。堂島形も可なり行はれるが割合にしたら七分三分で有る。女物も兩刳りに限るやうで、鼻緒は繻珍が十中の八九てある。其地は本天、わな天の二種で年増向きは茶無地に限るやうで、小女向きとしては、わな天の花やかな色へ白でかすりを織り出したなどが行はれる。圖に示した、「ノベ」といふ形は最新花柳界に愛せらるゝもので、元の中折れの形を其の儘、只中の折れべき所が一見折れそうに見ゆるやうに臺へ筋を入れたのである、最も洒落たものであるから素人向きとは言はれぬ。

以上掲くる所が今日の流行品で價は普通男物一圓四五十錢より三圓位まで女物も同じであるが「ノベ」は一圓から二圓四五十錢位その外は好み次第。

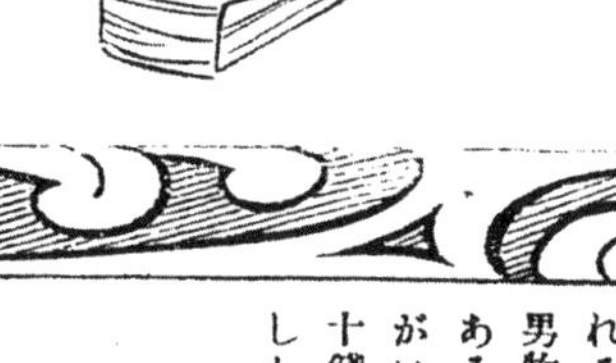

◎羽織の紐

日本橋よし町　佐竹組糸店

羽織紐は都て撚り返しふさ付きでなければならぬやうになつた。

女物は東掛けと稱ふる兩膝に結んでたらりと下るほど長いのが流行る、大抵八九寸から一尺位迄て、色は焦茶、チリープ、柳茶、薄焦、小女向きては紫紺、鶯茶、梅鼠の類が行はれる、價は五拾錢から六七十錢位

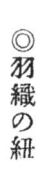

男物は丸打が七ならば平打が三の割合で、上品向には白であるが、其他はチリープ、焦茶、鼠、鐵色で平打ならば籠目がいつもながら流行して居る價は一圓二十錢位から一圓八十錢位。千とせ打は二圓位先流行に變化がないと言つて宜しからう。

◎日本髷に適する櫛簪

日本橋通油町　すみ彥調

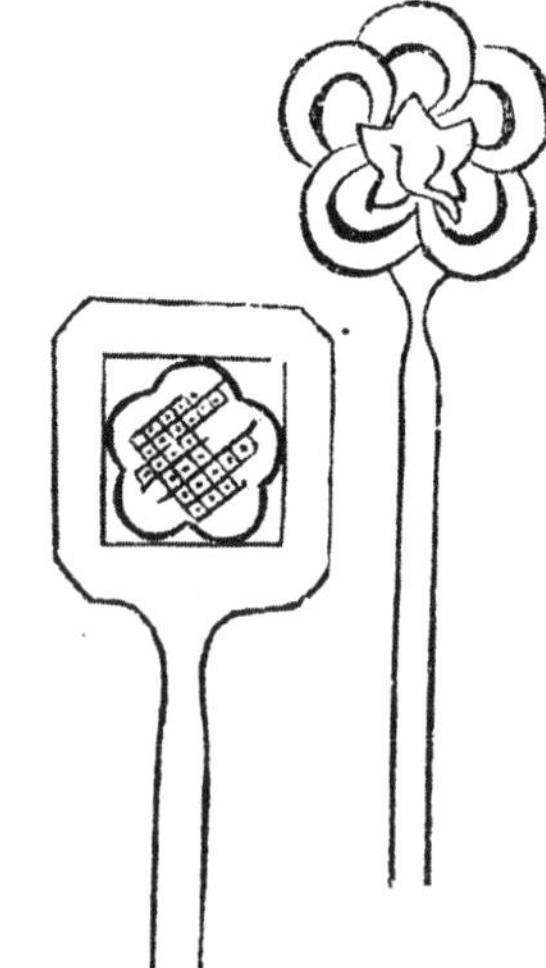

圖に表はす簪は本黒鼈甲地蒔繪の元祿式簪で、名優中村芝翫が秋色に粉したときに用ゐた形で、その可憐のさまおのづから井のはたの櫻あぶなし酒の醉の詩趣が見えて居る。

○櫛中ざしも本黒鼈甲臺金蒔繪の元祿文様柔しいなかに自と當代の意氣溢るゝは意匠の苦心に依る所ならん。

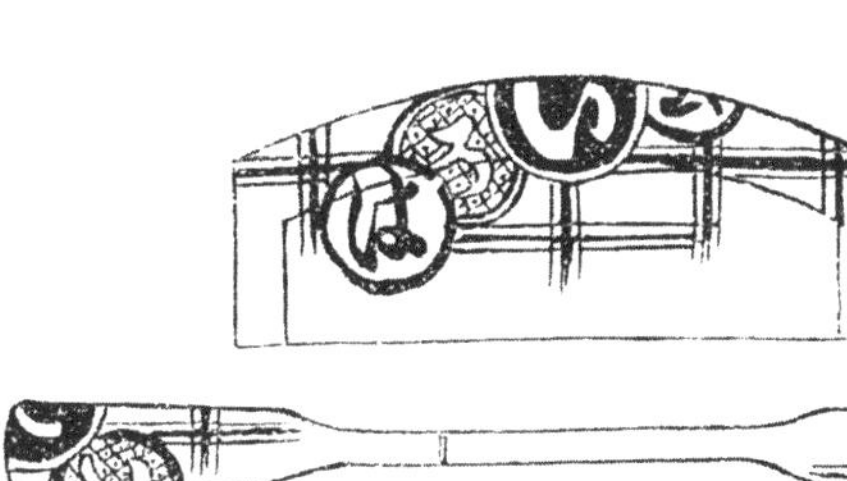

◎歳末新年旅行中の銃獵

日本橋通三丁目　金丸銃砲店調

軍國男子の運動として銃獵の右に出るものはない、所が今年は鳥獣の樂天界て、豫備後備の召集が銃獵界へ響いたのと、獵税一件の波動を受けて平日の三分の二は銃獵者を減じたとは思ひがけないことてある。併し治に亂を忘れずて好者の側ては彌ドン〳〵やつて居るが羽根の黒い鳩などは極めて禁制札の下に蹲まつて竦みあがつて居ることてあらう

銃は英國バーミングハム「モー、ジー、ポ子ピル」社製を採用すべく、有鷄頭て三十五圓から、無鷄頭て百〇五圓から最上製は數種あるが、危險を伴ふものてあるから信用ある商店の實品を買はぬと不測のことが有つては容易ならぬといふことに充分留意されたいものてある

◎流行靴

京橋區南傳馬町一丁目　鞆繪屋本店調

目下流行の靴は如何といふ問ひが有らば、マッキンレー靴に限るといふに躊躇せぬのてある。マッキンレー靴は米國最近の流行品て第一に我が邦人の足に適合するのが特長てある、て鞆繪屋本店が米國の半製品を輸入して比較的工賃の低い本邦で仕上げて販賣するので、＊

＊其の賣り方も均一制て足の大小に拘らずＡＢＣの三等に別けて、

Ａ號三圓九十錢

Ｂ號三圓二十錢

Ｃ號二圓六十錢

因に云

近來靴の踵は追々低くなつて以前のやうに外見ばかり飾るとは流行せぬ、で此のマッキンレー靴は何處までも實用的であるが足の自然の癖が取つてあるから履き工合がよくて形もよく見ゆる其外都ての靴が先の所を不自然に細くするなどは今は早前世紀の遺物として好古者の參考品にでもするの外はないであらう。

此の圖は目下流行の形を集めたもので購靴者の參考に供したのである。

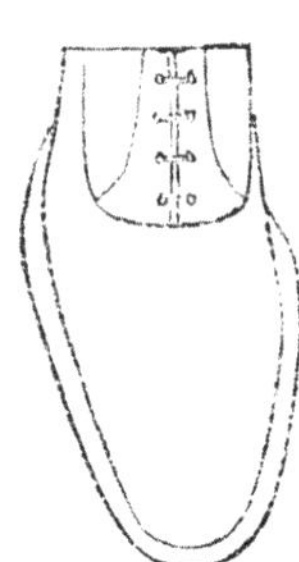

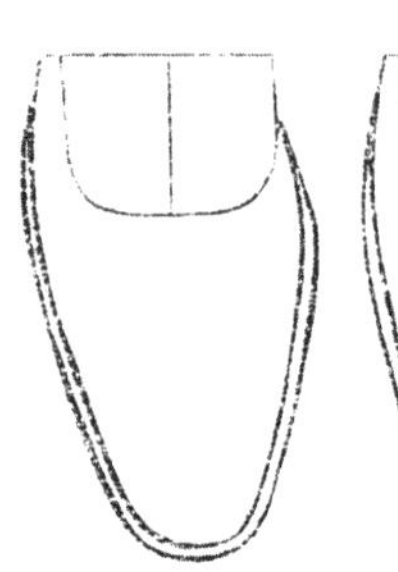

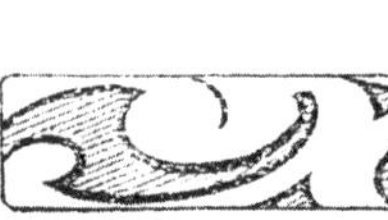

育兒法

叢軒

前號に豫約せる臍帶の所置法を說くべし。

臍帶の大切なることは更めて云ふまでもなく胎兒が母の胎内に在る間は此の臍帶より血液を循環して生活し居るものなれば、實に胎兒に取りては命の綱といふべきなり。

扨臍帶の所置法は先兒が娩出せば臍帶を切斷するに在り、而して其の切斷に先ち豫じめ指頭を以て臍帶の切斷せんとする部を摘みて胞より送る所の血液の運行を止め兒の狀況を窺ふべし、兒が若し血液の運行閉止の爲めに俄に貧血を發し、多少異狀を呈するが如きことあらば速かに指頭の壓迫を緩め、少許して更に繰り返すべし、

斯く試みて兒に異狀なきときは兒の腹皮と臍帶との境目より凡三寸程臍帶を殘して切斷すべきものなるを以て、手一束より稍内の部分に當る所にて先臍帶を括り、更に手一束の外の部分にて括り、而して其の括りたる二ヶ所の中間に於て剪を以て切斷すべし、

其の切斷したる臍帶の腹部に附着し居るもの（即手一束の長さの臍帶）は清潔なるガーゼに五十倍の石炭酸ヲリーブ油を浸したるものにて卷き包み、綿を當て摩擦せざるやう上の方へ向けてガーゼにて兒の上腹へ纒ひ置くなり、恁くして順當に經過するときは四五日にして其の臍帶は脫落すべし。然れども其の脫落の痕が全く乾癌るは凡二週間を要す。

哺乳法

臍帶を切斷したる小兒は第一回の產聲に依て呼吸を始め、而して食物に因て生存するの性を有す、其の最初の哺乳時は熟睡七八時間にして眠りの覺めたる時とす。

此の際は未だ母の乳房にも十分乳を有せず、僅かに分泌するに止まり、兒も亦能く哺むことに熟せず、然れども此の不充分なる吸乳が恰も出產當時の兒に適當するやう造化の作られたるものなれば、決して不足なき而已ならず寧ろ兒は此の母の小量の乳を消化する以上の機能を有せざるなり、而して母子共に徐に熟練するに隨つて漸く哺乳の量を增すこと自然に適へるものといふべし。

然るに世には生兒の胎毒を下すとか、新乳は生兒に害ありなど有られもなき臆斷の爲に五

香又は午膝(酸漿の根)の煎じ汁などを生兒に飲用せしむるの悪習慣ありて、迷夢の未だ覺めざる家庭に於ては今猶襲用しつゝあり、實に恐るべきことにて、母乳所謂新乳が彼の胎毒或は蟹糞を瀉すに適當なる効用を自然に享け居るものなるが故に、斷じて母乳の外飮用せしむべからず、實に五香、午膝等の爲めに大下痢を釀し竟に危險に陷ること往々あり最も戒心すべきことたり、故に母乳の外は砂糖水を用ゆるも害有りといふことを深く記臆して努々他物を取らざること肝要なりとす。

偖乳の哺ませ方は母親橫に臥して腕枕をさせ前肱にて兒の頭を胸に寄せ、他の手にて乳房を持ち添え、小兒の口に入るべく此のとき小兒の鼻孔を閉塞せぬやう注意するを要す、故に夜間眠りつゝ乳を哺ませることは可しからず往々誤つて小兒を壓殺すること其の例少か

らず。

或は乳房小に過ぎ吸乳すること能はず、爲に小兒は煩悶の狀を呈して泣き叫ぶを見るに忍びず、千々に心を摧きて兎角すれども意の如くならず竟に憤悶するに至るも詮方なく、斯の如きは實に傍觀者と雖も忍びざる所なり。

係る場合には餘義なく生牛乳を薄めて哺ませるの外なきなり、但牛乳の稀釋方は一定の法則あるを以て後段に於て詳說する所あるべし

初產の婦は最初一二日間は乳の思ふやうに出ぬものなれども、例之少量にても出すやうに勉むるを要す、是も亦母の勤めとして怠るべからざる技藝の一なり、故に勉めて怠らざれば其の技上達し、兒も亦練習して終に容易に哺乳し得るに至るべし。若し又授乳の初めに非常の疼痛ありて、努めて忍びつゝ哺乳せしむるに、疼み倍々劇しく、終には皮膚に龜裂

を生じ、乳房の腫張する如きは直に良醫の治療を受けざるべからず。

玆に最も愼重なる注意を要すべきは則ち哺乳の規則これなり、小兒分娩の後初湯を浴み熟睡して後覺たるときが哺乳の初めにして、然も此の第一回の哺乳が其の兒に對する教育の端緒なればなり。

小兒産れて一週間は人生の階段に昇るの初めなれば哺乳時間等正しき規則を踏ませざれば遂に不規則の習慣を作り兒が一生を不規律に了る基となるなり

哺乳と哺乳の間は二時間を隔つるを定則とし少くも一時三十分間より近く乳を哺ますることとは嚴禁せざるべからず、何となれば、乳が兒の胃中に入つて全く消化する時間は一時四十五分を要するものなればなり、而して母の血液が變化し、全く熟して乳汁となる時間も亦同じく一時四十五分を要す、故に此の規則を忽にして漫りに時間を隔てずして哺ますするときは不熟の乳を與ふる爲めに、其の不良の乳汁は兒の胃中に於て醱酵しこれが爲めに吐き又は下痢を發すことあり、往々小兒が醴の如き乳を吐くは皆醱酵作用によつて胃中を溢れるに原因す。

又小兒の啼くを以て空腹を訴ふるものと誤認し其の啼く毎に乳を哺まするの弊あり實に謬れるの甚しきものといふべし、抑兒の啼き聲は則ち兒の言語にして獨り空腹を訴ふるものとのみ解釋すべからず、或は腹痛を訴へ、襁の濕りて不快なるを訴へ、蚤の螫して痛きを訴へ、蚊の螫して痒きを訴ふることもあるべし、然るに啼き聲さへ發すれば空腹を訴ふるものと速斷せられて欲くもなき乳を哺ませらるゝ兒の迷惑察せざるべからず。故に兒が啼聲を發せしとき未だ哺乳の時間に到らざるならば他に原因あるものとして諸種のことに注意することこそ實に母の勤めといふべきなれ彼の保嬰論に、啼く事定まらずして哺乳せしむること勿れとは則ち此の謂にして乳に飽かしむるより寧ろ餓えしめよとは哺乳の原則なり。

（以下次號）

懶惰の人は光陰を殺する。規則ある人は光陰を活す。

コレリッヂ

式法

婚禮の部　つゞき

漱石

前回には合盃式（俗三三九度の盃といふ）に必要なる調度は勿論色直し式、舅見參式、寢所式等に用ゆる諸式具を掲げ置きたるが、爰に順を逐ふて其の說明を爲すべし。

當日式正の床の間は神の御前に象り伊弉冊、伊弉諾の二尊の大神を齋き祠る事古法なりと知るべし。而して

蓬萊の島臺は神の御前立として正面に据え置くものにして、古來檜木をもて作りし

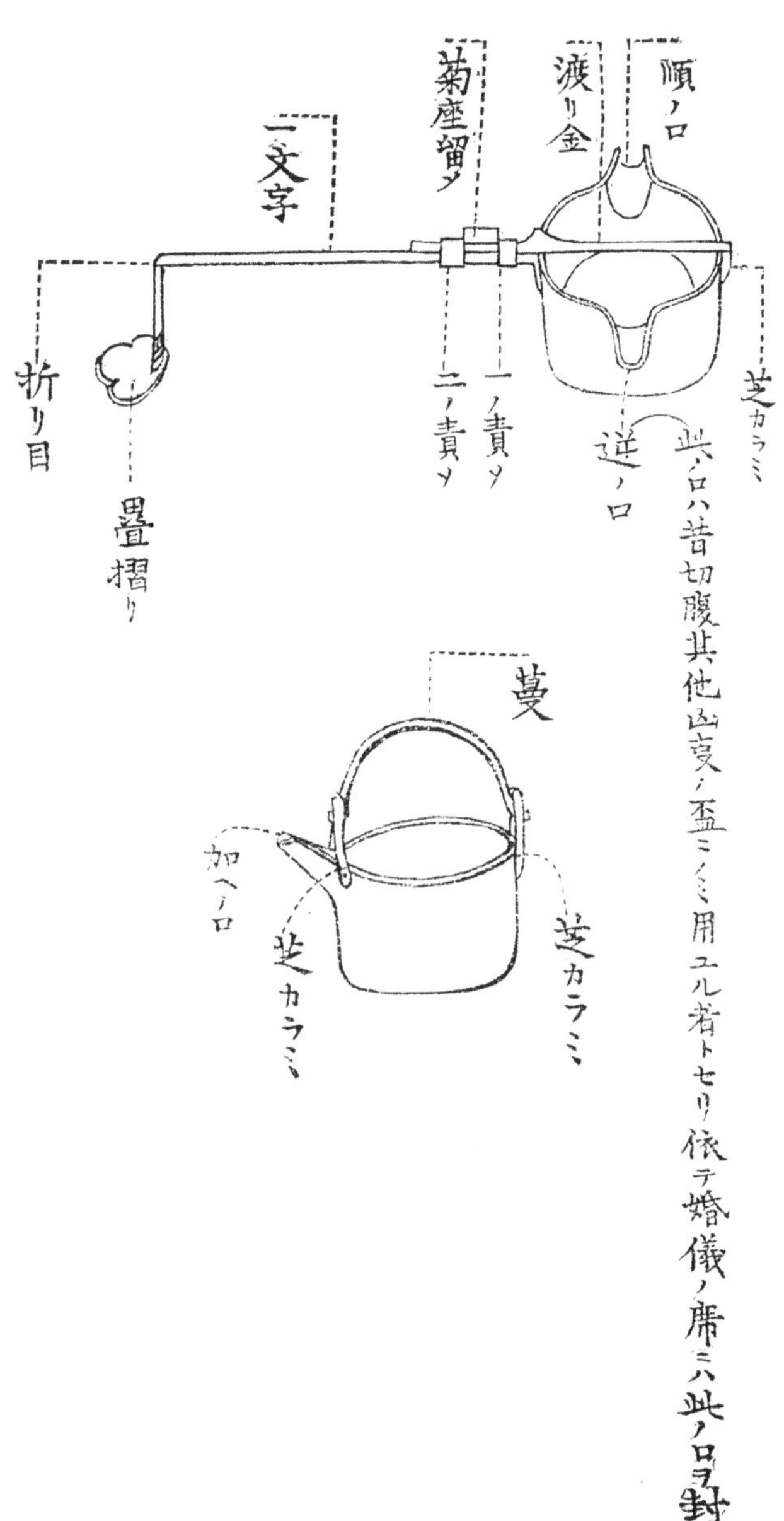

順ノ口
渡り金
菊座留メ
一文字
折り目
畳摺り
二ノ責メ
一ノ責メ
逆ノ口
芝カラミ
此ノ口ハ昔切腹其他凶変ノ盃ニノミ用ユル者トセリ依テ婚儀ノ席ニハ此ノ口ヲ封ズ
蔓
加ヘノ口
芝カラミ
芝カラミ

ものなれども、中頃より彫刻物には極彩色を施し、花物なども色糸にて作るやうなりもてゆきたり。

瓶子は白土器製にて中へ藥を掛けたるものを本法とすれども畧して瀬戸石焼きものを用ゆることあり、何れも神酒を盛り男蝶女蝶に折りたる紙を以て口飾を付け、三方に載せ左右に供へ、此の神酒を以て合盃式をなすなり。

長熨斗は三枚乃至五枚を重ね偶数を忌む端の方を紙には包み水引を掛けたるを手前にして開きたる方を床に向け三方の上に飾るなり。但し三方に中敷を作り、奉書紙二枚を貝敷となし而して熨斗を据え、熨斗押えを置き供ふるものと知るべし。此の熨斗は後に下げて新婚者の肴物と爲すなりこれを熨斗扱ひといふ。

因に云、長熨斗は元伊勢國にて石決明の肉を剝き乾して作りたるものにして、石決明は肉緊りよくこれを乾して貯ふるときは年を超ゆれども味ひ變らざるを以て長熨斗と名づけ、干魚中の主とし、祝賀の肴に用ゆること古法たりしが、北條氏の頃石決明の狀片面なるを忌み、榮螺を以てこれに代ることゝなし、延て水引の結びかたにも石決明結びといふもの有りしも、其の名を忌みて淡路結びと稱へ代えるなどの女々しき愚説行はれたるが、竟に此の愚説も識者の爲めに斥けられ再び石決明熨斗世に行はるゝことゝはなれり。然るに眞の石決明熨斗は價貴きより近世備前の國にて海藻を以て摸造品を作り賣り出せしに、價低き爲め世に持て囃され、今は此の摸造品のみ世に跳梁を極

床

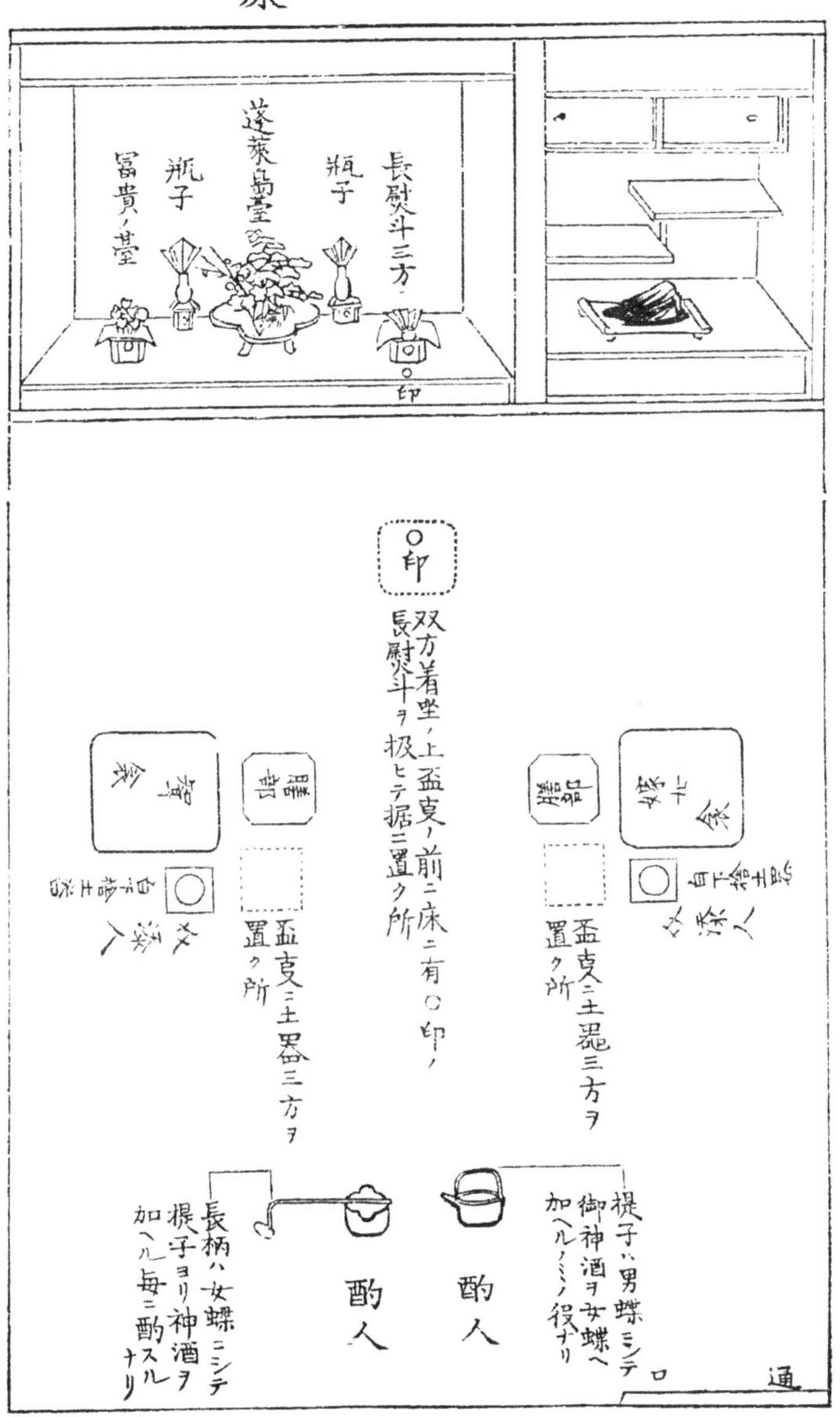

長熨斗三方ニ
瓶子
蓬萊島臺
瓶子
冨貴ノ臺
○印
○印
双方着坐ノ上盃事ノ前ニ床ニ有○印ノ長熨斗ヲ扱ヒテ据ニ置ク所
盃事ニ土器三方ヲ置ク所
盃事ニ土器三方ヲ置ク所
待女
酌人
酌人
提子ハ男蝶ニシテ御神酒ヲ女蝶ヘ加ヘルノミノ役ナリ
長柄ハ女蝶ニシテ提子ヨリ神酒ヲ加ヘル毎ニ酌スルナリ
口
通

め居れり、然れど實際喰用に供ずること能はず眞の决石明熨斗の炙りて味ひ馨しきには似もつかざるなり。

富貴押臺は三方に中敷を爲し奉書紙二枚を貝敷となし、中心に蕗の葉を造りて九枚乃至十二枚を建て、三種の干肴（卷鯣、田作り、結び昆布）を盛り供へたるものなり。

長柄と提子は圖に示す如く、長柄の方に女蝶を順の口（圖を見て知るべし）に前を向けて取付け、柄を奉書紙にて包む。提子は男蝶を前向きに結び付け、同じく蔓を奉書紙にて包む。但銚子の飾りには種々の古法あり、又蝶は空中の惡氣を吸ふと言ひ習はせしよりこれを結び付け、銚子に蓋を用ゐざるが古式となれり。

膳部は白土器に山海のもの三種干肴に作りて盛りたるものにて喰するには非ず。

白下捨土器は一枚を折敷に載せ、新郎新婦の傍に置き、酒を嗜まざる人又は酒の滿盞したる場合に、能き程を飲みて殘りを滴むの用に供ず。

用具の飾り方及び用法は以上述るが如し。茲に合盃式に就ての席次幷びに諸具の置き合を圖に示し讀者の便に供ぜり、猶盃の扱ひやう等次號に委しく說く所あるべし（此稿未完）

文苑

應募川柳　題　奥様

海邊の黒人評

人

奥様に言つけますと手を放し　牛込　三星

評　得意おもふべし

地

奥様の下落時姫殖たこと　千葉　光月

評　豆腐屋大繁昌

天

旅の奥様おやしきに御神燈　大磯　淘齋

評　何子様顚倒して小何様と申し奉る

次の題は　かるた

十二月十五日〆切

玉吟届所　下谷區西黒門町四番地

家庭のしるべ發行所

出題の奥様に付て淘齋君の趣向に類似のもの多く其の一二をあぐれば

宿帳の彼の奥様へ玉がつき

内箱もつれず奥様大ずまし

歳末旅行奥様を急に極め

誰ちやんと呼ばれ奥様赤くなり

右の出吟多きにて扨は斯うふすじが世間にある事かと記者も初めて心付きましたから内々眞の奥様へ御注意申上ます。

◎◎◎愛讀者諸君に謹告仕候

本誌は發刊日猶淺しと雖ども幸に大方諸彥の御愛顧を蒙り、内に在ては南臺灣より北千島に至り外に在ては隣邦淸韓は言ふも更なり、歐米各國にまで行き渡り候こと實に發行者の名譽これに如かず候。

偖此の廣き滿天下に散在する愛讀者諸君に冀ひ候は餘の儀にこれなく、此の長蛇の如き我が國勢に在ては寒暑の關係は勿論風俗習慣方言等に甚しく相違する所これあり候は論を俟たざる儀、殊に廢藩置縣前に在ては、列藩割據のありさまにして、砦を築き關を構へ隣國の者といへども容易に足を入るゝ能はざるものあり況て交通の便なく、今よりこれを回顧すれば實に呆然たるものに御座候。

斯の如き制度なりしを以て彌その風俗習慣を異に致すことは勿論にて、因襲の久しき開明の今日といへども猶前日の觀あるもの少なかずと存じ候。

就ては冠婚葬祭は勿論、地方鎭守の祭禮、年始中元歳末の回禮、盂蘭盆會、豐年踊り、田植茶摘の唄に至までそれ〴〵御報導被下度、是を本誌に掲載して彼此交換致し候事は諸般の研究上補益少からず且最も趣味あることゝ存候、就ては事の大小を問はず何くれとなく御報導願上候。

但右御報導被下候には事柄さへ解り候へば宜敷、むしろ文章の綴りなどに拘泥して眞實を誤り候やうにては面白からず候間必々文章の責任は編者の負ふ所と御承知下され意味だけ通じるやうに願上候。

前にも申候やうなる僅に數年前まで列藩割據の有樣殊に交通不便の爲め世に顯はれざる風景も夥多これ有る可く、僻陬の地に笻を曳く毎に、名も知れぬ地に捨て難き景色の潜み居ることに一驚すること一再に止まらず候。是等の類は其の土地の誇りとして寫眞御寄贈下され候へば、美麗なる寫眞製版にして掲載致すべく、實に從來名勝として世に誇り居り候山水は交通不便時代の山水にして、滊車滊船開通道路改良の今日彼等が日本名勝の壟斷を私すべきにはこれなくと存候。

斯の如くにして滿天下に散在する愛讀者諸彥が座にして數百里外の風俗を知り名勝を見ることは裨益多く趣味深きことと申すまでもこれなくと存じ偏に諸彥の御寄贈を仰ぎ、編者はその媒介者となり筆硯の勞と製版の費を惜まず而して本誌が錦上花を添ゆべく冀望の至りに候間敢て讀者諸彥に悃願する所に候敬具。

家庭のしるべ

編輯部同人拜

素人醫者

今年も追々寒さが增して來て感冒の爲めにゴホン／＼咳嗽の聲がするやうだが、扨咳嗽と一概にいふやうなものゝ喘息の咳嗽ほど苦しそうなものはない、實に傍觀でも見るに堪えないほどである。

此の病は壯年者にも無いではないが、三十から四十歳位に多い、で季候はといへば俗に草枯れ草先といふ春秋の二季に發作することが多いのである。

喘息の病狀は、氣管支か肺の輪狀筋纖維に痙攣を發すので、遂に呼器と吸器とが延長するのである。

此の患者の痰を顯微鏡試驗をするとシャルコー氏の發見に係る結晶體のものが有つてこれが刺擊して喘息を起すので此の患者は獨り咳嗽ばかりでなく初中ぜい〳〵と喘鳴を發するのである。

此の療法は、彼の咳嗽の發作したときに直に大痲煙草を吸入すれば、大抵は煙草一本の三分の一位で發作の止るものである、又内用藥としては抱水コロラール一瓦を頓服する法もあるが劇藥であるから醫士の處方に依らなければ猥りに用ゆることは出來ない。

攝養法としては第一室内を清潔にして大氣の流通をよくするので、假令寒くも寧ろ戸障子を明け放して室内へ新鮮の空氣を入れるのは良いが、細めに明けたり隙きを洩る風は忌むのである。

大に發作したときは鳩尾へ芥子泥を貼るのも良い、兎にかく良醫に診療を受るが肝要て、若し良作の徵候の有つたときには辛いものや鹹いものを喰ふことを止め、大食は勿論常に腹を隙かす加減にして居るが可しい。又此の病が發作するときには大に房事を欲するものて有るが、これも病の作用てあるのだから、努めて避けなければ、大に發作して苦しむことがあるから愼まなくてはならぬ。

此の病に罹らぬ豫防には、每朝一回肝油を珈琲の匙に一杯づゝ怠らず連服すれば大概は防ぎ得られるのである。

愛の光（上）

紫生

同窓會の筵に奪ひ合うた七八名。日頃は物々しく取濟した奧樣姿も、長袴の襞に人摺れの見える女敎師風も、今日は恰も小春日和の、皆一樣に學生時代の邪氣ない花に咲返つて、外見もなければ分隔でもなく、心底から睦まじく笑ひ興じつゝ、昔の春を偲ぶのであつた。その中に唯だ二人、何故か互に打解け兼ねた樣子で、それ〳〵の眼鞘をそれ〳〵に避け、思はず顏を見合はしても、直ぐに慌てゝ反して了ふ。

一人は高木銀行の持主で、まだ若手ながら實業界に信用の篤い、高木直が最愛の春子。在學中も同窓生に羨まれた容姿の、今は殊に氣品さへ打添はりて、この坐中にも雞群の一鶴と仰がれる。斯る際の奧樣には、得て有り勝ちな濃厚向きの裝飾を嫌つて、髮も形も淡然と繕うた姿の、中々素々として奧床しく、實にや天成の麗質は、賤しい人工の硏を假らずして、自からなる光を放つて居る。面長の溫然として、何處までも貞淑しく懷かしい中に

極る處の極る氣性は、丹華の唇に引緊り、黒瞳の勝つた眦長の愛くるしい眼には、同情の深い、無量の愛を湛へるのであつた。

他の一人は水澤淺子といつて、卒業匆々郷里に歸り、そのまゝ同窓生との音信を絶つて居たので、誰れとて其後の消息を知る者はなかつた。恐らくは淺子も亦た、同窓生の妻となり母となつた其間の委細を知らぬであらう。然るに今度その良人と共に上京して、圖らずも同窓會の事を耳にしたので、有繋に昔馴染の懷かしく、唐突ながら參會したとの口上であつた。

思ひ儲けぬ珍客とよりは、其身形の餘りといへば物々しさに、一座の眼は期せずして淺子の一身に集中つた。今の女學生のすなる總前髮をば、飽くまでも緩く膨らかに臺出して、西洋式の林檎色に化粧した圓顏の三方に、強ゐて堤を築かせたのが、少し癖のあるので、波形に頽れかゝり、動もすると顏の三分を蔽ひ隱さうとする。胸の惡さはそればかりでなく、斑紋に黄金を置かせた櫛が三枚、甚の姿で、束髮の根に匐つて居る。濃い鼠地に、銀星を三行に鏤めた手袋を脫いで、白の卷毛の肩掛を、背の低い、肉厚の圓肩より引懸け、其末をば海老茶袴の中程まで並行に垂れたのを徹ると、黄金の襟止、黄金の鎖が燦然として光り耀き、左右の指には寶石入りの黄金の指環が、一より數へて十二に至つた。金色五躰に充滿て、見るも中々眼眩しい。

一躰が才發けた、負けじ魂の、猜忌心の怖ろしく強い女であるから、學校に在つた頃、常

に春子の容姿を羨み、成績を妬み、人望を憎んだ餘り、或は放逐さうと迄の深い意趣はなかつたにしろ、兎も角春子を傷けて、わが驕慢心を滿さうと、間がな隙がな其事にのみ屈托して居た。

で、或時は敎場で紛失物のあつたのを幸ひ、暗に春子の所爲とやうに仄めかして、有らぬ盜人の罪を負はせかけた。又或時は同級生との交際を割かうとして、種々の讒訴を構へたともあつたが、殊に春子に取つて一生忘れるヿの出來ぬのは、卒業の少し前、校長宛の匿名の手紙を以て、春子か葉山とかいふ或私立大學生と媾曳した事實があると密告し、且つ其前後に於て幾度か男文字の書面を春子に送付けたヿである。實際春子は、曾て淺子の下宿を尋ねて、其部屋で一二度葉山の顏を見たといふまで、素より何んの關係のあるでもないのに、月は猶ほしばし誣妄の雲に蔽はれて、校長の根問葉問に驚き、果は校內の浮名羞かしく、少女心の消えも入りたき四五日を、同情の友に慰められつゝ、引籠りの書窓に泣明し泣暮す中、手にだも觸れず切り棄てた男文字の、一片卓子の抽斗に殘つて居たのを、友の人より校長に提供げて、その筆蹟の誰れやらに似て居るヿを注告したので、校長も驚き呆れて、詮議に詮議を盡して見ると、成程その誰れやらが、春子と同級の中に在るヿを認め得たのである。で、春子をば直ぐに呼迎へて樣々に言慰め、又對手の誰れやらには、其場より退校を命ずる心算であつたが、當人の春子が言葉を盡して、現在仇讐の爲めに內濟を哀訴した、その心根の殊勝さには、校長も一方ならず心を動かし、且つは卒業間際に

なつて、人一人瑕物にするも本意ならずと、其儘大目に見過すこととなつた。で、その「誰れやら」の誰れたるとは、同窓生の誰れも知つて居る。けれども言はぬが花と銘々の心に秘めて、その後毎年の同窓會にも、曾て噯にさへ出さぬのであるのに、今や其「誰れやら」が金色となつて態々の御光來、一座の眼の寄つたのは、强ちに其身形のけばけばしい爲めのみではないのだ。

但し有繋は女同士の、殊には內々の爪彈きをば顏や言葉に現はす程、敎育のない者は一人もない、のみならず、一方の春子が思惑に立入つて見ると、如何な優しい心にも、豈夫淺子を快しとはして居るまい、現に兩人の間に隔意のあるらしいのも道理であるから、今日の顏合せこそ幸ひ、當然淺子に折れさせて、春子の惡感情を解き、二つには良心の苦痛から淺子を救つてやりたいとは、同窓の義務として一座の胸に湧いた問題であつた。

『水澤さん、此方へ入らつしやいませんか、日當りが好くつて、それに眺望もありますから。』と春子の隣りに座つて居た一人はいつた。斯くして先づ春子との接近を圖らうとしたが、淺子は素氣なく斥けて、

『有難う、イヽエ、もう私は此で澤山。』參着の順序として、末席に落ちたのが、如何にも不足らしく言捨てると、

『ホヽホ、水澤さん、久振りでお目に懸つたのに、其樣頑固を仰有るものぢやありませんわ、ねえ皆さん。』と其婦人は一座を視た。

『左うですとも、水澤さん、マア彼方へ入らつしやいよ。』と異口同音。

『あの、私水澤とは・・・・。』と淺子は此時何にか言はうとして口を噤んだが、一座は其容子を見て取つて、

『アラ貴女、もう水澤さんとは仰有らなくつて、・・・・左うですか、少とも知らないものですから、・・・・御結婚なすつたんでせう！』と氣輕な聲が無遠慮に浴せかけた。淺子はます〳〵狼狽して、

『イヽエ、左うぢやないのですけど・・・・矢張り水澤と、左うなの、全く水澤で可いのですわ。』

言消さうとしたが、駟馬も及ばず、

『ホヽホ、可笑しいわ、何にも隱とはないぢやありませんか。』と微笑の聲がざんざめく。淺子の顏は林檎色から桃色になつたが、忽ち例の猜惡心が、蛇のやうに蜿り始めて、自分は今一座の爲めに嘲弄を受けて居るのだ、大勢が一緒になつて自分一人を苛めて居るのだこれも畢竟あの高慢ちきな春子の采配に違いない、好し昔の讎を復らうなら復るが可い、と又しても負けじ魂が角を出した。

殆んど前後を忘れて、怖ろしい權幕で春子を視ると、此方もそれと察して、身柱寒く覺えたのであるが、思へば淺子の淺ましさが、怖ろしいとよりは氣の毒になつて、何んとか慰めやうはないものか、折角親睦の席に來たものを、怒らしては歸したくない、何故自分は

今の今迄無愛想にして居たのであらうと、深く吾身の足らはぬのを耻ぢながら、情の籠つた清しい眼で、宥めるやうに見返へすと、その嬌然やかな優しい笑顔が、却つて復讎の凱歌とばかり淺子の癪に觸つたので、もう居ても起つても堪らぬ風情。

『左う〳〵、私大事の用を忘れて居てよ、皆さん、是れで失禮しますわ。』

裙裁きもあら〳〵しく立上ると、五體の金色が一度の搖めき、總前髪は空を篩つて、少と大畝りに波を揚げた。

『マア、水澤さん。』と春子は思はず駈寄つて、縋るやうに淺子の袖を捉つたのである。

『貴女、何にをなさるんです？』と瞋りの眼、逆立つ眉、女だてらの力を籠めて、グイと振拂つた名殘りの手先に、春子の胸をドッと突いた。蹌踉となるのを尻目にかけて、

『春子さんはお豪うございますよ。けれど私は私よ、お前さんなどのお世話にはなりませんからね。』

一坐が呆氣に取られて居る間に、金色はゆらり〳〵と、室外へ漂ひ去つた。

（下）

『あの、春さんが學生時代に、お安くない評判の立てたといふ、その對手の名は何んといつたね？』と高木は笑顔を春子に向けた。思ひ儲けぬ事なので、春子は少し悄氣ながら、

『良人、まだ其れを記憶えて居らつしやいますの？　もう〳〵後生ですから忘れさせて下さいまし、思ひ出してさへ胸が惡うございますから。』

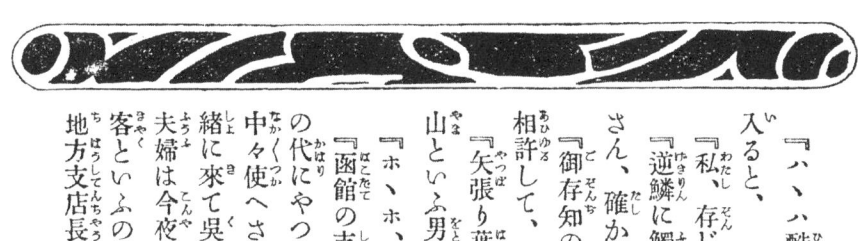

『ハヽハ酷く嫌つたものだ、其樣にいつたものでもあるまい。』と高木はいよ〳〵笑壺に入ると、

『私、存じませんわ。』と拗ねるやうに顏を反向けた。

『逆鱗に觸れたかね、ハヽハヽヽ、笑談だよ、謝罪るから此方を向いて呉れ給へ、よ、春さん、確か葉山とかいつたね。』

『御存知の癖に、人が惡いのよ。』と嫣然する。この互の笑顏こそは、夫婦の深く相信じ相許して、世にも樂しく睦まじい家庭を形造つて居ることを語るものであらう。

『矢張り葉山だらうね。』と高木は初めの眞面目に返り、『春さん、今夜來る客の中にも葉山といふ男が居るのだ。』

『ホヽホ、同じ苗字は世間に何程もありますもの。何處の方です?』

『函館の支店長の推薦で、先々月から其支店に使ふことになつたのさ。で、今度は支店長の代にやつて來たので、昨日銀行の方で其男に會つたが、左樣、三十二三にもならうか、中々使へさうな男だよ、家内も東京見物ながら伴れて來たと云ふから、丁度幸ひ、今夜一緒に來て呉れと勸めて置いた。』

夫婦は今夜自宅に催す筈の宴會の準備を了へて、客の來る間を暫し書齋に退いたのである客といふのは、例年歲末の會計報告かた〳〵、事務の打合せを兼ねて上京する高木銀行の地方支店長、若くは其代理の者總て十四五名で、高木は是れも例年の例として、慰勞がて

らの忘年會を開くとに極めて居る。素より一家族も同様の團欒であるから、之れが家長の位置にある春子は、一層細密に氣を配り、敢へて派出は好まぬ代り、萬事に眞心を籠めて、苟も疎略のなきやう、清く、樂しく、心置きなく、愉快に一夜を更すのを、此宴會の趣意として居るので、家内同道の問題は、深くも春子を喜ばせた。

『それは好い處へお氣が附いて下さいました、何うぞ其奥さんも、遠慮なぞせずに、來て呉れゝば可うございますがねえ。私、折々他の方にもお勸めしたのですよ、今度お上京の時は、屹度奥さんと一緒に入らしつて下さいつて、でも何方も伴れて來た例しがないのですもの、私、餘りだと思ひますわ。奥さんは田舍へ殘して、自分丈け東京見物をなさるなんて、眞個に親切氣のない方ばかしぢやありませんか。でも能く葉山とかいふ方は、御一緒にお上京でしたと、私、眞個に嬉しいわ、奥さんを大切になさる方が、私大好きよ。』と如何にも思入つて恍然と、今更のやうに良人を凝視めた。

『ハヽヽヽ、こりや怪しいぞ、大丈夫かね、葉山つて苗字は、兎角物騒な苗字だよ。』

『憎らしいお口ね。』と春子は輕く睨んだが、其眼元には得ならぬ愛嬌が溢れて居る。そこへ小間使が入つて來て、

『そろ〳〵お見えになるやうでございます。』と告げたので、夫婦は肩押並べて玄關に出迎へたが、來る者も〳〵男ばかりで、春子が折角の樂みにした珍客は中々見えぬ。

『もう皆お揃ひだのに、何うしたのだらう。』と呟いたが、際限がないので、一先づ書齋

へ引返へして居ると、間もなく葉山夫婦の來た注進があつたので、急いで再び出て見ると、夫婦は今や式臺に上つた處で、電燈の光先づ華やかに細君の頭の物を照した。しかも其身形から格好まで、昨日の淺子その儘なので、其一刹那、春子は殆んど自分の眼を疑つたのであるが、再び見直す迄もなく、矢張り淺子に紛れもないので、それと知り得た時の驚愕は、唯だ啊とばかり、疾みには挨拶も出なかつた。

のみならず、淺子の良人といふのは、案外にもわが一生の忌はしい紀念となつた彼の葉山其人なので、春子は良人の豫言の不思議にも偶中つたのに驚き、且つは其思惑をば羞かしくも思ふと同時に、吾れを忘れて勃然となり、日頃にも似ぬ不快な顏に、輕蔑の色を浮べたのであるが、讎敵は既に不言の懺悔を事實の上に語つて居るではないか、窮鳥となつてわが懐に入つたも、同樣ではないか、と何處やらに囁くものゝあるやうに覺えると、胸の焔は浮と滅えて、朝日に向ふが如き快感に滿された。見る〳〵顏の曇も晴れて、眼には一倍愛の光を持ちながら、

『マア、淺子さんぢやなくつて、能く來て下すつたのねえ。』と遠來の同胞でも迎へたやうに、心底から懐かしげに言ひ寄ると、強壓電氣に撃たれたかのやう、殆んど感覺を失つて、宛然の藻脱の殻を立竦ませて居た淺子は、やう〳〵吾れに返へつて、僅かに無言の辭儀をなし得たのである。葉山はそれとも心付かぬらしく、

『ヤア、これは〳〵、貴女が奥樣で居らつしやいましたか。淺さん、昔の春子さんだよ。

しかし今後は又一方ならぬ御厄介になりますとて、何うか何分お引立てを、……コレ淺さん、御挨拶をせんか。』と懊惱しさうに淺子を視ると、身内の戰慄が著しく、例の金色を戰がして居た。負けじ魂の武者振ひか、乃至は敵に兜を見透かされた無念の齒嚙みか、あらず、慚愧の苛責、後悔の答に惱んで、苦鳴を擧ぐる良心の聲の戰慄であるのだ。

春子は一生忘れがたない忌はしの紀念を振捨てゝ、淺子が昔の罪を赦して居るではないか、重ねての昨日の無禮をすら赦して居るではないか、恩を以て怨恨に酬ひ、仇讐をも姉妹の如く親しんで居るではないか。是に至つては淺子の邪推も、最早や乘ずべき隙を得ぬので、自づと我慢の角も折れねばならぬ。況んや淺子は春子との關係を云々した、其男と現に夫婦となつて居るのだ、昨日「貴女なぞの御厄介にはならない、」と罵つた、其舌の根の乾かぬ今、圖らずも春子夫婦の監督の下にあるとを發見したのだ、否、わが華奢を同窓生にひけらかした頭の物、さては指の裝飾まで、凡そ其金色は、悉く春子夫婦の恩惠によつて輝くとを發見したのだ。

その夜淺子は、高木の邸をそこ〳〵に辭し去つたが、翌朝春子がその止宿先きを尋ねて、懇ろに慰問してやつた時、淺子はその膝前に打伏しつゝ、遂に覺えぬ優しい涙に咽ぶのであつた。

社告

本誌第七號則明治三十八年一月發刊には口畫に有名畫伯の丹精を凝らされたる美麗の石版刷數葉を挿入し竝びに紙面大改良を加え可申候

猶又本號は臨時增刊致し候に付廣告御依賴の向は平日より一層利目相增し可申は論を俟たす候

但年末印刷物繁忙の際に付都ての事務を繰上げ候に付隨て原稿も十二月十日迄には堅く〆切り候間右御了知有之度候

是迄月極め御申越の儘前金御拂込無之分は此際御送金被下度會計整理の都合有之此段未拂込讀者に謹告仕候

以上

家庭のしるべ發行所

本誌定價表

一　冊	金十二錢	郵税一錢
六　冊	金六十五錢	郵税六錢
十二冊	金一圓二十五錢	郵税十二錢

本誌廣告料

一　頁	半　頁	四半頁
金二十圓	金十二圓	金七圓

○郵劵を以て購讀料の代用を希望せらるゝ向は其料金に一割を加へて申受べし
○本誌廣告扱所　京橋區南佐柄木町二番地　日本廣告株式會社

明治三十七年十一月三十日印刷
明治三十七年十二月一日發行

編輯兼發行者　東京市下谷區西黑門町四番地　山口笑昨
印刷者　東京市京橋區西紺屋町廿六七番地　太田音次郎
印刷所　東京市京橋區西紺屋町廿六七番地　株式會社秀英舍
大賣捌所　東京市神田區表神保町　東京堂

白木屋呉服店御注文の栞り

△白木屋呉服店は　寛文二年江戸日本橋通一丁目ゑ開店以來連綿たる老舗にして呉服太物一切を營業とし傍ら洋服部を設け歐米各國にまで手廣く御得意樣の御愛顧を蒙り居り候

△白木屋呉服店は　呉服太物各産地に仕入店又は出張所を設け精良の品新意匠の柄等澤山仕入有之又價格の低廉なるは他に比類なき事と常に御賞讃を蒙る所に御座候故に益〻勉強販賣仕居候且洋服部は海外各織物産地へ注文し新柄織立させ輸入致候間嶄新なる物品不斷仕入有之是等は本店の特色に御座候

△白木屋呉服店は　數百年間正札附にて營業致居候間遠隔地方より御書面にて御注文被下候とも値段に高下は無之候

△白木屋呉服店は　店内に意匠部を設け圖案家畫工等執務致居候に付御模樣物等は御好に從ひ嶄新の圖案調進の御需めに應じ可申候

△白木屋呉服店は　御紋付用御着尺物御羽織地御裾摸樣物等急場の御用に差支無之樣石持にて染上置候に付何時にても御紋章書入れ迅速御間に合せ調進可仕候

△白木屋呉服店へ　染物仕立物等御注文の節は御注文書に見積代金の凡半金を添へ御申越可被下候

△白木屋呉服店は　前金御送り被下候御注文品の外は御注文品を代金引換小包郵便にて御

送附可仕候

但し郵便規則外の重量品は通常運送便にて御届け可申候

白木屋呉服店は　當分の内絹物の運賃は負擔仕候

白木屋呉服店へ　爲換にて御送金の節は日本橋區萬町第百銀行又は東京中央郵便局へ御振込み可被下候

白木屋呉服店へ　電信爲換にて御送金の節は同時に電信にて御通知被下候樣奉願上候

白木屋呉服店へ　御通信の節は御宿所御姓名等可成明瞭に御認め被下度奉願上候

東京日本橋區通一丁目

白木屋 呉服 洋服 店

電話本局（八十一 八十二 八十三 特四七五）

大阪東區心齋橋筋二丁目

白木屋出張店

電話 東 五四五

白木屋呉服店販賣
呉服物代價表

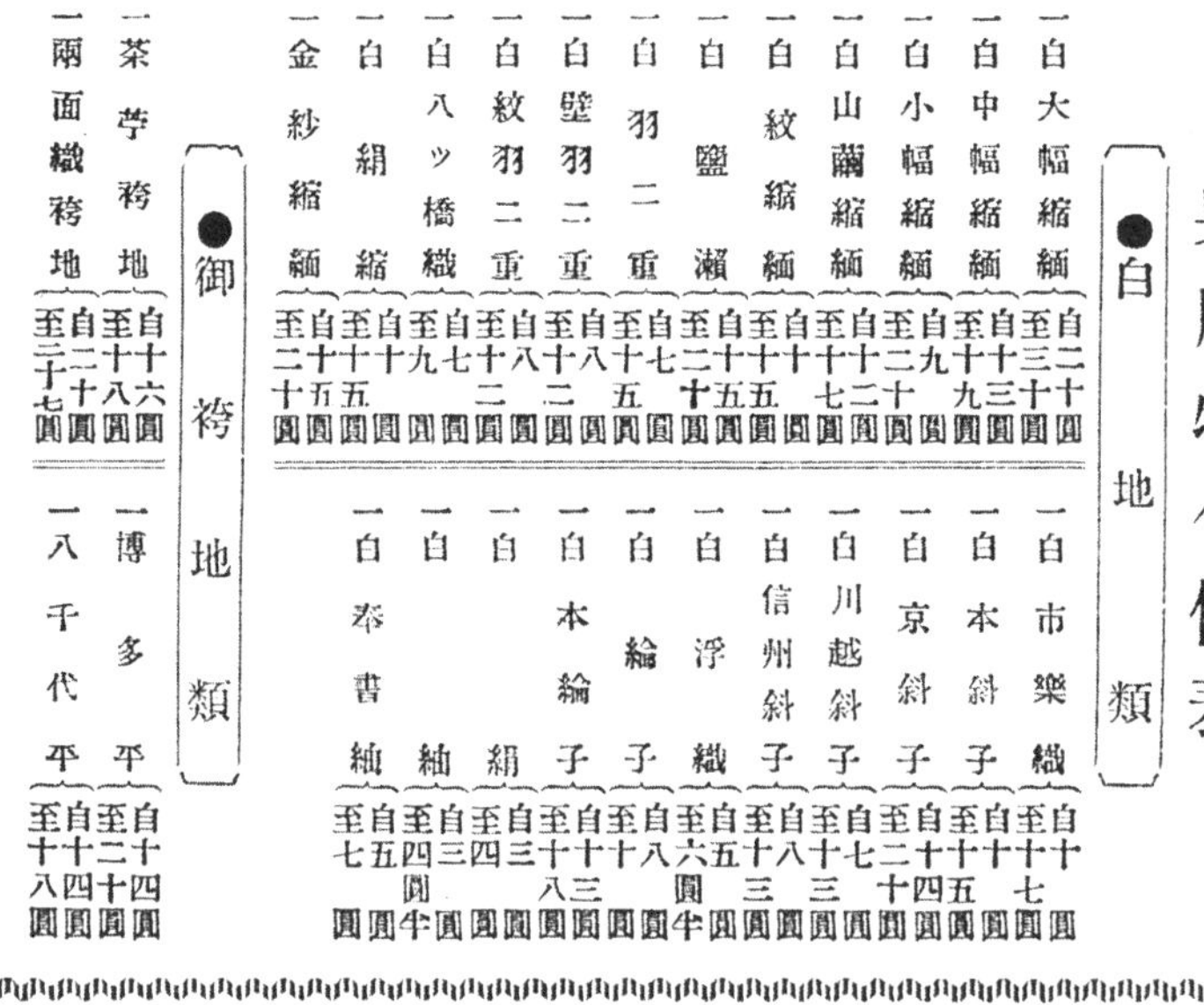

●白地類

品名	自	至
一白大幅縮緬	二十圓	三十圓
一白中幅縮緬	十三圓	十九圓
一白小幅縮緬	九圓	二十圓
一白山繭縮緬	十二圓	十七圓
一白紋縮緬	十圓	十五圓
一白鹽瀬	十五圓	二十圓
一白羽二重	七圓	十五圓
一白壁羽二重	八圓	十二圓
一白紋羽二重	八圓	十二圓
一白八ッ橋織	七圓	九圓
一白絹縮	十圓	十五圓
一金紗縮緬	十五圓	二十圓
一白市樂織	十圓	十七圓
一白本斜子	十圓	十五圓
一白京斜子	十四圓	二十圓
一白川越斜子	七圓	十三圓
一白信州斜子	八圓	十三圓
一白浮織	五圓	六圓半
一白綸子	八圓	十圓
一白本綸子	十三圓	十八圓
一白絹	三圓	四圓
一白紬	三圓	四圓半
一白奉書紬	五圓	七圓

●御袴地類

品名	自	至
一茶苧袴地	十六圓	十八圓
一兩面織袴地	二十圓	二十七圓
一博多平	十四圓	二十圓
一八千代平	十四圓	十八圓

●男帯地類

品名	自	至
一仙臺平	十圓	十八圓
一五泉平	九圓	十圓
一色琥珀平	十圓	十三圓
一綴織	十七圓	二十圓
一繻珍織	八圓	十三圓
一博多織	四圓	十圓
一紋織博多	六圓	十圓
一節糸織平	五圓	七圓
一カシミヤ	三圓	四圓
一厚板織	六圓	八圓
一博多兒帯	二圓	六圓
一繻珍兒帯	三圓	四圓

●御婦人帯地類

品名	自	至
一繻珍丸帯	十五圓	百圓
一綴錦丸帯	百圓	二百圓
一厚板丸帯	十六圓	六十圓
一博多丸帯	十四圓	三十五圓
一支那繻子丸帯	九圓	十圓
一黒唐繻子丸帯	十一圓	十四圓
一色繻子丸帯	十圓	十六圓
一繻珍中帯	八圓	廿五圓
一博多中帯	七圓	十圓

●縞着尺地及御羽織地類

品名	自	至
一風通御召	十四圓	十九圓
一同四丈五尺物	廿二圓	廿五圓
一縞御召	十圓	十三圓
一同四丈五尺物	十五圓	二十圓

- 一吉野入紋御召 自十七圓 至十八圓
- 一吉野御召 自十二圓 至十四圓
- 一無地御召 自十三圓 至十四圓
- 一扶桑御召 自十二圓 至十四圓
- 一風通糸織 自十二圓 至十五圓
- 一繻珍織 自十四圓 至十六圓
- 一桑都織 自十三圓 至二十圓
- 一縞市樂 自十三圓 至二十圓
- 一緊糸織 自十三圓 至十八圓
- 一吉野織 自七圓 至十圓
- 一八端織 自十圓 至十六圓
- 一本八丈 自五圓 至八圓

- 一元龜織 自十四圓 至十六圓
- 一光輝織 自十二圓 至十五圓
- 一大島紬 自十三圓 至二十圓
- 一大島風通 自十圓 至十五圓
- 一米澤琉球 自四圓半 至八圓
- 一結城紬 自九圓 至十二圓
- 一信州紬 自六圓半 至八圓
- 一上田紬 自七圓 至九圓
- 一伊勢崎銘仙 自四圓半 至八圓
- 一秩父銘仙 自四圓 至六圓
- 一節糸織 自五圓 至八圓

●友禪及染地類

- 一友禪中巾縮緬 自十三圓 至十八圓
- 一友禪小巾縮緬 自十三圓 至十七圓
- 一小紋縮緬 自九圓半 至十三圓
- 一更紗縮緬 自九圓 至十二圓
- 一板〆縮緬 自九圓 至十三圓
- 一玉糊縮緬 自九圓 至十二圓

- 一絞り縮緬 自九圓 至十三圓
- 一玉糊紋羽二重 自八圓 至十二圓
- 一友禪紋羽二重 自十二圓 至十五圓
- 一色紋羽二重 自九圓 至十三圓
- 一更紗斜子 自八圓 至十圓
- 一更紗奉書 自六圓 至七圓半

●裏地類

- 一花色正花薄花絹 自三圓 至七圓
- 一花色正花薄花秩父 自二圓半 至四圓半
- 一變り色絹 自三圓 至五圓
- 一鼠羽二重 自五圓 至七圓半
- 一紅羽二重 自六圓 至十圓
- 一本紅絹 自三圓 至五圓
- 一直り紅絹 自六圓 至八圓
- 一紅秩父 自二圓二十錢 至四圓
- 一糸好紅絹 自二圓半 至四圓
- 一琥珀袴裏地 自七圓半 至八圓
- 一繻珍額附胴裏 自五圓 至十二圓
- 一紅緞子胴裏 自五圓 至八圓
- 一綸緞子胴裏 自五圓 至十五圓

- 一時代緞子 自六圓 至十圓
- 一遠州緞子 自四圓 至五圓半
- 一綾綸子胴裏 自二圓半 至三圓半
- 一織綾胴裏 自三圓半 至四圓半
- 一色甲斐絹尺 自十八錢 至廿五錢
- 一縞甲斐絹尺 自二十錢 至廿五錢
- 一綸甲斐絹尺 自二十錢 至廿五錢
- 一瓦斯甲斐絹尺 自四錢 至九錢
- 一花色正花薄花新獻裏地 自一圓四十五 至一圓七十錢
- 一羽二重金巾 自七十錢 至一圓四十錢
- 一花色木綿眞岡 自五十五錢 至九十五錢
- 一花色金巾 自五十錢 至五十八錢

●帛紗類

- 一綴綿 自十三圓 至廿五圓
- 一御殿織 自九圓 至十圓
- 一九重織 自八圓 至九圓

- 一壁千代呂友禪 自四圓 至六圓
- 一鹽瀬友禪縫入 自六圓 至八圓
- 一同袷無雙 自十圓 至十六圓

		自	至
縮緬友禪		三圓	五圓
紋鹽瀬裏地		四圓	五圓
同巾巾		九十錢	一圓半
郡内縞		一圓半	三圓
鹽瀬茶帛紗		一圓	一圓半

●夜具地類

品名	自	至
郡内絹	六圓	七圓
糸織	七圓	九圓
本八丈	六圓半	八圓半
縞八丈	六圓	八圓
銘仙	四圓	六圓
節糸織	四圓	六圓
秩父縞	四圓	五圓
岸縞	二圓半	三圓半
絹堅瓦斯	一圓半	二圓三十錢
熨斗横織	一圓半	二圓
御納戸大形縮緬	十圓	十五圓
御納戸大形秩父	三圓半	四圓半
唐草眞岡	七十五錢	九十錢
更紗眞岡	七十錢	一圓
紡績織	一圓三十錢	一圓半
松坂縞	七十五錢	九十錢

●座蒲團地類

		自	至
本緞子	一枚	六圓	十圓
綿緞子	同	七十錢	三圓
大形縮緬	同	三圓半	四圓
更紗紬	同	九十錢	一圓
本八丈	同	一圓四十錢	二圓
綾八端	一枚	一圓八十錢	二圓十錢
縞八丈	同	一圓四十錢	二圓
郡内縞	同	一圓二十錢	一圓半
銘仙	同	九十錢	一圓十錢
秩父	同	七十錢	一圓

●絹綿交織

品名	單位	自	至
節織	一枚	七十五錢	九十錢
熨斗横織	同	三十錢	四十五錢
瓦斯糸織	同	廿五錢	卅五錢
紡績織	一枚	三十錢	卅五錢
更紗眞岡	同	十三錢	二十錢
更紗綿斜子	同	二十錢	廿五錢

品名	自	至
九重御召	三圓	六圓
瓦斯御召	二圓	三圓
風通瓦斯御召	五圓	八圓
博多紬	二圓半	三圓
本場結城	一圓七十錢	二圓二十錢
同糸入	二圓四十錢	二圓八十錢
博多結城	一圓半	三圓
結城木綿	七十五錢	一圓二十錢
愛知結城	一圓二十錢	一圓半
吾妻銘仙	一圓三十錢	一圓半
新秩父縞	一圓半	三圓
紡績織	一圓	二圓
新琉球絣	一圓半	二圓四十錢
新大島絣	二圓半	四圓
本瓦斯雙子	二圓	三圓
細雙子	一圓二十錢	二圓
雙子織	八十錢	一圓二十錢
木綿紺絣	一圓半	二圓半
伊勢松坂縞	八十錢	一圓

●吾妻コート地類（仕立上り）

品名	自	至
色紋綾糸織	二十圓	三十圓
幸織	廿二圓	廿五圓
共紋風通織	二十圓	廿八圓
無地御召	十七圓	廿五圓
黒、紺、色綾絨	十五圓	廿五圓
黒紺色絨	十五圓	二十圓
色カシミヤ	十圓	十二圓

●色物類

一色大巾縮緬一尺	自八十錢 至一圓三十錢
一色中巾縮緬一尺	自四十五錢 至七十錢
一色小巾縮緬	自八圓 至十三圓
一色紋縮緬	自十圓 至十五圓
一色紋羽二重	自八圓 至十二圓
一色紬	自三圓半 至四圓半
一色太織	自二圓 至三圓
一色獻中	自二圓半 至二圓八十錢
一色獻緞	自三圓半 至五圓
一色絽縮	自九圓 至十二圓
一色、紅、絞り絹	自三圓 至四圓半
一紅、色、板締絹	自三圓 至四圓半
一地白板締絹	自三圓半 至四圓半
一紅色紋鹽瀬大巾一尺	自一圓 至一圓半
一紅色壁千代呂大巾一尺	自八十錢 至一圓十錢
一木揩眞岡合羽地	自九十錢 至一圓十錢
一鐵色眞岡合羽地	自七十錢 至一圓
一色キャラコ	自五十錢 至七十錢
一萠黄唐草染	自七十錢 至八十五錢
一萠黄眞岡木綿	自六十錢 至八十錢
一白大巾縮緬兵兒帶	自六圓 至十三圓
一同中巾兵兒帶	自四圓 至八圓
一白獻緞兵兒帶	自一圓半 至二圓
一縮緬下締	自一圓八十錢 至二圓半
一海老色琥珀袴	自十圓 至十三圓
一海老色カシミヤ袴	自四圓 至五圓
一海老色毛朱子袴	自二圓八十錢 至三圓三十錢
一友禪縮緬蹴出	自四圓 至五圓
一縮緬頭巾	自三圓 至五圓
一縮緬半襟	自五十錢 至二圓
一縮緬シゴキ地	自四圓 至六圓
一縮緬帶揚ケ	自一圓三十錢 至四圓半
一紋羽二重帶揚	自一圓 至四圓

白木屋洋服店洋服目録

品名	地質	製式		價格
勅任官御大禮服	表、最上等黑無地絨 裏、白綾絹	銀甕金消モールにて御制規の通、繡、帽子、劍、劍釣、正緒共		金二百七十圓
奏任官御大禮服	表、同上 裏、同上	同		金百八十圓
爵位御大禮服	表、同上 裏、同上	同上外に肩章付		金二百圓
陸軍御正服	表、上等濃紺無地絨 裏、黑毛朱子	御制規の通	將官	金八十圓
			佐官	金五十五圓
			尉官	金四十圓
同略服	表、同上 裏、同上	同	將官	金三十圓
			佐官	金二十七圓
			尉官	金二十三圓

同外套	表、同上 裏、同上(但將官ハ紅絨)	同 將官 佐官 尉官	金三十五圓 自金二十三圓 至金二十五圓
海軍御正服	表、濃紺無地絨 裏、黑佛蘭西絹及綾絹	同 將官 佐官 尉官	金八十五圓 金七十五圓 金六十五圓
同軍服	表、同上 裏、黑毛朱子	同 將官 佐官 尉官	金六十圓 金五十圓 金四十五圓
同上通常軍服	表、同上 裏、同上	同 將官 佐官 尉官	自金二十三圓 至金二十八圓
同外套	表、同上 裏、同上	同 將官 佐官 尉官	自金二十三圓 至金三十圓
燕尾服	表、上等黑無地絨 裏、黑佛蘭西絹	三ツ揃琥珀見返付	自金四十五圓 至金六十五圓
トキシード	表、黑朱子絨及無地絨 裏、黑佛蘭西絹	三ツ揃琥珀見返付	自金四十圓 至金四十五圓
フロックコート	表、黑無地絨或は朱子目綾絨 裏、綾絹	同	自金三十五圓 至金六十五圓
モーニングコート	表、黑、紺、斜綾絨或はメルトン、裏付朱子及ビ綾絹 裏、黑毛朱子及綾	上衣、チヨキ、黑及紺ヅボン立縞	自金二十八圓 至金四十五圓
片前背廣	表、相鼠、濃鼠、霜降メルトン、スコチ或は綾絨 裏、同色毛朱子或はアルパカ	三ツ揃	自金十八圓 至金三十三圓
兩前背廣	表、黑、紺、綾メルトン或は玉ヘル及霜降太綾絨 裏、縞サージ	三ツ揃	自金二十圓 至金三十五圓
チーバコート	表、鼠、茶、霜降絨、同斜子綾絨 裏、共色綾絹	カクシ釦絹天鵞絨衿付	自金二十八圓 至金三十五圓
同中等	表、同上 裏、共色毛朱子及綾アルパカ	カクシ釦共ゑり	自金十八圓 至金二十五圓
ロングコート	表、ラクダ玉絨、厚地綾メルトン 裏、佛蘭西絹	ゑり及見返し袖先獺毛皮付裏綿入菱形さし縫	自金八十圓 至金百十圓

品名	地質	摘要	價格
同中等	表、玉絨、厚地スコッチ 裏、縞サージ	頭巾付兩前	自金三十圓 至金四十五圓
インバネス	表、茶鼠霜降綾絨 裏、共色毛朱子、或は甲斐絹	和洋兼用脇釦掛	自金十八圓 至金三十圓
銃獵服	表、枯葉色スコッチ 裏、共色毛朱子	半ヅボン脚絆付三ツ揃	自金十八圓 至金三十圓
小裁海軍形	表、紺天鵞絨及紺絨 裏、毛朱子	五才位より八才迄錨縫箔付	自金六圓 至金九圓
和服用外套	表、黑、紺綾絨及霜降 裏、緞子及綾絹	英形（一名ダルマ形帶ヒダなし）頭巾付	自金三十五圓 至金四十八圓
同中等	表、同上 裏、甲斐絹及毛朱子	同上	自金二十圓 至金三十五圓
同角袖外套	表、同上 裏、甲斐絹	頭巾付	自金十八圓 至金二十五圓
吾妻コート	表、紺、黑紋織綾絨 裏、緞子及繻珍	被布ゑり及道行ゑり共色糸飾紐付	自金二十圓 至金三十圓
同	表、同上 裏、甲斐絹及綸子	同上	自金十五圓 至金二十圓
同	表、風通紋織、綾絲織 裏、綾綸子、紋羽二重	同上	自金二十三圓 至金三十圓
判、檢、辯護士法服	表、黑絹セル、及珀琥 裏、黑甲斐絹スベリ	正帽付制規の縫箔	自金十六圓 至金二十八圓
學校用御袴	表、海老色カシミヤ	單仕立太白糸腰紐	自金四圓 至金五圓五十錢

右之外陸海軍各學校御制服等御好ニ應シ入念御調製可仕候

白木屋洋服店販賣
小間物目錄

●毛布類

- 白毛布二枚續キ（自八圓八十錢 至十七圓）
- 鼠毛布物一枚（自五圓二十錢 至七圓）

●膝掛及肩掛類

- 最優等毛織膝掛（自三十圓 至五十八圓）
- 上等絹ブラシ膝掛（自二十五圓 至三十二圓）
- 並同等（自十三圓 至十五圓）
- 絹ラッコ製膝掛（自十三圓五十錢 至十八圓）
- 駱駝織膝掛（自二十二圓五十錢 至二十五圓）
- 同肩掛（自二十二圓 至二十五圓）

●衿卷及ショール

- 絹ラッコ製（自四圓九十錢 至五圓八十錢）
- 毛糸製（自六十五錢 至七十五錢）
- 毛糸ショール（自一圓二十錢 至二圓五十錢）
- ブラシ製ショール（自一圓四十五錢 至七圓）
- 同長卷（自一圓八十錢 至六圓五十錢）

●メリヤス類

- 白毛メリヤスシャツ（自二圓十錢 至五圓五十錢）
- 同ズボン下 同斷
- 白地綿物シャツ（自一圓 至一圓三十錢）
- 同ズボン下 同斷
- 鼠毛メリヤスシャツ（自一圓五十錢 至三圓）
- 同ズボン下 同斷
- 鼠厚毛メリヤスシャツ（自三圓六十錢 至四圓七十五錢）
- 同ズボン下 同斷
- 茺毛メリヤスシャツ（自一圓八十錢 至二圓九十錢）
- 同ズボン下 同斷
- 鼠毛メリヤス股引（自二圓二十錢 至三圓）
- 婦人物ジャツ（自一圓九十五錢 至五圓）

- 小兒物シャツ（一圓三十錢）
- 縞ジャケツ（自一圓五十錢 至二圓九十錢）

●手袋類

- 男物メリヤス製（自四十錢 至一圓五十錢）
- 同皮製（自二圓五十錢 至三圓五十錢）
- 婦人物メリヤス製（自三十八錢 至一圓六十錢）
- 同ビーズ入牛手袋（自三十八錢 至一圓二十錢）
- 同絹糸製（自一圓 至二圓）
- 同革製（自二圓八十錢 至三圓三十錢）
- 防寒用皮製 二圓八十錢
- 同ブラシ製 一圓三十錢

●ハンカチーフ類

- 金巾製一ダース（自六十六錢 至二圓二十錢）
- 麻製一ダース（自一圓九十五錢 至八圓）
- 絹製一枚二付（自四十錢 至一圓八十錢）
- 戰捷紀念羽二重製一枚二付（自三十錢 至四十五錢）
- 同金巾製一ダース 七十七錢

●櫛、簪類

- ゴム製櫛（自十錢 至九十五錢）
- 同ヘーヤピン（自八錢 至八十三錢）
- 飾ピン（自一圓五十錢 至二圓）
- 造花簪（自十五錢 至八十五錢）
- ショール留メ（自六十錢 至三圓八十錢）

●帽子類

- 禮帽（シルクハット）（自七圓五十錢 至十二圓五十錢）
- 鳥打帽子（自一圓五十錢 至二圓）
- 乳兒用帽子毛糸製（自一圓二十錢 至一圓七十錢）
- 同絹天製（自二圓八十錢 至三圓三十錢）

●羽根布團類

- 更紗シルケット大布團　自十三圓　至十四圓五十錢
- 純子縮緬製同　自三十三圓　至三十七圓
- 枕布團(パンヤ入)縮緬製　五圓五十錢
- 同純子製(パンヤ入)　六圓
- 同羽二重製(パンヤ入)　自四圓五十錢　至五圓三十錢
- 同小形純子製(パンヤ入)　三圓八十錢
- 同緞錦製　自二十五圓　至二十八圓
- 車掛純子縮緬製　自八圓三十錢　至十二圓

●襟飾

- 結び下げ　自五十錢　至一圓五十錢
- ダービー(フォーアインハンド)　自六十錢　至一圓三十錢
- 蝶ネ形　自三十五錢　至一圓
- 巾ダービー(フローイングフォーアインハンド)　自一圓三十錢　至二圓八十錢
- 縮緬製　自九十錢　至一圓十錢
- 縫模様入同　自一圓三十錢　至一圓八十錢
- 戰捷紀念いろいろ　自八十錢　至一圓五十錢

●出來合物類

- インバネース甲斐絹裏　自十七圓　至二十四圓
- 東コート(甲斐絹、リンズ裏)　自十一圓五十錢　至十五圓五十錢
- 和服用外套(甲斐絹、ドンス裏)　自十七圓五十錢　至三十二圓
- 縞フラネルシャツ　自二圓十五錢　至二圓七十五錢
- カシミヤ袴 寸法は紐下一尺八寸方二尺五寸迄　自二圓八十錢　至四圓五十錢
- 國旗(モスリン製) 巾は一布、一布半、二布　自三十六錢　至三圓三十錢

●ズボン釣及胴締

- 並物　自八十五錢　至一圓二十錢
- ゴム入　自一圓　至三圓五十錢
- 絹製　自一圓八十錢　至三圓
- 皮製胴締　自一圓五十錢　至三圓五十錢

●釦類

- カフス釦(リンク)　自六十錢　至二圓八十錢
- 同金製　自八圓　至二十圓
- 胸釦　自五十錢　至一圓八十錢
- カラ釦　自十錢　至四十錢

●靴下類

- メリヤス製　自四十八錢　至九十八錢
- スコッチ製　自四十三錢　至一圓三十錢
- 同自轉車用　自一圓　至一圓九十五錢
- 絹製　自一圓八十錢　至二圓
- 小供物　自二十八錢　至八十錢
- 乳兒用　二十二錢

●タヲール類

- 和製　自三十錢　至五十五錢
- 舶來　自一圓十錢　至一圓七十錢

●ホワイトシャツ

- 並物一枚に付　自一圓二十錢　至二圓五十錢
- シングルカラ一本に付　三十三錢
- ダブルカラ一本に付　五十五錢
- 麻製一枚に付　自六圓五十錢　至十一圓
- 縞物カラ二本付　自二圓九十錢　至三圓八十錢

●リボン類

- 一吋半巾模様物一ヤード　自二十五錢　至五十錢
- 同水波一ヤード　自三十錢　至四十錢
- 一吋巾模様一ヤード　自二十錢　至三十五錢
- 同水波一ヤード　自二十錢　至二十五錢
- 細目各種一ヤード　自八錢　至二十錢
- リボン製簪一個に付　自七錢　至五十錢

●靴及足袋

- 色羅紗製小供用靴　自一圓七十錢　至二圓
- 毛足袋大人用　四十七錢

注文書

男子女子用衣裳又は羽織等	袖
年齢	ゆき
用途	口明
品柄	袖幅
好みの色	袖付
好みの柄	前幅
紋章幷大さ及び數	後幅
好みの模様	衽幅
惣模様	衽下り
腰模様	衿幅
裾模様	褄下
江戸褄模様	袘の厚さ
奴褄模様	人形
袘模様	紐付
仕立寸法	前下り
丈	紐下

備考

右注文候也

住所

明治　年　月　日

姓名

白木屋呉服店地方係中

御注文用箋

白木屋洋服店

明治卅　年　月　日

御宿所貴名	服名	地質 見本 番號	見積金額

摘要

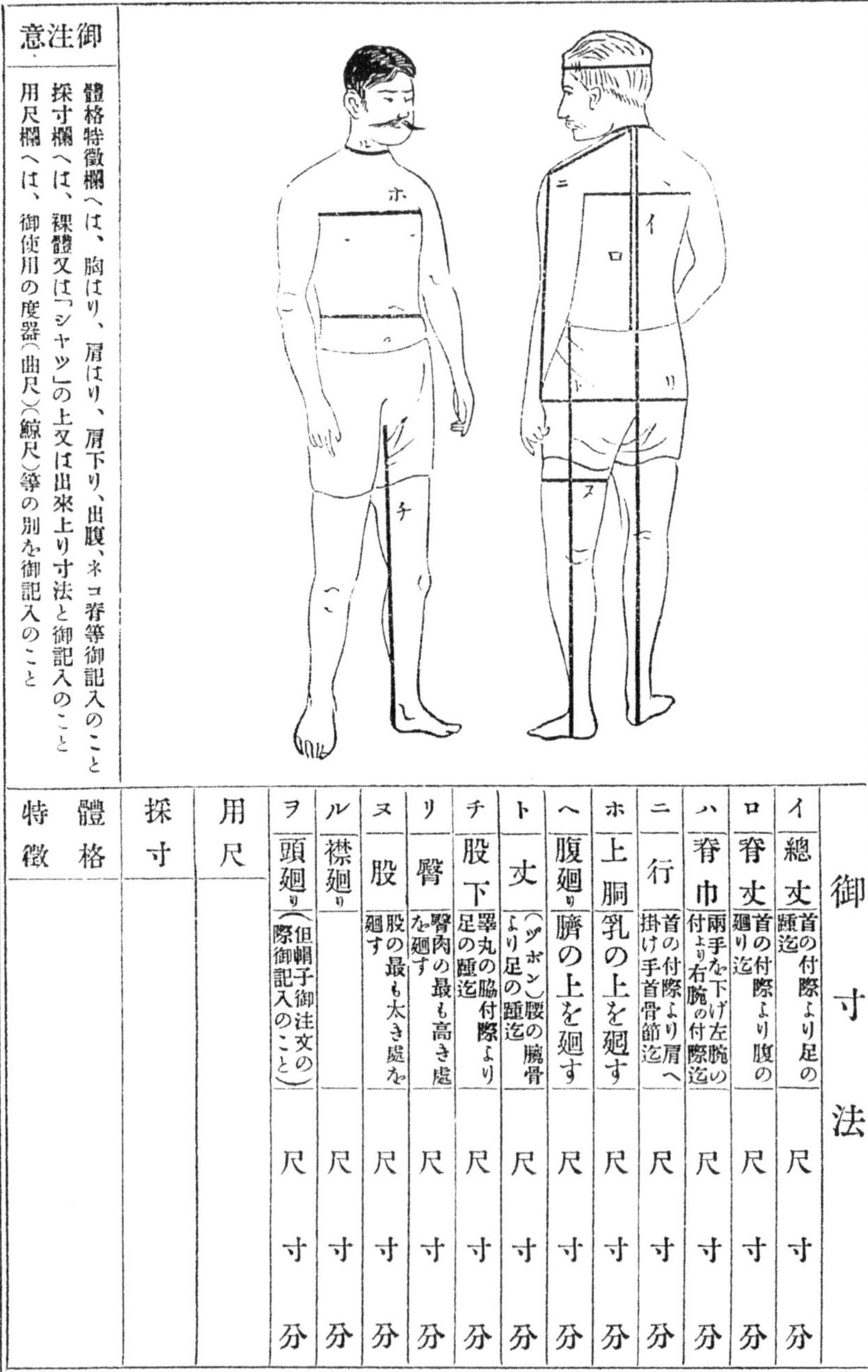

御寸法

イ	總丈	首の付際より足の踵迄	尺　寸　分
ロ	脊丈	首の付際より腹の廻り迄	尺　寸　分
ハ	脊巾	兩手を下げ左腕の付より右腕の付際迄	尺　寸　分
ニ	行	首の付際より肩へ掛け手首骨節迄	尺　寸　分
ホ	上胴	乳の上を廻す	尺　寸　分
ヘ	腹廻り	臍の上を廻す	尺　寸　分
ト	丈	（ヅボン）腰の臗骨より足の踵迄	尺　寸　分
チ	股下	睪丸の脇付際より足の踵迄	尺　寸　分
リ	臀	臀肉の最も高き處を廻す	尺　寸　分
ヌ	股	股の最も太き處を廻す	尺　寸　分
ル	襟廻り		尺　寸　分
ヲ	頭廻り	（但帽子御注文の際御記入のこと）	尺　寸　分

用尺	採寸	體格特徴

御注意

體格特徴欄へは、胸はり、肩はり、肩下り、出腹、ネコ脊等御記入のこと
採寸欄へは、裸體又は「シャツ」の上又は出來上り寸法と御記入のこと
用尺欄へは、御使用の度器（曲尺）（鯨尺）等の別を御記入のこと

新荷輸着

●帽子　●絹肩掛
●車掛　●羽根布團
●襟巻　●マフ
●婦人用羽根襟巻

其他毛織物類幷に洋物雑貨新荷輸着仕居候に付多少共御用向被仰付度偏に奉懇願候

東京市京橋區南傳馬町三丁目
中與洋物店
電本　二七三八番

東京市京橋區銀座一丁目
同　支店

市内は御一報次第速刻持参地方は大凡の御望み御申越有之候はゞ代金引替便又は御送金に應じ物品撰定の上着金直に御送可仕候

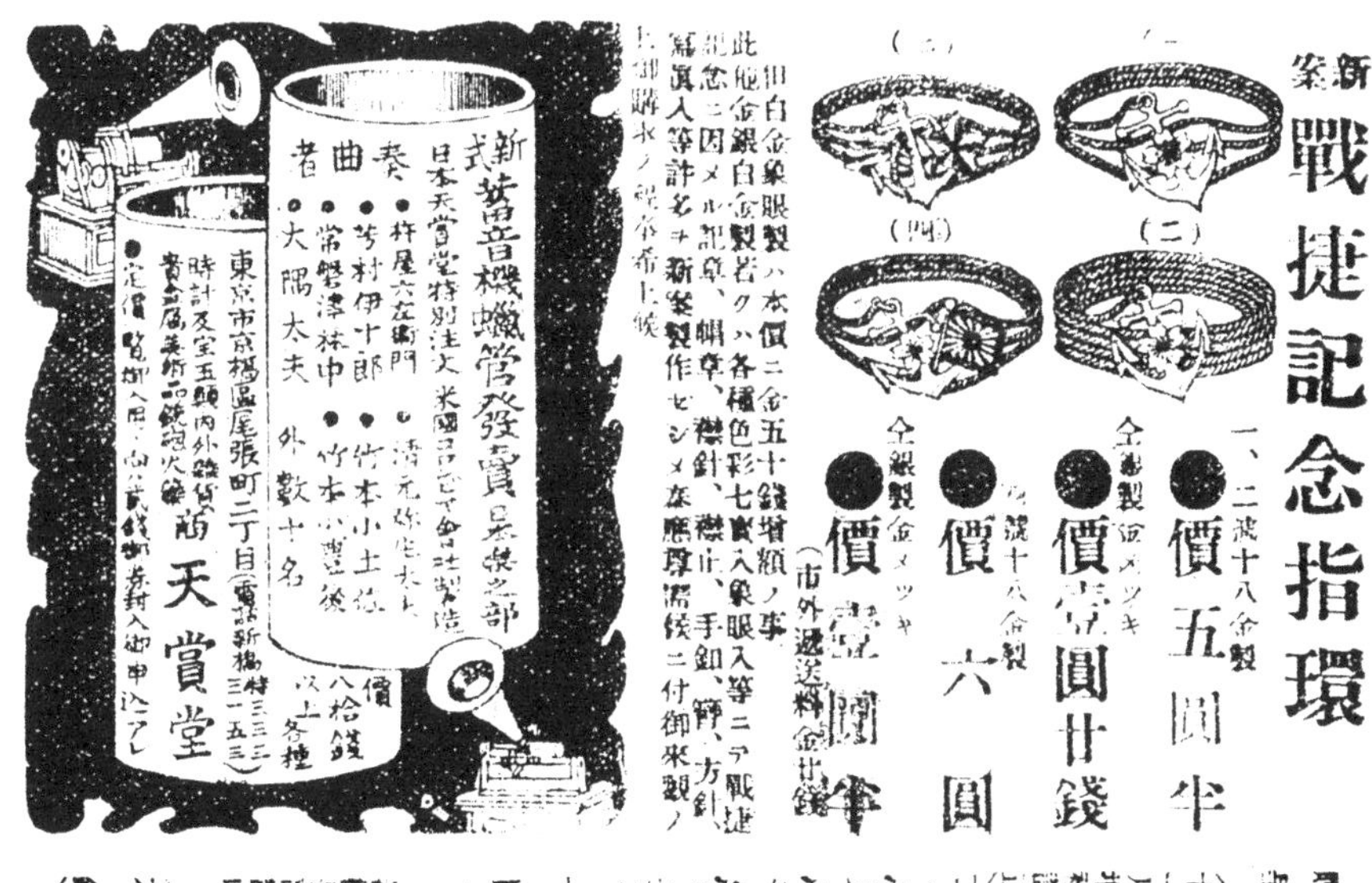

天賞堂營業一覽

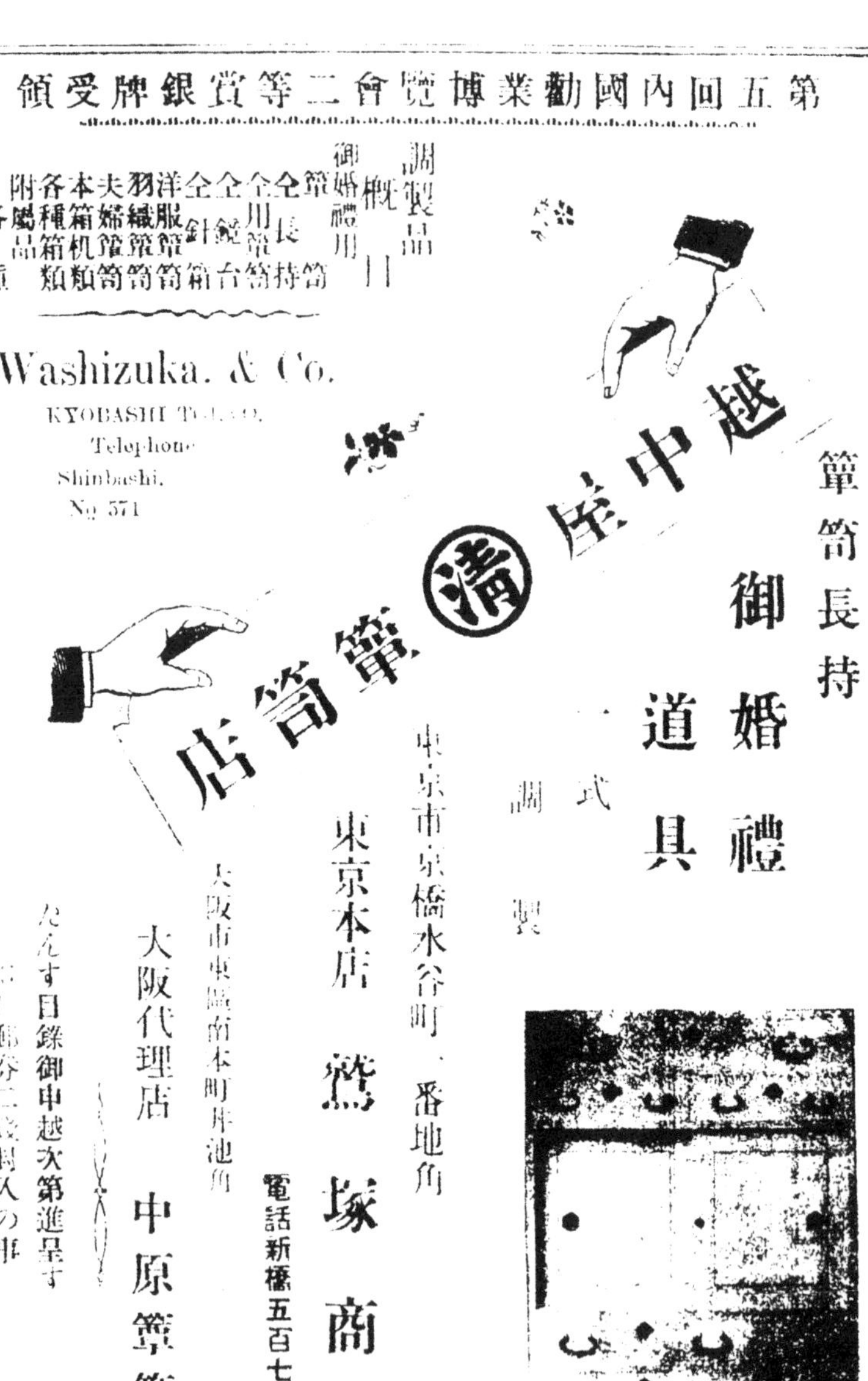

第五回內國勸業博覽會二等賞銀牌受領
調製品概目
御婚禮用
簞笥
仝長持
仝用簞笥
仝鏡台
仝針箱
洋服簞笥
羽織簞笥
夫婦簞笥
本箱机類
各種箱類
附屬品各種
Washizuka. & Co.
KYOBASHI
Telephone
Shinbashi.
No 571
越中屋㊌簞笥店
簞笥長持
御婚禮道具
一式調製
東京市京橋水谷町一番地角
東京本店 鷲塚商店
電話新橋五百七十壹番
大阪市東區南本町井池角
大阪代理店 中原簞笥店
目錄御申越次第進呈す
但し郵券二錢封入の事

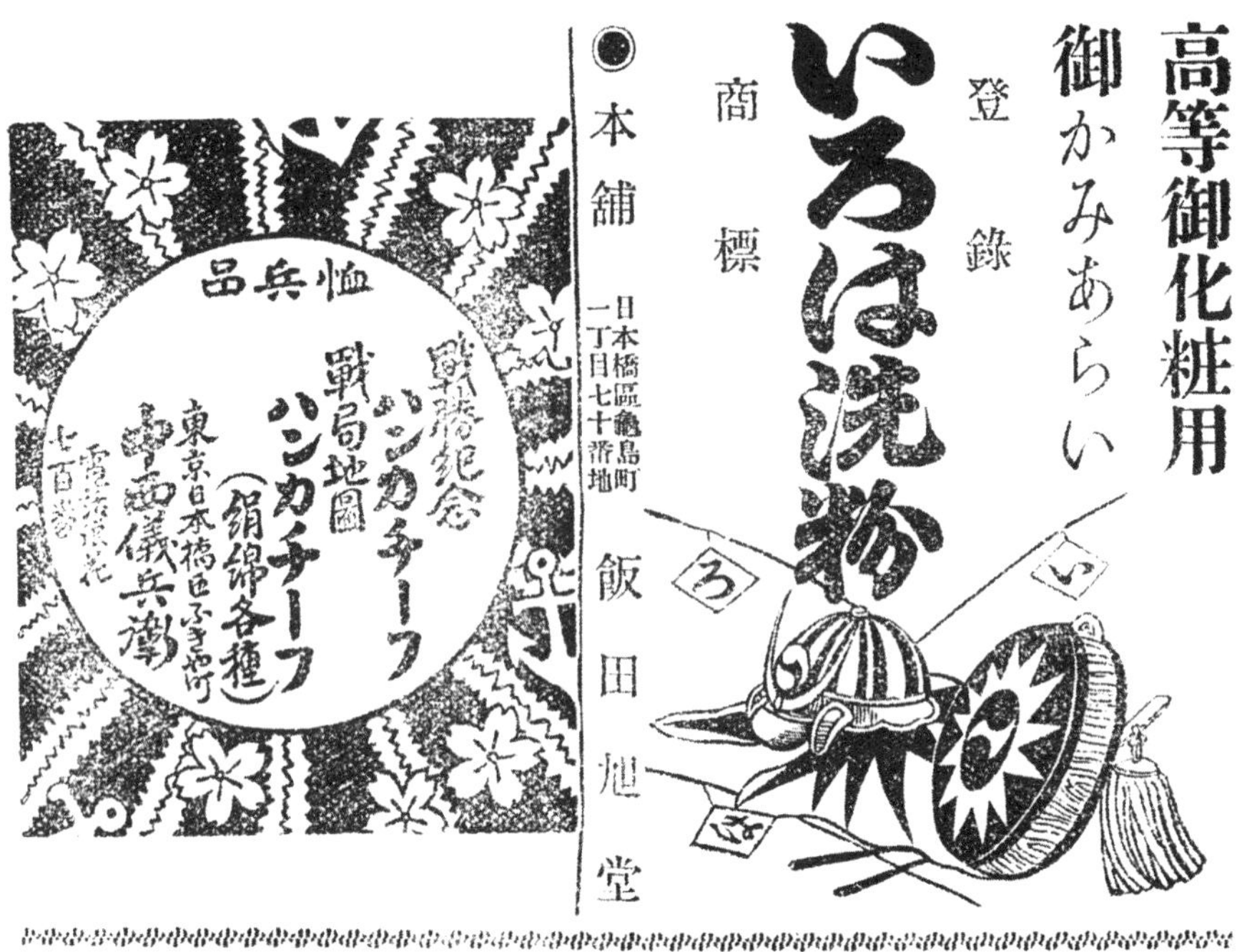

高等御化粧用
御かみあらい
登録
商標
いろは洗粉
本舗
日本橋區龜島町一丁目七十番地
飯田旭堂
恤兵品
戰勝紀念
ハンカチーフ
戰局地圖
ハンカチーフ
（絹綿各種）
東京日本橋区ふきや町
中西儀兵衛
電話浪花七百番

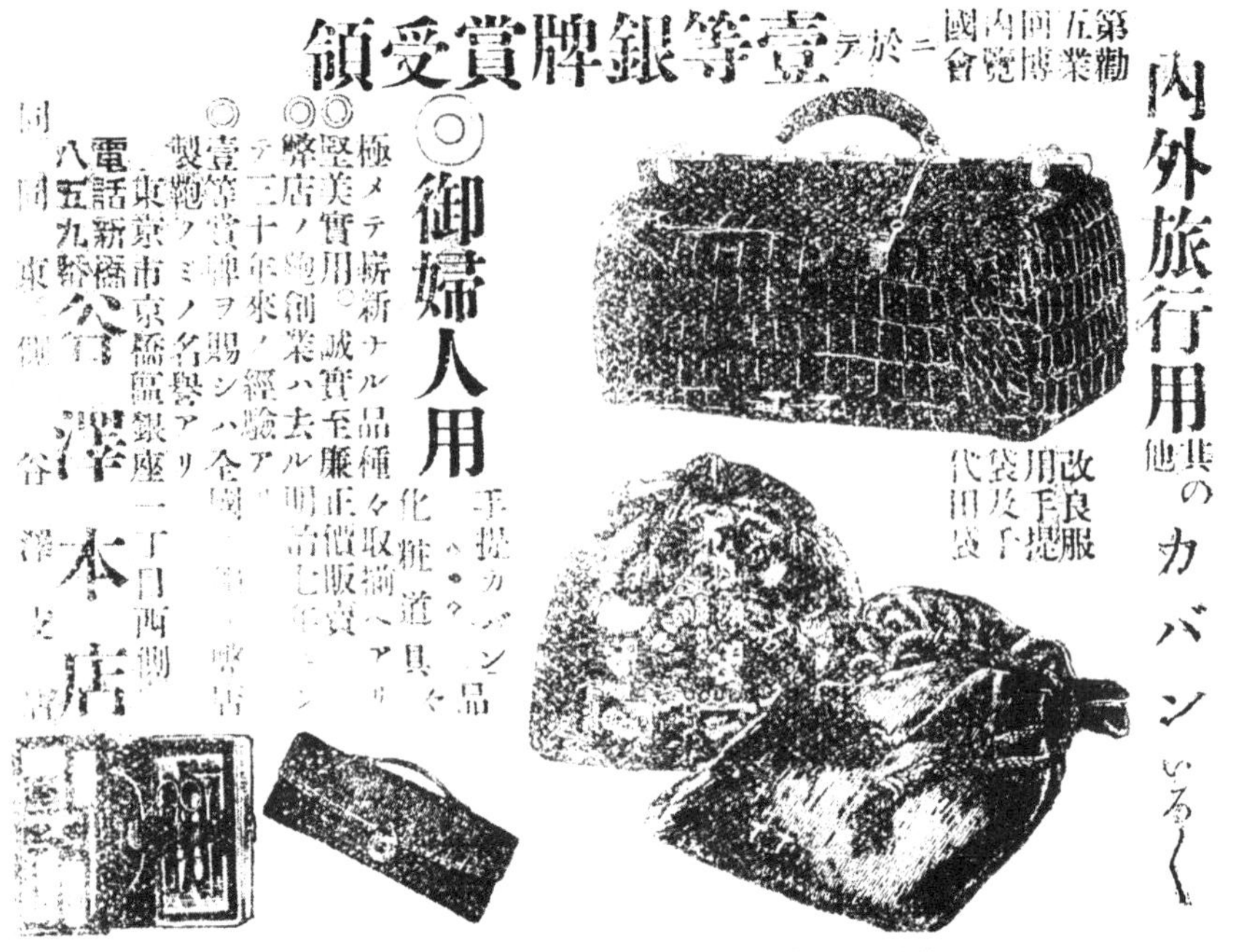
第五回内國勸業博覧會ニ於テ
壹等銀牌賞受領
内外旅行用其他のカバンいろいろ
改良服用手提袋及手代用袋
◎御婦人用
手提カバン品々
化粧道具々
極メテ斬新ナル品種々取揃ヘアリ
◎堅美實用◎誠實至廉正價販賣
◎弊店ノ鞄創業ハ去ル明治七年ニシテ三十年來ノ經驗アリ
◎壹等賞牌ヲ賜シハ全國
製鞄ノミノ名譽アリ
東京市京橋區銀座一丁目西側
電話新橋八五九番
谷澤本店

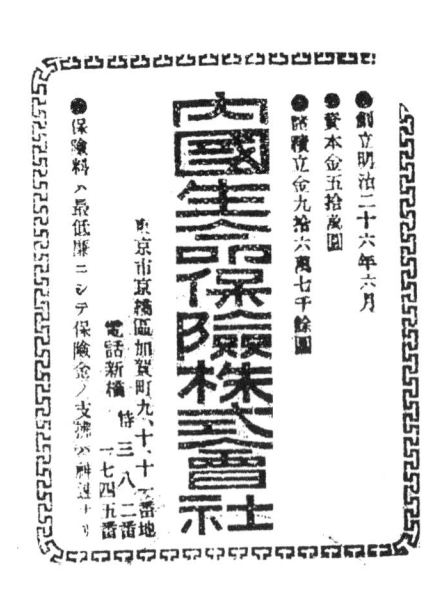

內外銃砲火藥大販賣

良品完備

本店ハ外國製特約輸入及製造販賣業總テ銃器ハ精巧堅牢命中正確ヲ以テ愛銃家諸彥ノ賞讃ヲ博セル最良品ナリ一見其精粗ヲ識別シ能ハザル素人方モ品質ニ就テ掛念ヲ要セズ最安全ニ最廉價ニ買能ヲ

●銃砲圖解正價表全一冊は郵送費四錢添申込あれ

●護身用拳銃

●軍人大割引

英國製新式二連獵銃

護身用新形ピストル銃

英國製　新式二連獵銃
同　旋條入二連銃
同　雁鴨討巨孔獵銃
同　新式單身小獵銃
佛國製　新式三連獵銃
同　無鷄頭二連獵銃
同　上下二孔單身銃
同　新式七眼獵銃
米國製　六連雁鴨獵銃
同　新式安全獵銃
同　猛獸討連發獵銃
同　單發連發射的銃
同　少年用空氣銃
本店製　村田式安全獵銃
同　安全グリナ獵銃
同　安全速射獵銃
同　改良村銃及拳銃
射的用コロップ銃壹圓半
獵具銃油鳥笛銃袋獵服火
藥雷管ダイナマイト類

【兼用最新双眼鏡探見佗燈自轉車用拳銃】

●英米佛獨各國二十餘製銃會社特約大販賣所

東京日本橋通二丁目
電話本局六〇六

金丸銃砲店

遠國ハ代金引換小包郵便デ居乍ラ買能フ便アリ總テ當店ヘ御注文ヲ便利トシ廉價迅速ス

㊉柏

御婚禮道具高繪美術品各種重箱膳椀家具一式其他各種共特別に注意調進可仕候
御用の節は電話にて御申越被下候はゞ店員相伺せ可申候尚階上に陳列場の設け有之候間時時御來觀奉希上候

東京市日本橋區通壹丁目

黑江屋漆器店

電話本局八百拾四番

名譽銀牌受領

最上醬油元祖

登録商標

醸造元 濱口儀兵衛

●醬油の鑑定法
素人や御婦人方に手軽なる醬油の良否判別方は二個のガラス徳利へ二種の醬油を入れ沸騰せる湯の中に五分間浸し置くときは鶏卵の白身が固形すると同じく醬油に含みたる滋養分も凝結して蛋白質を示す此量多き醬油は良品と識らるべし

は開業二百六十年
は品質の吟味厳重也
は風味他品に超絶す
は最高の賞牌を有す
は日本一の醸造高也
は全國到處に販賣す

!!! NOTICE !!!

●醬油の保存
最上の醬油は決して腐敗する事なけれども夏季に置場所よろしからざる時は稀に白カビの發生する事あり之れを防ぐには醬油を攝氏七十度にて四五分間溫め置けば去る氣遣なしあまり高き溫度は風味と滋養分を害すべし

荷扱所
東京北新堀町七番地
濱口支店
（電話浪花二五九四）

家庭のしるべ

第六號

明治三十七年七月四日第三種郵便物認可
明治三十七年十二月一日發行　毎月一回一日發行

『家庭の志る遍』第七号（一九〇五〈明治三八〉年一月）

家庭乃志るべ

第七號

明治三十七年四月日第三種郵便物認可
明治三十八年一月一日発行毎月一回一日発行

目次

○年賀矯正の好機會
○小說 朝風呂……春人
○流行案內
○春着○戰捷紀念のカフス鈕○肩掛け及び頸卷き○金製簪○戰捷紀念の帶留
○英米貴女紳士交際法……北廬
○育兒法……叢軒
○笑門……丈八述
○茶道……勇猛精進菴
○雜錄
○寄書 奥州の方言と八犬傳　陸中 中村生
○文苑
○裁縫指南……物外居士
口繪 忠方詣……寺崎廣業畫伯
仝 松間の富嶽……川合玉堂畫伯
繪葉書二葉……磯野吉雄先生
寫眞畫 不忍の月と雪
仝 軍國の幼稚園
仝 其他卷中寫眞版挿畫十數頁

玉堂

不忍の月雪

下谷根岸東光堂撮影

軍國の幼稚園

高袖文様振袖と長繻絆

白木屋意匠部考案

登録商標
營業種目
一絹糸及洋糸類
一洋服及靴ミシン糸類
一和洋糸組物類
一金銀モール類
一御制服附属品
一男女洋服附属品
一諸官衙御制服金釦
一紺メリヤス靴下手袋類
一メリケン及ミシン針類
營業種目
商

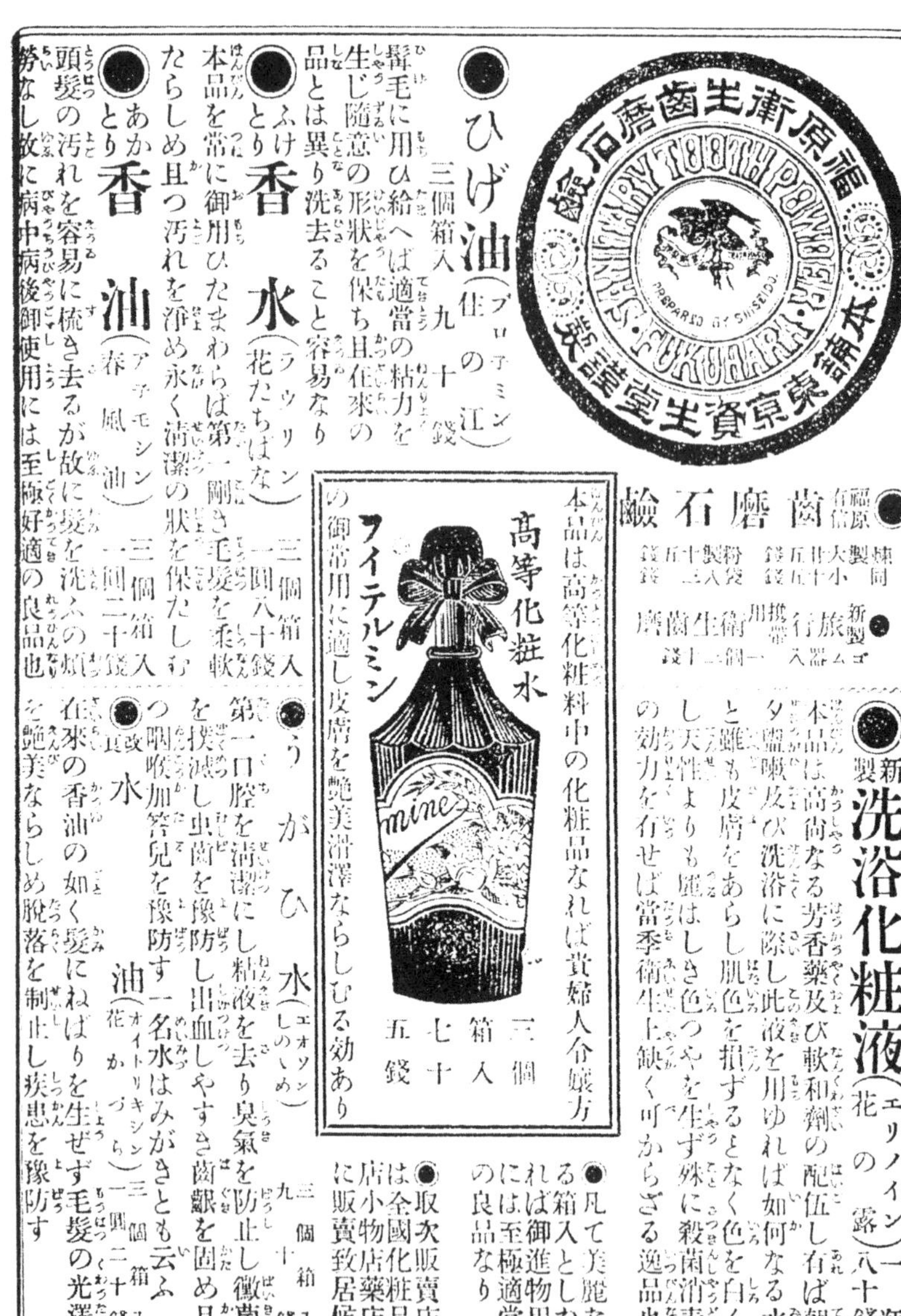

處方調劑・藥品器械・衛生材料・化粧品問屋

本舗 東京市新橋出雲町角 電話新橋三二四番 資生堂 福原有信

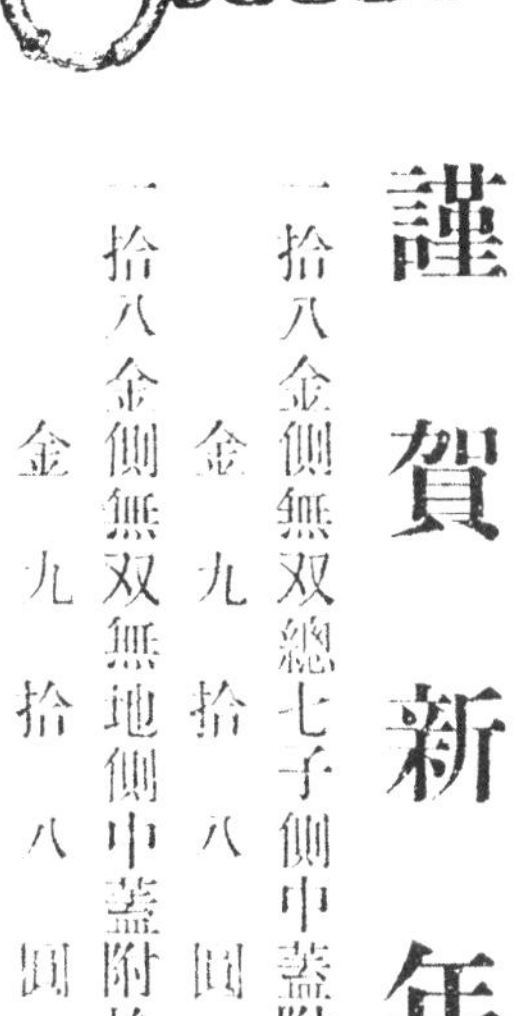

謹賀新年

一拾八金側無双總七子側中蓋附拾七形器械流金總石入向爪アンクル

金九拾八圓也

一拾八金側無双無地側中蓋附拾七形器械流金總石入向爪アンクル

金九拾八圓也

其他金、銀側無双、仝片側子流行品種々入荷致候間續々御光來御高覽被下度願上候　敬白

各種時計同附屬品
双眼鏡金縁眼鏡
寶玉入金製指輪
金銀美術品類一式

商
棚古堂

日本橋通壹丁目拾壹番地角

岡野時計店

電話本局貳八參壹番

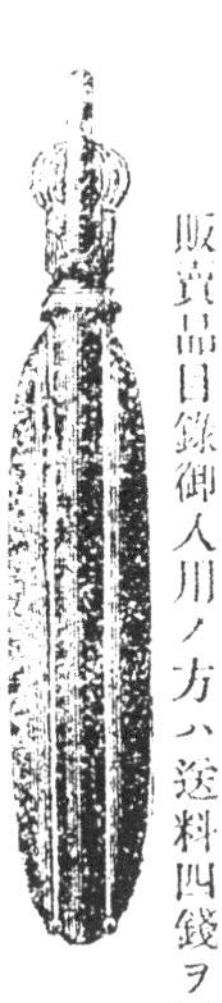

市内ハ御報次第御見本品持參仕候地方ハ小包郵便ヲ以テ迅速ニ御發送申上候
販賣品目錄御入用ノ方ハ送料四錢ヲ要ス

すらずにかける
すみいろよし

內務省衛生試驗所無害御證明

墨をスルの煩なく筆に水をツケ墨面を一刷すれば濃淡自在なり●墨質純良なれば腐敗沈澱の憂なく夏も融けず冬も凍らず墨光燦然最上の唐墨も遠く及ばず●美麗輕便にして案上を飾り行旅に適す●價格に比すれば時間に二倍代價に四倍の利益あり●本墨中溶性墨は習字に墨の元はインキに勝り製圖に宜し其他文具等三十餘種あり

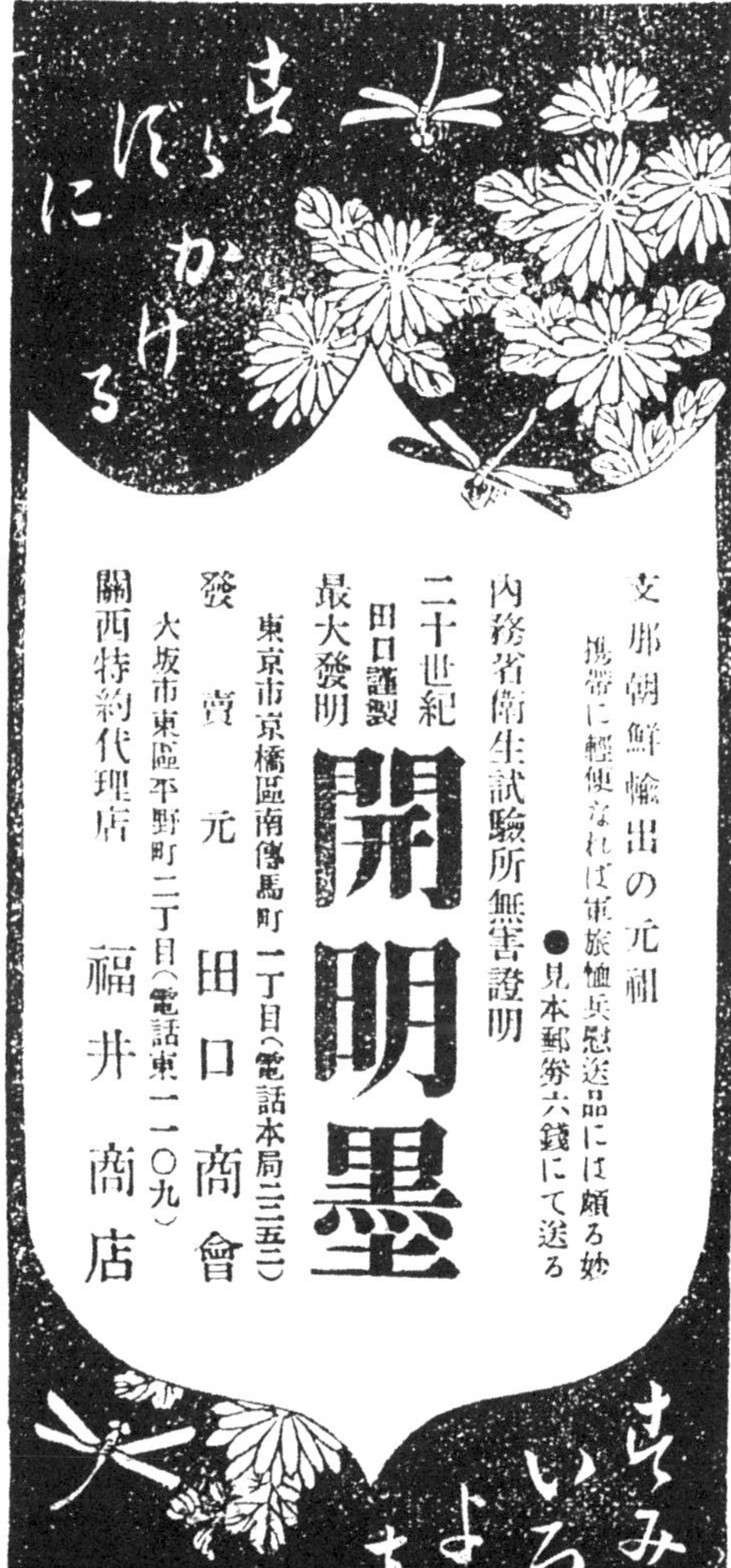

●支那朝鮮緬甸等に歡迎せらるゝ墨の輸出は我國未曾有の事とす●教育品展覽會に優賞を受く官衙書畫家大小學校銀行に專用せらる
●見本は郵券六錢にて五匁製一錠を呈す
●殊に出征軍人の携帯恤兵慰送品等には至極妙なり

日本墨にして海外輸出の元祖

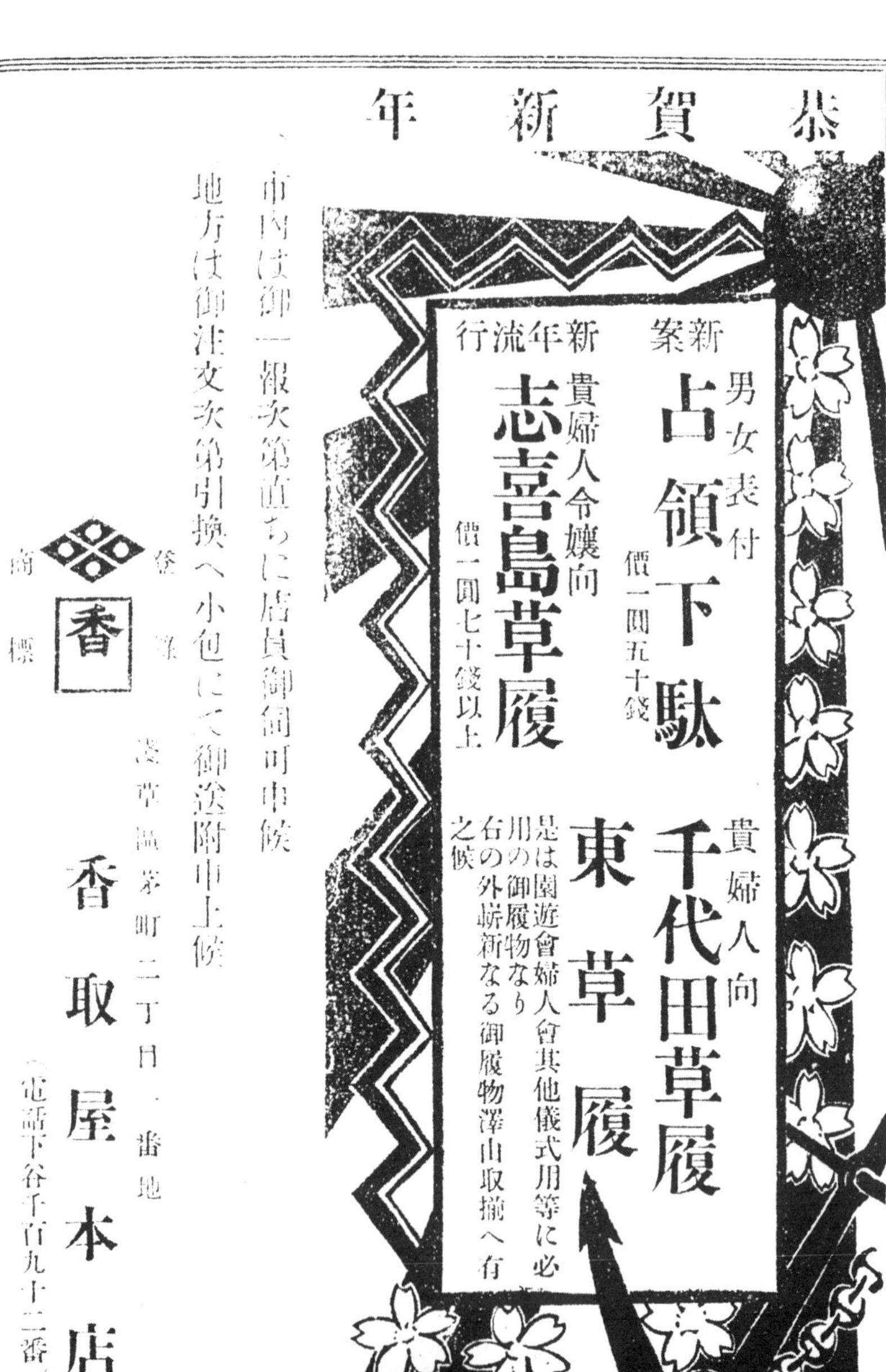
恭賀新年
新案
男女表付
占領下駄
價一圓五十錢
新年流行
貴婦人令孃向
志喜島草履
價一圓七十錢以上
貴婦人向
千代田草履
東草履
是は園遊會婦人會其他儀式用等に必用の御履物なり
右の外嶄新なる御履物澤山取揃へ有之候
一、市内は御一報次第直ちに店員御伺可申候
一、地方は御注文次第引換へ小包にて御送附申上候
登録商標
香
淺草區茅町二丁目一番地
香取屋本店
（電話下谷千百九十二番）

白熱瓦斯燈は光力五十燭光以上を有し瓦斯代は

一時間九厘餘に過ぎず石油ランプよりも費用は遙に低廉なり

瓦斯竈は本社の發明品にして專賣特許を得二升の米は瓦斯代

僅かに**一錢三厘**時間は**十八分**にして炊くを得べく安全と入手を省き瓦斯と水道は家庭は勿論料理店旅宿其他飲食店の必用缺くべからざるものとなれり

瓦斯七輪、燒物器、西洋料理器を使用す輕便瓦斯代は木炭よりも遙に低廉なり

燈火及炊事器工事費は極めて低廉にして御申込次第工事費見積書御送付可申上候

▲▲▲瓦斯器陳列所　縦覽御隨意▲▲

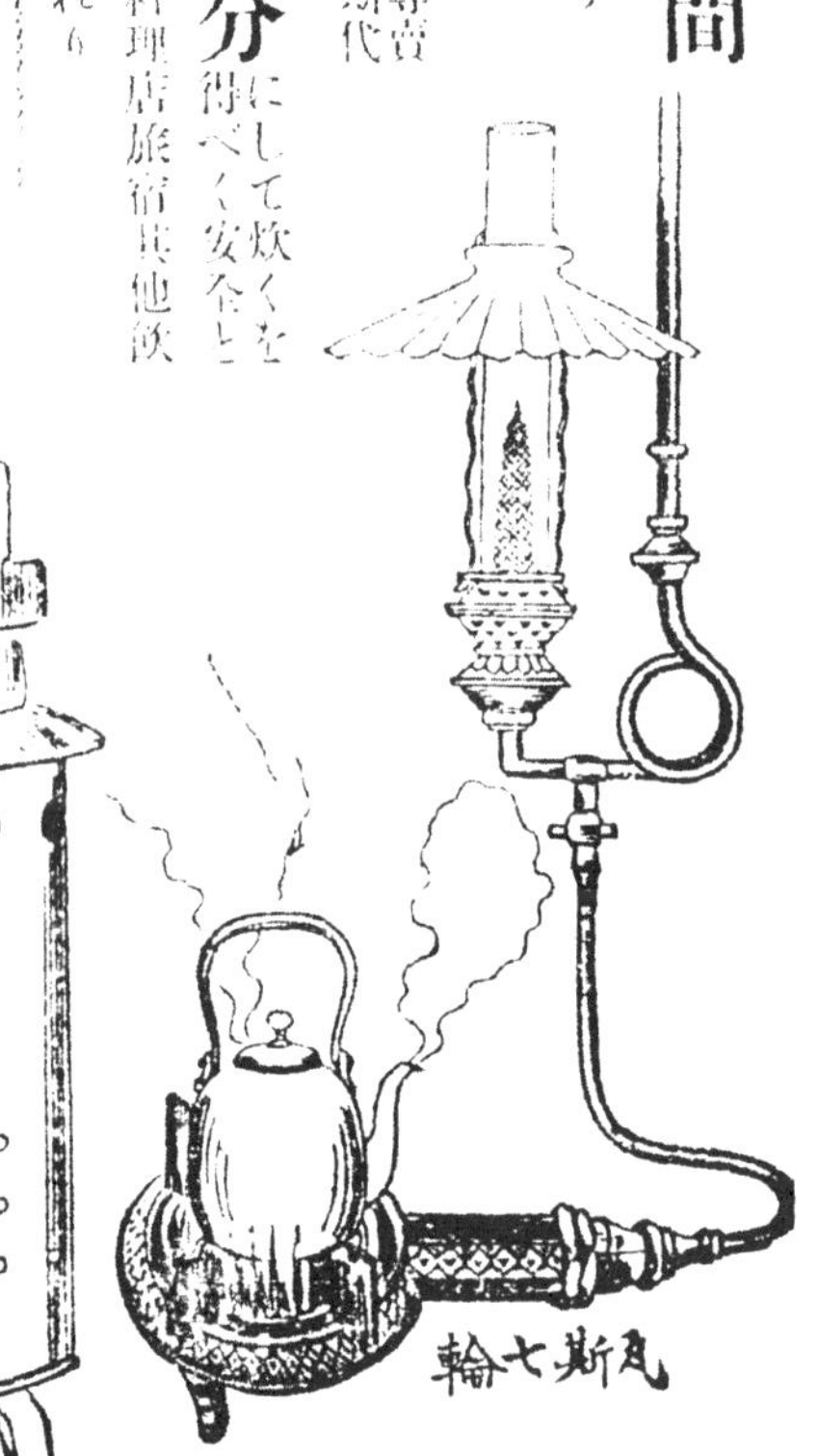

神田區錦町三丁目

東京瓦斯株式會社

電話本局 一三 五四八。五七〇。

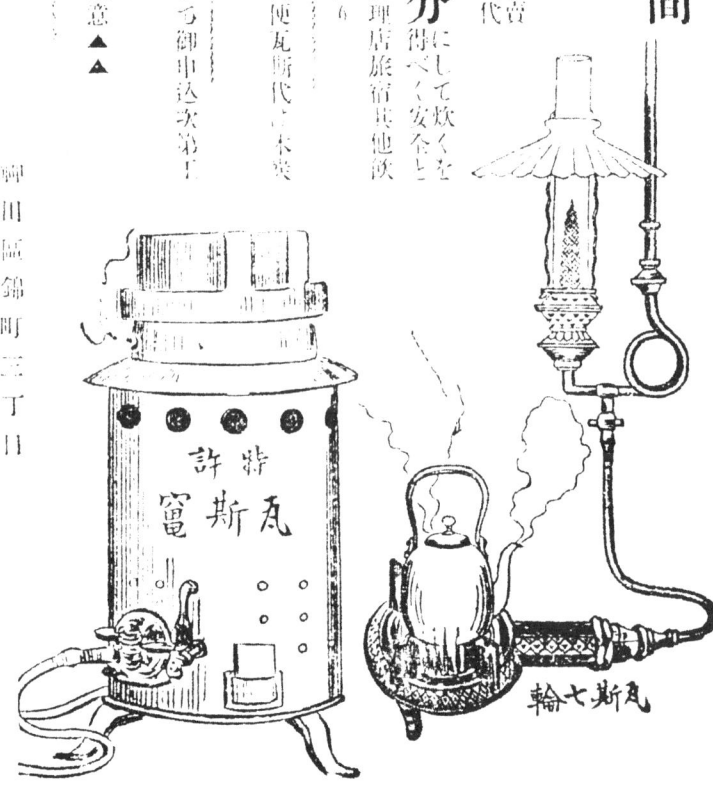

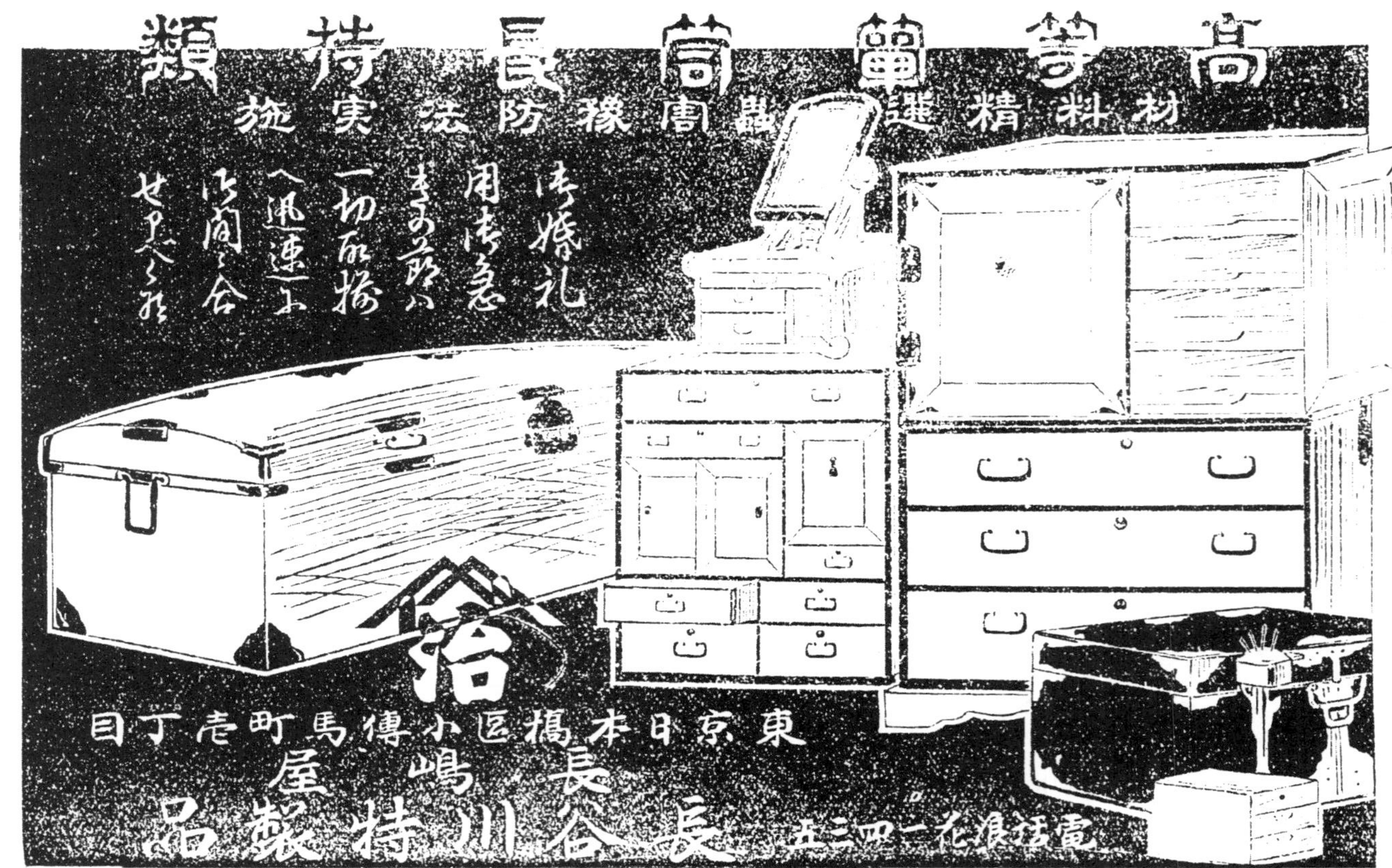
高等簞笥長持類
材料精選
蟲害豫防法實施
御婚禮
用御急
ぎの節は
一切取揃
へ迅速に
御間に合
せ申べく候
東京日本橋區小傳馬町壹丁目
長嶋屋
長谷川特製品
電話浪花一四二五

ムスク香水

大版壹圓
小版廿五錢

○ムスク香水の特色は芳香の永く保つ點に於て頗る高評なり

ホーサン石鹸

大形廿錢
小形拾錢

○本品を常用せば皮膚病を全治し身體を白色頭艶ならしむる効あり

○賣藥小間物化粧品店に有升御試用を乞ふ
○僞物品有之候間松澤名義に御注意を乞ふ

東京日本橋區本石町四丁目廿番地
芳香藥種問屋 〇八 松澤化粧品部
電話本局百四十五番

正四位松本順先生方劑

本劑は月やく不順の妙藥にして何れの塲合に用ゆるも決して身體

て害なき且さらへなれば常に服用して
の健康安全を計らるべし

定價三日分拾五錢七日分參拾錢二週分五拾錢

松本先生御方
健胃散
日本橋區室町資生堂製

胃弱妙藥

定價金十錢廿錢卅錢

東京各地在る處の藥舖賣藥店にあり
東京市日本橋區室町三丁目二番地
製劑本舖 資生堂藥舖
電話本局九六六番電略號（マルシ）

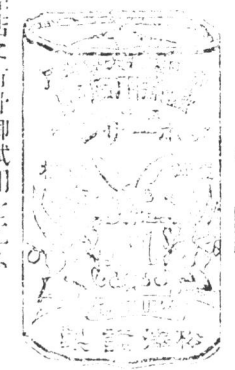

商品略目
鼈甲櫛笄簪
蒔絵附櫛笄
珊瑚珠根掛
鼈甲生地類
其他弊店販賣の諸品は品質の精良と製作の巧妙を特色と致し候間多少共御用命之程奉希上候
すみや號
川尻彦兵衛
東京日本橋區通油町
電話浪花二三六一番

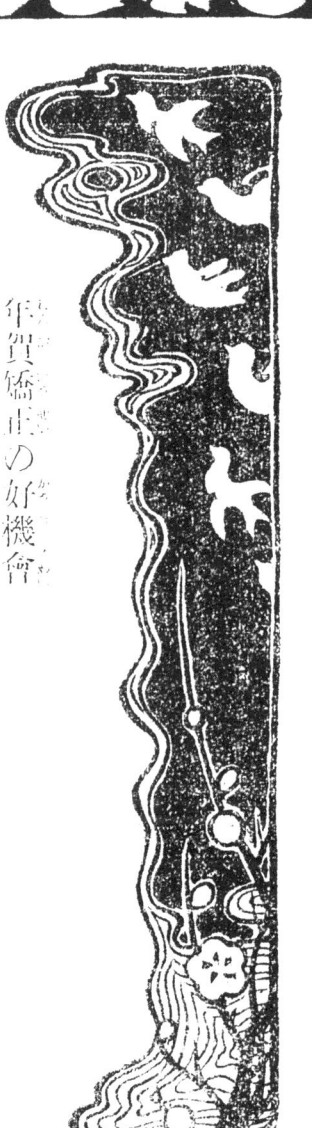

年賀矯正の好機會

歳は戰爭に暮れて、又戰爭に明けたり　尙ほ明けましてお目出度うと稱し得べき乎、元來五節句又は春秋の彼岸等に於て、親戚知人互に相招待し、或は物品を贈答し、就中年頭の禮を重んじて、往來賀問に日も足らざりしは、社會の紀律の尙ほ充分に整はざりし時代にありて、一は安息日となり、一は平生の疎情を温むる自然の妙機たりしに相違なきも、今日は一週一度の普通休日あり、或は毎日曜日を安息するは、事の實際に於て許さざるの事情ありとせん乎、さらば其內に就て、月に一回若くは二回の日曜日を撰定し、而して安息の時をして恰も花の咲く日、月の良き夜に合せしめよ、復た必らずしも舊來の習慣を趁うて、有名無實の桃の節句、菖蒲の節句を墨守するの要なきにあらずや。現に是等の風習が、漸く廢絕に近づかんとするの傾きあるは、其存在の必要なきを證するものなるに拘はらず、獨り年頭の禮は之れと異なり、一日より三日に至りて、賀客の影未だ門に絕

えず、七日に至り、十日に至り、遂に十五日に至りて、羽織袴の儀容猶ほ巷に滿てり。醉飽徒らに身を害するの媒となるは未だしも、適々我社會の紀律に乏しく、繁劇なる二十世紀の日に處して、空しく太古小年の夢にあくがるゝの奇觀を呈するは、外見上先づ以て面白からぬ現象と謂ふべし。

然れども年頭の禮は廢すべきにあらず。以て歳を祝福し、以て人を祝福す、是れ寧ろ奬勵すべきの佳例たり。故に近年流行する禮服着用の名刺配逵は、吾輩の甚だ賛成する能はざる所にして、既に賀を述ぶる者ある以上は、之れを受くる者なかるべからず、賀を受くる者に面して、然る後賀を述べざるべからず。述ぶる者もなく、受くるものもなく、紙片名を載せて、賀者の手を離れ、閑寂なる玄關の名刺受けに飛入りて、小やかなる婆娑の音を揚ぐるのみ。是れ豈祝福の聲ならんや。

或は曰はん、門並の多き、一々にして賀詞を述べ、一々にして屠蘇を祝ふの暇あるべきやと。暇なければ止まんのみ、餘儀なき近親、若くは免かれ難き義理の門に揖するに止め、その餘は略儀の書束に物言はするも可ならずや。禮の意なくして禮の形に泥み、禮意なき禮式の却つて禮に非ざるを覺らずして、數日或は十數日の足を疲らし氣を憊らし、而して非禮を行ふに盡瘁す、何んぼう愚かしき詮議ならずや。

苟も少しく心ある者は、皆その愚かしき詮議たるを知らん、知つて而して且つ改むる能はざるは、四圍の風習に餘儀なくせられてなり、未だ矯正の機に接するを得ざるなり。

今や征露の師未だ旋らずして、風雪うたゝ滿洲の野に荒れまさるなり。想うて外征將士の勞苦に到らば、誰れか快く屠蘇の香に親しみ得るものぞ、誰れか雜煮の味を旨しとなすものぞ、誰れか呑氣なる賀客として、醉歩蹣跚の陋態をば數日間の白日に曝し得る者ぞ。不幸にして明治三十七年を腥うせし同胞の碧血は、又紅に三十八年を染めんとす、實に是れ我國民が兢々として最も自から愼重すべきの秋なりとす。

故に今年の賀客は、決して復た遊樂かたぐの意味を含まざるべし、多くも三ケ日にして回禮を終る者多からん、即ち恰も宿弊矯正の機に到着せるものにして、此例や必らず永く後年に留まり、日露戰爭の賜ものとして、社會の規律上更に一進歩を見るに至らんと、吾輩の期して疑はざる所なり。

元日子日

むつ月たつ今日の子の日の小松原
霞こそまづたな引にけれ

橘千蔭

朝風呂

春人

（一）

『阿母、今日は是丈けで歸るよ。』

と壯佼は片手に木鍬、片手に使ひかけの繩を引摺つて、庭先きから椽の方へ歩み寄つた。

見晴しの富士も隱れて、暮色寒く、今壯佼が修繕の手を離した建仁寺垣の彼方まで寄せて居る。米でも町へ賣つての歸村か、空荷鞍の搖れを混ぜた追分節が、遙か耕地中を通つて行く。

『箆棒に日が詰つたので、祿に仕事も出來やしない、明日は是れもう大晦日だらうに。』

『德さん、どうも忙がしい處を、濟みましない。全く皆さんのお蔭で歲が越せます。助かります。』

土間の竈で夕飯を炊いて居た四十格好の女房は、内から飛んで出てしみ〴〵と禮をいふのであつた。

『マア此方へ入つて暖まつてども行つておくんなさいまし。』

『ハヽハ、左うしても居られめいよ。』と腰も掛けずに立つて居ながら、直ぐに歸るでもなく躊躇つて居る。

『眞個に村の皆さんへ、何うしたら御恩返しが……』

『恩返しも何も要るもんか、此村で滿洲へ行つて居るのは、此家の清三さんばかりだ、俺等の代りに清三さんが國へ盡して呉れるのだから、俺等ア又その清三さんへ盡さなけりやアならないだ。』

『でも私等の爲めに、毎日仕事を休んで、交番に皆さんが助けに來て下さるなんて、眞個に冥加過ぎて、私ハア何んともお禮の言ひやうがありましないよ。』

『村一統で決議た事だ、其樣に遠慮しねいが可いだよ。』と句を切つて、

『阿母、それにしてもお朝さんが遲いぢやアないか、先刻何處へか行つたやうだつたが。』

『一軒店まで木皮買ひに參りましたのさ。皆さんへお禮のしやうもないから、正月には元日から朝湯でも立てゝ、皆さんに浴つて貰ふやうにしたいつてね、彼女が今日思ひ付きましたのさ。處が清三が召られてから以來、彼れ是れ五月といふもの、全然錢湯を休んで居るのだから、釜も弛んだらうし、水も漏るべいだから、それ繕らうのだつてね、彼女が

進んで行つて呉れましたよ。』

『ヤア、そりや有難たい、第一お朝さんの志が有難たいだ。』と德は左も〳〵感心した體であつた。

『明日村を廻つて、皆さんにお賴み申すつもりだけれど、何卒貴方さんも、來て浴つてやつて下さいましよ。』

『來ないで可いものか、何んでも眞暗起きに來て、一番先きへ俺が入るだ。』と非常な意氣込。

『只だ困つたとはね、德さん。』と女房は俄かに痿れて、

『あの、地主の旦那さんが……』と言掛けるが否や、德は今の勢ひを怒りに向けて、

『地主の旦那つて、新田の狸爺が事かい。あれなら旦那も何にもあるもんか、吝嗇坊の、油絞りめ、小作人泣かせの、彼れは地獄の鬼だ、聞けば村の相談を馬鹿にして、此家の手助けもしたとがないといふ事だが、眞個に面の憎い狸爺だ。その癖悴の阿呆は又、折々蒼蠅くやつて來ちやァ、お朝さんを苛めるつてぢやないか。今度そんな事でもあつたら、俺等が思ひさま酷い目に逢はしてやるだ。俺ばかりぢやない、皆ながさういつてるだ。』と怖ろしい權幕になつたので、女房は言ひかけた口を噤んで、窃と溜息を吐いた。

（二）

『お朝さん。』と後ろから唐突に呼ばれて、お朝は喫驚して身を縮めながら、振向いて夕

闇に透して見ると、その鼻先きへヅカ〳〵と歩み寄つたのは新田の阿呆、その名は豪さうな利雄であつた。

『阿誰かと思つたら、若旦那さんですね。』と何氣ない態でお朝は愛想を作つた。

『フヽ有難い、この闇いのに、よく俺を見分けて呉れたよ。』と舌倦く引弛んだ語調である。

『ホヽホ、解りますともね。それよりか、若旦那さんこそ、何うして私が解りました？』

『解らないで何うするもんかよ。お前の顔は、何様闇でも光つて居る、ソレその通り眞白に抜けて見えるだ。ハヽハヽヽ。お前が居ないと、村が闇だ、俺も闇だ。』

『火でも燃えるんでせうか、ホヽホ、物騒ですとねえ。』と故意と艶やかに笑つた。可愛らしい眼元、口つき、頰には嫗や笑靨も出來て、得ならぬ愛嬌が滾れて居やうが、それは闇に隠れて見えぬ。今年十六の邪氣ない、活潑な身のとりなし、言はゞ笹鳴きの、未だ枝に移らぬのであるが、凡そこれ程の容姿持つもの、此三里四方、鐘太鼓で捜してもある譯のものぢやないと、村の自慢の評判娘、壯佼が吾れ勝ちに手傳に寄つて來るのも、一つは其美しさに、懐くのであらう。

『火なら好いけんど、お朝さん、お前の顔にや、色が燃えてるだアよ。』と利雄は鼻聲を激ませながら身を寄せた。突と避けて反らしざま、

『何んとてもお言ひなさるが可いわ。私、急ぎますからね。』

『寂しいから、俺が送つてやるべい。』

『イヽエ、可ござんす。』

『待てちうによ。』と利雄は遂に袖を捉ると、無言のまゝ振拂つて逃げた。後ろから追ひかけて、

『今夜自家の父さんが、お前の許へ金の催促に行くだ。清三が立つ時に、小遣に持たせてやるといつて、お前の阿母が家も風呂も抵當にして金を借りたんだぜ、可いかお朝さん今夜金が返せないと抵當流れになるんだぜ、可いかお朝さん。俺の外には、世間に自家の父さんを宥める人は無いんだぜ、可いかお朝さん。』

お朝は身を戰がしながら、やう〳〵魔物の手を逸げて、夢の如く吾家へ駈込んだのである。

（三）

木皮を詰める音、釘を打つ音、屋根の草葺を震はして、薄闇い洋燈の下に、しばし屋鳴を立てヽ居た。親切な壯佼が都合四人、賴みもせぬに來て風呂の繕ひをしてやるのであつた。

それが濟むと、破障子に土間を仕切つて、慰勞の澁茶に胡坐立膝。

『阿母、何にも心配するとはねいだ。俺等が附いてらア。』と一人は賴もしさうに力づけた。口は女房に利きながら、眼はお朝を視て居るのである。

『親が親なら、悴も悴だ、お朝さん、彼の薄野呂から、何樣酷い目に遇つたんだい。』と他の一人も氣遣はしさうにお朝を視た。

『もう茶は澤山だから、立つて呉れないでも好いよ。』と更に一人は劬はるやうにお朝を視た。

『兎も角も、言譯なんぞに行かないでも可いだ。若し鬼が來たら、俺等が阿母とお朝さんに代つて談判してやらア。』と最後の一人はその男振りを見せながらお朝を視た。

庭には戀の若旦那が彳んで御座る。

戸内の噂が自分父子の上に落ちたと知るや、捨てゝもおかれぬかして、開け放しの入口をするり、土間の足音を偸んで、風呂場の空槽に隱れん坊。

（四）

『イヤ、何んといつても承知が出來ないだよ。舌の千枚よりは、一圓紙幣でたつた三十枚、その方がズンと口を利くだからな。ワッハッハ、泣いても喚いても駄目なこんだて。サア、耳を揃へるが可い、それが出來なけりや、假差押へだ、風呂槽は封印、此家も明日中には退いて貰はうかえ。明後日はもうこれ元日だろうのに、正月匆々、騒ぎたくもないから。』

地主の作平は手取早の執達吏迄連れて居る。身動きもさせるのではない。

お朝の手前といひ、何んとか工夫もがなと焦燥つて見たが、さて別に才覺もないので、壯佼四人は膝に手を置き、默然で唯だ片隅に控えて居ると、作平は尻目にかけて、急に取つて付けたやうな辭儀をした。

『これは〳〵お歴々、お揃ひで評定の幕かね。へゝへゝ、全く母子の御難場と申す所で

がす、一つ武者修行と出掛けて、腕の凄い、器量の好い處を見せて、可憫な母子を救つてやつたら何うでがせう。そりや大した御利益がありまするとも、喃、それそこの評判の辨天樣が、反對に掌を合せて、拜まつしやらうといふもんだ。ワッハッハ。そりやもうズンと物のお判りなさる、此村の達もの、當世の色男揃ひでござらつしやるだから、何んでお前さん、お賽錢拔きの、大願なんぞかけるやうな、其樣野暮臭い、吝嗇なお方でないとは、重々存じて居りますだ。サ、近から寄つて御參拜、お蠟を上げられませう、ワッハッハ。揃ひも揃つて、ウム立派なもんだ。餘り立派が通り過ぎて、辨天樣の思惑がお羞かしいちう譯か、イヤ〳〵何うして〳〵、是れや私が惡かつた、お客樣、サ、物は試しだ、一つお賽錢を投げて御覽じやい。』

作平は圖に乘つて卷くし付ける。

『君達は日頃私が事を種々蔭口を叩きなさるといふこんだ。此家へ手傳へに來ないのも、惡口の一つだんべい。が、これ聞かつしやい、如何な國のお爲めだといつて、飯を喰はずに居られるかい。人には夫れ〳〵稼業ちうもんがある。その稼業を打捨つておいて、此師走の目の廻る中で、盛りの付いた猫の眞似をするのが、國のお爲めと申すんでがすかい、馬鹿な面な。』

所詮は金づく、殊には執達吏が附いて居るので、四人の血氣も暴れるに由なく、空しく拳を撫り、目をぱちつかせる外の所作もないので、

『へ、へ、是程お願ひ申して見ても、到底お賽錢が上りさうもない、馬鹿々々しい。では御苦勞を願ひますかな。』

執達吏へ目配せすると、物の五分とは經たぬ中に、家財の大概は封印附きとなつて了つた。風呂槽も、風呂の通知に使ふ太皷も、それから槽の中の若旦那も。

『手でも付けて見るが可い、縛がかゝるだ。』

（五）

その夜母子は眠らなかつた。

作平の歸り去つた後で、四人は金の工面を分擔することになり、種々母子を慰めて、それ〳〵己が家へ引揚げたものゝ、押詰めた年の瀬に、好い分別の付からうとも思はれぬ。好し又工面は付いたにもせよ、母子はさう〳〵、村の者の情けを受けたものであらうか。否、受けられぬ。何うあつても受けられぬ。明日此家を立退けとは見え透いた虚喝に相違ないが、到底成規の日限迄には立退かねばならぬのである、母子路頭に迷はねばならぬのである。正月の朝湯どころか、冬の夜の霜、それを何うして凌いだものか。

母子は犇と取付いて、しみ〳〵憂世を泣いて居ると、不圖異樣の物音が、コツ〳〵と響いて來た。驚いて耳を澄すと、復たコツ〳〵。

勿論薄い雨戸の震へて鳴る音でなし、戸棚に觸る鼠の小刻では猶更ない。言はゞ拳で厚板を敲くやうな、それが遠くもあり、近くもあり、土間の邊りかと思へば、又た壁外のやうにも聞える。

『盜人が壁でも壞してるのぢやなくつて?』

お朝は涙を拭ひもあへず、母を見上げて、顫えながら呟いた。母は思ひ切つて試みに、

『誰れだい?』と聲をかけると、コツ〳〵は礑と歇んだ。

『誰か居るのかね?』

『お朝さん、俺だよ。』と微かな人聲。

『聞いたやうな聲だが、誰ですえ、今時分。』

『聞いたやうな聲どころか、俺だよ、父さんの子だよ。』

お朝は早くもそれ

と知つて、可愛らしい眉を顰めた。

『若旦那さんよ、屹度。』

『若旦那さんですかい。』と母は更に大きく尋ねると、

『あゝ、俺だ、若旦那さんだ。後生だ、早く出して呉んなよ。』と苦しさうに唸るのであつた。＊

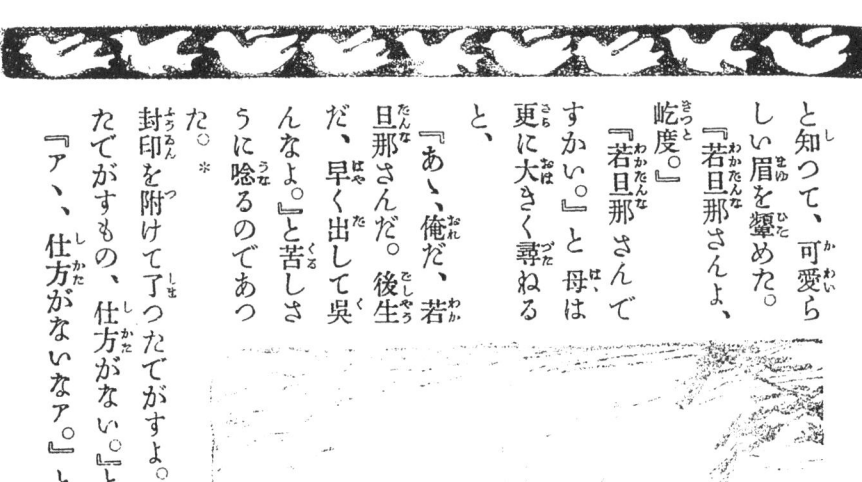

＊『何處に居なさるの？』

『ふ、風呂の中だよ。』

『エ、風呂の中！』と母子は呆れて顔を見合つたが、頓て豆洋燈を翳して、風呂場に來た。

『若旦那ですかい。』

『あいよ、お朝さん援けて呉んなよ。』

『出して上げたいだがね、旦那さんが封印を附けて了つたてがすよ。それから、手でも附けて見るが可い、縄がかゝるつて言つたてがすもの、仕方がない。』と正直もの丶女房は、左も餘儀なさゝうに因果を含めた。

『ア丶、仕方がないなア。』と利雄ば泣聲になり、

『何うしたら可かんべいなア。』

槽の内を藻掻くのが、板一枚の内に歴々と見えるやうな。

『眞個に困つたね。』と女房は唯だ見て居たが、お朝は此無慘な有樣を眼の前にすると、もう是迄の厭らしさも、夕方の腹立たしさも打忘れて、氣の毒といふ同情の外はないのであつた。現在家を奪られ、此風呂も奪られて、明日から路頭に立たねばならぬ、その窮命の降りかゝつて居るのも忘れて、今は唯だ人の泣く聲、苦しむ音の切なさに、淸く美しい胸を攪亂されて居る。

『これから私が旦那さんの處まで行つて、一先づ封印を解いて貰ふやうにして上げますらかね、少しの間、我慢して居て下さいよ。』

蓋の隙間を覗くやうにして、斯ういふと、

『有り難い、お朝さん、どうぞお願ひだ、左うして呉んなよ、助かりますだ。』

掌を合せて居る氣配もする。

（六）

明くれば大晦日の早朝、先づ宙を飛んで駈付けたのは作平であつた。續いて醵金の發企となつた四人を始め、その他の老若までが、哀れな母子を見舞ふべく、追々と集つて來た。

『利雄、手前何うして其樣處に入つて居た。今執達吏を連れて來て、封印を解いて蓋を開けてやるからの、今少しの我慢だ。オ、切なかんべい、饑じいか、風邪を引きやしないか、

ウム泣くな〳〵、俺だ、父さんだよ。』と槽の外
『封なんぞ破つて了へ。』と槽の内。

『サア〳〵評判の見世物は此でござい。』と德は天地に響けとばかり。

『評判〳〵、地獄の苛責が始まります。この槽一重が黒金かね、可哀想に、アレ外から取付きます、内から引掻きます、泣きます、喚きます、ボロリ〳〵とソレ涙が滾れますが。ワツハツハ、面白い、好い躰裁だ、ヤレ〳〵可憫なもんでがす。お志のある方は、一太刀づゝ恨んだら何うでがすい、大した御利益がありますぜ。ソレ其處の親鬼子鬼が、反對に掌を合せて拜みます、拜まれたが最後の助、狸になつて、狼になつて、爪が火を點す、口が火焰を吐く、義理人情が骨灰になつて、强慾非道が鉛の湯になりますだ。アレ又引掻きます、藻掻きます、悲しいと仰有る、苦しいと仰有る。サア〳〵近う寄つて御參拜。親の因果が子に酬ひ、親の錠前で、子が監禁の地獄の責苦、アイ〳〵、天下一品無類飛切の見世物は此處でござい。』

昨夜凹まされた其反動で、德等四人の意氣は、殆んど面も向けられぬ。それと同時に昨夜の鬼は今朝の平蜘蛛。われから示談を哀願した結果として、やう〳〵正午近くに執達吏が來る、封が解ける。泣きながら蹌めき出した若旦那は、あはれ現世からなる亡者であつた。

『サア、このお賽錢を持つて失せろ。』

四人の手で、作平の顔に敲き付けた三十枚、大晦日の薄日を受けてヒラリと散つた。

（七）

一夜明ければ元日の朝、見晴しの富士の雪に、初日ほんのりと薄紅を刷いた時、お朝は姐様被り、手襷がけの姿かひ〲しく、檐端にかけた太皷に向つて撥を上げた。

朝風呂の所由おもしろく、撾ち人は殊に此村の名物娘。

鼕々と勇ましく、有るとしもなき朝風に舞うて、村の家々を訪れるが否や、壮佼は衾を蹴つて起ち、老いたるも孫に促がされて、年は明けた。

（終）

元日や晴れて雀の物語り　嵐雪

元日や土摑うたる顔もせず　去來

元日の炭賣十の指黒し　其角

鶯茶地へ楕圓形の輪廓をヲリーブ色の線に勝虫と双頭の鷲をつけ、中は都て戦捷もやうを洋畫式に顯はしたる

價　拾五圓三拾錢

薄葡萄地

花やかなる藥玉に所々重ね花菱に仕切りたるうつくしき柄

價　拾四圓

カーキー茶地

時代書き更紗にトルコもやうを取り交ぜたる凝たる意匠

價　拾三圓八拾錢

友禪縮緬三種

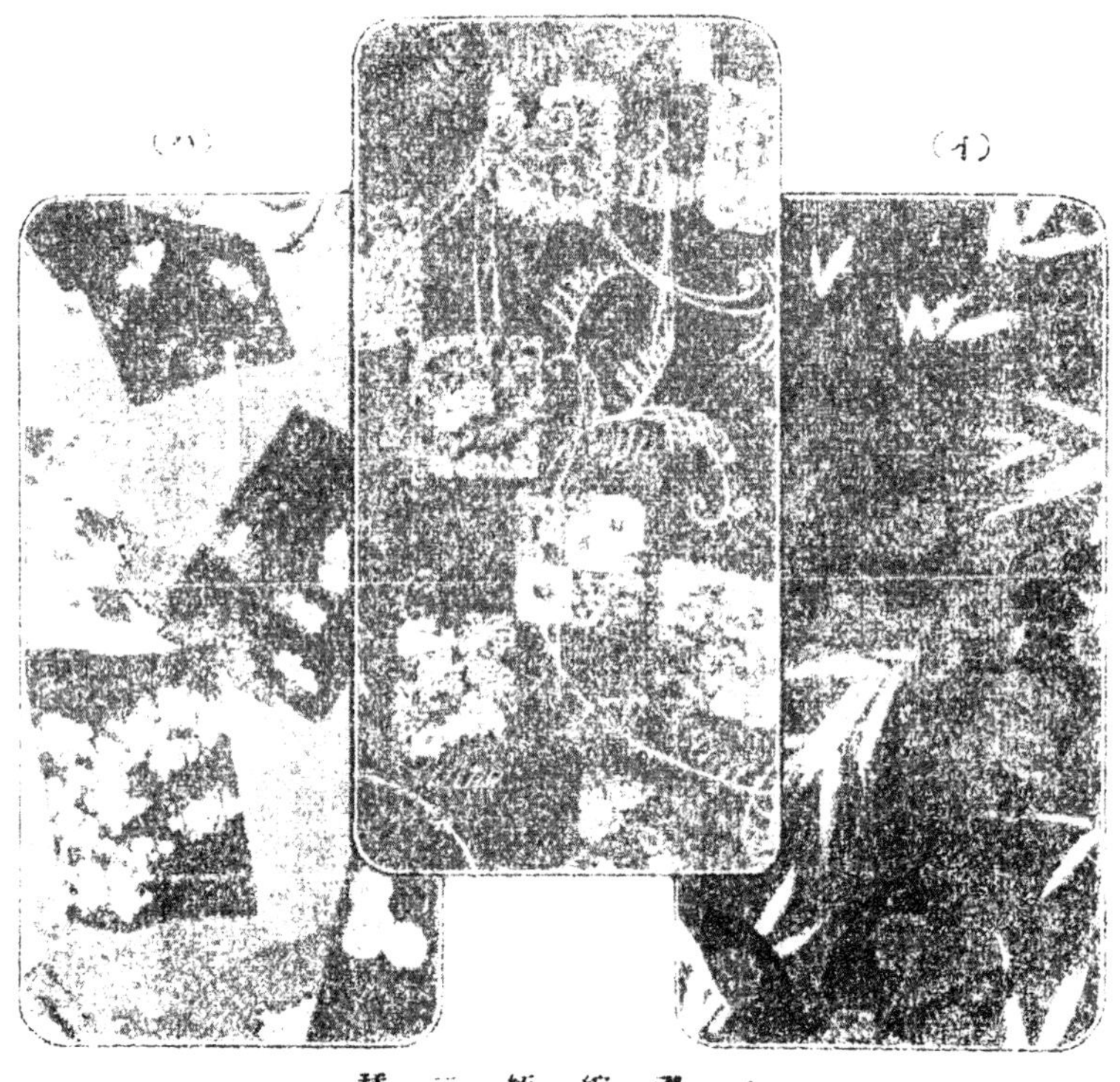

友禪縮緬三種

（イ）

薄葡萄地へ白ぬき一筆書の竹筆勢面白く、外に紅地と鶯茶地の中へいろ／＼のもやうある熊笹

價　拾四圓

（ロ）

濃き葡萄地へ白ぬきの菊花もやう、齒朶唐草な赤すじと纈繝白匹田、路考茶白など取り交ぜ配色よき有職もやう

價　拾五圓五拾錢

（ハ）

赤小豆色地へ都て光琳式の扇面と硯箱の散らしもやう

價　拾六圓三拾錢

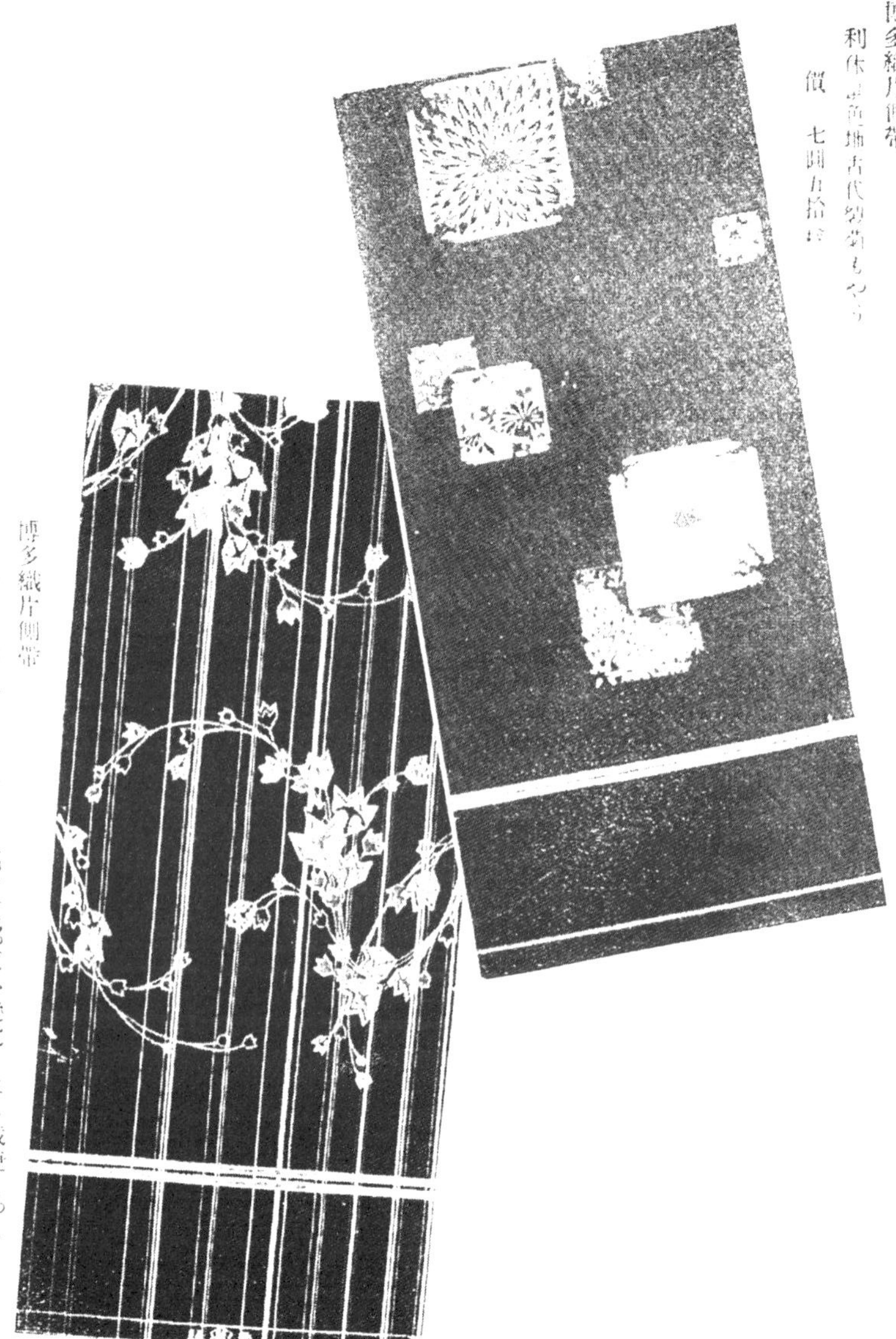

博多織片側帶
利休形高堀古代裂類もやう
價 七圓五拾錢

博多織片側帶
高尚なる紫地へ白のやたら縞、東郷花を變化したる戰捷もやう
價 六圓拾錢

勅題文様半襟

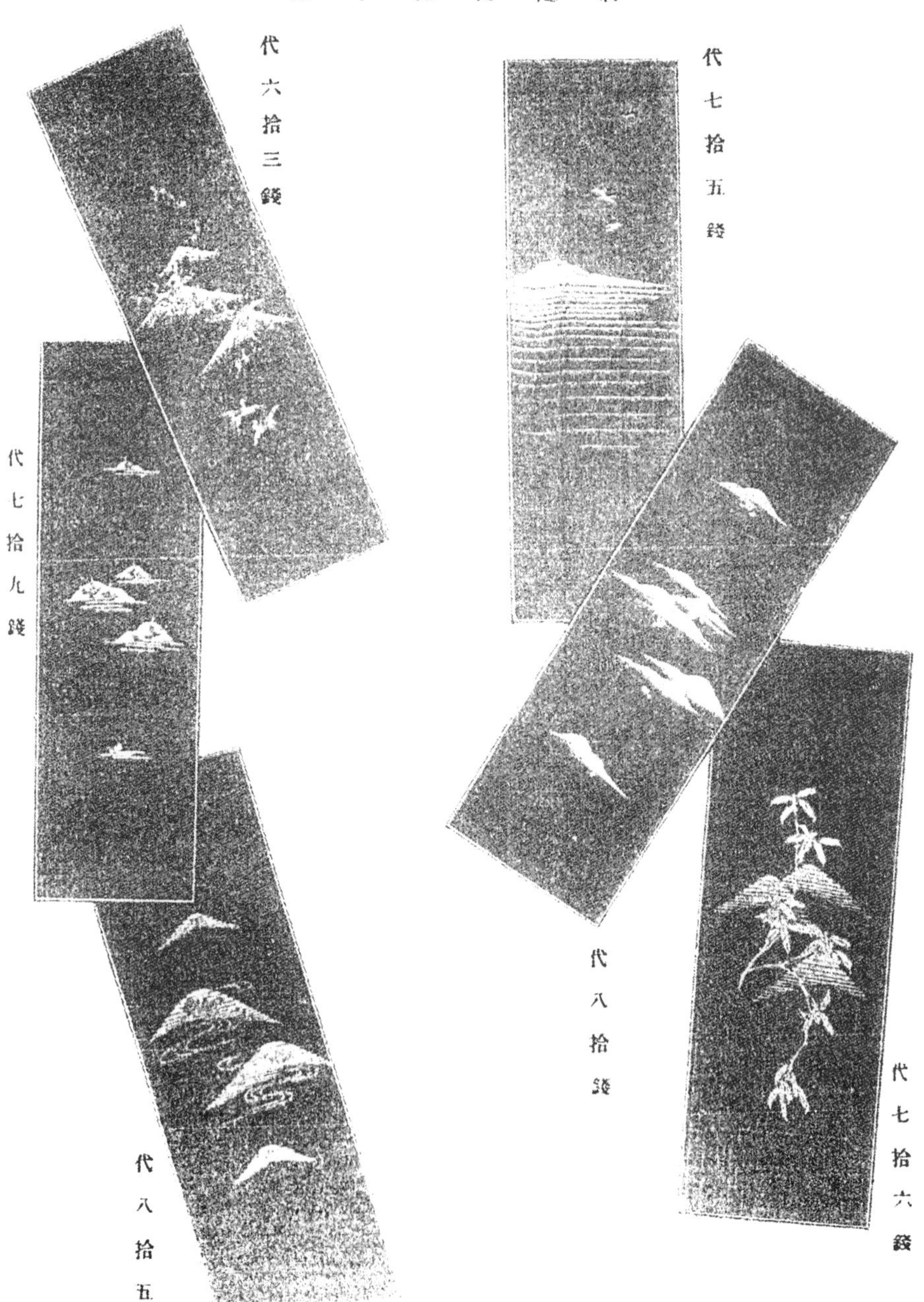

代六拾三銭
代七拾五銭
代七拾九銭
代八拾銭
代八拾五銭
代七拾六銭

羽織肩裏三種

（イ）

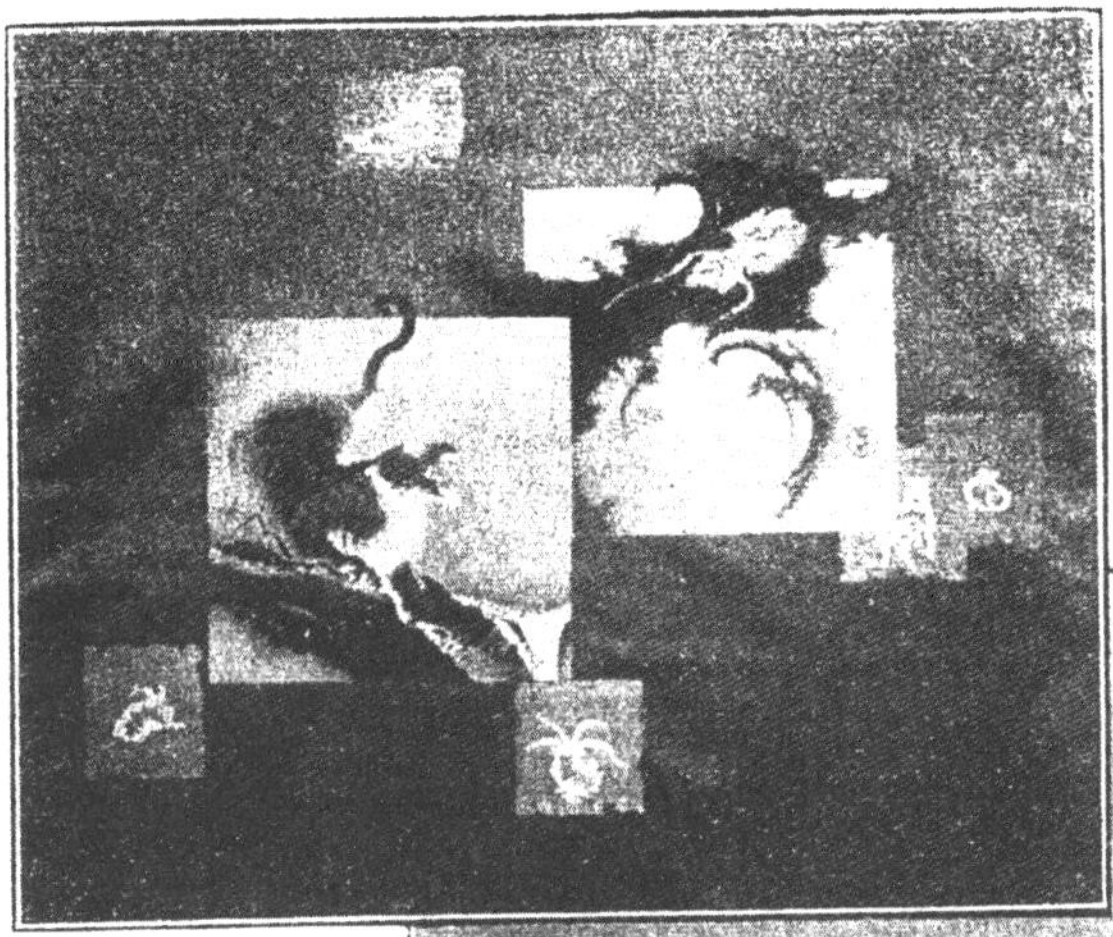

ロ

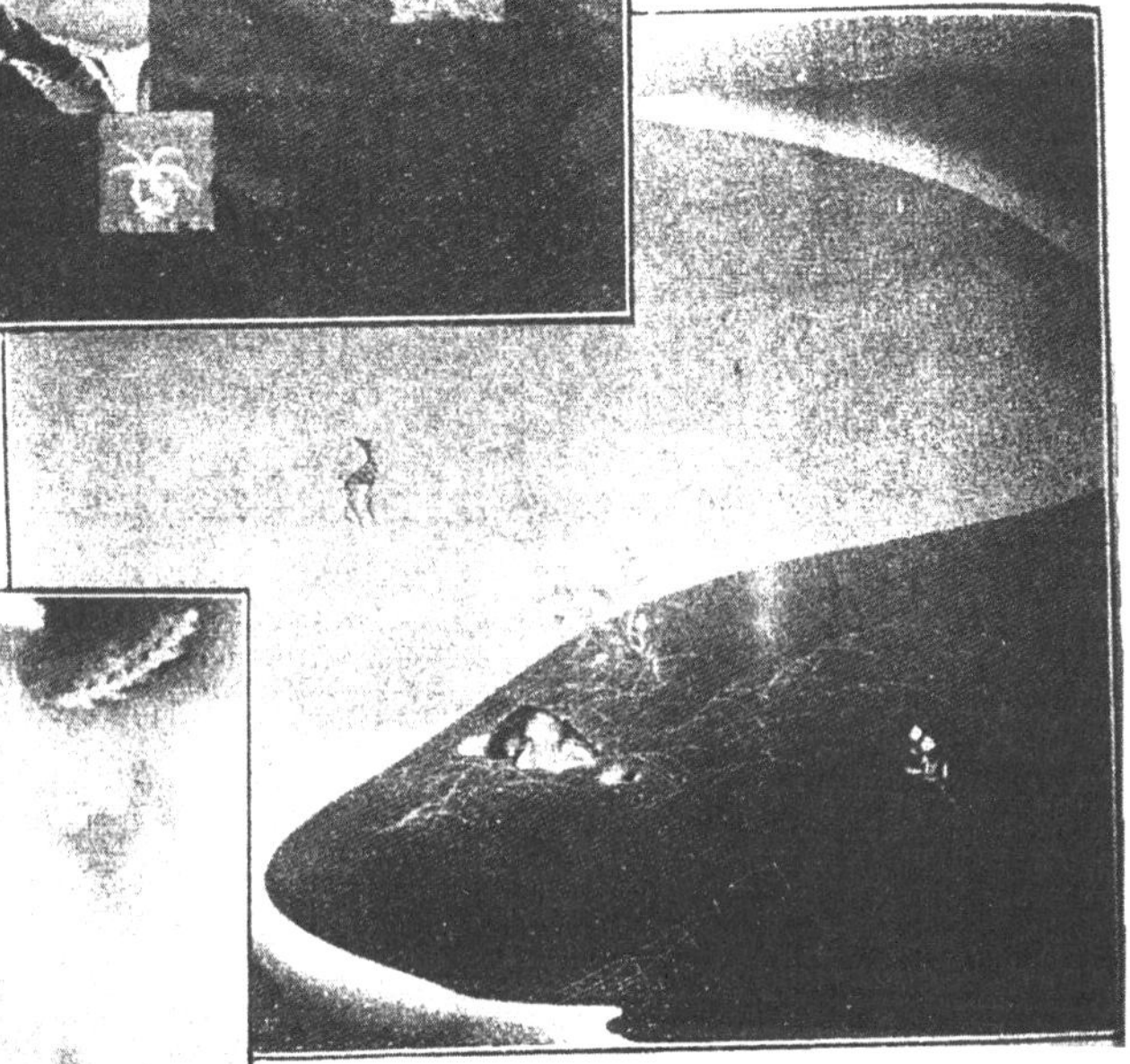

ハ

イ　綸紗、茶色十二支もやう金銀色糸の織り出し　價　六圓貳拾五錢

ロ　鹽瀬、秋野を寫生色に、遠見の鹿を刺繍に顯はしたる優美の圖様　價　五圓貳拾五錢

ハ　鹽瀬、白地岸岱畫伯の筆架譜の龍を友禪染にしたる　價　八圓六拾錢

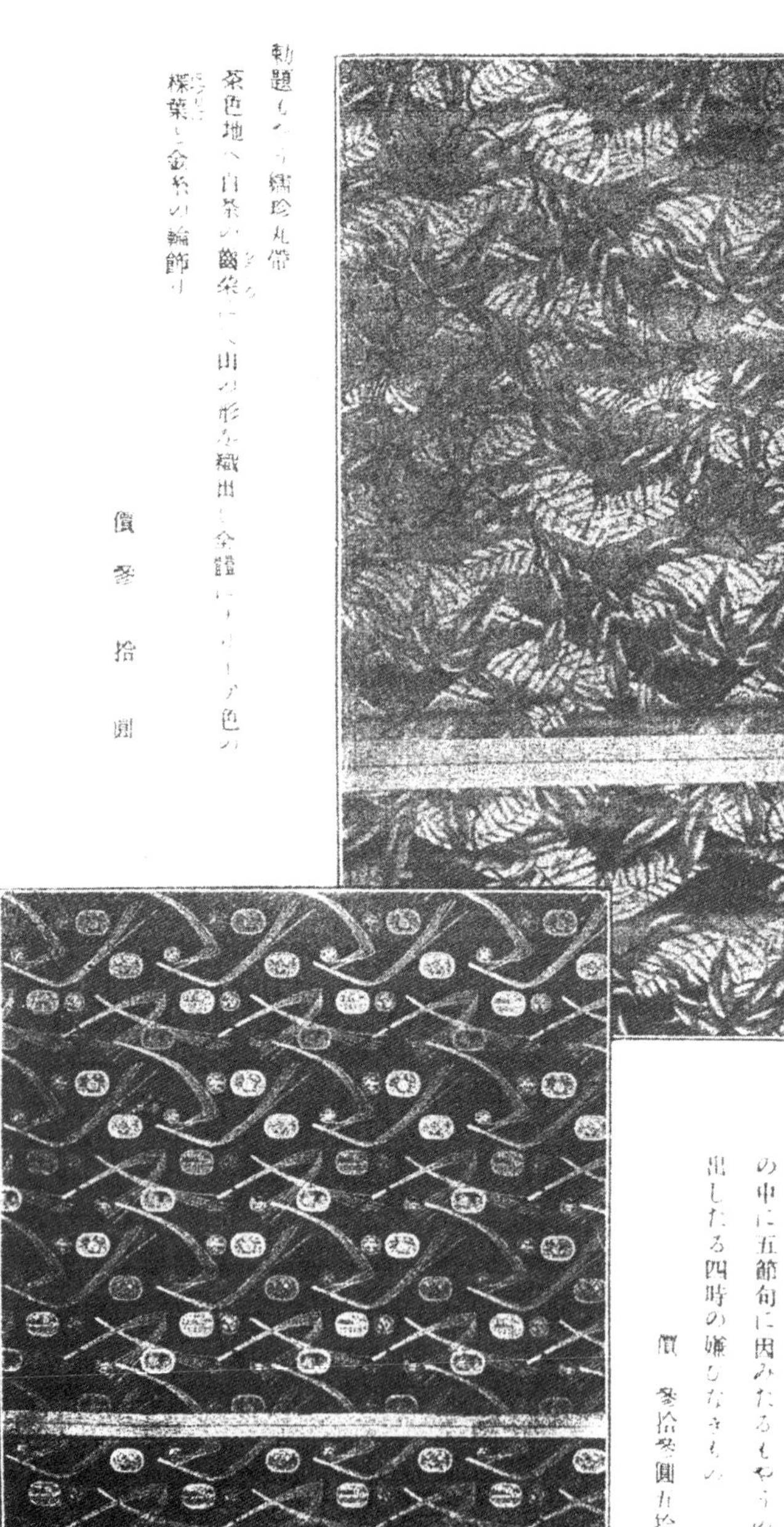

勅題ものゝ繻珍丸帶

茶色地へ白茶の暈染にて山の形を織出し全體にオリーブ色の楓葉と金糸の輪飾り

價　參　拾　圓

厚板丸帶

濃きオリーブ色地へ紅白の水引丸紋の中に五節句に因みたるもやうの織出したる四時の嫌ひなきもの

價　參拾參圓五拾錢

御題新年山と戰捷紀念帛紗

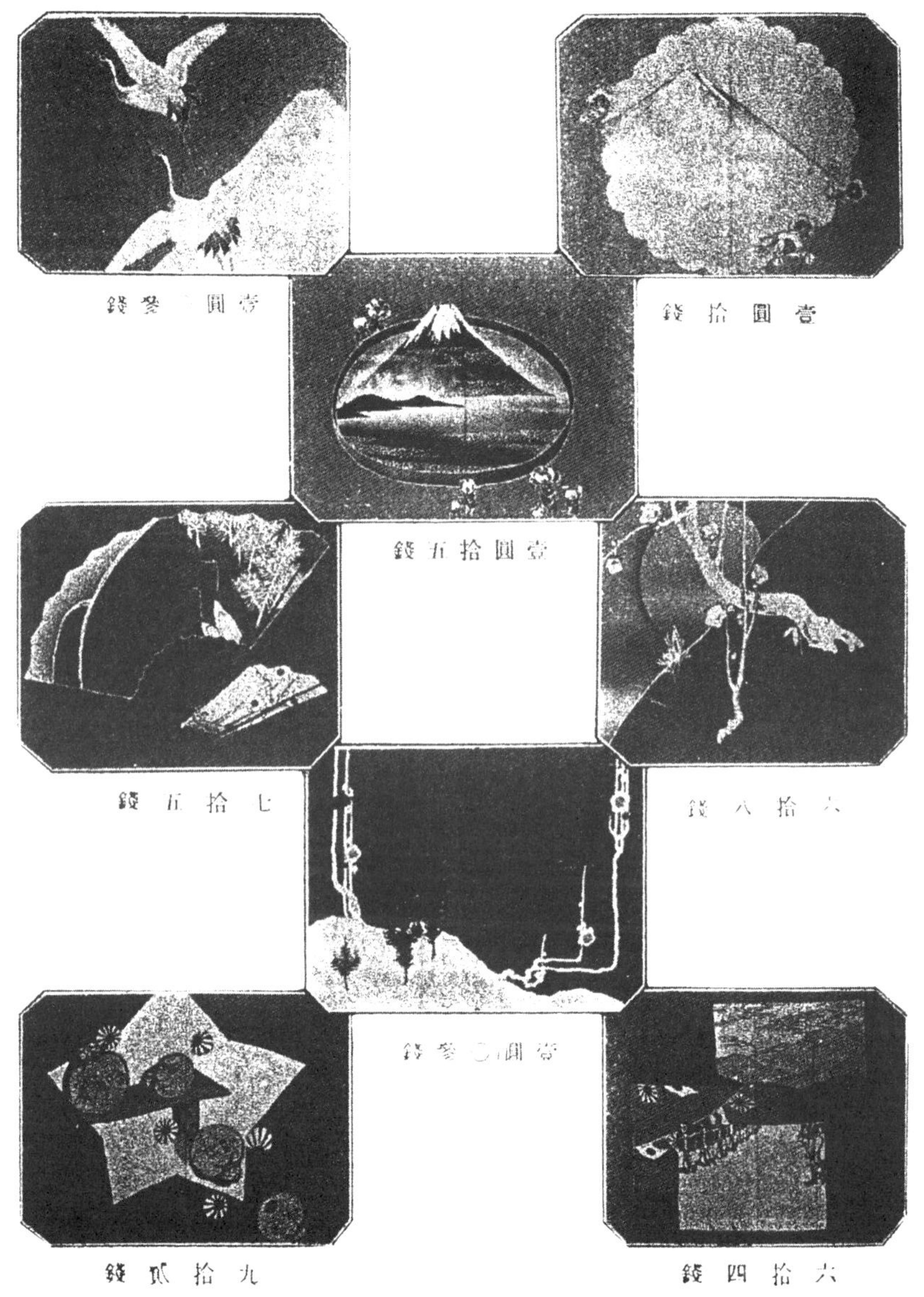

壹圓參錢　壹圓拾錢

壹圓拾五錢

七拾五錢　六拾八錢

壹圓〇參錢

九拾貳錢　六拾四錢

天人ショール二種

自然に美くしき粧ひを持てるものは鳥の羽に如くものなく、此の美しき鳥の羽にて造りたる、これを身に纒はゞ天の羽衣着たる乙女も斯くやらん。

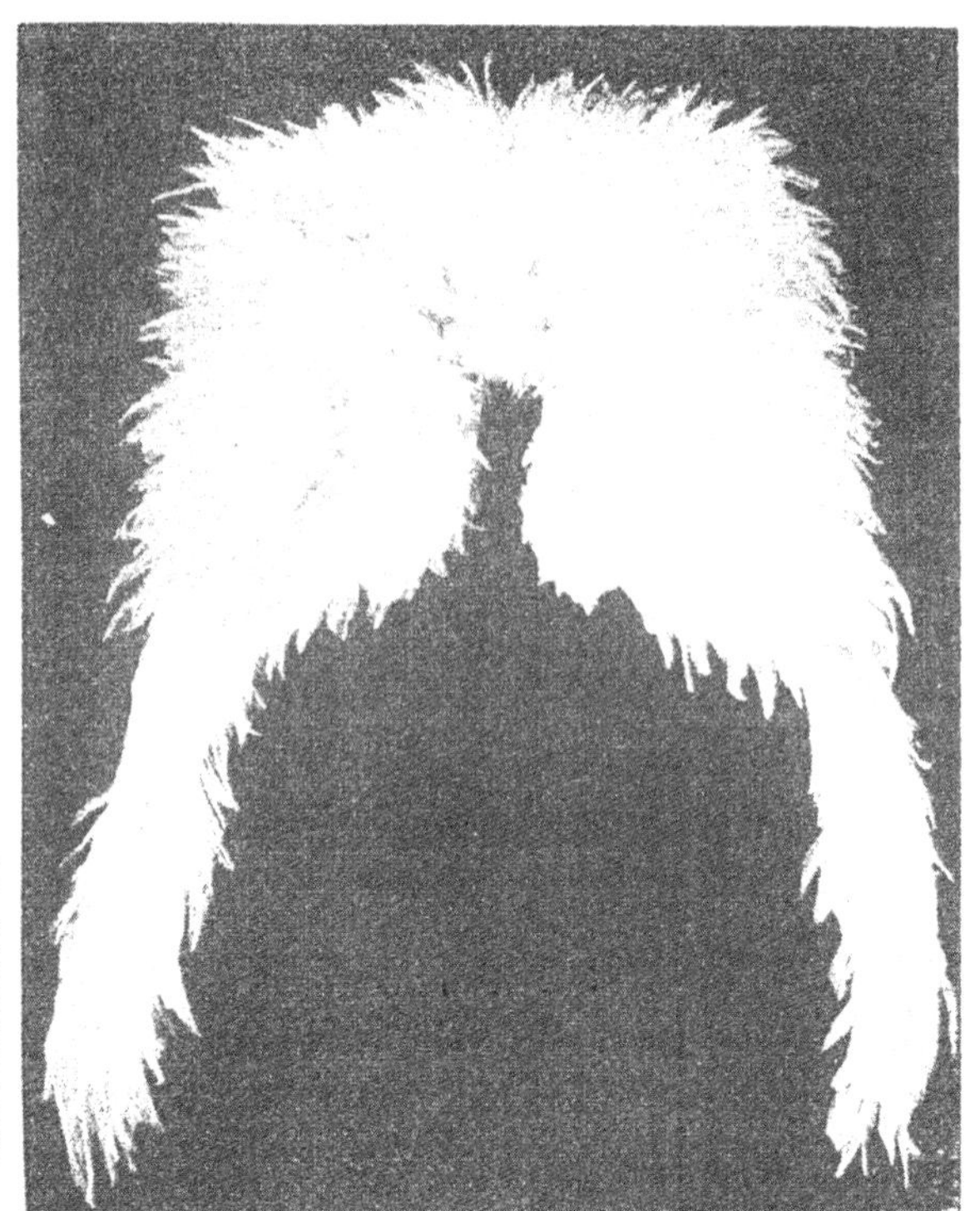

價　貳拾壹圓五拾錢

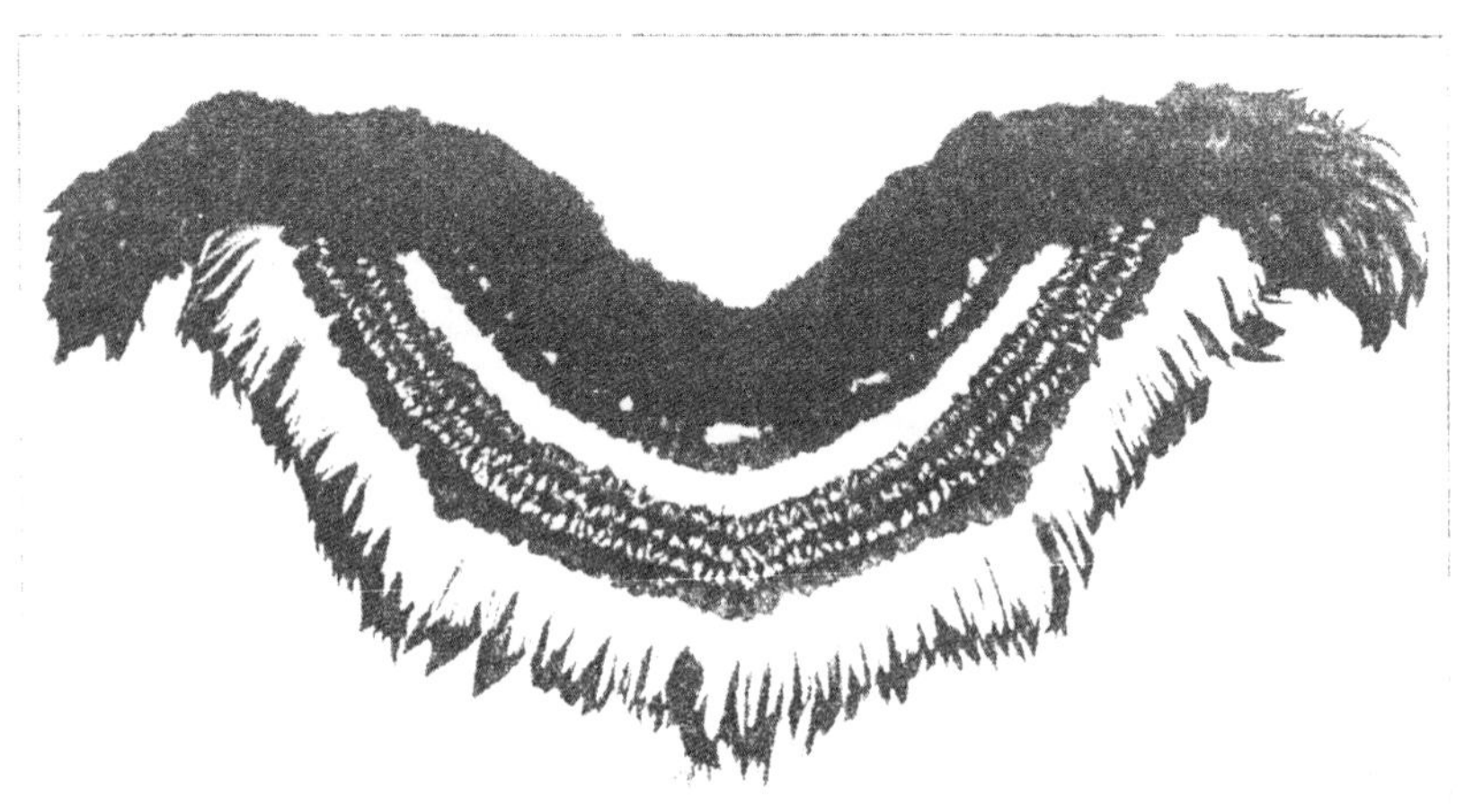

價貳拾七圓

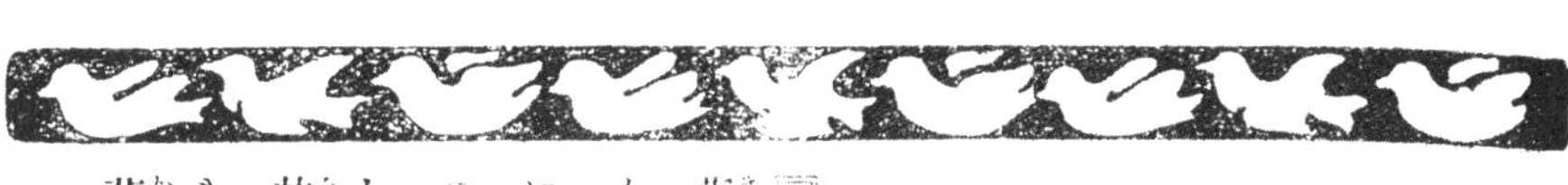

流行案内

『春もやゝ景色とゝのふ月と梅』此の句は舊暦の正月もなかばごろ、漸く月も朧になりもてゆきて、ちらりほらりと梅の綻ぶるに、閑に東風の香を運ぶなど、やゝ春景色の整ふさまを言ひあらはしたるものなるべし。

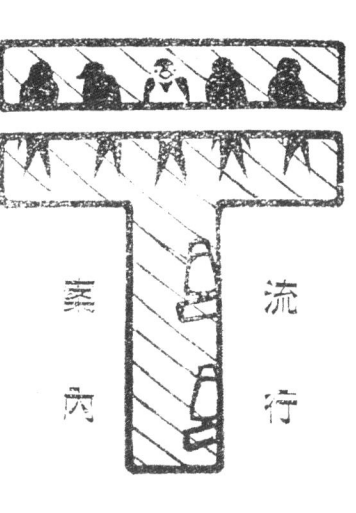

其の頃となりては大方の人々は漫歩に心うきて、『朧夜に惜きものは男女の影法師。』葛飾あたりの霜解け道に一足ぬきの畦畔を傳ふて隆達の流れ仇めく聲の珍らしくも聞ゆるなど流石に春の賜ものなるべし。

是よりは、『陽炎や今を出掛の茶辨當、』恁有る頃まで長き此の春を粧ふべき衣裳はいかなるものぞ佳からめとより／＼に撰びたてたる所を擧ぐれば

○春着　　白木屋呉服店見立

初卯詣を出初めに、鷽換ゑの神事、梅花も雪と咲き揃ふては臥龍に三顧する數奇人もあるべく、田舍道に時ならぬ菫花の薫り鼻を擽くに床しとばかり見かへれば、天使の天降り玉ふかと思ふばかり、氣高く美しき令嬢の蓮歩豐かにはこび玉ふ。

小袖は縮緬に山繭糸もて細き七五三を織り出したるに、栗葡萄か藍葡萄色の類に、灘酒と江戸裙に光琳風の文様を染め落しの三枚重ね、言はねど紋は三所なるべし

◎羽織は鶉縮緬か山繭入り縮緬の花葡萄、先は赤みがゝりし無地紋付き。

◎帯に厚板を用ゐられしは畧着としての故なるべく、色は松葉鼠、路考茶、焦茶の類に有職文様は温和しく、平目に結びて帯揚げの中心も高く際立たぬを用ゐられたるは、羽織の腰のわざとらしく膨らまぬにて奥床しく思はる。足の運び徐かに折節赤地友禅の長襦袢ちらほらと見ゆる、未開の紅梅笑ひ初めたるかの趣あり。

これに伴ふ夫人の服装は、

◎小袖は同く山繭入縮緬無地の三所紋、色は生壁か消し炭色、裾廻しには表に似合ひの色羽二重、振り八ッへ紅色の見ゆるを厭ふ澁い向きでは表か裾廻しの友裂をつくべきか

◎羽織は鐵納戸、生壁色、錆鐵、錆葡萄の如き濃き色のもの

◎帯は繻珍か唐織か、黒の友ぬき文様とは沈着なる好み

◎長襦袢は縮緬の白地に墨畫の梅、幹に金泥の流しこみ、根締めに極淡彩はねこみの水仙は何れなにがし畫伯の筆意に倣ふての行きかたならん。

此の二人を前に立たしてシガーの煙り薫らしつゝ、細き自然木の洋杖を、突くにもあらずたゞ徒に、道のほとりの小石など打ちながらに獨りほくそ笑みつゝ行く紳士はいづれ糸織でもなく高貴織も面白からずと、艶なきものを好む筋なるべく。

◎小袖は紋御召の錆鐵地、地文は角通しか行儀霰の極細かいもの。これも同じく三枚重ね。

◎羽織は羽二重か魚子の黒紋付は言はずもが

な、或は寒さ凌ぎに大島紬若くは本八反、山科扶桑織などのうちを選びて書生羽織も散策着としてうち見にも脹やかに暖かく見らる。

○帯は繻珍か紋博多か、グッと澁く無地茶か錆鐵の綴錦、ほんのお咒ひほど掛け端へ古代更紗など織り出したるは粋人社會の底到りと唱ふる筋ならんか。

○○○長襦袢は此の頃が最も期節なるべく、先着心の佳きと上衣との馴染み工合から、どうしても縮緬の外に適當のものはなく、これを焦茶、藍鼠、錆鐵の類を地色にして思ひ切つた元祿文樣、所々に匹田をあしらふなどは榮耀に餅の皮ならん。

或は極細かい友禪縮緬にして、その袖だけを前の色無地に無双の裏袖、奥に爪のりと古代文樣などの手を擧るとき微と見ゆるも奥床し。

此の一行はいづれ橋本あたりに御輿を据えらるゝならんなど、心に描きたる所を事實にして、初夢ばなしを書くの通り。

○戰捷紀念のカフス鈕三種

三種とも純銀製にて

（甲）

甲は八重櫻の中へ浪に旭日を美しき七寶になし裏鈕は軍刀。

（乙）

乙は錨に櫻花これも七寶にて裏鈕は魚形水雷。

（丙）

丙は蹄鐵形に櫻花の七寶、裏鈕は軍刀にて海陸軍の勇ましきな慕ふての意匠

右價は　貳圓三拾錢以上いろ／＼有り

○肩懸け及び頸巻き

相變らず處女、ことに女學生向きとして愛用せらるゝは獅子毛の頸巻きである。溫を保つと持ちの良いのは一等であろー、又見た眼にも活潑であるから近來の運動會などは多數を占めて居る

價 貳圓四拾五錢

右いづれも白木屋呉服店調べ

○金製簪三種

京橋鎗屋町 萬久製

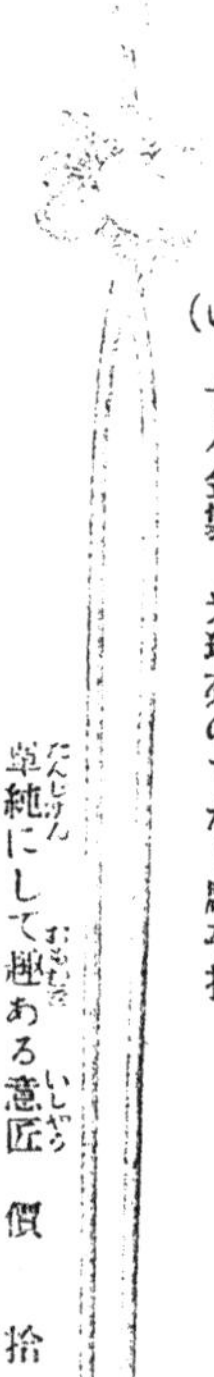

(い) 十八金製、光琳菊のすかし彫平打

單純にして趣ある意匠 價 拾參圓

(ろ) 十八金製

優しく松葉を組み合せたる透し彫平打簪、中には純白のダイヤモンドを爪留に

常磐の松の深みどり

價 貳拾九圓五拾錢

(は)

(は) 二十金製 巴形の透し彫平打簪、

價 拾五圓六拾五錢

○戰捷紀念帶留

敷島のやまと櫻は皇國の花の目に倦かぬ、優しきなかに凛とした所のあるが日本婦人の侵しがたい所。これにリボンを結び添えて、我が大國の婦人はかゝるなかにも櫻かざして今日も暮しつの餘裕ある所を表したるものか

又一つは輝く朝日に名譽ある聯隊旗をあしらひたる、赫々として四海を射るの趣あるいと勇まし

下谷池の端 玉寶堂製

何れも繻珍の紐も貴金屬製の金物付き價は一圓五拾錢位より數等ありて金屬の位と鏤めたる寶石のそれによりて何程までも好みによりて調製するよし

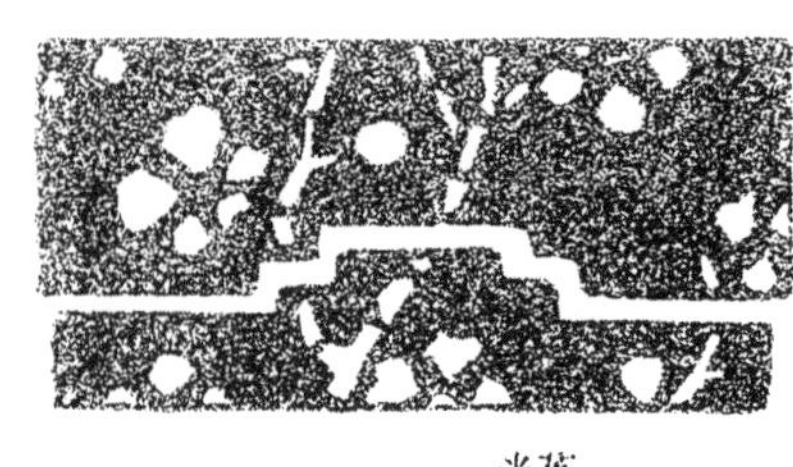

英米貴女紳士交際法（承前）

北盧譯

貴女の部

應接室の飾附は、先づ花瓶には新らしい花を生け、期節が冬ならば煖爐の火を、愉快さうに焚きつけ置など、出來得る限り室内を見好くするが第一である、室の眞中の卓子は、全然取除けてしまうか、または隅の方へ片寄せて置くべきである、これは通行の邪魔になる計でなく、眞中に卓子などありては、室がどうしても狹く見えて思はしくない、其處で主婦は客の入り來ると同時に、會釋せんが爲め、室の入口と眞向に席をとりて、調度類が客の入來るに、妨害にならぬやう氣配するのである、下男（または上女）は先づ主婦に通ずる爲め客の姓名を尋ね、それより室の入口まで案内して戸を開くべし、此際戸を敲いてはならぬ、客室の戸を敲かずに明けると云ふは、大に其室の奧床しさを示すのである。

客がいよ／＼室に入りたる時、主婦は之を迎ふる爲め二三歩前へ出る、して遠方から來た客である時は、主婦は直ちに呼鈴を鳴らして茶の仕度を命ずるが法である、併し遠方からの客でなければ、四時迄は茶を出すには及ばない。そこで主婦は客の近くに着席して面白さうな談話を初める、其内第

二の來客があれば、主婦は勿論其方へ餘分の注意を與へねばならぬ、最後の來客に最多の注意を與ふべしとは一定の法式である、斯る塲合に處し如才なき主婦は、何とか氣轉を利かし、直に前客を談話の仲間へ引入れる、決して前客を手持無沙汰の悲境へ落す樣な不手際はせぬ。

人を紹介するは交際社會最難事の一つである。

客と客を紹介すべき塲合と、紹介するに及ばぬ塲合とを見分ける目端は、却々六ヶ敷いもので、只長年の經驗による外はない、主婦たるものは客が互に紹介を希望居ると云ふ事を、確と見定めた上ならでは、紹介の勞をとるものでない、二客同時に吾家に落合うたと云ふ、只其丈の理由で双方を紹介するは、最も粗忽の仕方である、併し紹介しても差支がないと云ふ相當の因緣障害がないならば、未知の兩人をして互に知合ふ仲たらしむるは、一般樂しい事である、されど斯樣な折には必ずしも本式の紹介を行ふの要はない、只談話の中にそれとなく姓名を漏らしても、兩客に談話をするやうに取廻はせばそれで宜いのである、例之へば「私が只今スミスさんに御話申した通り」とか、または「ハイ其事は此ヂョーンスさんが能く御存知で御座います」など云ふ安排にすれば宜しい。

下男の無い家では上女が午後の茶を持つて來る、そこで主婦は茶をついで自ら客に供へる、尤も若い娘のある家では、其娘が母に代つて供へることもあるが、二品以上の食物を客に供する必要はない、同時に供へられるやうに、蒸餅パン、バッターと云ふ

様なもので、二品ぎりを出すが便利であるが、此邊の些事は其家々の風もあることで、何れにしても差支はない、パンとバッターの外何も出さぬ家もあるし、ショート、ブレッド（バッター、砂糖抔を入れた砕け易い菓子）や温かきバッター入の蒸餅を出す人もある、先づ手製の茶受蒸餅が一般人の好む所である、併しこれは少し手際を要するものであるから、其道に達したものを使はなくてはならぬ、贅澤な人の中には、サンドウィッチや種々なボン／＼糖を出したりなどする向もある。

午後の茶の席に用ゆる卓子には、器用に出來たものも色々あるが、蒸餅パン、バッターを入れる様に、下に棚の附いて居るのが、一番便利である、雪のやうに白い卓子掛は殆んど缺くかべらざるもので、室の眞中が明るい程パッと白いのは何となく愉快に感ずるのである。

午後の茶の卓子に用ゆる覆布は、成丈綺麗で瀟洒としたものが宜しい、地合は殘らず純白でレースの縁を附けたものか、または日耳曼風に地の糸を抜いて、何か摸様を顯はしたものなぞは最上の内である、又青糸や金糸で縫箔したサキソニー製も上品である、そして蒸餅よりもそつと實のあるものを供する時の用としては、覆布に相當せる縫箔のサーヴイエット（小さい敷物）を客の前へ敷くこともある、併し尋常の家の主婦たるものは、午後の茶事には餘りはでな事はせぬがよいと思ふ、種々贅澤な食物を出す風は、中餐を九時にすると云ふ、驕奢の仲間でする風儀である。

（以下次號）

育兒法

前號のつゞき

叢軒

授乳法の前號に漏れたるを玆に補ふべし。

若し母が身躰に惡き所あるか、乳房に痛みあり或は醫士に乳を哺ませることを禁ぜられたる場合、殊に母が脚氣症に罹りたるときは一滴も其の乳を哺ますることを禁ぜさるべからず、極めて輕症の脚氣といへども其の乳を哺ませつゝ知らず識らず兒を大患に陷らしむること世間に少からず、俗に蟲の爲めに一夜のうちに取られたりなど云ふこと有り斯の如き多くは母の脚氣症に罹りつゝある乳を哺みたる爲め可惜其の兒に感染したるを知らぬ間に衝心して死に至らしめたるもの概ねこれなり、實に不注意も亦極まれりと云ふべし。

若し小兒が乳を吐きて、その口の圍り青色を帶ぶるを見ば、時を移さず醫師の診察を乞ふべし、恐らくは脚氣衝心に瀕し居るの徵候なればなり。

又萬一小兒を喪ひたる後、其の乳房は兒を喪ひたる事情を知らずして乳汁を分泌し、漸く膨脹して終に腫物となることあれば、毎日努めて微溫湯を以て乳房を洗ひ、更に乳房を擦み柔らげ、搾乳器にて乳汁を搾り出し、水に浸したる木綿の布にて乳房を覆ひ冷すべし、若し等閑にして膿潰せしむるときは竟に醫師の切開術を要するに至る實

に畏るべきことなり。

偖産婦が日々の仕事は縫物、刺繍、編物、讀書の如き視力及び手腕を使ふことは最も不可なり。斯の如きことを爲すの暇あらば、産室の掃除、空氣の交換に注意し、小兒に規則正しく乳を哺ませる等を第一の勤めとすべきなり。

産婦の外出は、分娩後凡十日以後二た七夜目のなかば頃より日中一二時間位づゝ蓐を離れ、徐々手廻りの用事に手出しするも可なり。舊來産後六週間内は外出を嚴禁すると云ふが如きは抑々酷なり。身躰の調ひ次第氣分爽なるに於ては隨意にすべく、殊に時候により夏時は三週間位より徐々外出するも妨げなし、秋の始め春の中頃は三四週間屋内に於て十分養生し、徐々外出するを良とす、多くは其の頃天氣變り易く且風あればなり。

是より小兒教養法及び乳の事を説く可し

四海を併呑し宇内を席卷すべき程の英雄豪傑と雖も皆呱々乳を覓めし嬰兒より成れるものにて、是れ則ち母氏の敎養宜しきを得たるの結果なるべし。蓋し生れながらにして賢明なるは即ち稀なり、皆第二の性に因る故に適當の敎養を十分施さゞれば有爲の子女を造成せず、富國强兵の基は國の衛生に在り、特に小兒及び婦人に對して最も必要なる條件なりとす。

故に小兒を敎養するに造次顚沛にも忘る可からざるは、只無病に育てるの他、强壯に、活潑に、且山川を跋渉して勞を知らざる的に育つるを良しとす是母氏の責任なり。

要するに小兒は人手を掛け鄭重にする程孱弱に流れ易きものにして、彼の上流社界の

家庭に多く孱弱なる子女を出すは職として乳母保姆等の鄭重に過るに由る、是れ小兒は成るべく天然に任せよといふが小兒教養法の精神なればなり。

古人言へることあり、『小兒は草木の春に長ずるが如く人巧を假る可からず、但其の飲食を愼むのみ』と又曰く、『小兒を育つるに三分の飢と三分の寒を帶ふべし』と實に千古の金言なり。曾て三島博士は『注意して放任せよ』又『氣を付けよ、手は付けるな』と言はれたり是亦一言以てこれを蔽ふものと謂ふ可きなり。

此の精神を以て子女を育養するは即ち國家富强の基礎を作るものにして此の家庭のしるべ中育兒法の忽せにすべからざる所、故に小兒敎養法の本文を履行するには必ず眞の愛情を基礎とすべく、人の親たる眞の愛情とは漫りに子女の寵に溺れ、柔弱爲す無きの子女を造るに非ずして前にも言へる眞誠の愛情を指すものなり。（以下次號）

「先生娘が今朝ほど眩暈まして殆んど一時間といふものは一切夢中の有様で……」
醫士「イヤ敢て驚くに足らずじや、世間には一生夢中で居通しの人物が澤山有ちやてな」

"Doctor, my daughter had a fit this morning, and continued for an hour without understanding." "Oh," "replied the doctor, never mind tha, many people cotinue so all their lives."

笑門

丈八述

元日や昨日の鬼が禮に來るナカと申しまして一夜明けますと何事もお陽氣になります、同じとでも平常は、旭と申しますが元日は初日の出など丶申しまして、別段に他所行きのお天道樣がお出になる譯でも厶いませんが又有り難さが違ひますような心持ちで、同じお爨が大きなお尻をふり／＼輝だらけな手で汲んで來た水でも、新しい手桶に輪飾りを掛けますと、是れが若水と改名致しまして切火をかけて頂いて飲みますよーな譯で、何も彼も神神しくなります。海上遙に見渡せば、七福神の寶船と高い調子の二挺三線で、糸の上下から撥のひつかゝり次第に搔き廻して參ります。後からヤンレ目出度やと暢氣な聲で萬歲がやつて來る、御慶申しますと門口から名刺の配達して歩行く「長松が親の名で來る御慶かな」とは元祿時代から穿つた發句であります。」斯う何から何までがお目出度づくしのなかで厶いますから一寸福鼠といふ昔のお噺しで御機嫌を伺ひましよー

初代　談洲樓焉馬作

今は昔甲子の夜、白鼠一疋來り見て居る內十二疋子を產む、その十二疋がまた十二疋ツヽ產むとだん／＼產で二三千疋になると出ていつて暫く過ぎて大きな鼠は大判を咥えて來る中鼠は小判小鼠は小粒を咥えて來る、後には千兩筥を車に積んで鼠が曳いて來るやら、寂ら內に置き所がないゆへ居所

に困り二階へ上ると又、二階にも居られぬ程金をはこぶ、戸を明て庇へ出よーとすると、庇へもだん〳〵金が積んである、こいつはたまらぬと漸く大屋根へ逃げて出、ほつと息をついて居る間に出ることのならぬよーに金をならべ、下を見れば大勢の鼠が車で金を積んで來る、コレハたまらぬ、ア丶寶船〳〵。

紙　鳶

凧の唸りの聲といふものは陽氣なものでありまして、二枚凧のびん〳〵から大凧のゴーゴー鳴り響いて居りますのは何となく勇ましいもので、併しながら東京市中は電信、電話、電車の線を蜘の巣のよーに線が引つ張つて有りますから、全で銅網のなかに居る動物園の飼ひ鳥のよーで凧どころの話しではムいません。けれ

ども場末の空地などでは今でも紙鳶を揚げて居ります。

『お爺ちゃん、此の凧は大きくつて坊には揚らないから揚げてお呉れよ、ヨーお爺ちゃん、ヨー揚げてお呉れッてばー』

『蒼蠅せーなー、獨りで揚げろよ』

『だつても坊にやー揚らないものー、ヨーお爺ちゃん』

『チョッ詮方がねー、サー來い揚げてやるから……』と到頭引つぱり出されました。

邊りに障害物のない廣い所へやつて來まして、例の紙鳶の糸目を坊に持たせて手繰つて見ると面白いよーに揚ります。

底で親爺も面白いから頻りに手繰つたり糸を出したりして居ると

『お爺ちゃん、揚つたら坊に持たしてお呉れよー、お爺ちゃん』

『待て〳〵』

『お爺ちゃん、坊に持たしてお呉れよー』

『チョッ、待て〳〵蒼蠅さいなー』

『だつて坊やの凧だーね、よー持たしてお呉れつてーばよー』

『エー蒼蠅せー』ポカリ頭を敲たから堪らないワッと泣き出しました。親爺眞赤になつて怒つて

『チョッ蒼蠅せー奴だ、乃公が凧を揚げて居るのに、此樣に蒼蠅せーなら此の餓鬼を連れて來なけりやー能かつた。』

丈八日、世間稱二後見人一者此類甚多、以爲レ戒焉

茶道

主方の續

勇猛精進菴

床の事

床には必ず掛物を掛なければなりません、掛物のかけよーは、先中緒を解きまして勝手の方へ其の中緒をグッと締め寄せて表へ見へないよーにしまして、掛物の眞中を左の手に持つて、風帯を其の持つた手の兩脇へ下げて折り目を能く伸ばし、夫れから右の手で懸け緒を持つて、勝手の方の足から床の上へあがつて栓にとくと掛けてから兩の手で軸を持つてする〳〵と下げ、少し裏へ巻き返して更に表へ巻き返すと巻き癖がなくて可うムいます。而して直を見て床の下へおりて又よく直を見歪みが有りましたら幾度でも掛け直すが宜しい。

惣て掛物は朝の茶なれば前夜に掛け、晝の茶なれば朝から掛けて置きますと落ち付いて宜しうムいますが、掛たては何となく淺間に見えて不可ません。

風帯は掛け木際と先の折り目をよく〳〵逆に折り返して眞直になるよーにして、中と上下の切り繼ぎ際で止まるよーに爲るのであります。先の折り目が高くなつて、端が切り繼ぎ際より上になるのは甚見苦しいものであります。

掛物の栓は竹を一分半四方に削りまして細面を取ります、打つときに上へ反る加減に竹の皮目を上に向けて打ちます、栓の出は九分が定寸ですが一寸までは宜しう厶ります。而して臺輪まわりから九分下げて打つのであります。

大横物を掛ける栓は三所へ並べて打ます。

其の打ちかた寸法は

中　　前の通り

兩脇　長さ一寸、臺輪より一寸下げて打つ。

大横物の掛け方は、中をかけ、夫から我が右をかけ、左をかけて而して中をはづすのであります

これを巻きますには中を掛けまして左をはづし、夫から右をはづして後は常の通りにすれば宜しい。三幅對を掛はづすにも此の順にして可しいのであります。

掛物には自から禁好がありまして先は心を練るの戒ともなるべき語或は書賛などが宜しいので、歌も戀歌は歌がらによりて斟酌せねばなりません。床は亭主の持佛堂といふ譬喩が有りますが實に尤のことゝ思はれます。

因に曰、戀歌を嫌ふこと、彼の僧正遍昭の歌に、天津風雲の通ひ路吹きとぢよ、乙女の姿しばしとゞめむといふあり此の詞書に五節の舞姫を見て讀るとありしによりて、既に此の歌を讀み出でましたときは出家して遍昭と稱して居りましたにも拘らず、古今集編纂の時此の歌を入るいに俗名の宗貞で編入されて居ります、是は此の歌が舞姫に心をよせて讀めるよーに聞こゆるといふ嫌ひから編者が僧正の名を避けて俗名を記した譯でありますが、定家卿は舞を愛た歌で少しも好色の歌ではないとの批評で小倉の山荘に百首

絹絞り六種

地色は 利休茶、牡丹色、オリーブ、焦茶

價 七圓より八圓まで

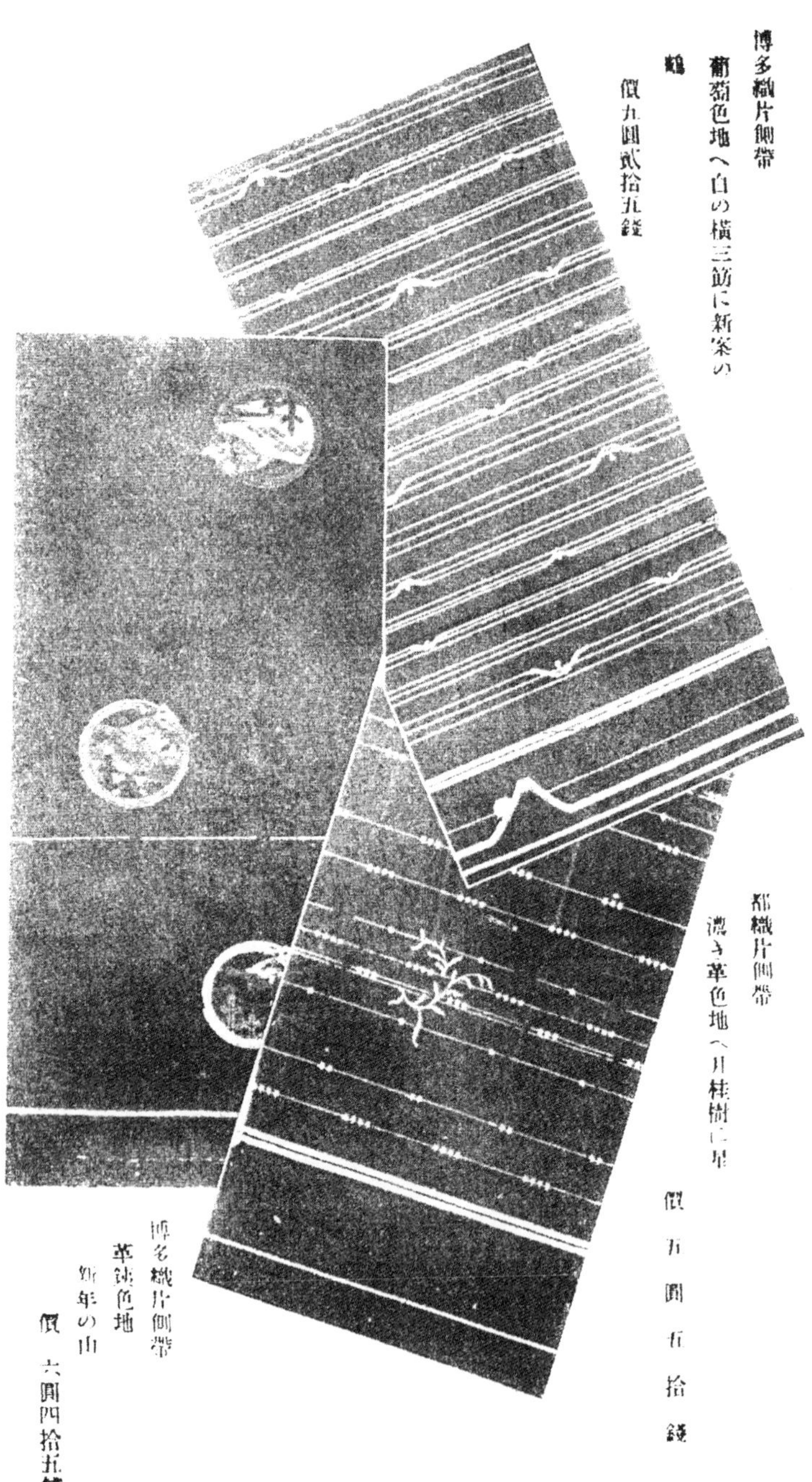

博多織片側帯
葡萄色地へ白の横三筋に新案の
鶴
價九圓貳拾五錢

都織片側帯
濃き革色地へ月桂樹に星
價五圓五拾錢

博多織片側帯
革鉄色地
新年の山
價　六圓四拾五錢

角形枕蒲團

紅地天鵞絨に毛糸玉縫ひの花一本其配色の巧妙目を驚かすばかり

價七圓也

寢臺用長枕蒲團

鶏卵色繻子と金茶天鵞絨とのはぎ合せ
渾て洋紅色の花と草色の葉をもて唐艸を織出したる美くしきもの
（價…八圓三拾錢）

博多織片側帯
利休茶地、白赤の子持と白の一本筋巧妙なる唐花もやう
價　七圓貳拾錢

博多織片側帯
濃きチリープ地優美なる菊花もやう
價　六圓八拾五錢

の歌を撰ばれた時には僧正遍昭の名を記されたとのことで有ります、で歌がらを撰びますには大に勘辨のいることゝ思はれます。

床に軸前、軸脇、軸先といふ事がありまして、軸前とは床の眞中を申します、軸脇は客付きの方て謂はゞ上座の方、軸先とは客の向ふの方で勝手に付いた方であります、此の軸脇軸先等の名稱は後段に追々入用のことが出て來ますから能く〱記憶して置かれたく思ひます。往々床に向つて左を軸脇右を軸先などゝ教える人も有るよーですが數奇屋の作り方に依つて上座下座の差ひも有りますから、右左では極められません。

(以下次號)

雜録

本欄には大方諸彦の投稿を歡迎す

花の江戸と東京

鐘ひとつ賣れぬ日はなし江戸の春。これ其角が江戸の繁花を歌ひ盡した名句である、彼の兩國川開きのときの句に、此の人數舟なればこそ涼みかなと好一對で有ろー。此の如き繁榮の絶頂とも稱すべき元祿の昔、彼れ其角が住みたる茅場町日本橋區の菴はいかなる所で有つたかといふに同人が北の窓と題した文章の一節を見るとその梗槪がわかる。

北の窓とは讀で字の如く其角が住家寶晋齋の北の窓を題したもので、其の文の初に。

『わが栖む北隣に芦荻しげくおひて笹阿めなる地あり、茅場町といふ名にふれて、昔は海邊なりしを、今は榮行家作りして山王權現の御旅所とさだめ、藥師ほとけたち給ふに、堂のかみばかりたゞほのかに繪にかけると見ゆ。空地は水をためて池めかし、深草の人しなければ蓼の花穗に立のび、なもみ箒木色つきわたる雨風につけても虫の聲聞まさり。云々』

東京市日本橋區茅場町の藥師如來の安置してある所は熱閙の中心と云つてもよい、昔から日本橋を江戸の眞中としてある、その日本橋から僅に五町以内の所であるのだ、毎月八日の縁日に人の群集することも古くからのことで現に坂本町に縁日の度毎植木屋が夜業をする所を植木店と稱する字名がある、又月の八日は茅場町といふ俗謠も古ひものだ。

此の熱閙の茅場町もその頃は芦荻生ひ茂つて虫の聲さへ聞かれるほどであつたとみゆる。

又その文の續きに
中略 北に轉寐して炎夏わづらはしからず、竹の簀子に這出て螢をかぞふるもはしたなし云々』

中略 隣づからのうつろひ、前栽かまへんとて溜堀はらふにや、例の八月十五夜には罌粟のたねまくわざなん、冬菜の畑うちならすにやあらんと見れば、尾花鷄頭菊女郎花所せくまであるも堀捨たる、無下に風景を殺せり云々』

是で其の大凡が知れるであろー。先此の文章の表から見ると江戸の眞中も荻吹く風に驚いて螢の飛ぶありさまを、緣日商人の蟲賣を待たずとも見られたもので有ろー。此の田舍びた江戸の時代が寛濶の伊達競へで、男達の六法丹前姿、所謂元祿小袖に衒耀を競つた世の中である。

物變り星移つて二百餘年を經た明治の江戸は東京となり、五層三層の建物は甍をならべて防火線内は木造板屋を許さない、此の人家櫛比の東京の內容は如何で有ろーか、恐らくは田舍びた元祿時代と反比例を爲しては居るまいか?。

◎諸國風俗と方言

陸中南部　中村生

僕の國の方言に都て水槽のことを「キッ」といふ詞が有ります。

風呂場の水槽でも馬に水飼ふ用器などみな「キッ」と申します。

其の「キッ」といふ詞で思ひ出しましたが、曲亭馬琴の作で有名な八犬傳、中に就いて名文と賞されて居ります彼の犬塚信乃が下總の古河へ出立の前夜濱路訣別の件に、伊勢物語の和歌を引いてあります、其の歌は

　夜明けなばきつにはめなん腐鷄の
　　まだきに鳴きてせなをやりつる

といふのでありますが、是を漢字で釋して

キッ……狐　ハメ……啗

此の文字が傍らに附して有ります、て馬琴先生は「キッ」を狐と思はれたと見えましてそれで狐に啗はせるぞといふ意に解釋されたと見えます。

前にも申しまする方言の「キッ」は水槽であ

りまして僕の國には狐のことを「キッ」といふ唱えはありません。元來此の歌は業平朝臣が奥州へ下られた時に作られた鄙言葉の歌でありまして、其の歌の心は、

情夫と密に會して秋の夜の長きさへも明け安く思ふほどなるに、生憎鷄がはやく鳴いた爲めに情夫は夜明けに近づきしと思ひ違へて後朝の別れを惜む間もそこそこに歸りたり嗚呼憎き鷄よ、夜明けなば水槽に打ちこむで此の恨みを晴すぞよ、

といふ心であると思はれます。「ハメ」るといふことは川に「ハマル」池に「ハマル」など申しまして溺れるといふ意味に通じまして女色に溺れました塲合を「女にハマル」などゝ申しますのと同じ事であります。

これを馬琴先生が「キッ」を狐と誤つたのが原因となつて「ハメナン」を啗はせなんと解釋されたので有りませうが、狐は元來夜行する獸でありますのに、これに啗はせるのに夜明を待つ理由が有りません、玆に心付かないのは馬琴先生の千慮の一失とでも申しませうか、何事も能く／＼穿鑿致しませんではなりません、本號から諸國の習慣や方言を御募りになつて、これを貴紙に揭げて知識交換の媒介をなさるゝといふ御企ては實に有益此の上も無いことゝ存じまして不文ながら思ふまゝを投じました、假字ちがひや國訛りは宜しく御斧正を仰ぎます。

文苑

應募川柳　題　かるた

海邊の黒人評

人

越後　和漢蘭

身のいたづらに成ぬべきかるた會

評　昔しは物を思はざりけりと

地

京都　松花

歌かるた乙女の姿まづくづれ

評　其のうちが花

天

千葉　さとみ

かるた會下女社會主義發展し

評　勝負の外稀にも上下の隔てなしとや

次の題

川柳

若後家

右一月十五日〆切

玉吟届所　下谷區西黒門町四番地

家庭のしるべ發行所

但玉吟ははがきに御認めの事

一名三首を限る事

雅號の外表面に御宿所尊名かならず

御認めの事

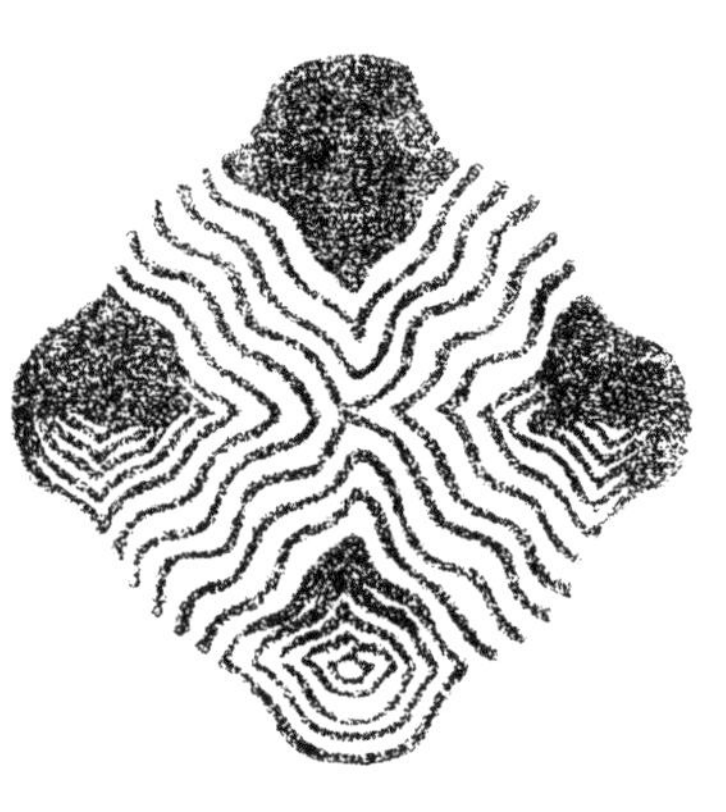

裁縫指南

物外居士

春の日にあふ軒の雪と元日から十五日までの日は早く立ちて、遊ぶ日の皆になること毎年我人あそび足らず、光陰にちがひはなけれど我が心に好かぬ事する時は同じ日を長く覺え、心に好きぬる遊びにはもう入相の鐘がなるかと惜しみぬとは、其碩が喩草に見えたり。」初日影微明に水天髣髴の間を彩るを合圖に、世は新玉の年とかはりて、天離る鄙の末々まで太平樂を謳はざるなし。況てうち日さす都の大路小路は、軒端〳〵の松に通ふ琴の音澄みて萬歳樂を歌ふかと疑はる。

七種の粥ばしら祝ふ頃までは回禮客の應接に驅られて稻つむ間隙もなく遊ぶ日の半を奪はれて、廣庭の追ひ羽根に腰元婢女のさゞめきを洩らすのは、齒朶の葉の縮みあがる頃である。漸く玄關に名刺の數も減つて未練らしく門松の翠盛り砂の山をぬいて、技葉は小梅あ

たりの瓦竈にどんどの烟り立つ頃となつて稍と我が體にかへつたよーに思はれるときはもー正月も唯の月と同じことゝは、扨も人生は忙がはしいもので有る。

萩園子爵家は豫ての約束によつて齋藤貞子の授業初めを當家に於て行ふ可く、門下の甲乙も此邸に集まるよーその案内狀は子爵家から貞子の名でそれ〴〵へ發せられたのであつた。

當家には無論客でありながら、授業初めの席には主である貞子は何かの準備もあるので定めの時剋より早めに來て壽子の部屋に陣取つて同伴の俊子をひき合せたのであるが、物に羞かまぬ俊子を對手に寧ろ師としての貞子より詞の數は多く俊子の方へ運ばれた。

子爵は今日一日を圍碁に取り除けたので斯の道の人の外は玄關拂ひの命令が下つて居るので、客の集まる間對手變らず主變らずに朝から數番を戰はしたのは舊藩中の偏屈人、布衣に甘んじて人爵を物ともせず、浮き世に拗た古武士氣質も、局面に向ふと妙に沈着して議論自から則に適ふので、流石に慾の碁客のよーに怜しい贏を譲つて彼の得意を買ふ如き事のないのを愛せられ、此所彼所を押し歩行て木履に灸の痕と絶たぬを誇りとして居る山田軍平といふ老措大である。子爵夫人は此の烏鷺の爭ひのなかに捕虜となつて無聊の體に忙しい頭腦を働かして主客を慰めつゝあるので竟に壽子の方へは未だ見えられないが腰元をして度々待遇の注意を拂はしめたので有つた。

頓て

『四五名様お出になりました』と取次の婢女が畏る〳〵襖の外の折り曲りの銀屏越しに聲を掛ると。

『では西洋間へお通し申して……』と壽子の吩咐に婢女は引き回した

『夫では先生も彼方へお出を願ひましよーか、今日は西洋室をお使用ひ下さるよーにと父が申し付けてゞムいました』と促したので

『夫れは恐れ入ります、では御一緒に……』

壽子の部屋の椽側から更に一間の大廊下へ出ると此所が和洋室の別れ際で、入れ違ひに立ち隠れの衝立がある、此の衝立の一面は光琳風の墨繪に白緑流しこみの槇の立樹の圖が描いてある、其の一面洋風室に向つて居る方は希臘の古彫刻物を摸した墨繪洗ひ出しの雕物であつた。

衝立からさきは世界が變つて庭の植込みまでが何となく趣を異にして居る、扉を開けて腰元が既に上履を並べて女護の島の湊に南風を待つといふ昔噺しをそのまゝ。

壽子の後に尾て貞子は俊子の手を引いて扉の内へ入ると、煖爐の温みに苔粘きの梅が八分の笑を開いて青梅の春の薫らして居る。

室の一隅に古色蒼然たる大日の座像が安置してある其の上に佛國畵博士の手に就つた裸體美人と古代羅馬の歷史畵が掛てある、中央の卓子扨は安樂椅子その他の調度何くれとなく善美を盡さぬはない。

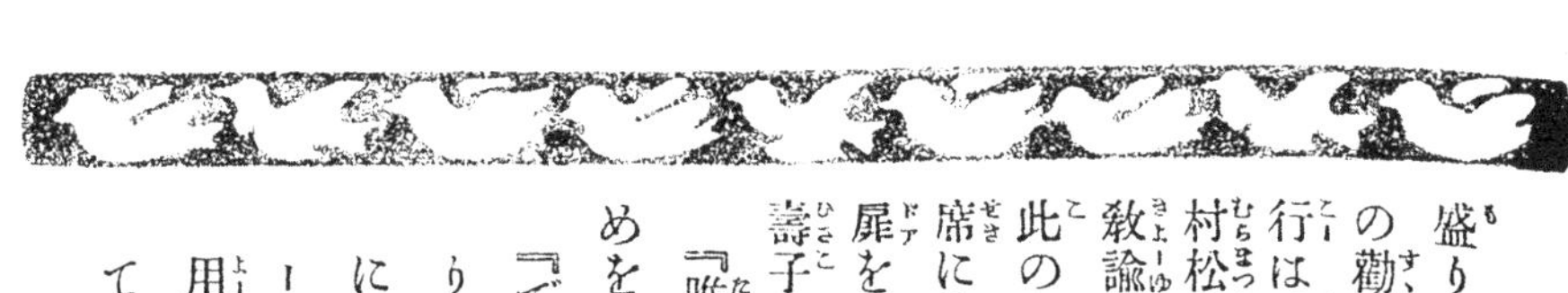

盛り花に時ならぬ薔薇菫の香を放つて蝶も舞ふ可く麗かに飾られた卓子を前にして、壽子の勸むるまゝに設けの席に就くと同時に、玄關傍の長廊下から直に此の室へ請ぜられた一行は總て八人、皆順路に據て誰かの家に集つての同伴で有ろー。

村松千枝子を前にたてゝ、滿江は例の嬌やかに、續いて入り來るは年末の學校休みから某敎諭の紹介に依つて自宅敎授を託された甲乙である。

此の人々を式の如く壽子に引きあわせて、それ〴〵の挨拶も流石に學校育ちの簡短に、各席に着くと侍婢は紅茶を卓上に置き並べた。

扉を輕く叩く音に壽子が許しの聲につれて入り來る侍婢が『姬樣召します。』

壽子は突と起て閾を排して出て往たが少許して席に戻つて

『唯今に母も皆樣にお目に掛りますが、暫時失禮致します。で其の間に先生にお稽古始めを願ふよーにとの申しつけでムいましたが如何で……』

『では直にお稽古に掛りましよー、恰度皆樣お揃でも有りますし、前々とは人數も殖て居り且は皆樣のお力に豪い高低も無いよーで有りますから、俊子を除く外一齊敎授の方法に致します、其のお積りで在つしやい。今日は女袴の裁ち方に致しましよー……、エー其の問題は

用布の幅二尺長さ一丈三尺五寸六分、之れで普通の襠なし袴を作る裁ち方積り方を考えてお出しなさい。』

用紙や鉛筆は既に人員に充るだけ卓上に備えてあるので、各壽子に會釋してそれ〴〵考案を盡して、先を爭ふとにはなくとも、速く答案を出したものは幾許か誇りの氣味で有つた。

貞子は一つ〳〵仔細に調べて順序よく積み重ねて出し了るのを待つのである。

出揃つてから更に一順調査して、

『尾崎さん』と白羽の矢がたつた。此の尾崎といふのは名を高子といつて廿歳を越した
ての學生である。

尾崎は聲に應じて起立した。

『皆様のが大抵大同小異でありますが、貴孃のが一番佳いよーに思ひますから皆様に示します、で若し質問が起りましたら貴孃答辯を爲さいまし。』

言い含めて答案書の中から尾崎タカと名書きの有るのを拔き出して諸生に筆記さすべく示した、其の裁ち方圖は

積り方

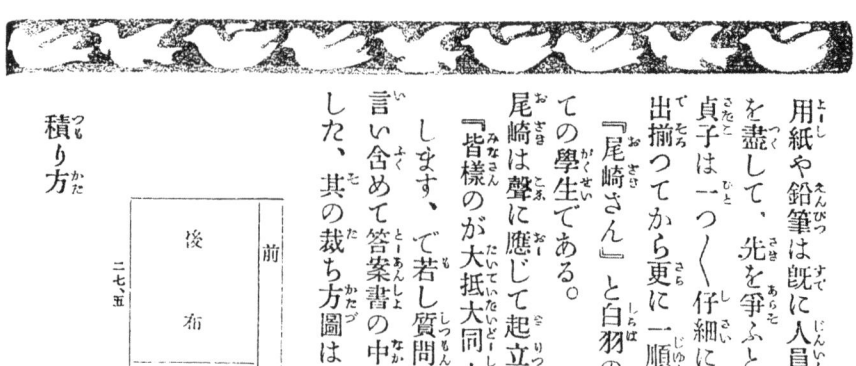

前紐
後布
仝
二
前布
仝
後紐
前奥
リコノ
仝
仝
二七、五
仝
二七、〇
二六、八
二六、三
仝

(135,6+,5×3+,4)÷5=2,75
後前ノ差　前布ノ切上　後丈

裁切寸法

後丈	二尺七寸五分
前布	二尺七寸内切上二分
前衽	二尺六寸八分内切上五分
後紐	五尺四寸
同幅	四寸五分
前紐	八尺二寸
同幅	三寸五分

諸生は思ひ〳〵に書き了つた。貞子は答案をその主へ返して
『縫ひ合せと襞取り方の圖は宿題にして置きますから、稽古にお出のときにお持參なさい。壽子さんはこの次上るまでに拵へてお置になりますよーに……。』
『妾も母の許しを受けまして是非お宅へ伺ふ心算でムいますから其のとき携て上りましよー』
長廊下を礑々と陽氣な足音で追ひ駈るよーに侍婢が二三人、流石に戸口に近寄ると漸く靜に歩行み寄つて先登の年嵩が扉を開いて

『公女お奥で骨牌が始まりますから皆様御一緒にお出遊ばしますよーにと奥様が仰有りつけで厶います……請願皆様御一緒に』と述べる後には無言の年壮が二人嬌婉と、心は既に奥の廣間に殘して藻脱の體ばかりソワ〳〵して居るので有る。

壽子も豫ては待ち搆えて居たのであるから、半腰は倚子を離れて

『先生御迷惑でも彼方へ……。』言ひ切らぬうちに立ちかけて一坐を促すので、諸生は貞子の心を酌みかねて躊躇て居る。

『では折角のお催してすから皆様彼方へ……、妾も御挨拶かた〳〵參りましよ！』と

貞子が案外に碎けたので一座が春の色を增して、壽子をさきに立ち上つたので、尾について來た年若の二人は、地金を包む術もなくなつて慌たゞしく長廊下を駈け出すと、年嵩のも續いて『お待ちなさいよ皆さん……。』と口ばかりが窘めても足は空に駈けるのであつた。

（以下次號）

甲「鎌栗君は近頃湯水のやうに金を消費ふぜ」
乙「すると無論僕から貸した金も償却て吳れるに違ひない」
（註に曰く liquidate なる語は償却と云ふ意義の外に流動物と云へる意義も有するが故に water なる語にひつかけて洒落たる字句的の一口話しなり）
"He spends his money like water." "Then, of course, he liquidates his debts."

本誌定價表　但本號に限り一冊金十五錢

一冊	金十二錢	郵税一錢
六冊	金六十五錢	郵税六錢
十二冊	金一圓二十五錢	郵税十二錢

本誌廣告料

一頁	金二十圓
半頁	金十二圓
四半頁	金七圓

○郵券を以て購讀料の代用を希望せらるゝ向は其料金に一割を加へて申受べし（但郵券代用は二錢切手に限る）

○本誌廣告扱所　京橋區南佐柄木町二番地　日本廣告株式會社

明治三十八年十二月三十日印刷
明治三十八年一月一日發行

編輯兼發行者　東京市下谷區西黒門町四番地　山口笑昨
印刷者　東京市京橋區西紺屋町廿六七番地　太田音次郎
印刷所　東京市京橋區西紺屋町廿六七番地　株式會社秀英舍
大賣捌所　東京市神田區表神保町　東京堂

白木屋呉服店御注文の栞

白木屋呉服店は　寛文二年江戸日本橋通一丁目え開店以來連綿たる老舗にして呉服太物一切を營業とし傍ら洋服部を設け歐米各國にまで手廣く御得意樣の御愛顧を蒙り居り候

白木屋呉服店は　呉服太物各產地に仕入店又は出張所を設け精良の品新意匠の柄等澤山仕入有之又價格の低廉なるは他に比類なき事と常に御賞讃を蒙る所に御座候故に益勉强販賣仕居候且洋服部は海外各織物產地へ注文し新柄織立させ輸入致候間嶄新なる物品不斷仕入有之是等は本店の特色に御座候

白木屋呉服店は　數百年間正札附にて營業致居候間遠隔地方より御書面にて御注文被下候とも値段に高下は無之候

白木屋呉服店は　店内に意匠部を設け圖案家畫工等執務致居候に付御模樣物等は御好に從ひ嶄新の圖案調進の御需めに應じ可申候

白木屋呉服店は　御紋付用御着尺物御羽織地御裾摸樣物等急場の御用に差支無之樣石持にて染上置候に付何時にても御紋章書入れ迅速御間に合せ調進可仕候

白木屋呉服店へ　染物仕立物等御注文の節は御注文書に見積代金の凡半金を添へ御申越可被下候

白木屋呉服店は　前金御送り被下候御注文品の外は御注文品を代金引換小包郵便にて御

送附可仕候

但し郵便規則外の重量品は通常運送便にて御届け可申候

白木屋呉服店は當分の内絹物の運賃は負擔仕候 但清國韓國臺灣は半額申受候

白木屋呉服店へ爲換にて御送金の節は日本橋區萬町第百銀行又は東京中央郵便局へ御振込み可被下候

白木屋呉服店へ電信爲換にて御送金の節は同時に電信にて御通知被下候樣奉願上候

白木屋呉服店へ御通信の節は御宿所御姓名等可成明瞭に御認め被下度奉願上候

東京日本橋區通一丁目

白木屋 呉服 洋服 店

電話本局 八十一 八十二 八十三 特四七五

大阪東區心齋橋筋二丁目

白木屋出張店

電話 東 五四五

白木屋呉服店販賣 呉服物代價表

●白地類

- 一白大幅縮緬　自二十圓　至三十圓
- 一白中幅縮緬　自十三圓　至十九圓
- 一白小幅縮緬　自九圓　至二十圓
- 一白山繭縮緬　自十二圓　至十七圓
- 一白紋縮緬　自十圓　至十五圓
- 一白鹽瀬　自十五圓　至二十圓
- 一白羽二重　自七圓　至十五圓
- 一白壁羽二重　自八圓　至十二圓
- 一白紋羽二重　自八圓　至十二圓
- 一白八ッ橋織　自七圓　至九圓
- 一白絹縮　自十圓　至十五圓
- 一金紗縮緬　自十五圓　至二十圓
- 一白市樂織　自十圓　至十七圓
- 一白本斜子　自十圓　至十五圓
- 一白京斜子　自十四圓　至二十圓
- 一白川越斜子　自七圓　至十三圓
- 一白信州斜子　自八圓　至十三圓
- 一白浮織　自五圓　至六圓半
- 一白綸子　自八圓　至十圓
- 一白本綸子　自十三圓　至十八圓
- 一白絹　自三圓　至四圓
- 一白紬　自三圓　至四圓半
- 一白奉書紬　自五圓　至七圓

●御袴地類

- 一茶苧袴地　自十六圓　至十八圓
- 一兩面織袴地　自二十圓　至三十七圓
- 一博多平　自十四圓　至二十圓
- 一八千代平　自十四圓　至十八圓

●男帯地類

- 一仙臺平　自十圓　至十八圓
- 一五泉平　自九圓　至十圓
- 一色琥珀平　自十圓　至十三圓
- 一節糸織平　自五圓　至七圓
- 一カシミヤ　自三圓　至四圓
- 一綴織　自十七圓　至二十圓
- 一繻珍織　自八圓　至十三圓
- 一博多織　自四圓　至十圓
- 一紋織博多　自六圓　至十圓
- 一厚板織　自六圓　至八圓
- 一博多兒帯　自二圓　至六圓
- 一繻珍兒帯　自三圓　至四圓

●御婦人帯地類

- 一繻珍丸帯　自十五圓　至百圓
- 一綴錦丸帯　自百圓　至二百圓
- 一厚板丸帯　自十六圓　至六十圓
- 一博多丸帯　自十四圓　至三十五圓
- 一支那繻子丸帯　自九圓　至十圓
- 一黒唐繻子丸帯　自十一圓　至十四圓
- 一色繻子丸帯　自十圓　至十六圓
- 一繻珍中帯　自八圓　至廿五圓
- 一博多中帯　自七圓　至十圓

●縞着尺地及御羽織地類

- 一風通御召　自十四圓　至十九圓
- 一同四丈五尺物　自廿二圓　至廿五圓
- 一縞御召　自十圓　至十三圓
- 一同四丈五尺物　自十五圓　至二十圓

一吉野入紋御召　自十七圓　至十八圓
一吉野御召　自十二圓　至十四圓
一無地御召　自十三圓　至十四圓
一扶桑御召　自十二圓　至十四圓
一風通糸織　自十二圓　至十五圓
一繻珍織　自十四圓　至十六圓
一桑都織　自十三圓　至二十圓
一縞市樂　自十三圓　至二十圓
一繋糸織　自十三圓　至十八圓
一吉野織　自七圓　至十圓
一八端織　自十圓　至十六圓
一本八丈　自五圓　至八圓

一元龜織　自十四圓　至十六圓
一光輝織　自十二圓　至十五圓
一大島紬　自十三圓　至二十圓
一大島風通　自十圓　至十五圓
一米澤琉球　自四圓半　至八圓
一結城紬　自九圓　至十二圓
一信州紬　自六圓半　至八圓
一上田紬　自七圓　至九圓
一伊勢崎銘仙　自四圓半　至八圓
一秩父銘仙　自四圓　至六圓
一節糸織　自五圓　至八圓

●友禪及染地類

一友禪中巾縮緬　自十三圓　至十八圓
一友禪小巾縮緬　自十三圓　至十七圓
一小紋縮緬　自九圓半　至十三圓
一更紗縮緬　自九圓　至十二圓
一板〆縮緬　自九圓　至十三圓
一玉糊縮緬　自九圓　至十二圓

一絞り縮緬　自九圓　至十三圓
一玉糊紋羽二重　自八圓　至十二圓
一友禪紋羽二重　自十二圓　至十五圓
一色紋羽二重　自九圓　至十三圓
一更紗斜子　自八圓　至十圓
一更紗奉書　自六圓　至七圓半

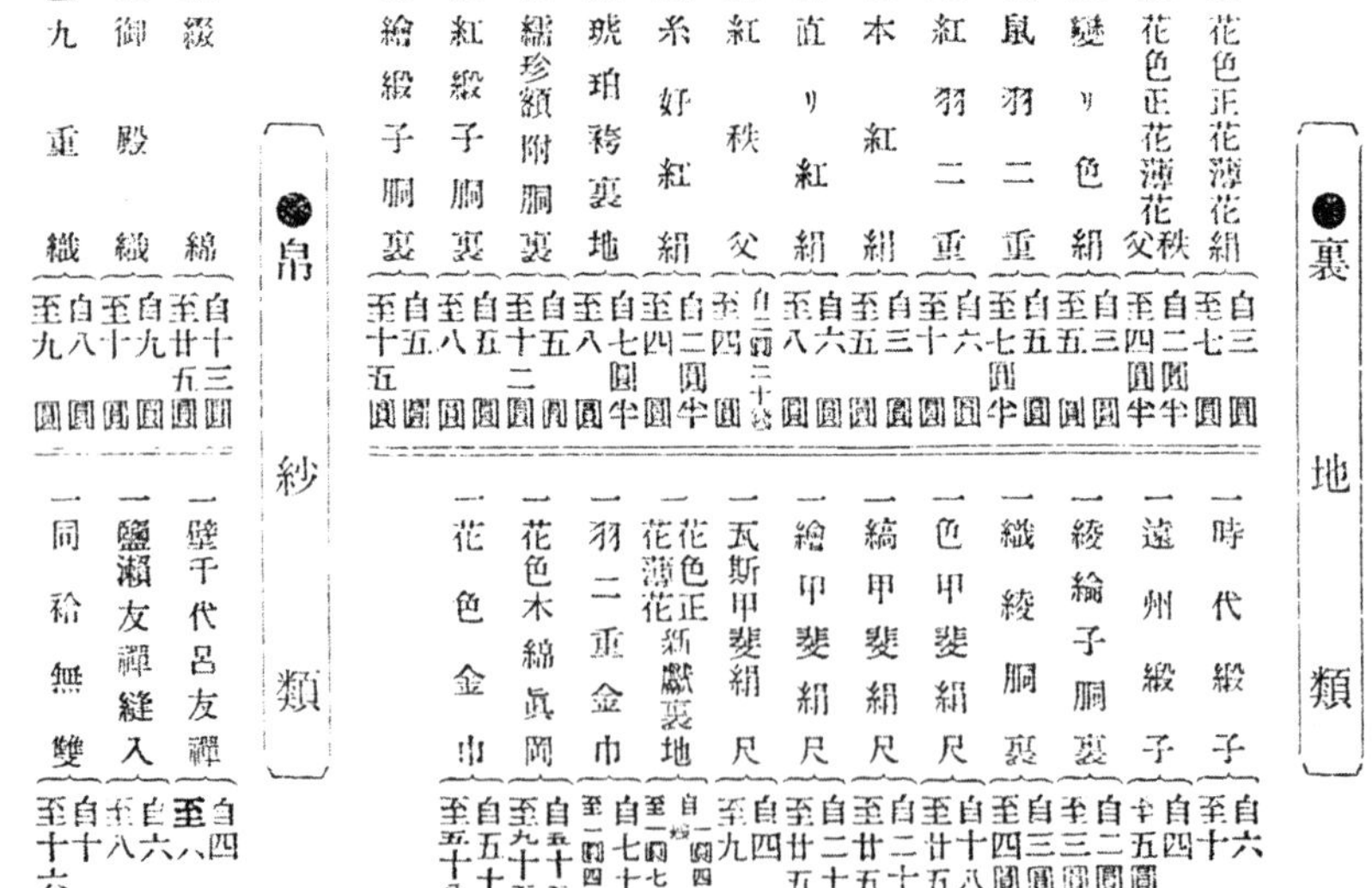

●裏地類

一花色正花薄花絹　自三圓　至七圓
一花色正花薄花秩父　自二圓半　至四圓半
一變り色絹　自三圓　至五圓
一鼠羽二重　自五圓　至七圓半
一紅羽二重　自六圓　至十圓
一本紅絹　自三圓　至五圓
一直り紅絹　自六圓　至八圓
一紅秩父　自一圓二十錢　至四圓
一糸好紅絹　自二圓半　至四圓
一琥珀袴裏地　自七圓半　至八圓
一繻珍額附胴裏　自五圓　至十二圓
一紅緞子胴裏　自五圓　至八圓
一綸緞子胴裏　自五圓　至十五圓

一時代緞子　自六圓　至十圓
一遠州緞子　自四圓　至五圓半
一綾綸子胴裏　自二圓半　至三圓半
一織綾胴裏　自三圓半　至四圓半
一色甲斐絹尺　自十八錢　至廿五錢
一縞甲斐絹尺　自二十錢　至廿五錢
一綸甲斐絹尺　自二十錢　至廿五錢
一瓦斯甲斐絹尺　自四錢　至九錢
一花色正花薄花新獻裏地　自一圓四十五　至一圓七十錢
一羽二重金巾　自七十錢　至一圓四十錢
一花色木綿眞岡　自五十五錢　至九十五錢
一花色金巾　自五十錢　至五十八錢

●帛紗類

一綴錦　自十三圓　至廿五圓
一御殿織　自九圓　至十圓
一九重織　自八圓　至九圓

一壁千代呂友禪　自四圓　至八圓
一鹽瀬友禪縫入　自六圓　至八圓
一同袷無雙　自十圓　至十六圓

一縮緬友禪 自三圓 至五圓
一紋鹽瀬裏地 自四圓 至五圓
一同中巾 自九十錢 至一圓半
一郡内縞 自一圓半 至三圓
一鹽瀬茶帛紗 自一圓 至一圓半

●夜具地類

一郡内絹 自六圓 至七圓
一糸織 自七圓 至九圓
一本八丈 自六圓半 至八圓半
一縞八丈 自六圓 至八圓
一銘仙 自四圓 至六圓
一節糸織 自四圓 至六圓
一秩父縞 自四圓 至五圓
一岸縞 自二圓半 至三圓半
一絹竪瓦斯 自一圓半 至二圓三十錢
一熨斗横織 自一圓半 至二圓
一御納戸大形縮緬 自十圓 至十五圓
一御納戸大形秩父 自三圓半 至四圓半
一唐草眞岡 自七十五錢 至九十錢
一更紗眞岡 自七十錢 至一圓
一紡績織 自一圓二十錢 至一圓半
一松坂縞 自七十五錢 至九十錢

●座蒲團地類

一本緞子 一枚 自六圓 至十圓
一綿緞子 同 自七十錢 至三圓
一大形縮緬 同 自三圓半 至四圓
一更紗紬 同 自九十錢 至一圓
一本八丈 同 自一圓四十錢 至二圓
一綾八端 一枚 自一圓八十錢 至二圓十錢
一縞八丈 同 自一圓四十錢 至二圓
一郡内縞 同 自一圓三十錢 至一圓半
一銘仙 同 自九十錢 至一圓十錢
一秩父 同 自七十錢 至一圓

一節織 一枚 自七十五錢 至九十錢
一熨斗横織 同 自三十錢 至四十五錢
一瓦斯糸織 同 自廿五錢 至卅五錢
一紡績織 一枚 自三十錢 至卅五錢
一更紗眞岡 同 自十三錢 至二十錢
一更紗縮斜子 同 自二十錢 至廿五錢

●絹綿交織

一九重御召 自三圓 至六圓
一瓦斯御召 自二圓 至三圓
一風通瓦斯御召 自五圓 至八圓
一博多紬 自二圓半 至三圓
一本場結城 自一圓七十錢 至二圓二十錢
一同糸入 自二圓四十錢 至二圓八十錢
一博多結城 自一圓半 至三圓
一結城木綿 自七十五錢 至一圓二十錢
一愛知結城 自一圓二十錢 至一圓半
一吾妻銘仙 自一圓三十錢 至一圓半
一新秩父縞 自一圓半 至三圓
一紡績織 自一圓 至二圓
一新琉球絣 自一圓半 至二圓四十錢
一新大島絣 自二圓半 至四圓
一本瓦斯雙子 自二圓 至三圓
一細雙子 自一圓二十錢 至二圓
一雙子織 自八十錢 至一圓二十錢
一木綿紺絣 自一圓半 至二圓半
一伊勢松坂縞 自八十錢 至一圓

●吾妻コート地類（仕立上り）

一色紋綾糸織 自二十圓 至三十圓
一幸織 自廿二圓 至廿五圓
一共紋風通織 自二十圓 至廿八圓
一無地御召 自十七圓 至廿五圓
一黒、紺、色綾絨 自十五圓 至廿五圓
一黒紺色絨 自十五圓 至二十圓
一色カシミヤ 自十圓 至十二圓

●色物類

一色大巾縮緬一尺	自八十錢 至一圓三十錢
一色中巾縮緬一尺	自四十五錢 至七十錢
一色小巾縮緬	自八圓 至十三圓
一色紋縮緬	自十圓 至十五圓
一色紋羽二重	自八圓 至十二圓
一色紬	自三圓半 至四圓半
一色太織	自二圓 至三圓
一色獻中	自二圓半 至二圓八十錢
一色獻綬	自三圓半 至五圓
一色絹縮	自九圓 至十二圓
一色、紅、絞リ絹	自三圓 至四圓半
一紅、色、板締絹	自三圓 至四圓半
一地白板締絹	自三圓半 至四圓半
一紅色紋鹽瀬大巾尺	自一圓 至一圓半
一紅色壁千代呂大巾一尺	自八十錢 至一圓十錢
一木摺眞岡合羽地	自九十錢 至一圓十錢
一鐵色眞岡合羽地	自七十錢 至一圓
一色キャラコ	自五十錢 至七十錢
一萠黄唐草染	自七十錢 至八十五錢
一萠黄眞岡木綿	自六十錢 至八十錢
一白大巾縮緬兵兒帶	自六圓 至十三圓
一同中巾兵兒帶	自四圓 至八圓
一白獻綬兵兒帶	自一圓半 至二圓
一縮緬下締	自一圓八十錢 至二圓半
一海老色琥珀袴	自十圓 至十三圓
一海老色カシミヤ袴	自四圓 至五圓
一海老色毛朱子袴	自二圓八十錢 至三圓三十錢
一友禪縮緬蹴出	自四圓 至五圓
一縮緬頭巾	自三圓 至五圓
一縮緬半襟	自五十錢 至二圓
一縮緬シゴキ地	自四圓 至六圓
一縮緬帶揚ケ	自一圓三十錢 至四圓半
一紋羽二重帶揚	自一圓 至四圓

白木屋洋服店洋服目錄

品名	地質	製式	價格
勅任官御大禮服	表、最上等黒無地絨 裏、白綾絹	銀鍍金消モールにて御制規の通、繍、帽子、劍、劍釣、正緒共	金二百七十圓
奏任官御大禮服	表、同上 裏、同上	同	金百八十圓
爵位御大禮服	表、同上 裏、同上	同上外に肩章付	金二百圓
陸軍御正服	表、上等濃紺無地絨 裏、黒毛朱子	御制規の通 將官	金八十圓
		佐官	金五十五圓
		尉官	金四十圓
同略服	表、同上 裏、同上	同 將官	金三十圓
		佐官	金二十七圓
		尉官	金二十三圓

品名	地質	摘要	官等	價格
同外套	表、同上 裏、同上(但將官ハ紅絨)	同	將官 佐官 尉官	金三十五圓 自金二十三圓 至金二十五圓
海軍御正服	表、濃紺無地絨 裏、黑佛蘭西絹及綾絹	同	將官 佐官 尉官	金八十五圓 金七十五圓 金六十五圓
同軍服	表、同上 裏、黑毛朱子	同	將官 佐官 尉官	金六十圓 金五十圓 金四十五圓
同上通常軍服	表、同上 裏、同上	同	將官 佐官 尉官	自金二十三圓 至金二十八圓
同外套	表、同上 裏、同上	同	將官 佐官 尉官	自金二十三圓 至金三十圓
燕尾服	表、上等黑無地絨 裏、黑佛蘭西絹	三ツ揃琥珀見返付		自金四十五圓 至金六十五圓
トキシード	表、黑朱子絨及無地絨 裏、黑佛蘭西絹	三ツ揃琥珀見返付		自金四十圓 至金四十五圓
フロックコート	表、黑無地絨或は朱子目綾絨 裏、綾絹	同		自金三十五圓 至金六十五圓
モーニングコート	表、黑、紺、斜綾絨或はメルトン、裏付朱子及ビ綾絹 裏、黑毛朱子及綾	上衣、チヨキ、黑及紺ヅボン立縞		自金二十八圓 至金四十五圓
片前背廣	表、相鼠、濃鼠、霜降メルトン、スコチ或は綾絨 裏、同色毛朱子或はアルパカ	三ツ揃		自金十八圓 至金三十三圓
兩前背廣	表、黑、紺綾メルトン或は玉ヘル及霜降太綾絨 裏、縞サーヂ	三ツ揃		自金二十圓 至金三十五圓
チーバコート	表、鼠、茶、霜降絨、同斜子綾絨 裏、共色綾絹	カクシ釦絹天鵞絨衿付		自金二十八圓 至金三十五圓
同中等	表、同上 裏、共色毛朱子及綾アルパカ	カクシ釦共ぶり		自金十八圓 至金二十五圓
ロングコート	表、ラクダ玉絨、二厚地綾メルトン 裏、佛蘭西絹	ふり及見返し袖先獺毛皮付裏綿入菱形さし縫		自金八十圓 至金百十圓

品名	地質	仕様	價格
同中等	表、玉絨、厚地スコッチ 裏、縞サージ	頭巾付兩前	自金三十圓 至金四十五圓
インバネス	表、茶鼠霜降綾絨 裏、共色毛朱子、或は甲斐絹	和洋兼用脇釦掛	自金十八圓 至金三十圓
銃獵服	表、枯葉色スコッチ 裏、共色毛朱子	半ヅボン脚絆付三ツ揃	自金十八圓 至金三十圓
小裁海軍形	表、紺天鵞絨及紺絨 裏、毛朱子	五才位より八才迄錨縫箔付	自金六圓 至金九圓
和服用外套	表、黒、紺綾絨及霜降 裏、緞子及綾絹	英形(一名ダルマ形 帯ヒダなし)頭巾付	自金三十五圓 至金四十八圓
同中等	表、同上 裏、甲斐絹及毛朱子	同上	自金二十圓 至金三十五圓
同角袖外套	表、同上 裏、甲斐絹	頭巾付	自金十八圓 至金二十五圓
吾妻コート	表、紺、黒紋織綾絨 裏、緞子及繻珍	被布ゑり及道行ゑり共色糸飾紐付	自金十圓 至金三十圓
同	表、同上 裏、甲斐絹及綸子	同上	自金十五圓 至金二十圓
同	表、風通紋織、綾絲織 裏、綾綸子、紋羽二重	同上	自金二十三圓 至金三十圓
判、檢、辯護士法服	表、黒絹セル、及珀琥 裏、黒甲斐絹スベリ	正帽付制規の縫箔	自金十六圓 至金二十八圓
學校用御袴	表、海老色カシミヤ	單仕立太白糸腰紐	自金四圓 至金五圓五十錢

右之外陸海軍各學校御制服等御好ニ應シ入念御調製可仕候

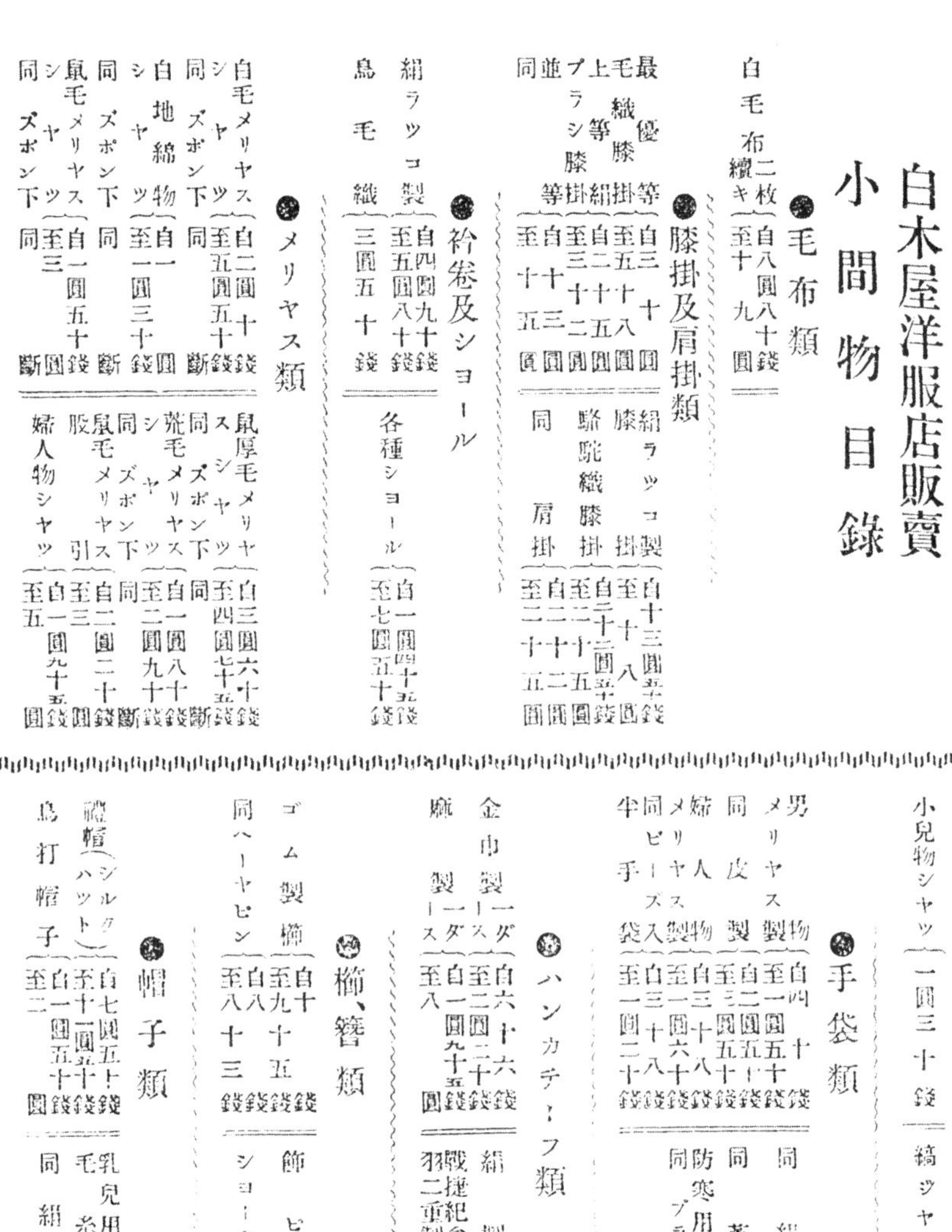

白木屋洋服店販賣

小間物目録

●毛布類

白毛布二枚續キ（自八圓八十錢 至十九圓）

●膝掛及肩掛類

最優等毛織膝掛（自三十圓 至五十八圓）
上等絹ブラシ膝掛（自二十五圓 至三十二圓）
並等同（自十三圓 至十五圓）

絹ラッコ製膝掛（自十三圓五十錢 至十八圓）
駱駝織膝掛（自二十圓五十錢 至二十五圓）
同 肩掛（自二十二圓 至二十五圓）

●衿巻及ショール

絹ラッコ製（自四圓九十錢 至五圓八十錢）
鳥毛織（三圓五十錢）

各種ショール（自一圓四十五錢 至七圓五十錢）

●メリヤス類

白毛メリヤスシャツ（自二圓十錢 至五圓五十錢）
同 ズボン下（同）
白地綿物シャツ（自一圓 至一圓三十錢）
同 ズボン下（同）
鼠毛メリヤスシャツ（自一圓五十錢 至三圓）
同 ズボン下（同）

鼠厚毛メリヤスシャツ（自三圓六十錢 至四圓七十五錢）
同 ズボン下（同）
茶毛メリヤスシャツ（自一圓八十錢 至二圓九十錢）
同 ズボン下（同）
鼠毛メリヤス股引（自二圓二十錢 至三圓）
婦人物シャツ（自一圓九十五錢 至五圓）

小兒物シャツ（一圓三十錢）

縞ジャケツ（自一圓五十錢 至二圓九十錢）

●手袋類

男物メリヤス製（自四十錢 至一圓五十錢）
同 皮製（自二圓五十錢 至三圓五十錢）
婦人物メリヤス製（自三十八錢 至一圓六十錢）
同ピーズ入半手袋（自三十八錢 至一圓二十錢）

同 絹糸製（自一圓 至二圓）
同 革製（自二圓八十錢 至三圓三十錢）
防寒用皮製（二圓八十錢）
同 ブラシ製（一圓三十錢）

●ハンカチーフ類

金巾製一ダース（自六十六錢 至二圓二十錢）
麻製一ダース（自一圓九十五錢 至八圓）

絹製一枚ニ付（自四十錢 至一圓九十五錢）
戰捷紀念羽二重製一枚ニ付（自三十錢 至四十五錢）

●櫛、簪類

ゴム製櫛（自十五錢 至九十錢）
同ヘーヤピン（自八錢 至八十三錢）

飾ピン（自一圓五十錢 至二圓）
ショール留メ（自六十錢 至三圓八十錢）

●帽子類

禮帽（シルクハット）（自七圓五十錢 至十一圓五十錢）
鳥打帽子（自一圓五十錢 至二圓）

乳兒用帽子毛糸製（自一圓二十錢 至一圓七十錢）
同 絹天製（自二圓八十錢 至三圓三十錢）

羽根布團類

- 更紗シルケット大布團　自十三圓　至十四圓五十錢
- 同　舶來物　自二十五圓　至三十圓
- 純子縮緬製　自三十五圓　至三十七圓
- 舶來物枕布團　自四圓五十錢　至七圓八十錢
- 枕布團(パンヤ入)縮緬製　五圓五十錢
- 枕布團(パンヤ入)純子製　六圓
- 同羽二重製(パンヤ入)　自四圓五十錢　至五圓三十錢
- 同小形純子製(パンヤ入)　三圓八十錢
- 同　緞錦製　自二十五圓　至二十八圓
- 車掛　純子縮緬製　自八圓三十錢　至十二圓

襟飾

- 結び下げ　自五十錢　至一圓五十錢
- ダービー(フオーアインハンド)　自六十錢　至一圓三十錢
- 蝶形(ボー)　自三十五錢　至一圓
- 巾ダービー(フローインジフオーアインハンド)　自一圓三十錢　至二圓八十錢
- 縮緬製　自九十錢　至一圓十錢
- 縫模樣入同　自一圓三十錢　至一圓八十錢
- 戰捷紀念(いろ/\)　自八十錢　至一圓五十錢

出來合物類

- インバネース甲斐絹裏　自十七圓　至二十四圓
- 東コート(甲斐絹、リンズ裏)　自十一圓五十錢　至十五圓五十錢
- 和服用外套(甲斐絹、ドンス裏)　自十七圓五十錢　至三十二圓
- 縞フラネルシャツ　自二圓十五錢　至二圓七十五錢
- カシミヤ袴　寸法は紐下一尺八寸方二尺五寸迄　自二圓八十錢　至四圓五十錢
- 國旗(モスリン製)　巾は一布、一布半、二布　自三十六錢　至三圓三十錢

ズボン釣及胴締

- 並物　自八十五錢　至一圓二十錢
- ゴム入　自一圓　至三圓五十錢
- 絹製　自一圓八十錢　至三圓
- 皮製胴締　自一圓五十錢　至三圓五十錢

釦類

- カフス釦(リンク)　自六十錢　至二圓八十錢
- 同　金製　自七圓　至三十五圓
- 胸釦　自五十錢　至一圓八十錢
- カラ釦　自十錢　至四十錢

靴下類

- メリヤス製　自四十錢　至九十八錢
- スコッチ製　自四十三錢　至一圓三十錢
- 同自轉車用　自一圓　至一圓九十五錢
- 絹製　自一圓八十錢　至二圓
- 小供物　自二十八錢　至八十錢
- 乳兒用　二十二錢

タヲール類

- 和製　自三十三錢　至九十錢

ホワイトシャツ

- 並物一枚に付　自一圓二十錢　至二圓五十錢
- シングルカラ一本に付　三十三錢
- ダブルカラ一本に付　五十五錢
- 麻製一枚に付　自六圓五十錢　至十一圓
- 縞物カラ二本付　自二圓九十錢　至三圓八十錢

リボン類

- 一吋半巾模樣物一ヤード　自二十五錢　至五十錢
- 同水波一ヤード　自三十錢　至四十錢
- 一吋巾模樣一ヤード　自二十錢　至三十五錢
- 同水波一ヤード　自二十錢　至二十五錢
- 細目各種一ヤード　自八錢　至二十錢
- リボン製簪一個に付　自七錢　至五十錢

靴及足袋

- 色羅紗製小供用靴　自一圓七十錢　至二圓
- 毛足袋小兒用　四十五錢
- 毛足袋大人用　五十八錢

注文書

男子女子用衣裳又は羽織等

年齢

用途

品柄

好みの色

好みの柄

紋章幷大さ及び數

好みの模樣

惣模樣

腰模樣

裾(スソ)模樣

江戸褄(ツマ)模樣

奴褄(ヤッコヅマ)模樣

袘(フキ)模樣

仕立寸法

丈

袖

ゆき

口明

袖幅

袖付

前幅

後幅

衽(オクミ)幅

衽(オクミ)下り

衿(エリ)幅

褄(ツマ)下

袘(フキ)の厚(アツ)さ

人形

紐(ヒモ)付

前下り

紐下

備考

右注文候也

住所

明治　年　月　日

姓名

白木屋呉服店地方係中

明治卅　　年　　月　　日

御注文用箋

御宿所貴名	服名	地質 見本 番號	見積金額

摘要

白木屋洋服店

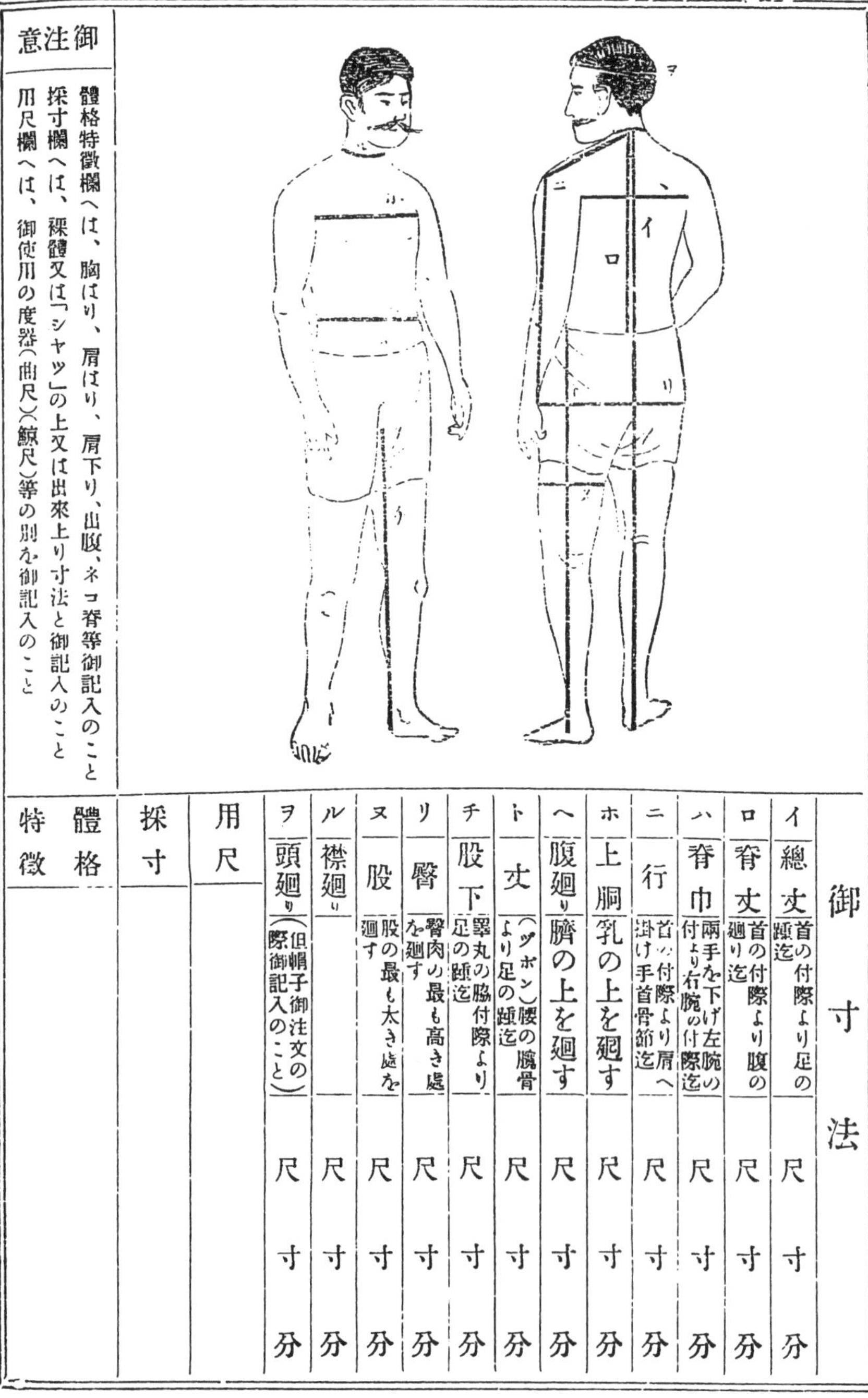

御注意

體格特徴欄へは、胸はり、肩はり、肩下り、出腹、ネコ脊等御記入のこと
採寸欄へは、裸體又は「シヤツ」の上又は出來上り寸法と御記入のこと
用尺欄へは、御使用の度器(曲尺)(鯨尺)等の別を御記入のこと

御寸法

イ	總丈	首の付際より足の踵迄	尺　寸　分
ロ	脊丈	首の付際より腹の廻り迄	尺　寸　分
ハ	脊巾	兩手を下げ左腕の付より右腕の付際迄	尺　寸　分
ニ	行	首の付際より肩へ掛け手首骨節迄	尺　寸　分
ホ	上胴	乳の上を廻す	尺　寸　分
ヘ	腹廻り	臍の上を廻す	尺　寸　分
ト	丈	(ヅボン)腰の腕骨より足の踵迄	尺　寸　分
チ	股下	睾丸の脇付際より足の踵迄	尺　寸　分
リ	臀	臀肉の最も高き處を廻す	尺　寸　分
ヌ	股	股の最も太き處を廻す	尺　寸　分
ル	襟廻り		尺　寸　分
ヲ	頭廻り	(但帽子御注文の際御記入のこと)	尺　寸　分

用尺	採寸	體格特徴

●戰捷紀念袋物帯留等各種出來仕居候●

美術小間物袋物商

原田久兵衛

最新流行品陳列

万久商店

電新、九九二

チエリーオイル

高等香油

紳士貴夫人令孃用

紳士貴婦人間に愛用せらるゝ此チエリーオイルを常に御使用相成らば何時も洗髪の如く頭髮の發生を助け、逆上皮脫毛を防ぎ、惡癖縮毛を直し、如何なる赤毛も黑漆の如き艶を出し、香氣馥郁として香水香袋御持參あるに異ならず。特に夏季に際し束髮用としては大に世上に好評を得つゝあり。

定價　大一本八十五錢　中一本四十五錢　小一本二十五錢

賣捌所は全國到る處の賣藥小間物化粧品店にあり

發賣元　東京日本橋區本町二丁目　芳香藥種問屋

高橋初次郎商店

特電本局四一三番

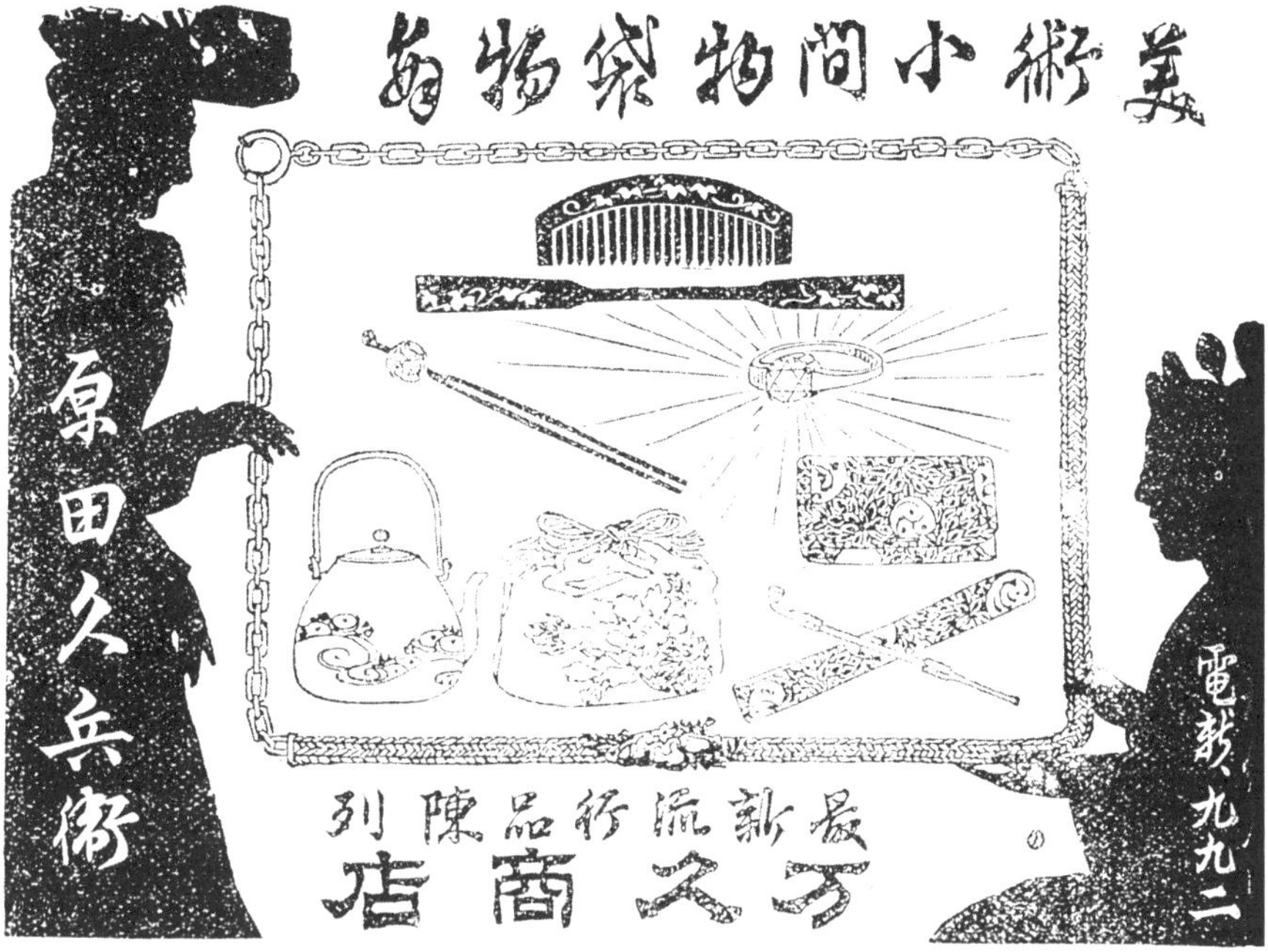

米國聖路易 ●金牌
萬國博覽會 ●銀牌 ●銅牌 受領

製造本舖 石關商會本店
東京市京橋區南傳馬町三丁目
電話本局四一八番

恭賀新年

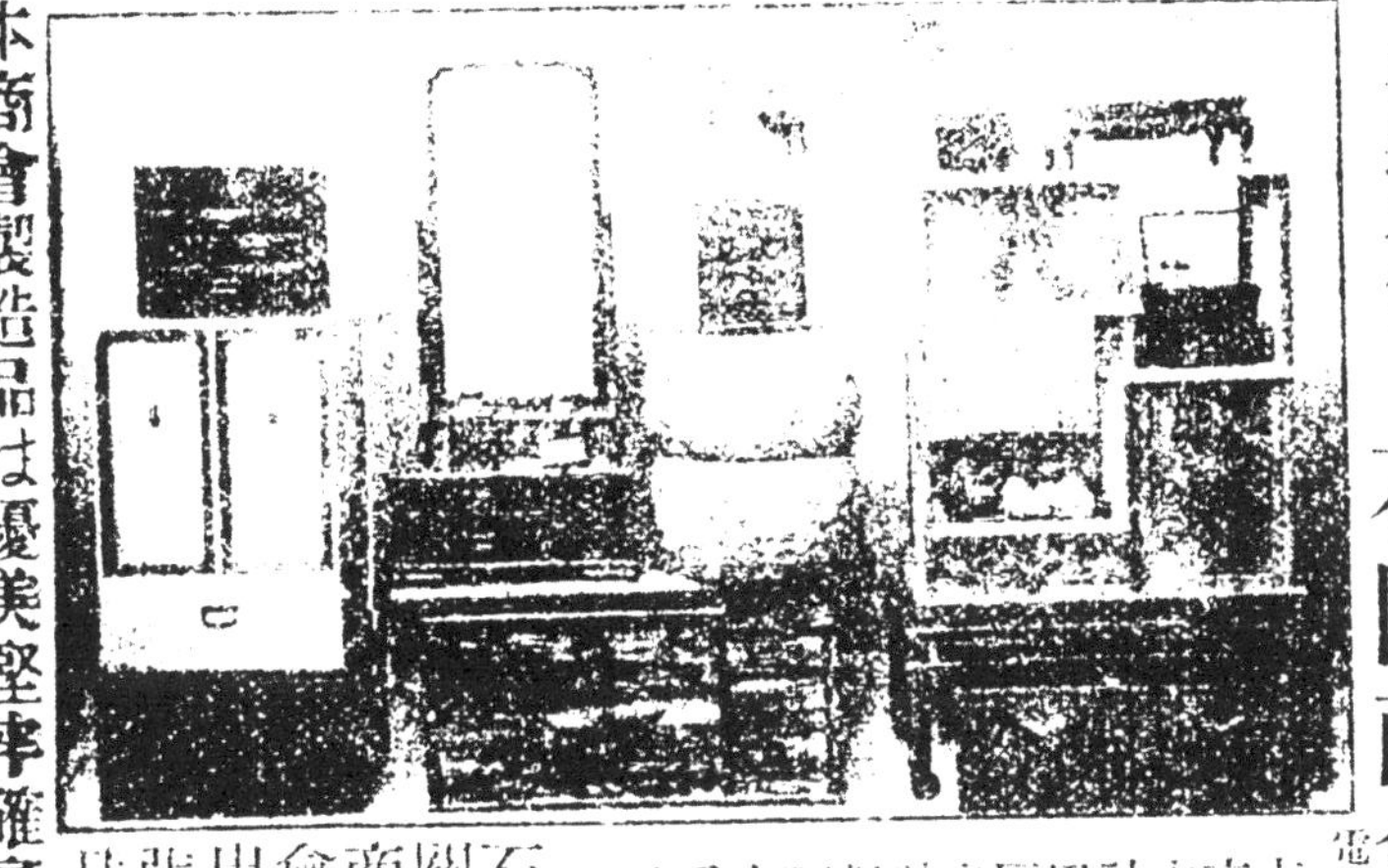

本商會製造品は優美堅牢確實廉價

東京市神田區表神保町壹番地 石關商會出張店（電話本局二四一一八番）
同市芝區公園勸工會社陳列場 石關商會出張店（電話新橋一四五三番）
同市下谷上野公園商品陳列館 石關商會支店（電話本局三二一二番）

新荷輸着

●帽子 ●絹肩掛
●車掛 ●羽根布團
●襟卷 ●マフ
●婦人用羽根襟卷

其他毛織物類幷に洋物雜貨新荷輸着仕居候に付多少共御用向被仰付度偏に奉懇願候

東京市京橋區南傳馬町三丁目 電本二七七六番
中與洋物店

東京市京橋區銀座二丁目
同 支店

市内は御一報次第速刻持參地方は大凡の御望み御申越有之候はゞ代金引替便又は御送金に應じ物品撰定の上着金直に御送可仕候

帽子。襟巻。肩掛。膝掛。
毛布。羽根布團。目利安。
沓下。護謨外套

洋服附屬品　旅行用化粧道具
香水。石鹸　化粧品　其他
東京日本橋區通三丁目

丸善株式會社洋物店

電話本局十七番

御婦人方注意廣告

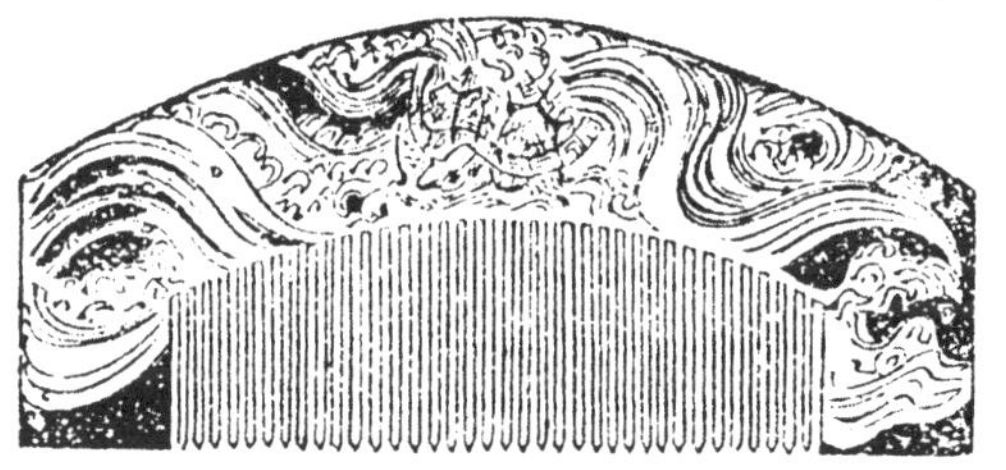

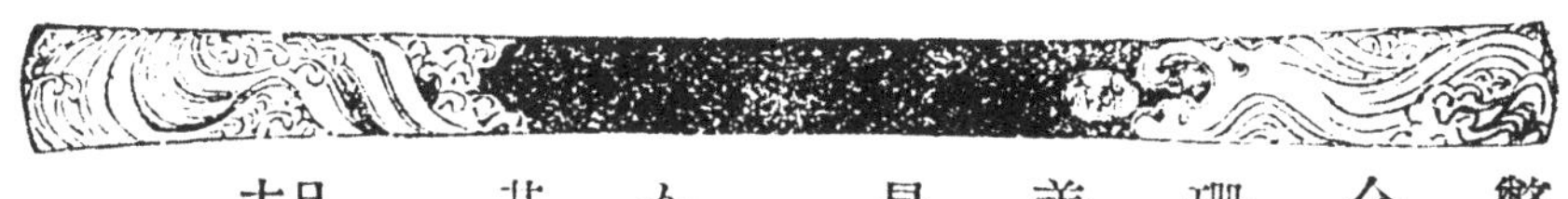

鼈甲櫛笄
儀式用品
金銀細工・
簪指輪帯止
珊瑚珠并に
寶石玉根掛
美術彫刻
流行蒔繪物
最新流行
束髪用櫛簪
新形各種
かもじ前髪じん
花簪各種
其他御注文に應じ
調進可仕候

●市内御報次第參上
●地方は代金引替小包

日本橋區通一丁目
十五番地
美術小間物商

小紅屋

（白木屋向角）

東京京橋銀坐
三丁目四番地

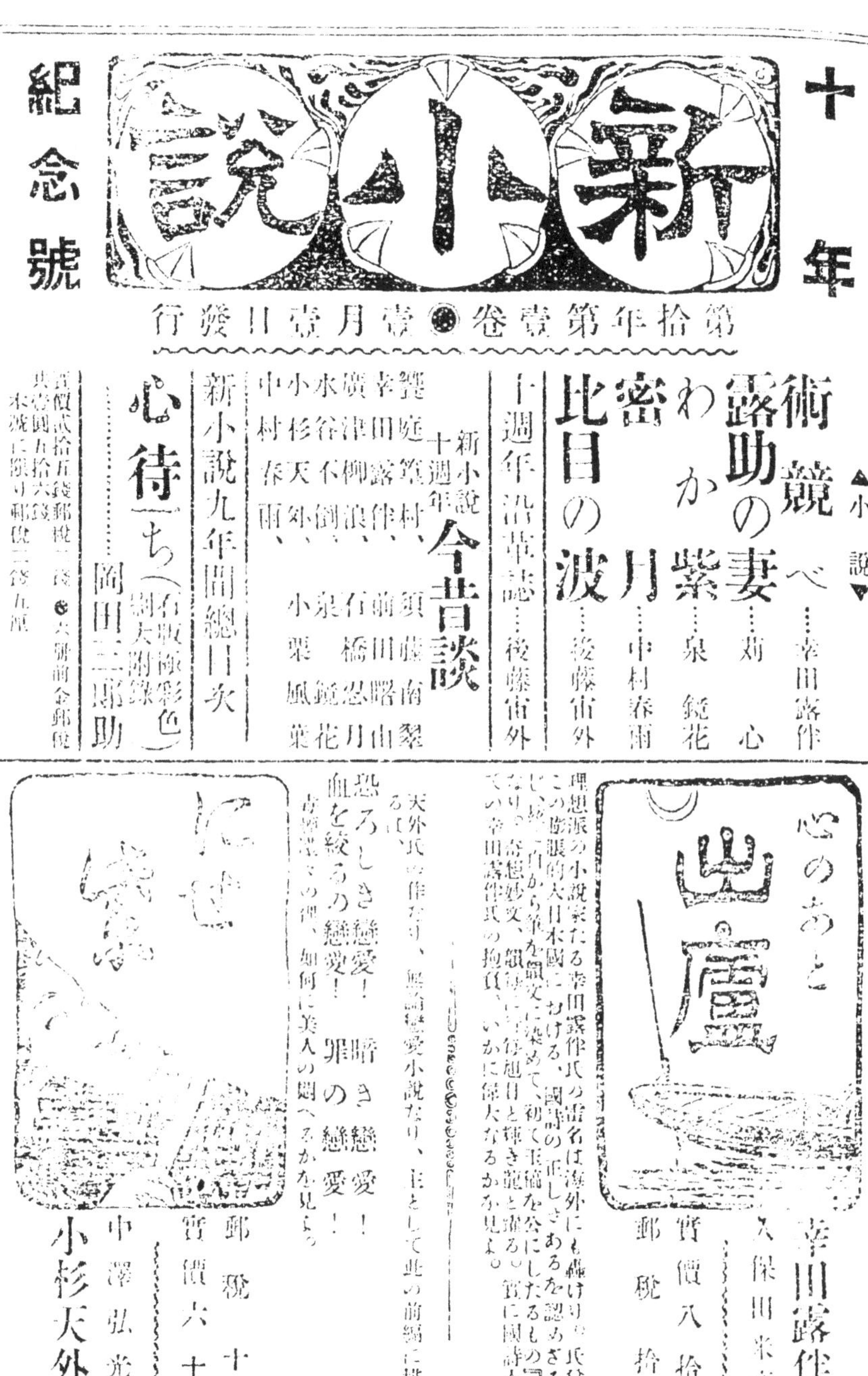
十年
新小說
紀念號
第拾年第壹卷◉壹月壹日發行
▲小說▼
術競べ……幸田露伴作
露助の妻……苅心
わか紫……泉鏡花
密月……中村春雨
比目の波……後藤宙外
十週年沿革誌……後藤宙外
新小說十週年今昔談
饗庭篁村、幸田露伴、廣津柳浪、水谷不倒、小杉天外、中村春雨、
須藤南翠
前田曙山
石橋忍月
泉鏡花
小栗風葉
新小說九年間總目次
心待ち（石版極彩色別大附錄）……岡田三郎助
心のあと
出廬
幸田露伴著
久保田米齋畫
實價八拾錢
郵税拾錢
恐ろしき戀愛！　暗き戀愛！
血を絞るの戀愛！　罪の戀愛！
小杉天外著
中澤弘光畫
實價六十錢
郵税十錢

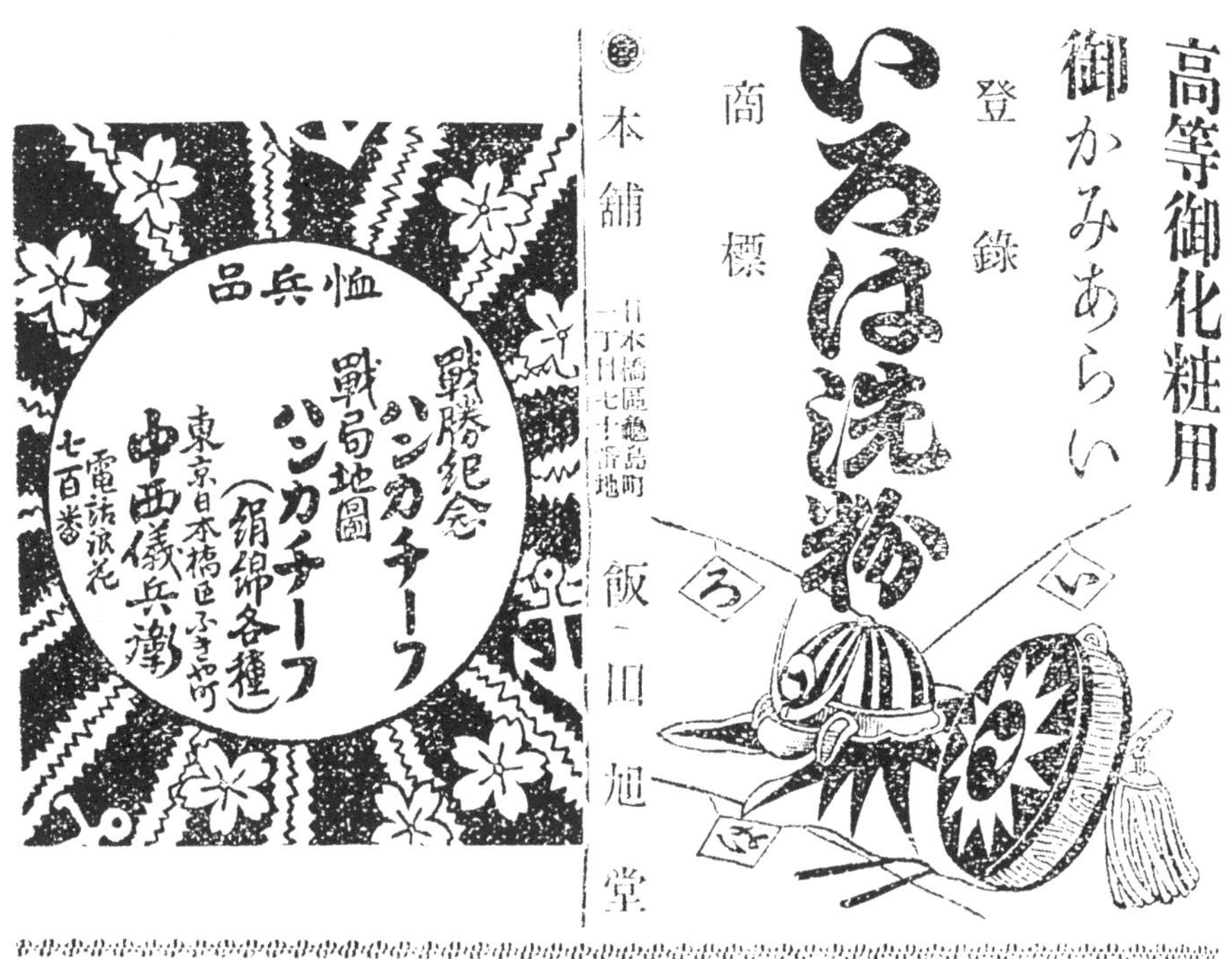

◉當會社資本金は壹百萬圓なり
◉保險業法實施後の設立にして組織最も完全なり
◉營業方法は精確嶄新にして取扱は簡易懇切なり

日宗火災保險株式會社

東京日本橋區通二丁目（電話本局二二三〇 一〇三〇）

日宗生命保險株式會社

◉當會社資本金は參拾萬圓なり
◉契約方法は嶄新簡便にして特別の便法あり
◉戰爭の危險を除く外職業又は旅行等に對し何等の條件なし

資本金一百萬圓
諸準備金並繰越金
八拾三萬餘圓

日本火災保險株式會社

東京支店
日本橋區檜物町六番地
電話特本局二〇〇七番
電話本局二一一〇番

東京市内
芝 電話新橋二三四五
四谷 電話番町七三九
本郷 電話下谷一八五九

出張所
淺草 電話下谷二〇八
深川 電話浪花三三二八

發錄商標

第五回内國勸業博覽會褒狀受領

壽美禮おしろい

●すみれ白粉は常に用ひて皮膚を艶麗ならしめ御顔肌合の色を白綾ならしめきめをこまやかに御肌へを清々しく天然の色白きに至るべし

ねりおしろい定價（大壜廿錢小壜五錢）
水おしろい定價（大壜廿五錢中壜十五錢小壜十錢）

壽美禮あらひ粉

定價

●壽美禮洗粉は朝夕御用ひ給へば漸々皮膚の色を白くし美しく艶を出しきめをこまやかにす常に髪洗ひに用ひ給へば毛の拔る病を豫防し毛のくせを直す

東京東兩國橋際元町

製造本舖 伊勢吉壽美禮堂謹製

一販賣處は全國到る處小間物化粧品店藥店其他各勸工場劇場各運動場等に有り

本所支部
本所松井町二の五
電話浪花三〇三三番

麹町支部
麹町五の十四
電話番町一二八二番

飯倉支部
麻布飯倉四の一
電話新橋二四七九番

淺草支部
淺草諏訪町六
電話下谷二二五九番

都新聞

●都新聞は本社が多年研究に研究を重ね試驗に試驗を積みて創めて作り出したる『都式活字』と稱する最新の活字にて印刷する新聞紙なり左れば都新聞を他の新聞紙に比較するに一面に千五百餘字多く六頁にて無慮一萬の字數を增し居れば都新聞は他の八頁の新聞紙と同じヨミデある德用の新聞なり紙質も精良なれば印刷の鮮明なることも他に比類なし

●都新聞には每號必ず面白き小說、實話、及び軍事講談の三篇を記載す門下本紙の小說、實話に筆を執れるは遲塚麗水、伊原靑々園、渡邊默禪、有髯無髯等の諸家にして今又た南山、得利寺、大石橋、遼陽の大戰を實見して歸來りたる從軍講談師森林黑猿の遼陽大戰の講談を連載し大喝采を博しつゝあり

●都新聞は時局に就いて最も全力を傾注したり門司、佐世保、京城、仁川、平壤、北京、天津、芝罘、營口の各要地には通信員を派遣し更に戰地に於ては旅順攻圍軍に社員吉見己一郎氏を沙河方面軍には社員伊藤鶴雄氏を從軍せしめ別に村田丹陵東條鉦太郎の兩畫伯は一は海軍に一は陸軍に在りて時時戰畫を寄せ來り讀者をして親しく砲火の間に在りて龍鬪虎爭の大活劇を觀るの想ひあらしむ

定價　一ヶ月金三十五錢、三ヶ月金一圓、六ヶ月分金一圓九十五錢、市外は郵税一ヶ月金十三錢
廣告料定價　五號活字廿一字詰一行一回四十錢前金にて割引なし

發行所　都新聞社
東京市麹町區内幸町一丁目（電話新橋七九）

明治七年創刊

讀賣新聞

讀賣新聞は上品なる趣味多方面なる新聞にして、**家庭の新聞**を有して最も適當なると共に又力を文學、美術、教育、農工商業の事に用ふるを以つて**學生の新聞**に兼ぬる**農工商家の新聞**たる特色を有せり、而して報道の迅速、記事の精確等一般新聞紙の當然盡くすべき勉めに對して、常に一歩を先んずるを期す、新春を期として新に掲載せるもの、及び從來掲載せるものゝ要目左の如し。

▲論評及び隨筆 八面觀

社中同人執筆

これ社中同人が交々筆を執りて世態萬狀、紛糾錯綜せる事物に對し、或は莊重に、或は輕快に、或は美文的に、或は論文的に、縱橫の描寫を爲し論評を試むる者、**文壇の珍**寶に以てとなすに足る、近來の大觀也。

▲歐山亞水錄

在巴里　五來素川

筆者嚢に『東西兩京の大學』を比較論評して、非常の喝采を博せり、今巴里に遊學して、其の精緻なる觀察眼と犀利なる才筆とを以つて泰西政界の暗流より、外交の風潮、文界の機運、倚は社會一般の狀態、流行界の新機軸に至るまで、盡く文を描寫し論評して本社に郵致すべし、亦本紙の一大特色となす。

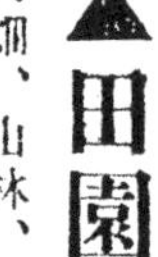
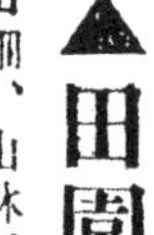

▲田園の趣味 農家の寶典

田畑、山林、養蠶、養魚、牧畜及び花卉の栽培等を網羅し**農家の寶典**たるを期す。

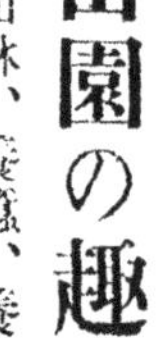

▲日曜附錄

毎週日曜日を以つて、二頁大の附錄を添へ、文學、美術の評論より、奇抜なる短篇小說並に通俗科學、料理法とを掲ぐ、家庭の好伴侶なり。

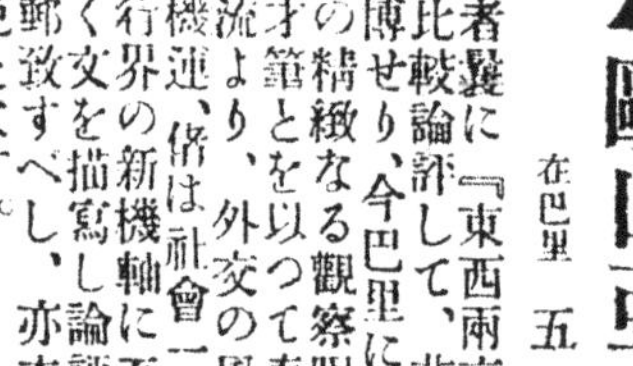

▲小說 天うつ浪

幸田露伴作

作者は現時文壇第一流の大作家なり、一滴の墨汁と雖も此の人の手より之れを垂らせば、以つて一代の珍となすべし、今や即ち其の椽大の筆を提げて、本紙の爲めに明治文壇未曾有の大篇を草す、描寫既に蔗境に入りて、筆端縱橫波瀾重疊、構想の妙、行文の美一讀神馳せ、魂逝くを覺えざらしむ。

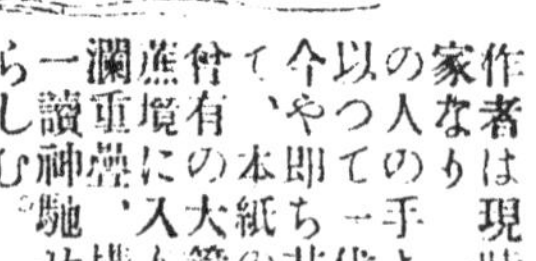

▲小說？事實？ 橘英男

楓村記

橘英男（假名）と云へる一武人が、某大將の知遇に感じ、身命を擲つて報効を期せんと誓ひし壯烈なる事績より筆を起したるもの、筆者は某大家なれども、事當代の事實に屬するを以て姑く匿名とす。

發行所　東京市京橋區銀座一丁目
讀賣新聞社
（電話新橋三二二五）

定價一月三十五錢郵稅十五錢

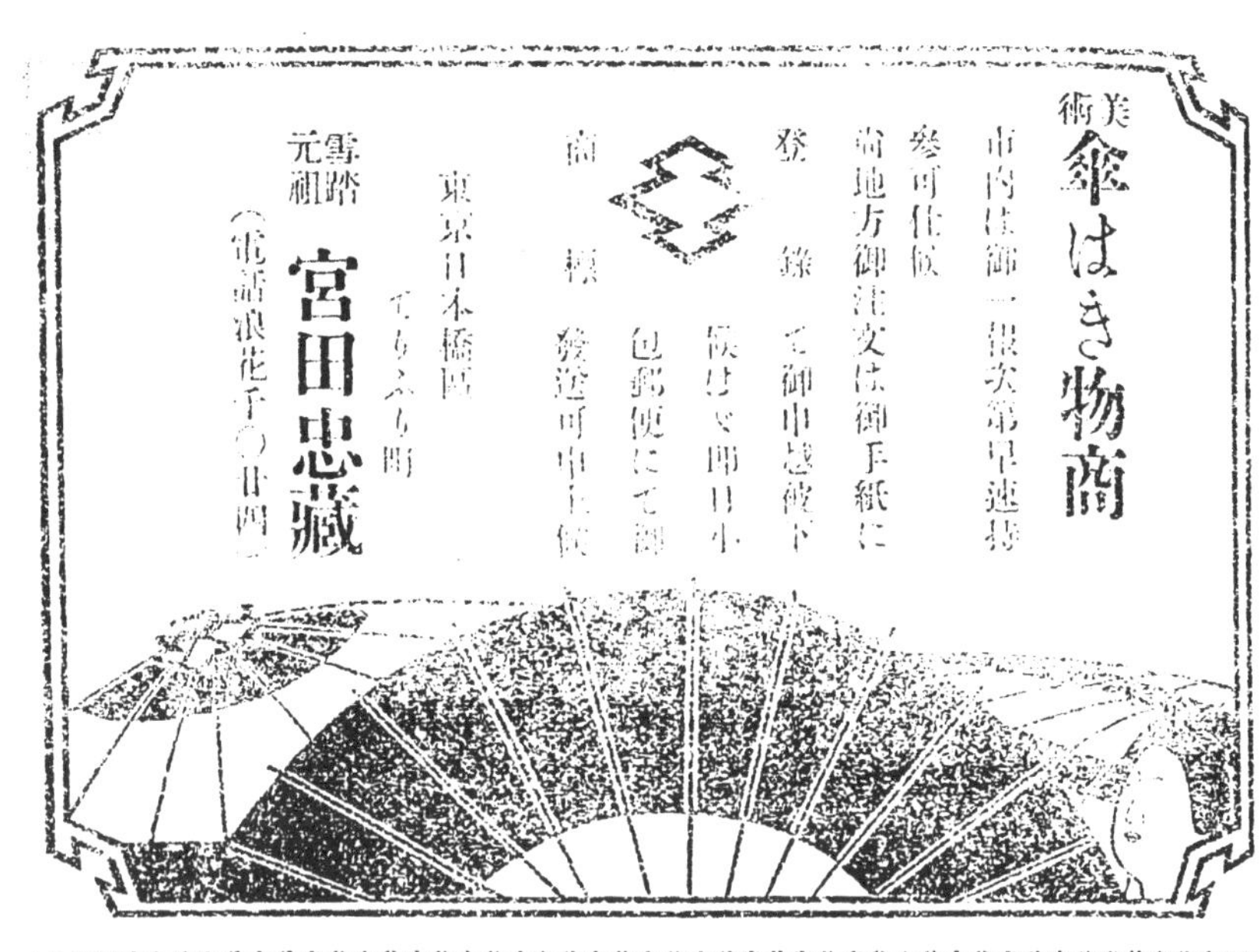

柏

御婚禮道具
蒔繪美術品各種
重箱、膳椀家具
一式、其他各種共
特別に注意調進
可仕候

御用の節ハ電話にて御申越被下候はゞ店員相伺せ可申候
尚階上に陳列場の設け有之候間時々御來觀奉希上候

東京市日本橋區通壹丁目
黒江屋漆器店
電話本局八百拾四番

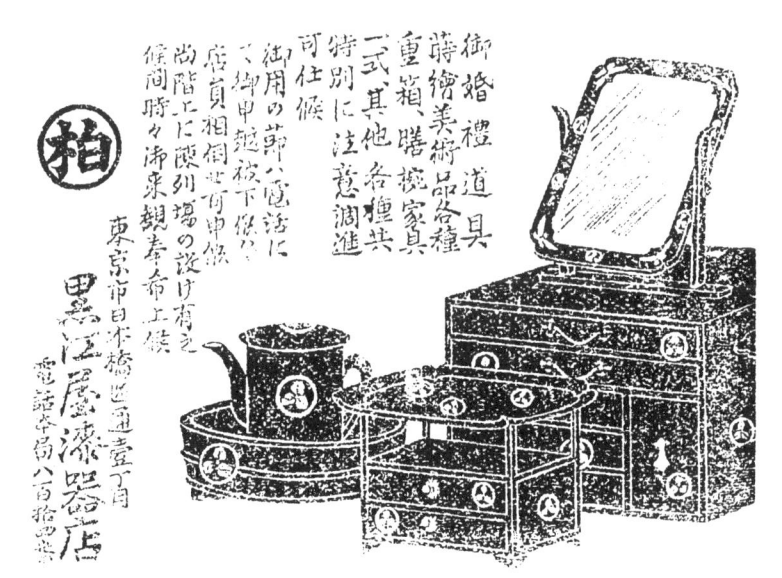

菊水葡萄酒の名譽

畏れ多くも
東宮殿下　有栖川宮殿下
行啓を忝ふし特に御買上げの榮を賜る

陸軍各地衛戍病院
陸軍衛生材料廠
佐世保海軍病院
東西醫科大學
各府縣公私立病院
下山、高橋、田原、諸博士の證明

御用品

菊水印純粋
葡萄酒

種類
ボルガンデー（金線）一瓶代金九拾五錢
チャムピオン（銀線）同　代金五拾五錢
コンコード（赤線）同　代金四拾錢

一打以上御買入の節は御便利の割引法と御進物用には美麗の化粧箱もあります

本品は貴顯紳士の衛生飲料として世既に好評を博し特に歳末年始の御進物には好適品に御座候へば何卒澤山御用命奉希望候

越後國岩の原葡萄園主川上善兵衛釀造

東京市神田區旅籠町三の十一
電話特下谷

日本葡萄酒株式會社東京支店

●大賣捌は市内の各洋酒藥店は勿論地方にも同樣有之候間最寄にて御購求被下度候

報　知　新　聞

●明治卅八年を迎ふる

東洋一の

報知新聞

丸の内の新築工事将に成らんとす

一大飛躍を試むるは近き将来にあらん

既に博取せる**十特色とは何ぞ??**

報知新聞が他に優れたるもの十種!!　曰く色印刷、曰く寫眞版、曰く記事の精確、曰く報道の機敏、曰く戰報の詳細、曰く號外の確報、曰く趣味ある雜報、曰く先見なる相場、曰く職業案内、曰く安信所

既に誇るべき**三魁けとは何ぞ??**

職業案内を始めたるは報知新聞也（他新聞之に倣へり）▲雜報に挿繪を入れ始めたるは報知新聞也（他新聞之に倣へり）▲寫眞版に成功したるは報知新聞也（各新聞之に倣へり）

最も誇るべき**色刷輪轉**　即ち着色の新聞にて東洋唯一也（各新聞未だ之に倣はず）

報知新聞は家庭の讀物を以て家庭を賑はすを主義とし紙面の**弦齋居士**のあるあり記者總指揮官に皆清新の思想と流麗の筆とを以て立ち一方には讀者に親しむ、在社無二の方針**便利主義**　法律顧問、衛生顧問、家庭顧問（新設）安信所買物部の新設あり

家庭に報知新聞の備付なきは臺所にテンヒのない様な氣がし升　との某夫人の稱辭以て報知新聞の内容を知るに足らん

●定價壹枚壹錢五厘●壹ケ月參拾五錢●郵税拾五錢參ケ月分拂込の讀者に限郵税共金壹圓廿錢●郵券代用壹割增拂込銀座局●廣告料五號活字十九字詰壹行四拾五錢

東京京橋區册間堀三丁目　**報知社**

報知社用電話

編輯局用　新橋特十一番
販賣部用　新橋特三千九百六十七番
安信所用　新橋二千三十六番
廣告部用　新橋千六百十番
新築所用　本局千二百九番
印刷部用　新橋二百六十三番
大阪支局　東特三千四百三十一番
京都出張所　特千七百六十五番

報　知　新　聞

國民新聞

其の報道は精確にして而して迅速なり

其の記事は上品にして而して趣味多し

其の文章は平易にして而して明白なり

婦の前て之れを讀むも決して面を赤むるが如き事なく

此際何人も讀まざるべからざるは只國民新聞あるのみ

定價

一枚	金貳錢
一ヶ月前金	參拾五錢
三ヶ月前金	[illegible] 割
六ヶ月	一圓九拾五錢

最も信用ある新聞、決して虚言を書かぬ新聞

是迄讀者の範圍は重に上流社會中流社會に限られしが

大改良以後中流以下にも亦多數の讀者を得るに至れり

廣告の效能從つて從前に二倍し三倍す

廣告の取扱は丁寧にして且つ迅速なり

廣告の立案意匠隨時御相談に應ずべし

郵税一ヶ月	金拾五錢
廣告料一行	金四拾錢
同第一面一行	金五拾錢

發行所

東京市京橋區日吉町四番地

特電話新橋二千八百五十番

國民新聞社

天賞堂特別注文襟止兼用釵一斑

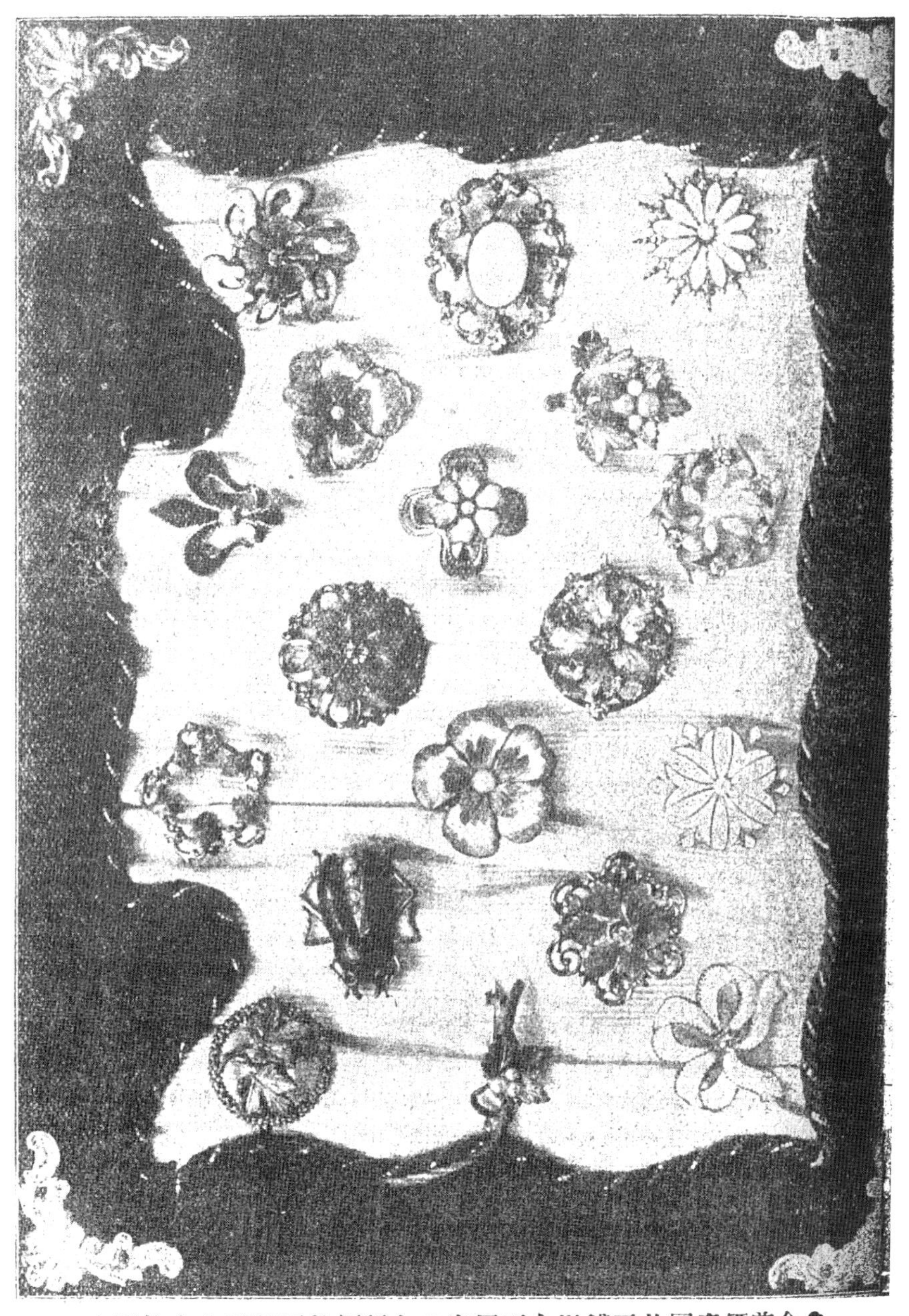

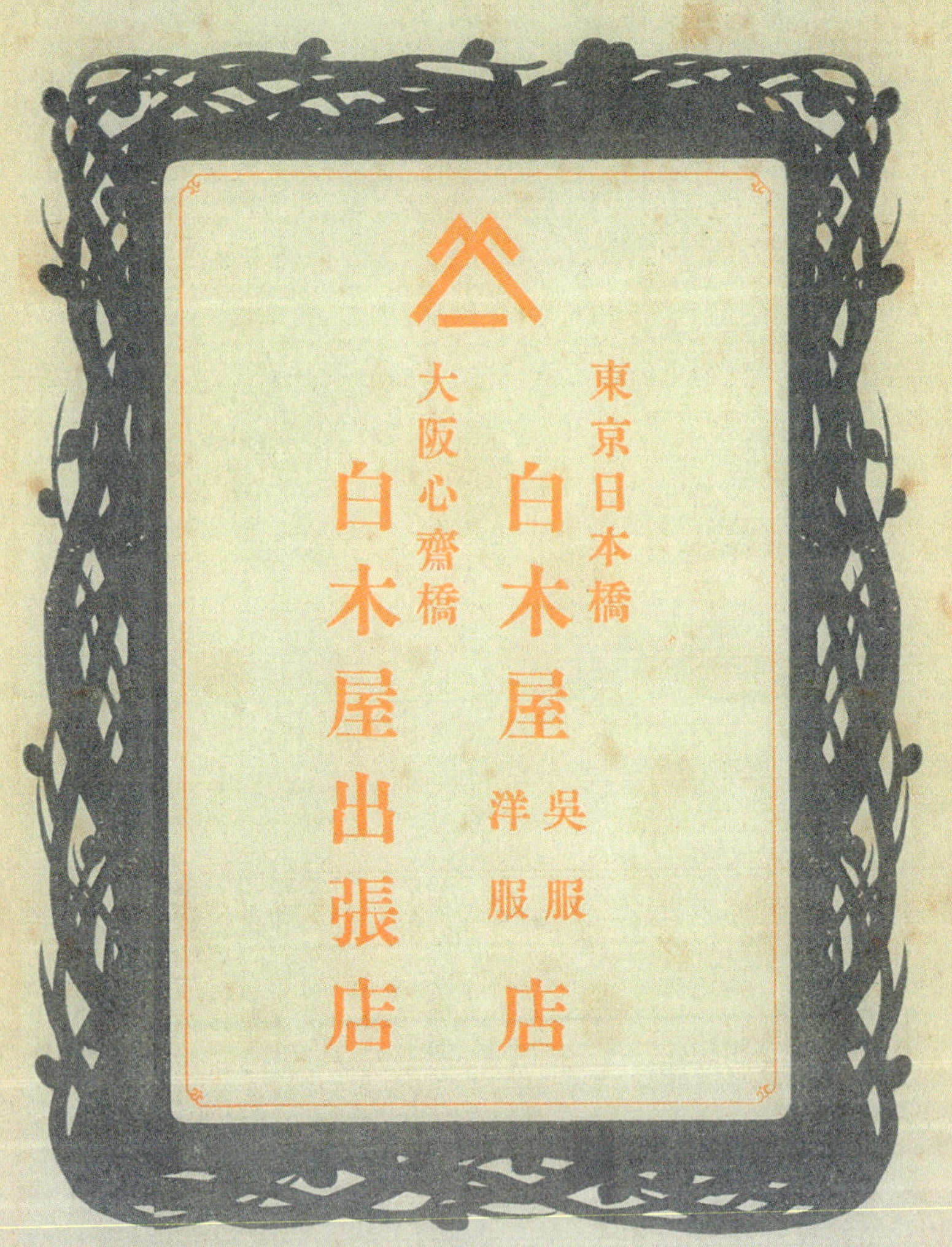

家庭の志るべ

第七號

明治三十七年四月七日第三種郵便物認可
明治三十八年一月一日發行（毎月一回一日發行）

『家庭の志る遍』

第八号（一九〇五〈明治三八〉年二月）

家庭乃志るべ
第八號

目次

○蜚語
○裁縫指南……物外居士
○流行案内
○新季節の燕尾服○婦人の髪飾り其他流行呉服太物の寫眞版數葉
○文苑
○式法……漱石
○雜錄
○英米貴女紳士交際法……北廬
○育兒法……叢軒
○笑門……丈八
○素人醫者
○小說　高利貸……青旻

本誌定價表

一冊	金十二錢	郵稅一錢
六冊	金六十五錢	郵稅六錢
十二冊	金一圓二十五錢	郵稅十二錢

本誌廣告料

一頁	金二十圓
半頁	金十二圓
四半頁	金七圓

○郵券を以て購讀料の代用を希望せらるゝ向は其料金に一割を加へて申受べし（但郵券代用は一錢切手に限る）

○本誌廣告扱所　京橋區南佐柄木町二番地　日本廣告株式會社

明治三十八年一月三十日印刷
明治三十八年二月一日發行

編輯兼發行者　東京市下谷區西黑門町四番地　山口笑昨
印刷者　東京市京橋區西紺屋町廿六七番地　太田音次郎
印刷所　東京市京橋區西紺屋町廿六七番地　株式會社秀英舍
大賣捌所　東京市神田區表神保町　東京堂

英國の名畫

フレツド.モルガン氏揮毫　子供遊びの圖

（甲）

英國紳士の探險と我が學生の修學旅行

（甲）圖は地質學上斷崖探險の英國紳士　ロンドンニユース所載

（乙）圖は某中學生徒の修學旅行中の山中夜營　伊勢四日市　久納重吉氏撮影

（乙）

夢の浮きはし

俤は見しぞ限りのとだえにて
逢ふ夜むなしき夢のうき橋

敵將マカロフ未亡人

敵將ステッセル夫人

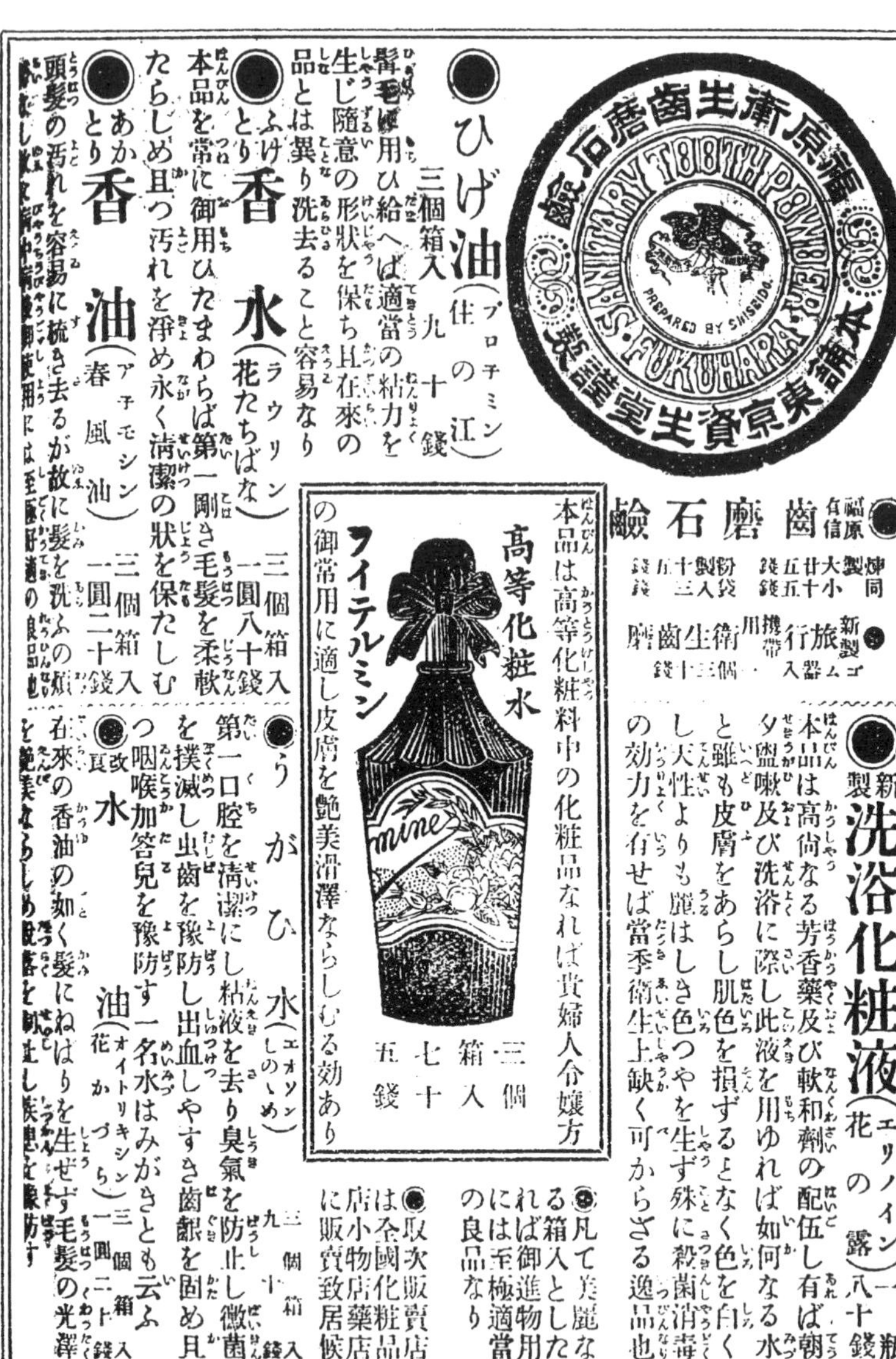
福原衛生歯磨石鹸
FUKUHARA'S SANITARY TOOTH POWDER
PREPARED BY SHISEIDO
本舖東京資生堂謹製
●福原有信 歯磨石鹸
煉製大廿五錢 同小十五錢
粉製十五錢 袋入三錢
●新製旅行携帯用衛生歯磨
ゴム器入・一個三十錢
●新製洗浴化粧液（エリノイン）（花の露）一瓶八十錢
本品は高尚なる芳香藥及び軟和劑の配伍し有ば朝夕盥漱及び洗浴に際し此液を用ゆれば如何なる水と雖も皮膚をあらし肌色を損ずるとなく色を白くし天性よりも麗はしき色つやを生ず殊に殺菌消毒の効力を有せば當季衛生上缺く可からざる逸品也
高等化粧水
フイテルミン
本品は高等化粧料中の化粧品なれば貴婦人令孃方の御常用に適し皮膚を艶美滑澤ならしむる効あり
三個箱入七十五錢
●凡て美麗なる箱入としたれば御進物用には至極適當の良品なり
●取次販賣店は全國化粧品店小物店藥店に販賣致居候
●ひげ油（ブロチミン）（住の江）三個箱入九十錢
髯毛へ御用ひ給へば適當の粘力を生じ隨意の形狀を保ち且在來の品とは異り洗去ること容易なり
●ふけとり香水（ラウリン）（花たちばな）三個箱入一圓八十錢
本品を常に御用ひたまわらば第一剛き毛髮を柔軟ならしめ且つ汚れを淨め永く清潔の狀を保たしむ
●あかとり香油（アチモシン）（春風油）三個箱入一圓二十錢
頭髮の汚れを容易に梳き去るが故に髮を洗ふの煩
且又病中病後御使用には至極好適の良品也
●うがひ水（エオソン）（しのゝめ）三個箱入九十錢
第一口腔を清潔にし粘液を去り臭氣を防止し黴菌を撲滅し虫齒を豫防し出血しやすき齒齦を固め且つ咽喉加答兒を豫防す一名水はみがきとも云ふ
●改良水油（オイトリキシン）（花かづら）三個箱入一圓二十錢
在來の香油の如く髮にねばりを生ぜず毛髮の光澤を艶美ならしめ脱落を防止し疾患を豫防す
處方調劑・藥品器械・衛生材料・化粧品問屋
本舖 東京市新橋出雲町角 電話新橋三二四番 資生堂 福原有信

新荷着廣告

金八圓五拾錢　銀側兩蓋石入向爪アンクル
金九圓五拾錢　仝總石入卷上向爪アンクル
金拾壹圓　仝中蓋附總石向爪アンクル
金拾參圓　仝裏二枚總石卷上巴附
金貳拾參圓　金着兩蓋16形米利堅製
金貳拾八圓　仝17形米利堅製
金參拾四圓　仝18形米利堅製

金七圓五拾錢　銀側兩蓋中蓋附御婦人持
金拾壹圓五拾錢　仝極上金鍍金附御婦人持
金拾參圓五拾錢　仝七寶入極上品御婦人持
金拾八圓五拾錢　仝米利堅梨地側御婦人持
金參拾貳圓　拾八金兩蓋中蓋附御婦人持
金四拾五圓　仝彫刻附上等品御婦人持
金八拾貳圓　仝總石入最上品御婦人持

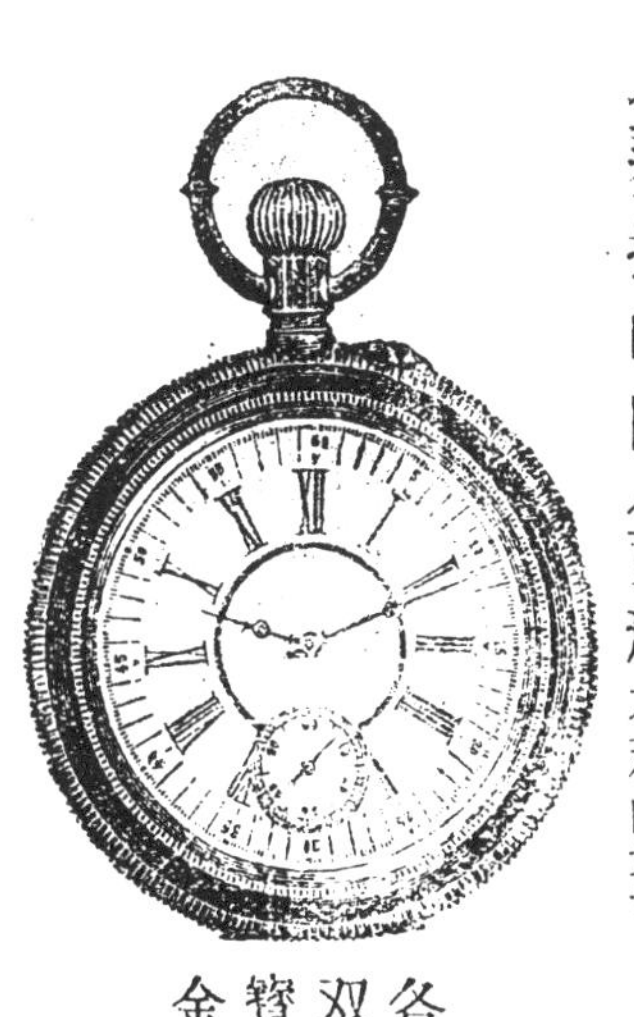

各種時計同附屬品
双眼鏡金縁眼鏡
寶玉入金製指輪
金銀美術品類一式

日本橋通二丁目十一角

商 柳古堂
岡野時計店

●商品案内御入用の方は郵券四錢御添送可被下候

材料精選
蟲傷豫防法實施
御婚禮
御用意
一切御揃
御問合
せ下され
東京日本橋區小傳馬町三丁目
長嶋屋
長谷川特製品
電話浪花一四二五

白熱瓦斯燈は光力五十燭光以上を有し瓦斯代は**一時間九厘餘**に過ぎず石油ランプよりも費用は遙に低廉なり

瓦斯竈は本社の發明品にして專賣特許を得一升の米は瓦斯代僅かに**一錢三厘**時間は**十八分**にして炊くを得べく安全と入手を省き瓦斯と水道は家庭は勿論料理店旅宿其他飲食店の必用缺くべからざるものとなれり

瓦斯七輪、燒物器、西洋料理器も使用輕便瓦斯代は木炭よりも遙に低廉なり

燈火及炊事器工事費は極めて低廉にして御申込次第工事費見積書御送付可申上候

▲▲▲瓦斯器陳列所　縱覽御隨意▲▲

特許瓦斯竈

瓦斯七輪

神田區錦町三丁目

東京瓦斯株式會社

電話本局　一三〇。五四八。五七〇。

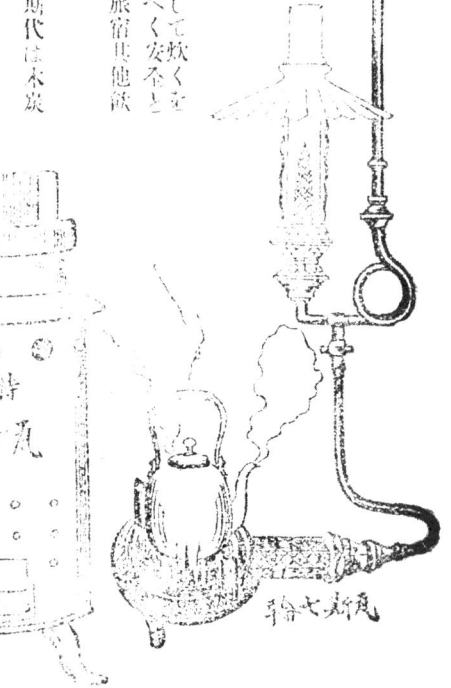

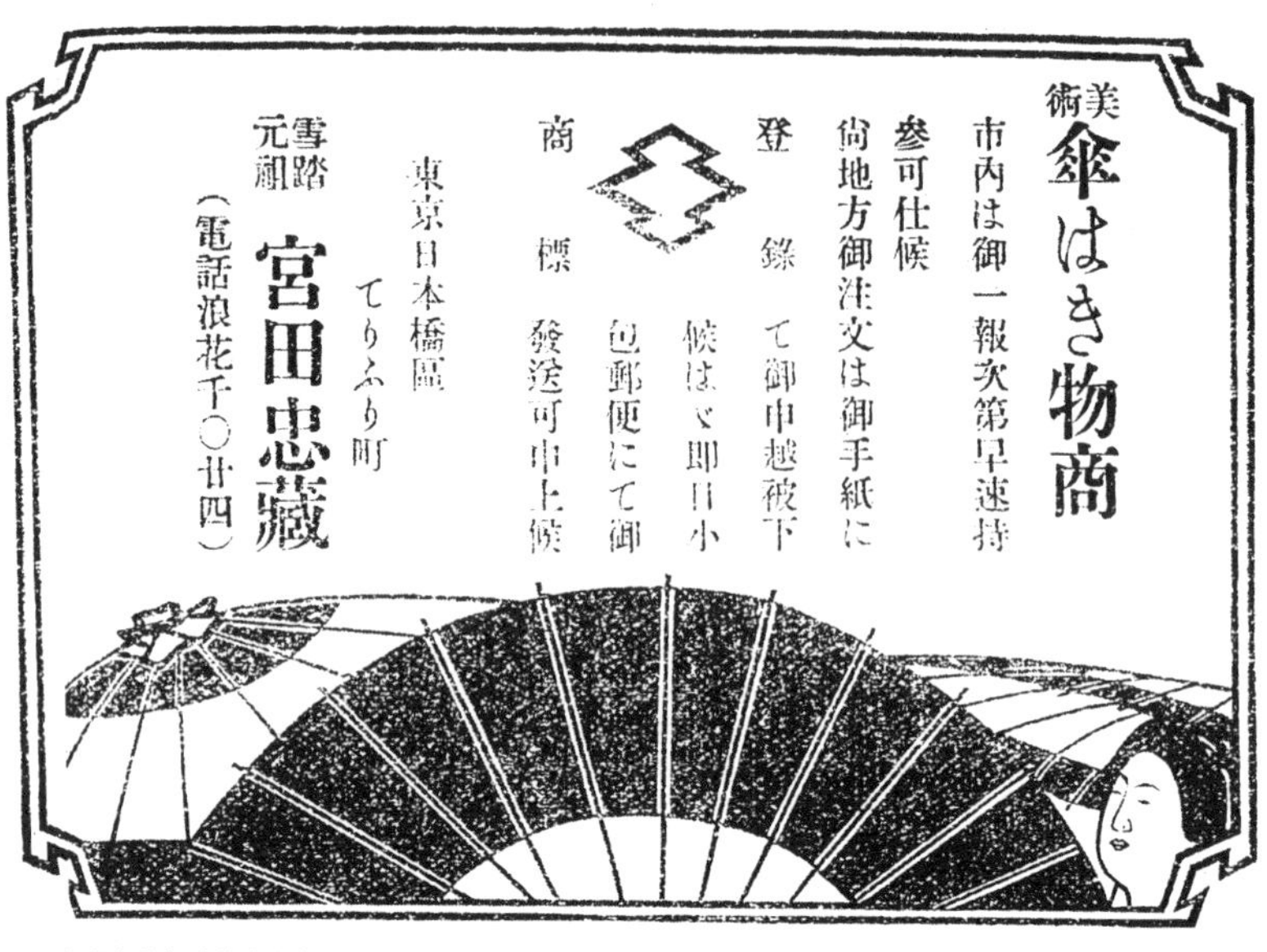

紀念新菓 大勝利 御披露

御得意様益々御機嫌能く被爲入候事は推測り奉慶賀候弊園玆に年古く御愛顧御引立を蒙り難有事と此段奉鳴謝候就ては弊園年頭の大勝利に因み新製したる珍菓にして名も紀念新菓大勝利種は皇軍を壽く勝多久利製色は紅白黄の三色形は時世を穿ちたる新案無類味は無敵で躰裁宜敷いつ迄置ても變りなく戰捷國の好進物時運芽出度新菓なれば御最負の餘恵を持ちまして御好評御評判の程奉希上候

追啓御土産には最も適當に有之候間白木屋呉服店へ御來臨の節は手近に御座候間御休息ながら御來駕の程懇願仕候

日本橋區通り一丁目木原店

電話本局二百二十番

梅園

登録商標
東京市神田區岩本町二十一番地
立田洗粉製造販賣所
貫々舍　小川商店
電話本局四百廿六番

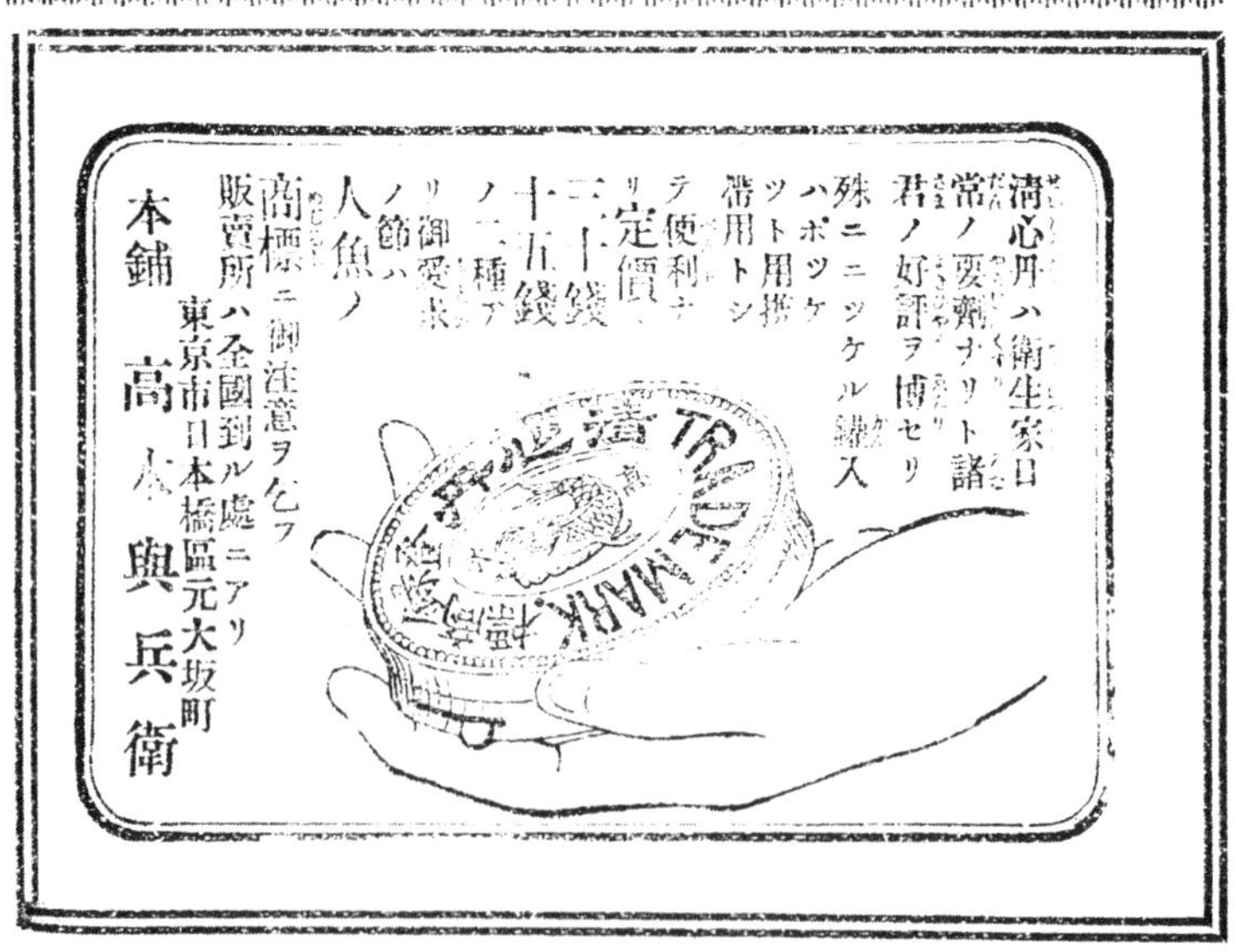
清心丹ハ衛生家日常ノ要薬ナリト諸君ノ好評ヲ博セリ
殊ニニッケル罐入ハポッケット用携帯用トシテ便利ナリ
定價二十錢十五錢ノ二種アリ御愛求ノ節ハ人魚ノ商標ニ御注意ヲ乞フ
販賣所ハ全國到ル處ニアリ
本舗　東京市日本橋區元大坂町
高木與兵衛
TRADE MARK

蜚語

近頃聞くも忌はしい奇怪の說が、聞くまじとする吾々の耳を劈いて來る。何かといふと、十年前の東京の學生は、隨分遊里に足を踏み込んだものであるが、今日は非常に其數を減じて來た。若し是れが道德的感念の增した徵候であるとすれば、是れ程喜ばしいことはないが、事實は不幸にして却て恐るべき傾向を示して居る。見よ遊里の夕月夜に、絣羽織の影が薄らいだ其代り、徽章の帽子が白晝公々然、海老茶袴と相挈へて行くではないか。否、それよりも猶ほ甚しいのは、某大學生は某女學校生、某私立學校生は某私立某女學校生といふが如く、それ〴〵校の附近の者を意中に描き、其取合せを形容すると、宛も校それ自身が、女夫の如く並立つて居るではないかと、斯うである。

こは素より皮相の觀察の上に、邪推の結論を組立てたもので、深く信を措くに足りないとは、吾々の斷じて疑はぬ所である。けれども蜚語は旣に出た、青春多望の人は狙はれんとし、清淨花の如き人は疵つけられんとし、學校は侮蔑せられ、教育家は蹂躙せられんとし、而して父兄は心配の箭を深く其胸に洞されたのである。蜚語の恐るべきとは、今に始めぬことはいへ、左りとて言ふ者にのみ罪は衣せられぬ、聽く者も亦た警めて可からう。そも〳〵遊里に入る者の數の減じたのは最も喜ぶべき現象であるのに、何故なれば此喜ぶべき現象が、男女生相挈へての漫歩等の爲めに打消されざるを得ぬのであらう。男女生相挈へての漫歩は、それ程迄に惡事であるか、それ程迄に沒道德的行爲であるか、否是れ女子が從來の退隱主義を脱して、漸く男女協力の實を現はさうとする其一階段であらうと思ふ。果して然らば吾々は、寧ろ其歡迎すべき所以を見て、憂慮すべき所以を見ぬではないか。

けれども今の女學生は、果して吾々の推察する如く、其他日の社會に於ける地位を認めて、此に達する爲めの準備をなすといふのであらうか、男生亦た果して異性の天職を認めて、之れを誘掖するの素を作るといふのであらうか。彼等の情は血氣なり、彼等の智は經驗に乏し、果してよく此等の覺悟をなし得たであらうか、甚だ覺束ないのである。其覺悟なくして徒らに其形を趁ふ、危いかな岌々乎たり。殊に年若き男女の相挈ふるのは、是迄の習慣として、何んとなく影護く、羞かしいものとしてあるのに、今や俄かに露ばかりも左り氣なく、双々街頭に談笑して、肌撓まず眼まじろがぬのは何故であらう。是に至つて吾々は、彼の戀愛とかいふ魔語の勢力に驚かざるを得ぬのである。彼等はいつ

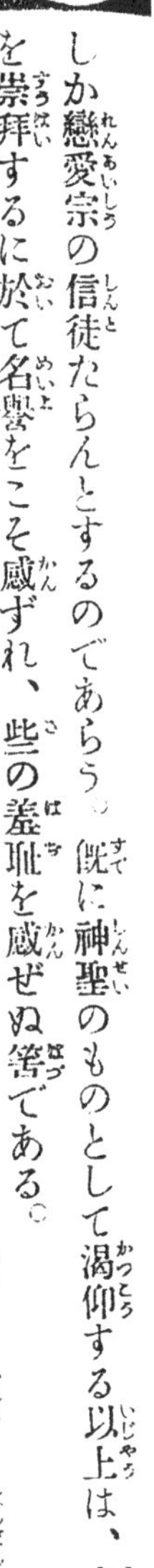

しか戀愛宗の信徒たらんとするのであらう。旣に神聖のものとして渇仰する以上は、之れを崇拜するに於て名譽をこそ感ずれ、些の羞耻を感ぜぬ筈である。

故に吾々は此現象を以て、强ちに邪念の移轉とは言はぬであらう、惟ふに彼等の本尊は、其理想とする如き神聖のものであらう。けれども年若き男女の間ほど、嫌疑のかゝり易いものたることを忘れてはならぬ、一旦の嫌疑は時に或は終生の瑕瑾たることを忘れてはならぬ學生の身を珍重して、蜚語の謬る所とならぬやう猛省せねばならぬ。監督者は更に猛省せよ、教育家は更に最も猛省して貰ひたい。

GENTLEMAN: "You ask me for a small gift, and do not even take off your hat from your head. Is that the way to act?"

Beggar: "Excuse, me most honourable sir, I dare not, for yonder stands a policeman. If he should see me take off my hat it will occur to him at once that I am a beggar, and he will arrest me. At present, as we are now, he merely supposes we are old acquaintances having a friendly chat!"

紳士　己れに施しをさせて置きながら帽子も取らず挨拶もせずに居るがそれが作法といふものかエヽ？

イヽ面の皮

乞食　旦那眞つ平御免下せへまし決してそんなわけではないんで、一寸向ふを御覽、ソレ巡査が居やしようがな、コヽで私つしが帽子を取つて御辭儀でもしてる所を見て御覽やつこさん直ぐ私つしを乞食扱ひにしてフン縛つて行きまさあ、トコロで私つしがコウやつてすまして居ようもんなら貴君の昔しなぢみの朋友が出逢つて中よく話しでもしてると思つてまさあ

裁縫指南（承前）

物外

雪の日の閑静に引きかえて其の翌日ほど騒がしいはない。麗々と日は眩ゆきまで南面の障子を射るに、庭樹の彼から此へと喧しいまでに喚び交ふ雀の、枝移りする度に消えがての雪を振ひ落す音は、軒の雫の涓滴に和して、雅樂の大柏子に折々打ちこむ太皷の音のやうである。

飛び石の上だけ僅かに點を打つたやうに顯れて居る邊り熾い日の照りに解ける雪はそばから渇いて、燃ゆるやうに陽炎の立つのが障子に反射してちら〳〵するが殊更に蒼蠅く思はるゝ心地がする。

貞子は健雄が百ケ日の祭りも濟まして漸く香の烟りの薄らぐ書齋に寂莫しく徒爾と見るものにつけて亡き夫の偲ばるゝは獨りチョーク畫の肖像の在が如きのみではない。

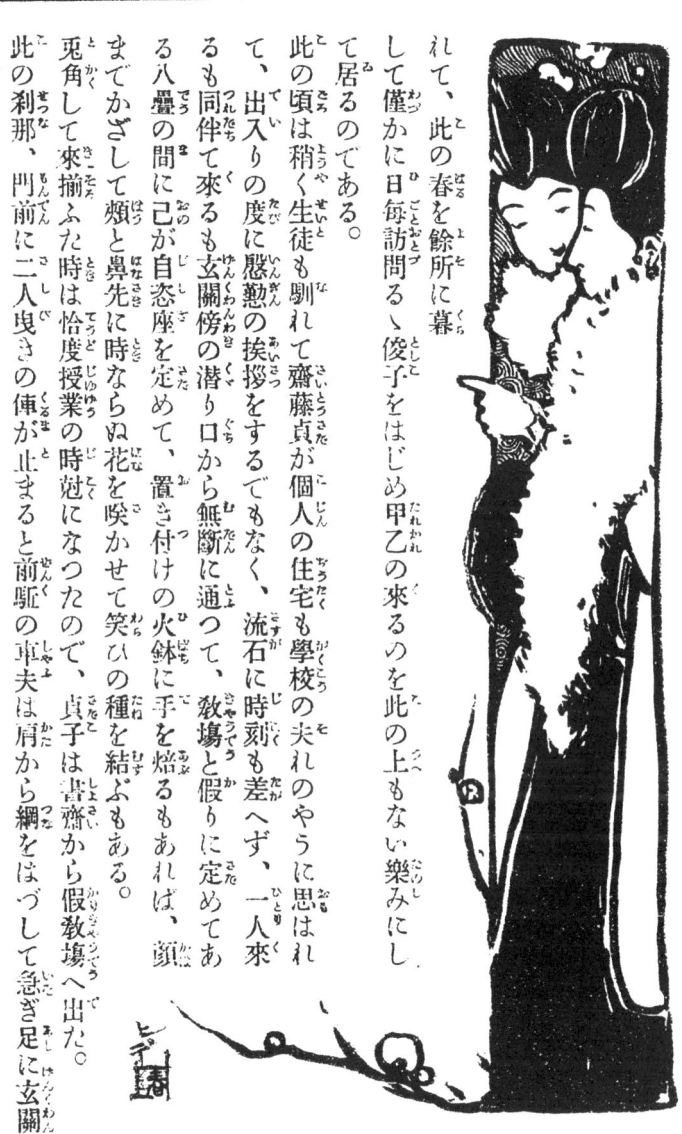

熟々と既往を回顧ひ更に將來を相像へば此の世の中に有らゆる不幸が我が身の上に湊つたかのやうに思はれて、最ど淋しい獨り棲に生涯をおくることの、先からさきが胸に浮かばれて、此の春を餘所に暮して僅かに日毎訪問るゝ俊子をはじめ甲乙の來るのを此の上もない樂みにして居るのである。

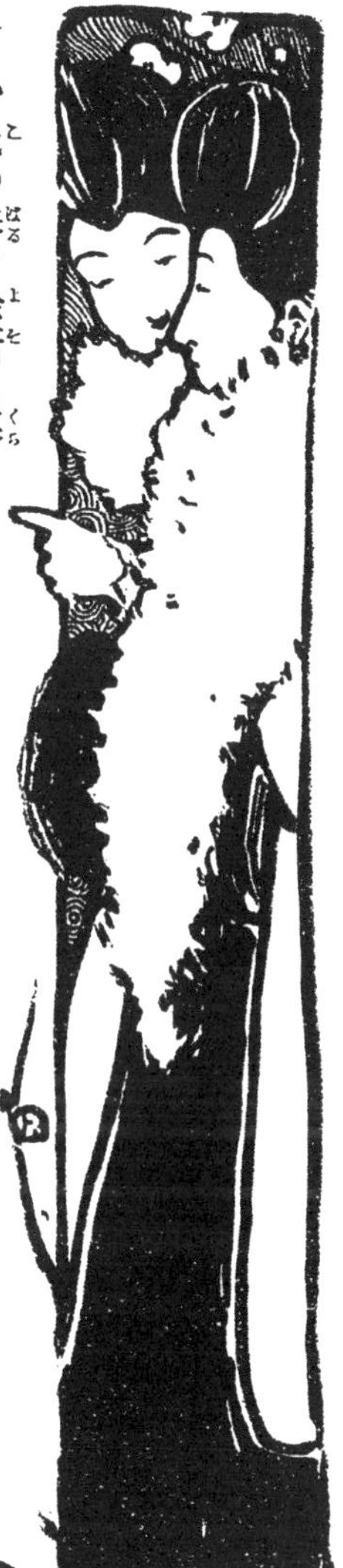

此の頃は稍く生徒も馴れて齋藤貞が個人の住宅も學校の夫れのやうに思はれて、出入りの度に慇懃の挨拶をするでもなく、流石に時刻も差へず、一人來るも同伴て來るも玄關傍の潜り口から無斷に通つて、教場と假りに定めてある八疊の間に己が自恣座を定めて、置き付けの火鉢に手を焙るもあれば、顏までかざして頬と鼻先に時ならぬ花を咲かせて笑ひの種を結ぶもある。

兎角して來揃ふた時は恰度授業の時尅になつたので、貞子は書齋から假教場へ出た。

此の刹那、門前に二人曳きの俥が止まると前駈の車夫は肩から綱をはづして急ぎ足に玄關

から齋藤先生のお宅は此方樣で……、と訪れた。手近に居た生徒が身輕に起て、『ハイ此方で……』と答ふるや彼の車夫は一さんに門まで走つて車上の主人を扶け下して轅捧の傍に蹲つた、蓮歩徐かに玄關へかゝる主人に尾いて紫縮緬羽二重裏の袷帛紗に包んだものを掌に載せて雙手に額の汗を拭きながら一人の車夫が改まつて「御免下さい」と後から聲をかけた。

前の車夫の來た時から障子の蔭に立ちすくんで居た生徒がヒョイと顏を出すと豫て一月の稽古始めに見覺えのある萩岡令孃であるから、無言のまゝに教場へ走り込んで其のことを報知せた、で貞子が此所へお通し申して……との吩咐に、立ち戻つて

『情願此方へ……』

『御免遊ばせ』と帛紗包みを車夫から受けて教場へ通つた壽子は貞子を初め一同へ式の如く挨拶した

『マア此の道の惡いのに良くお出遊ばして』

『ハイ豫て今日は是非あがりたいと存じまして、母の許しも出ましたので疾から樂しみに致して居りましたので……』

『恰度唯今授業に掛ります所で……、貴孃先日の宿題になつて居りました袴の縫ひ合せや襞の取り方などお作りになりまして？』

『ハイ拵えて參りました』

『では皆さんもお作りになつたで有りませうからお出しなすつて……』各自思ひ／＼に作つて來た答案を貞子の前の机へ置いた、これを仔細に調査した結果は秋山春子といふ女子美術學校の生徒であつた。

で、秋山春子に命じて其の答案を黒板に書き寫さして諸生に示した諸生のうちには自己の作つて來た夫れと違ふ所を指摘して、自己の主張を試みたのも有つたが、竟に貞子の周到な説明に伏して全く春子のが可いと歸着した、其の答案は、

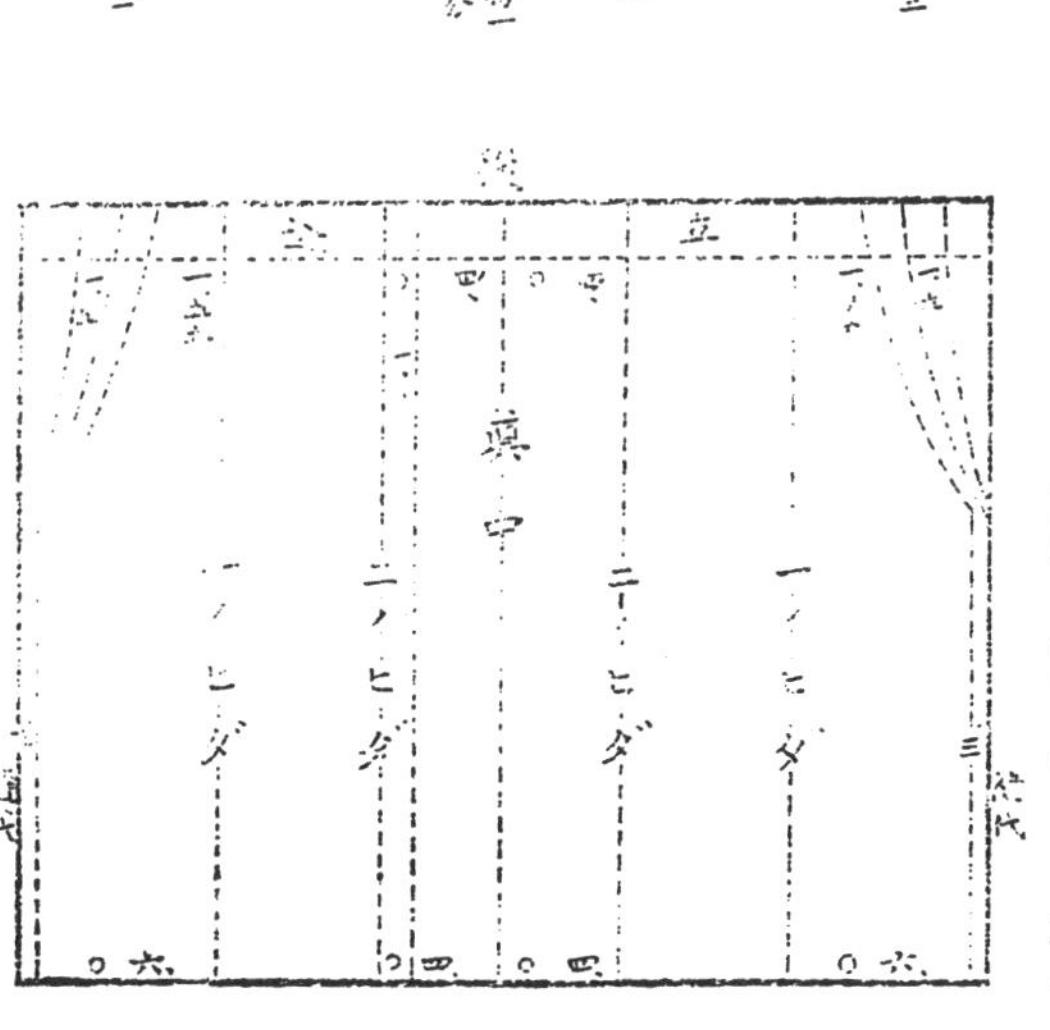

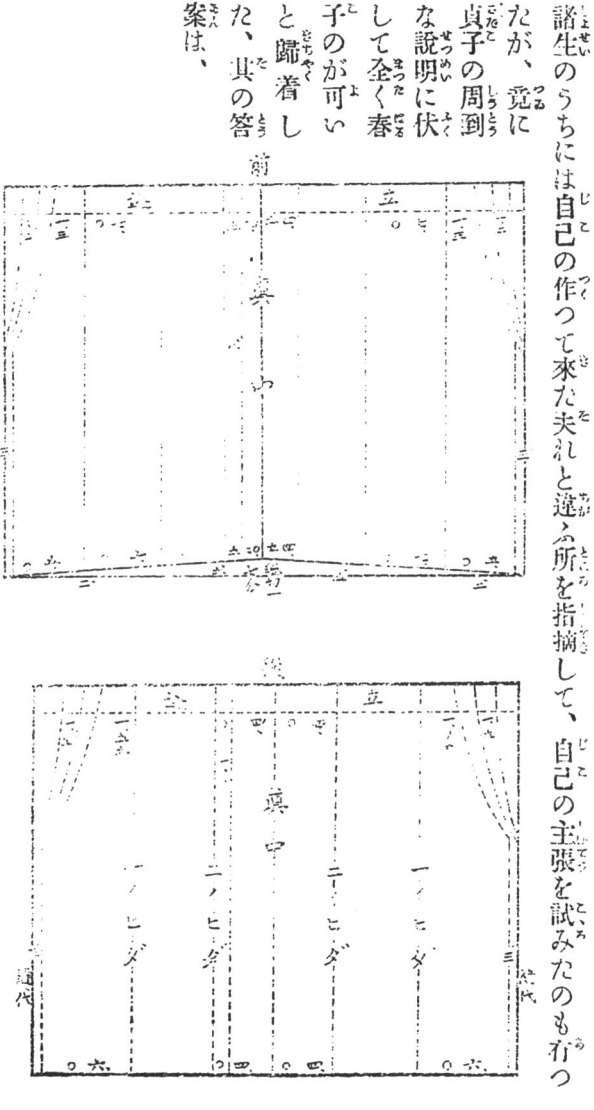

普通仕立上寸法

後三つ襞

紐下	二尺四寸	相引	一尺六寸五分
後箆襞	一寸五分	前箆襞	一寸二分
後幅	上八寸五分 下一尺六寸	後寄襞	上一寸二分 下二寸
前幅	上九寸 下一尺五寸六分	前寄襞	上一寸 下一寸四分
後の重	一寸	懐の重	八分

諸生が黒板の圖と寸法とを書き了つた、此の時荻園壽子は側に置いた帛紗包みから取り出したのは紫鹽瀬の女袴であつた。

『先日から漸のことで此の袴を仕立て參りましたから御覧の上でお教へを願ひます』と彼の袴を貞子の前へ出した。

貞子は仔細に點檢して、

『大層美しいお袴で、お仕立も値く出來ました併し此のお袴は裾廻し付きですが、此の裾廻しの改機と表の鹽瀬との附け際が縮れて居ります、これはお改しにならなければ不可ません、其れには縮まない方法が有るので厶いますが御存じのお方は仰有て御覧なさい』と諸生に問ひを掛けた。諸生が例の女性の通套で何となく躊躇の間に、村松千枝子は勦んで答へた、

『先生……、改機と釣り合ひの惡い鹽瀨や緞子、縮緬の類を袷せて縫ひますには、生半紙の成る丈け薄いのを能く〳〵揉み和らげまして、それを火熨斗か鏝で伸して、凡五分乃至八分の幅に切りまして、改機の縫ひ代の端へ極く淡糊で貼り付けて乾くのを待つて縫ひ付け、鏝を當てれば少しも縮れることなく見事に出來るといふことを敎はりまして試しましたが全く良く出來ます』

『ハア其の通りの仕方で可しいのです。夫から萩園さんは其のお袴の縫ひ方順序を一ト通り御說明成すつて……』と言はれて少し逡巡の氣味で有つたが、更に勇氣を皷したとやうに一ト膝進めて說き出した、

『初めに前布に前奧布を縫ひ付けて折り伏せ縫ひを仕まして、次に後布を縫ひ合せて左右の相引を縫つて、前布の方へ返しまして、表の裾口と裾廻しの切を合せて二分五厘の縫ひ代に縫つて、裾廻しの方へ折りを付け、表を二分ばかり裏の方へ返しまして、裏から五六分の切目に表を成る丈け小針に出すやうに裾切れを表へ絎け付けます。然してエー相引の上に貫木止めをしまして、夫れから先刻アノ黑板へお書きなすつた圖の通りに襞の折りを付けて、裾口を下に置いて後の襞を取りまして、次に前を返して三の襞……アノ懷の襞、エー夫から二の襞一の襞を順に折つて、紐付けの標から五分下つた所と裾から七分か八分程上つた所と紐下の眞中との三所に千鳥掛けの飾り躾を掛けまして、後と前の笹襞を折つて縫ひましてから、平にして壓しを置きました。

夫から後前の紐を真中一尺ばかり残して縮てから後腰に後幅だけの厚紙を入れて、太白の捻糸二本で雌針五つ雄針四つに厚紙を通して飾糸を掛けました、夫から後紐を付けて次に前紐を付けたのです。

『厚紙は何枚合せました？』

『ハイ十枚合せて拵えたのを両角を五六分丸く裁ち落しました』

『それで宜しうムいます、で何誰でもお仕立ものをお持ちになつた方はお出しなさい、拝見いたしませう』

爰にそれ〳〵仕方上げのものを出すべく、各持参の包みを玄関側へ取りに起つた。

（次號つゞく）

For Two Reasons.—Neighbour: "Did that artist who boarded with you paint your doors and windows?"

Farmer: "He did not. At first he refused to do such common work, and after I had seen one of his pictures I refused to let him do it."

○互に道理あり

隣りの人　権右衛門さんお主の所ろに先達てから東京の画工たら云ふ人が宿つていたが、あの人に例の襖な依嘱ましたかへ？

権右衛門　イヤソー行かねーだ、第一あの人はそんな俗な仕事はイヤと云ふだし、私しは私してあの人の画いたものを見てから急に断る気になりやした

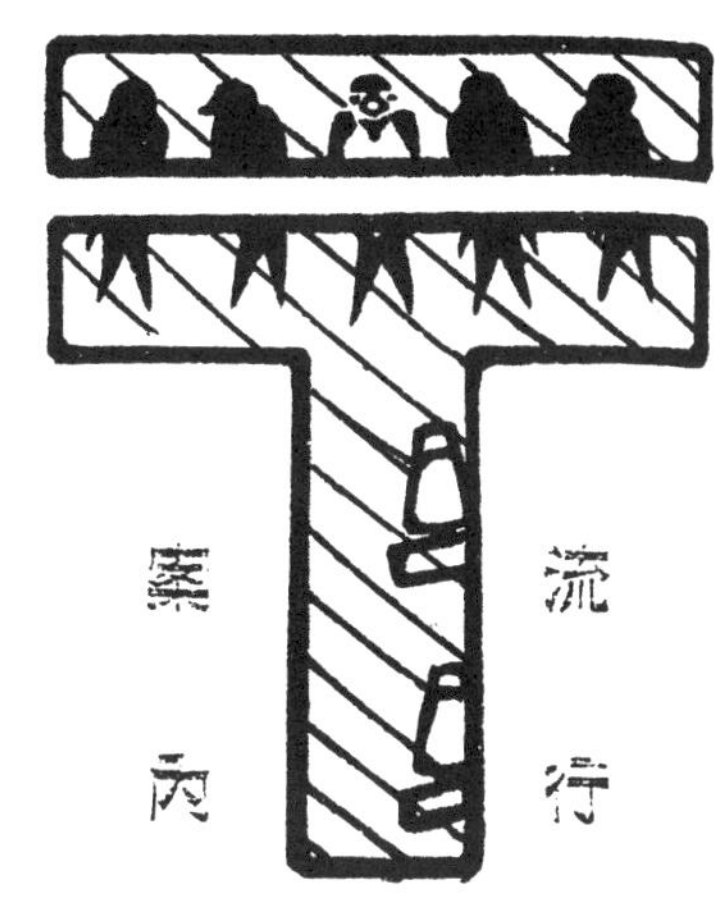

◎新季節の燕尾服

日本橋白木屋洋服店調

時は今交際季節の眞最中で苟くも二十世紀の社會の表面に立つて活動せらるゝ紳士諸君は昨夜は誰氏の舞踏會、今夜は某氏の晩餐招待と我帝國の社交場裡に　各其光彩を放たるゝ事であろうから茲に夜會の正裝たる燕尾服の最近の形式二種を新着英國雜誌に據て紹介し粋を流行界に競はるゝ紳士方の御參考に供しようと思ふ

甲　切り襟形燕尾服

(Dress coat, Pointed lapel)

普通一般に用ひらるゝ形で上衣の襟は上部を水平に切り離たれて領の下部と密接させ其見返しは鈕穴の幅だけ額に殘した一面を豐富なる綾目と光澤とを持つた純絹の琥珀地などで蔽ふ、襟は上部からズツト腰の邊まで斜めに寛やかに返らせるが其幅は寧ろ狹い方が今日の傾向である(フロツクコートなども然り)前面には30番形の絹鈕を二つづゝ二行に付け袖先は22形の鈕を三個づつ取り付ける、概して上衣の裾は長めなる方宜しく前方から後部へ廻りて得も云はれぬ自然の圓みを持たせて手際よく裁つてある呼吸が裁縫師の腕の見せ所であろう、圖には短衣を白地で見せてあるが上衣の黑と畵然たる對照が出來て一段引立つて見へる

短衣の地質には最上のリンチルか又は地紋ある豊かな絹地なども大に宜しく胸をU字形に開ひたる仕立とし共切で包だ釦が三個づゝ二行に付いてある、ヅボンは上衣と同じ地で綾目と光澤さへ同じなれば稍厚目の地質で仕立て差支ないのみならず爲めには甚だよろしい、惣躰細めなる方近來の流行で意氣な向では脚部の輪廓がほのかに畫かるゝ程度迄細く仕立させる

乙　糸瓜襟形燕尾服

(Dress coat, Roll collar)

前とは全く趣きが變つて襟がのべつに圓形に返つて居る、其形から糸瓜襟と命名されて居るので琥珀地の見返しは襟の際まで又上部は領を一週して全躰に付けてある、此方は短衣は上衣と同じ黑の地質で釦の付け方は上が二行下に至つて一つに合したるV字形で頗る洒麗た式に出來上つて居る又ヅボンは外側に竪に一條の絹の平打の縁を縫ひ付けさせて洵に爽然快然たる躰裁を持たせてある

要するに甲は莊重端正なる點に於て、乙は瀟洒雅麗なる點に於て各其特色を發揮し盡して居る二者孰れを取らるゝかは着用者自身の年齢と趣向とに訴へて採擇あるべしである。さて地質は一種共黑の纖細なる毛糸で織つた光澤あるヴイキユナ、無地綾、繻子綾絨等で作り裏惣躰など佛蘭西サテンにして出來上り一組の直段が金四拾五圓より六拾五圓位迄

因みに蛇足ながら燕尾服の禮裝をなしたる場合の附屬品の取り合せ方を左に記して置く、

帽　疊み込みの高帽子(クラッシュ、オペラ、ハット)又は絹帽子

手袋　純白又は灰白色の手の甲に縫を

有する小山羊皮製

シャツ　純白前割りのリテン製

カラー　稍高めなる立襟

襟飾　純白のラウン（絹寒冷紗）製の蝶結び形

胸釦及び手釦　金或は金剛石等の無地なるもの、種々の彫刻又は色の寶石入は不可

靴　黒塗り革（パテントレザー）製の前を黒きリボンにて飾れる淺形の夜會靴

靴下　純黒の絹メリヤス

外套　黒の繻子綾或はチエビヨット絨にて作り襟に黒の天鵞絨を付したるインヴアネツス、普通のオヴアーコートも不可なるにはあらねどインヴアネツスは滑り最も宜しく着よき故禮服には最も適當せり、何れにせよ色は黒に限る。

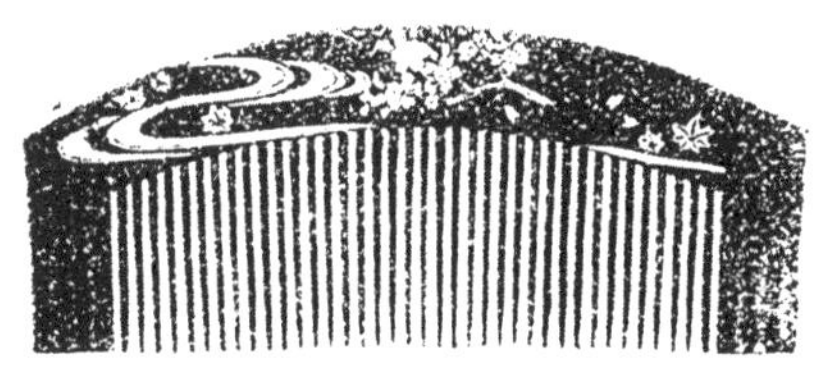

◎婦人の髪飾り

京橋鎗屋町　万久製

束髪流行のなかにも、日本の服装、日本人の顔の色艶髪の毛の色などからその配合を考へると矢張りむかしからの髪飾りに捨て難い所が多く有る

玆に顯はした櫛中挿は黒鼈甲臺に、金、銀、青貝を嵌入したもので圖は吉野立田の花もみぢ

一組の價　貳拾圓

下圖のは同じく黒鼈甲臺を金地にして其の上へ黒、朱、銀などの配合よき色を以て能狂言もやうの丸紋づくし品位ありて野暮ならぬ品なり

但注文によりては其の人の定紋を取り合せて入れるも目立ずして面白からん

一組の價　拾參圓

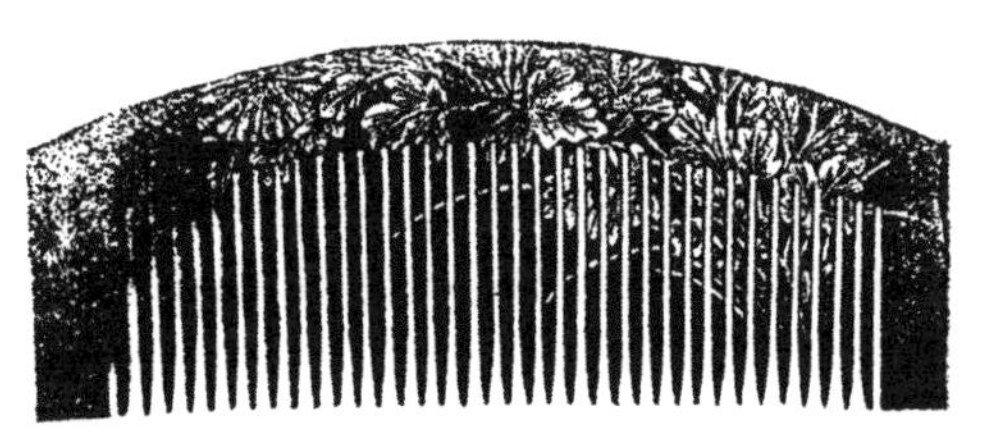

上圖もまた黒鼈甲臺にて黒の上に極めて上品なる菊の折り枝を泰眞の原圖によりて描きたる優美のものにて本朝美術の粹を表わしたるもの

一組の價　拾壹圓

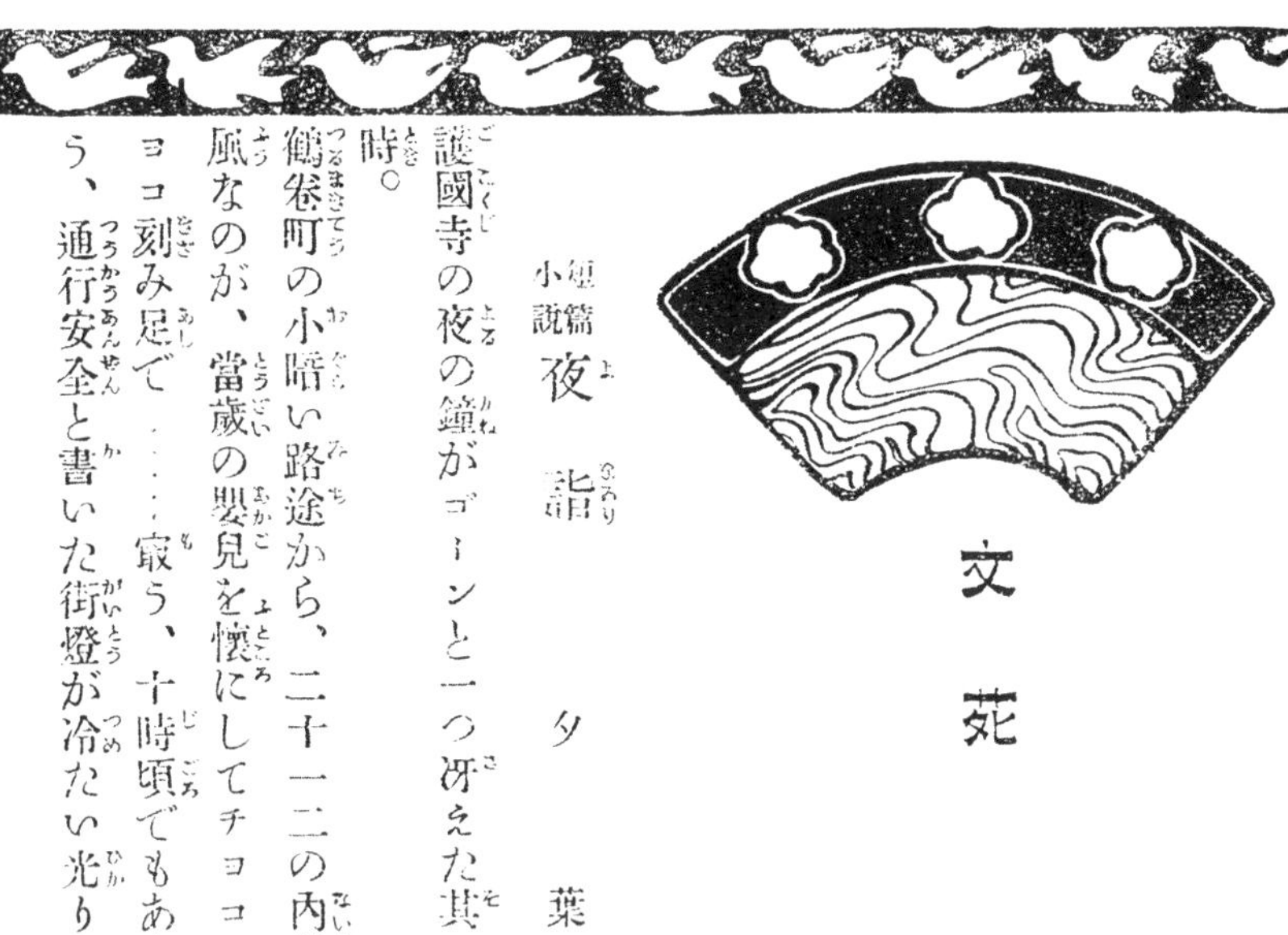

文苑

短篇小説　夜詣　夕葉

護國寺の夜の鐘がゴーンと一つ冴えた其の時。

鶴巻町の小暗い路途から、二十一二の内儀風なのが、當歳の嬰兒を懐にしてチヨコチヨコ刻み足で……寂う、十時頃でもあらう、通行安全と書いた街燈が冷たい光りを投げて居る。

女は燈光で嬰兒を眺めた、そして恍惚として歩かうともせぬ。

甚麽な夢を見たのであらう、嬰兎は莞爾々々と……。

女も、包みきれぬ愛らしさ樂しさにソト接吻するのであつた、

『本當に肖て居るよ』と獨り語ちて……。

湯歸りらしい、手拭肩に、八公瞥と一睨を投げて行き過ぎざまに、

『主を思ふて泣く此の姿が、何故に姑の氣に入――らぬ』と氣取つた聲が馬鹿に冴ゆる。

サツと顔を紅にした女は、急ぎ歩調で八幡の方へ……、

夜はまた、新開町の寂寥に返つて街燈の光りも睡たさうに一つ瞬いた。（をはり）

和歌

梅雫　織月

白梅の雫に京の紅解きて春を粧ひし江戸の舞姫

○

春の夜のにほひうたらと筆とるにあまり高きよ白梅が香

○

寒梅の宿の主は胡地へ行きて新らし妻が琴の音もせぬ

○

君を戀ふと男申しゝ朧夜を忘れますなとこの紅の梅

○

行き暮て一夜宿りぬ磯の村月は朧のその梅のころ

○

黒髪に梅の白きをかざしたる妻が二十の春衣のかほり

○

舞ひ姫が梅見戻りの下り川水に映えゆく紅の綾袖

應募川柳披露

題　若後家

海邊の黒人評

人　茨城　花香

若後家の心機一轉厚化粧

評　茶筌にはとかく蟲のつき易いもの

地　本郷　S、S、

若後家に深切敵は本能寺

評　先馬を射よ？

天　三田　五郎丸

名譽と萬歲若後家の鐵縛り

評　政岡曰、死るを忠義といふことは、何の世からの慣はしぞ。

乳姉妹

（梅村の場）

（彩雲園遊會の場）

本郷座に於て
正劇　川合武雄が君江に扮したる
衣裳の文様

（日本橋三越呉服店調製）

友禪四種

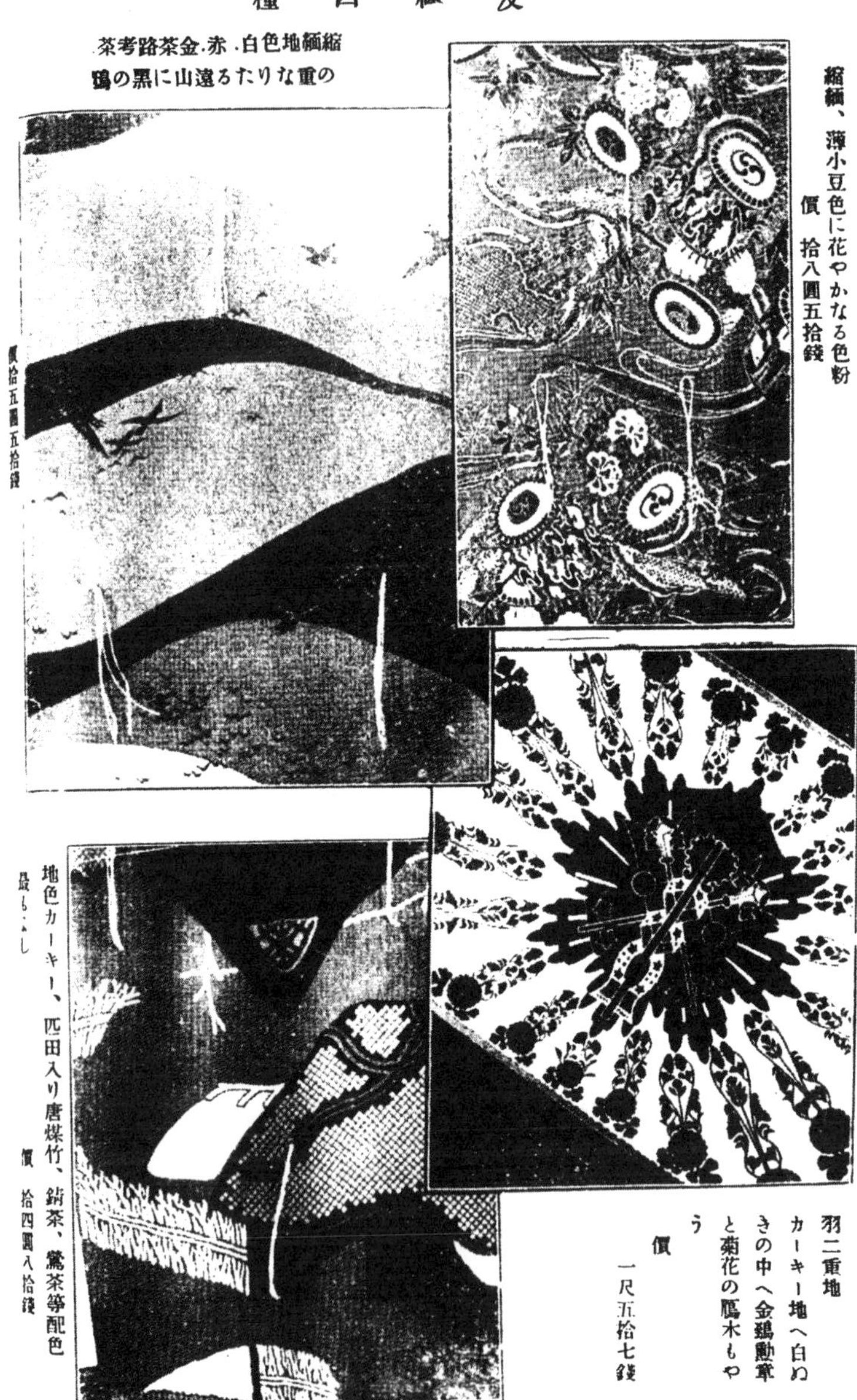

縮緬、薄小豆色に花やかなる色粉

價　拾八圓五拾錢

縮緬地色白・赤・金茶路考茶の重なりたる遠山に黒の鴉

價拾五圓五拾錢

羽二重地
カーキー地へ白ぬきの中へ金鵄勲章と菊花の鳳木もやう

價　一尺五拾七錢

地色カーキー、匹田入り唐楳竹、錆茶、鶯茶等配色

最も・ふし

價　拾四圓八拾錢

縮緬・光悦風田舎家もやう

友禪三種

い　羽二重、地色淡鼠、光琳の圖を彩色摺り箔等そのまゝ

價　一尺六拾八錢

ろ　縮緬、紅とカーキー色と草色とを重なりたる山にして白ぬきの霞

價　拾四圓五拾錢

は　縮緬、淡ぶどう色地路考茶と紅と白ぬきの楓配色最も佳し

價　拾貳圓五拾錢

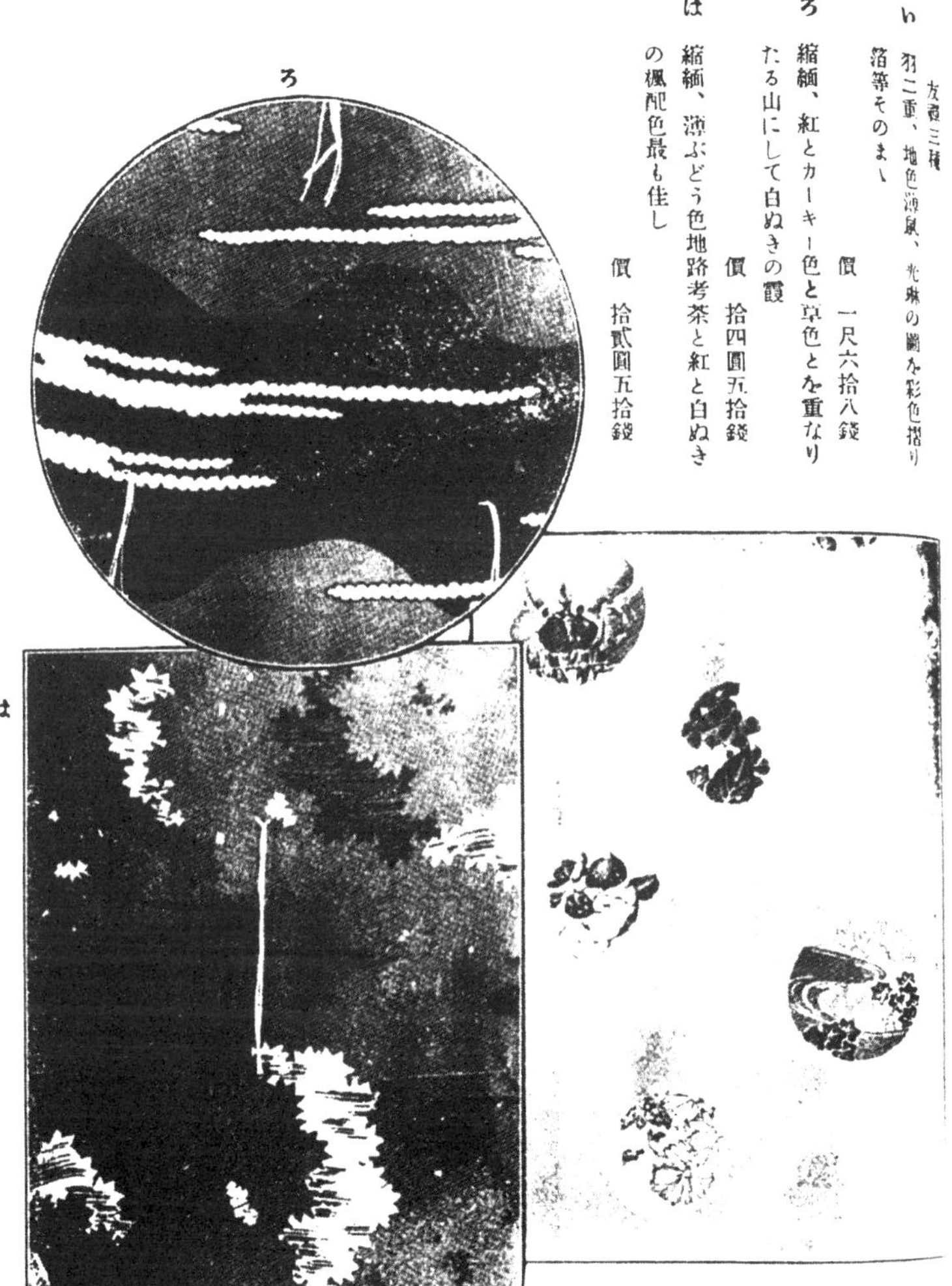

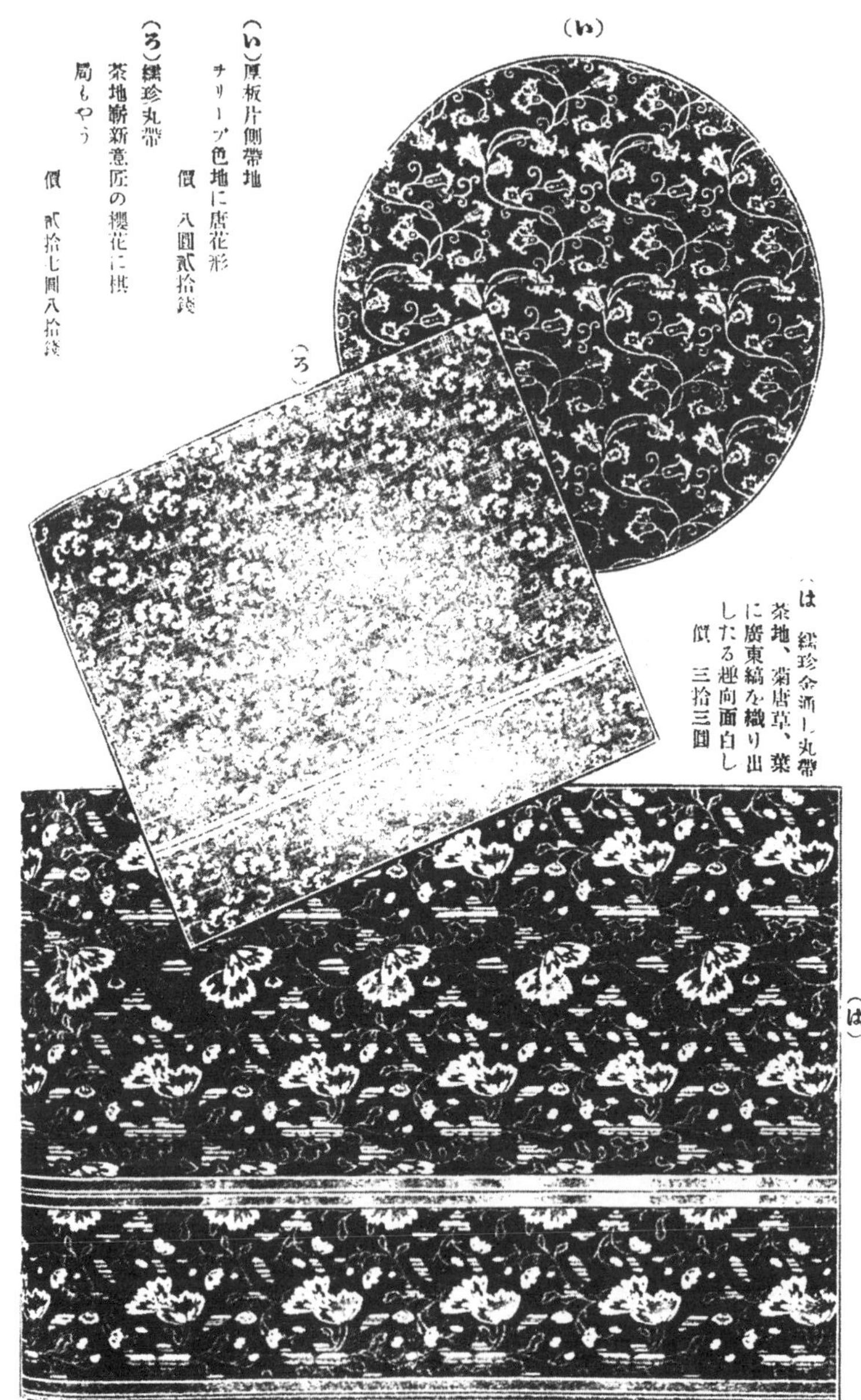

(い)厚板片側帶地
チリーブ色地に唐花形
價　八圓貳拾錢

(ろ)繻珍丸帶
茶地嶄新意匠の櫻花に棋局もやう
價　貳拾七圓八拾錢

(は　繻珍金通し丸帶
茶地、菊唐草、葉に廣東縞を織り出したる趣向面白し
價　三拾三圓

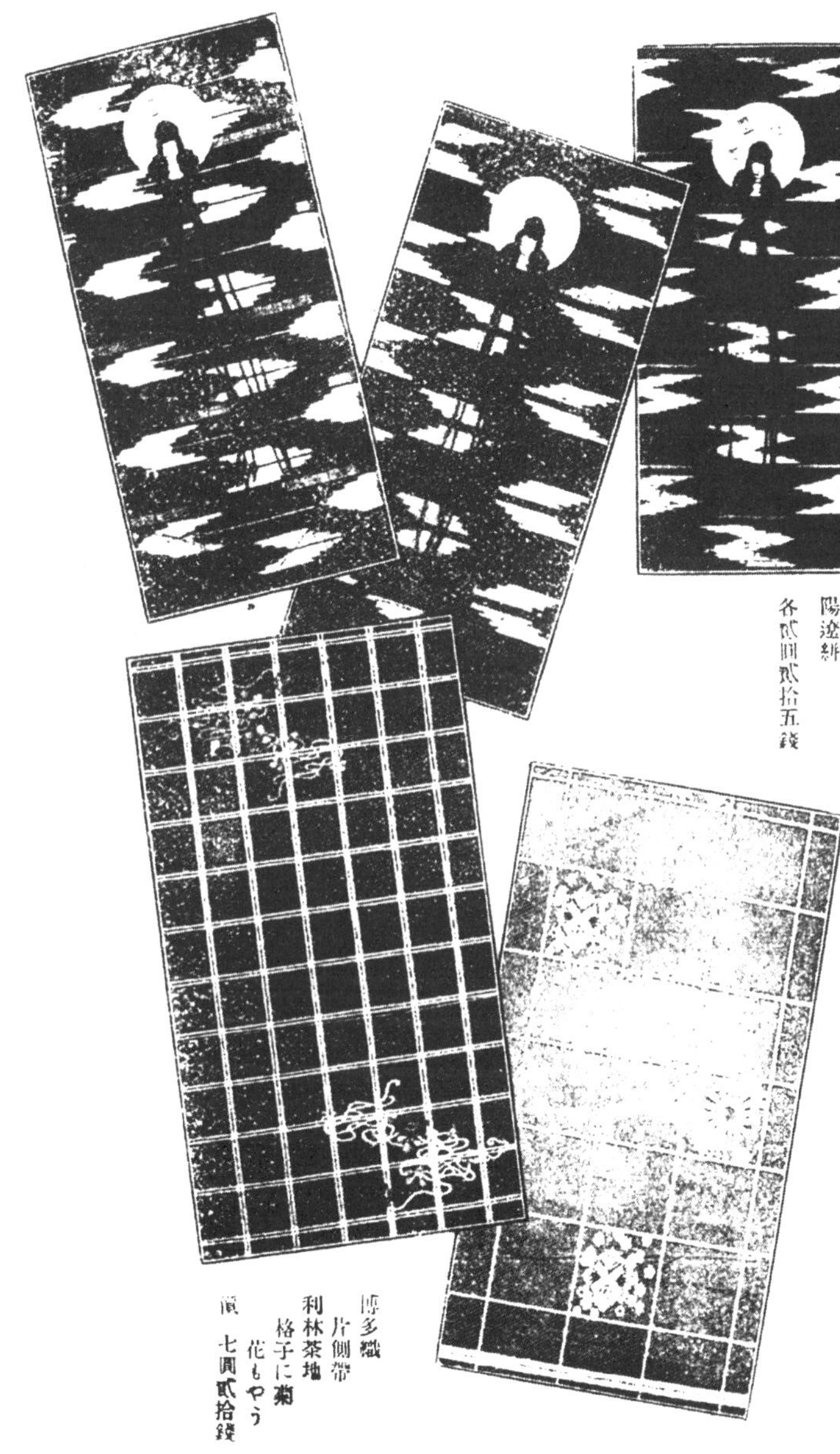

陽迹絣
各貳圓貳拾五錢

博多織片側帯　濃赤小豆色地、白二筋格子に金鶏勲賞
價　五圓貳拾五錢

博多織
片側帯
利林茶地
格子に菊
花もやう
價　七圓貳拾錢

米澤琉球絣

一ト巾に五つと四つとの數を入れ違ひにしたるもの

(い) 價　七圓五拾錢

(ろ) 價　九圓六拾錢

(は) 價　七圓六拾錢

價　拾圓參拾錢

糸織熨斗目がすり

同　價　九圓五拾錢

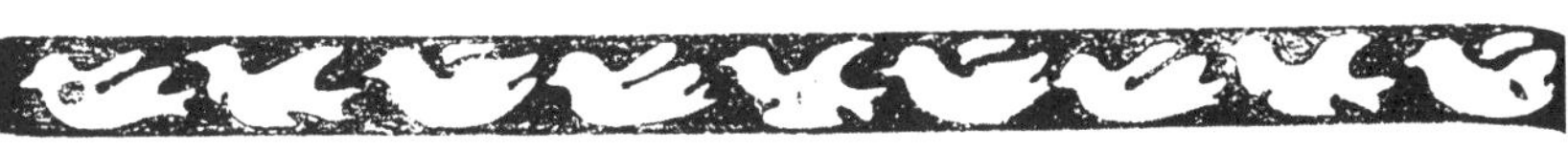

式法

婚禮の部
六號の續

漱石

前回には婚姻式場の床飾り及座席並びに式具の概畧を述べたり、本回には緣女の輿入れより盃事の次第を詳說すべし。

古法を按ずるに、婚姻式場に於ては嫁女の衣文及び衾に至るまで都て白地に幸菱の綾織に限れるものなりしが如し、而して其の綾織には竪織と浮織との二種ありて上着には多く浮織の方を撰びたるもの丶如し。

爰に幸菱の衣文を用ゆるは元來菱は水底に彌蔓し斷絕することなく、葉は堅く、花は集合して開き、能く結實するを以て某縉紳家これを撰ばれ婚儀の衣文に用ゐられしを時の人此の花の果報美しきを稱えて幸菱と號けて一般に用ゆること丶爲りもてゆきしと傳へらる。（但、幸菱は菱の花を四つ合せたる形なり）

今は機業の進步に伴ふて競ふて種々の織文を出し、美麗を極むるもの有るを以て、彼の幸菱の古法を守るもの漸く稀なるが如しと雖も、白無垢を以て眞の禮服とすることは今に渝らず。

稍畧したる向は白に次て極めて淡色の文樣付き二枚重ねを用ゆるも、其の極めて淡き色に文樣を染め出したる配色が近世の時好に適せざる哉の傾向あるより目下は登時の流行色を撰ぶに至れり、而して竟に地色の濃淡に拘らず流行色を用ゐ始めたる結果世

人が誤つて黒紋付を正服と思ひ差へ、黒紋付に白下を誤り用ゆるに至りたるが如し。但し黒紋付に白下を用ゆるは往昔より色直しの正服として襲用し來りたるものにて決して合盃式の場合に用ゆべきものに非ず。（色直しのことは後に說くべし）

・序に云ふ、古法には婚禮は勿論其他正式に人を送り迎ひするには必ず門火を焚くのことあり、古例を守る地方に於ては今猶此の習慣あり而して門火を焚くは送迎の途を明かにする意味にて東京に於ては獨り盂蘭盆に迎ひ火と唱へて祖先の精靈を迎ふる習慣殘れり

却說、聟方にては時剋を許り、家族を除き相當の身分あるもの二三名を玄關に置きて新婦一行の來るを迎へ、直に休息室へ通し菓子白湯を進むこれを座付菓子と云ふ、聟して聟方の媒酌より嫁方の媒酌へ用意の宜しきを告げ、夫より嫁女を双方の媒酌婦人二名にて式場に案内し、續いて聟を同じく媒酌男子二名にて式場へ案内して退くなり

但媒酌人は双方より選任して出すものなれども近來は畧して双方を兼るあり便宜上差支なかるべし、

嫁方よりは從者の內心利きたる侍女一人、聟方よりも同じく女一人附添ひ介添役を勤む、

因に云ふ、嫁女は媒酌夫婦同道し從者を召連れ行くの外兩親々族等を同行すること曾てなきことなるに、近來此の風あるは誤りの甚しきものなり。

是より膳部（畧せば蛤の吸物）と下捨土器を運び、次に長熨斗扱ひ役通ひ口より鉤の手に廻り床に在る所の長熨斗を持て中央の

末座まで下り、再び慇懃に床前へ据え退く
續いて他の一人盃三方を持ち來り、新郎

小結びの圖

大結びの圖

新婦の眞中へ据え退く、本誌六號中床飾りの圖參照

結び酌を爲すには都て膝行するが法なれども、熟練せざれば行ひ難く、又狹き席にては爲し難きものなり、故に略式なれば膝行に及ばざるも直立せず敬意を表する態度にて動作すべきなり。

次に兩人にて銚子を持ち來り、圖に示す如く左へ曲り一つ結びて（是を小結びと云ふ）坐り、男蝶より女蝶へ神酒を加へて左右へ別れ、男蝶は通ひ口寄りの座に着き、女蝶は酌に行き中央に在る盃三方を嫁女へ參らす、介添役取て神酒を受け嫁女へ進む、嫁女一献呑みて渡す、介添受て雫を下捨土器へ落し元の如く盃を直す、酌人盃を聟に參らす、聟自ら取て一献呑む、酌人盃を元の中央まで持ち行き、上の盃を下へ組替えて圖の如く加へに立つ（是を大結びと云ふ、又酌人が酌をするに左へ〳〵と廻る是を中結びと云ひ、此の三の結びを合せて世に結び酌といふなり）加へ濟みて聟は中の盃を取りて一献酌み嫁に廻す、嫁は式の如一献酌み了つて右の盃三方を中央の座へ持ち行き、更に中の盃を下へ組み替ゆること前の如し（此時盃は下上中の順になる）又加へ濟みて今度は嫁女より下の盃大を取りて一献酌み聟に納るなり（是は最畧式にて上中下盃の數を嫁聟合せて六度となる故に酌人は酌の度毎に輕く三度づゝつぐまねして酌を爲し假に九献の數に充つるなりこれを銚付け三献といふ。

今一法は初めの盃を緣女より始めて聟に進めこれを緣女に納め、次に中の盃を聟より始めて緣女に進めこれを聟に納め、終りに大の盃を緣女より始め聟に進めこれを緣女に納めるなり。此の扱ひは畧式なれども所謂三三九度の法に適ふを以て一般に用ゐて可なりとす。此の以上眞の式法には膳部の數も要し、且酌人も亦熟練を要するものなれば號を重めて徐ろに說き明すべし。

附言世上往々合盃式の盃事を聟より始む

るやう思へるもの有れども、原と合盃式は陰の式なれば嫁女より始むるの法にて故に嫁女の衣裳も陰に象りて白衣を用ゆるなり。而して色直しの盃事は陽の式なれば聟より始むるを法とす、然るに現今は色直しの盃事を全く省略して只嫁女の衣裳を換ることゝのみなりゆきたるを以て終に嫁女の衣裳も色直しの衣裳を合盃式に用ゐて憚らざるやうなりたること古法に照せば誤りといふの外なし。又酌人を男女にて勤むる流派も有れど識者はこれを採らず都て女子の勤めとなすなり

（以下次號）

雑録

◎美女の眞價

漢も和も昔から美女を形容した詞が同じ筆法で、細腰、婀娜、纎弱を意味して居る、甚だしいのは微風にも堪えかねるなどいふのが有る、

要するに美女といふものを月旦する見地が悉く美女を玩弄物として評したのであるから竟に西施の心を病んで顰するを美とするやうなことになつて美女といふ裡面に多

少病的意味を含んで居るやうになつたので有つた。

此の病的美人を愛するの弊は一家の健全を害する遠因で延て國家の健全に大害を醸すの基である。で近頃體育の必要を感ずることが一層切實になつて、獨女子の躰軀を强健にし、其の精神を爽快にして眞の天職を完ふせねばならぬといふことに見る所あつて、東京府教育會では女子體育部を設けて女子高等師範學校教授の井口あぐり女史を部長に擧げ顧問としては千家府知事、尾崎市長、辻帝國教育會長、加納日本體育會長、岡部子爵夫人、千家男爵夫人など專ら力を盡さるゝとの事であるが寔に喜ばしいことである。

實に快活なる精神は强健なる身體に宿るのであるから時運に伴ふ國民の勤めとして身體を健强に精神を爽快にすることを勉められたいのである。幸に時運が病的美人を歡迎せぬ傾向に爲つて來たので有るから數年を待たずして健全なる眞の美人國となるのが今から樂しまるゝのである。

ひと抱へあれどやなぎは柳かな

◎旅順の敵降伏と祝捷

明治三十八年一月は吾が

天孫の降下ましましてより以來未だ曾て有らざる目出度き正月で有る。

然らぬだに戸々常磐の松竹を樹てゝ旭日の御旗も長閑の空に翻めきて千秋萬歳を謳ふなるに、忽にして天の一方より一大快報は傳へられたり、

旅順の敵は終に降伏して軍使を以て

我が軍門に開城の議を申出でたりと

豫て期したる號砲的煙火數發は二州橋邊よ

り翩飜として沖天に騰れり、新聞號外の鈴聲は初荷の囃子に和して耳を聾するばかり電車は幾臺となく花を飾りて南北に疾走し市中の家々は花瓦斯イルミネーションに不夜の蜃氣樓を現出せり、

斯く嬉しく喜ばしいことを形容するには、甚麼なる文字を塡めて可からうか、辭書の頁の有るだけを繰り返して漁つても見出すことが出來ぬのである。

此の戰捷を祝する爲めには提灯行列旗行列思ひ／＼の趣向を凝すので有つたが、茲に白木屋呉服店は、倉卒の間に準備して一月六日から十五日まで十日の間　祝捷大賣出しを催し幷びに餘興として金五十圓の呉服切手以下數等の景品を福引の趣向によつて顧客に呈するとの大々的招牌は同店の表に掲げられた。

何がさて人は新年の祝ぎに屠蘇の薫り微に有り難き春を迎へて意氣自から揚々として居るので有るから、其の日の來るを待ち構へて、午前八時、約束の開店時から同店に蝟集した顧客は點燈後に至るまで立錐の地を餘さず、肩々相摩し纖弱き少女は人氣に打たれて卒倒せんばかりの光景で有つた。

記者も雜魚の魚々交りに早天から押し掛けて僅かの買物に彼の福引券を得て餘興の場に登つた。爰ぞ當年の運試し、乾兌離震巽坎艮坤、歸命頂來釋迦牟尼佛、南無や八幡大明神と神儒佛綯へ交ぜの祈誓をかけて取り當てた所は浦島の子の玉手箱、明けて御披露致さぬが花り。

俄然拍手の音が場の一隅から沸き上つた。忽ち見る一佳人が五十圓の呉服切手を手にして婉然として場を去る、更に拍手沸き、

歡呼響き、十圓五圓の當籤者が續出するので有つた、啞然、呆然、少しく自失の氣味合ひで當籤者の顏を瞥り見送つて居る人々は、必定記者と同じく浦島の子の兄弟分で有らう。斯の盛んな祝捷賣り出しは恙なく十日を通して目出度く十五日を了つた。すると各新聞紙に廣告が出た、

弊店儀去六日より十五日迄福引賣出し致候處幸に御愛顧諸君の御高評を博し賑々敷御光來被成下有難奉鳴謝候右御禮旁十日間拾圓以上兒服切手御當りの尊名爰に御披露申上候　敬白

金五拾圓　日本橋區蠣殼町㈱會社員　柏木殿
金五拾圓　小石川區諏訪町卅六番地　藤澤殿
金五拾圓　芝區三田四國町　山崎菊之助殿
金五拾圓　日本橋區堀江町二丁目　上橋殿
金五拾圓　武州荏原郡羽根田村　大山いさ子殿
金五拾圓　京橋區木挽町九ノ七　山田淸太郎殿
金五拾圓　市ケ谷佐內坂町　恒川殿
金五拾圓　北豐島郡王子村字王子　吉野殿
金五拾圓　京橋區銀座二丁目　日米商會內　岡崎殿
金五拾圓　淺草區駒形町廿五　大橋殿

金拾圓　芝區田村町　錦口殿
金拾圓　淺草區阿部川町百卅一　宇川殿
金拾圓　本郷區西片町　篠塚殿
金拾圓　赤坂青山權田原　前島殿
金拾圓　京橋區三十間堀　川俣殿
金拾圓　日本橋區小傳馬町　內藤殿
金拾圓　小石川區道新町六番地　大野殿
金拾圓　神田區錦町　稻垣殿
金拾圓　芝區櫻田備前町　八木殿
金拾圓　京橋區南傳馬町　大西殿
金拾圓　埼玉縣秩父郡大宮町　宮川殿
金拾圓　京橋區五郎兵衞町　白須殿
金拾圓　本所區外手町　背木殿
金拾圓　日本橋區新葭町　石井殿
金拾圓　京橋區疊町　田中殿
金拾圓　信濃國輕井澤　三笠ホテル殿
金拾圓　麴町區下六番町卅一番地　吉田殿
金拾圓　京橋區南傳馬町　佐藤殿
金拾圓　日本橋區青物町　石川殿
金拾圓　麴町區富士見町　長岡殿
金拾圓　橫濱市梅ケ枝町二ノ廿二　安藤殿
金拾圓　信濃國輕井澤三十五　三笠ホテル殿

一月十六日　東京日本橋

白木屋吳服洋服店

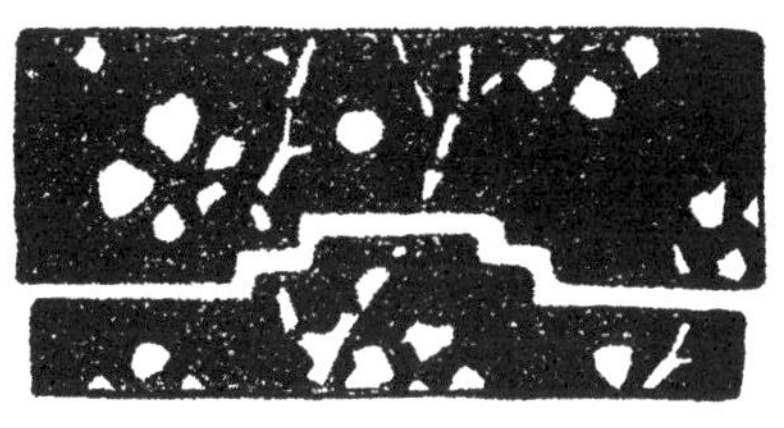

英米 貴女紳士交際法 （承前）

北 爐 譯

貴女の部

午後の訪問 （AFTERNOON AT HOMES.）

訪問の禮法は、午後在宿の風行はれ初めしより、全く一變してしまうた、昔日は朋友を訪問せんとて、御苦勞にも日の暮るゝまで馬車を驅り廻して、家に歸つて見ると初めて自分が訪問した人々が、却て吾留守に訪問せるなど、阿然として力拔のすること往々にして然りの有様であつた、であるから長い間知己になつて居りながら、互に名刺より外相見ることなしと云ふやうな奇談もあつた、名刺の交際だけにては、固より感情意見の衝突から喧嘩を仕出來すの恐は少しもない、頗る好都合である、併しこれが此種の交際に屬する唯一の便益で、他には何の効能もない。

今日の訪問は、以前のよりは餘程樂しいものになつて居る、チヤンと茶器を揃へ客を迎へんと笑ましげに、心待せる朋友が慥に在宿であると思へば、何んな場末の處へ行くにも、嬉しく心急かるゝであらう。

其處で午後在宿の風のはじまりしより、禮法上種々の變革が起つた、第一訪問時間が延びた、昔時は訪問は五時を限りとする風であつたが、今日は三時より七時の間なれば何時訪問しても宜しい事になつて居る、それでまた名刺を置く風も亦一變してしまうた、以前は客室へ通る前に、先づ名刺を差出すことであつたが、今日では主婦必ず在宿であることが、最初より分つて居るから、もはや此慣例を繼續する必要が無い。訪問の事終り將に歸らんとする際は、我夫の名刺を室の卓子に置いて來ると云ふ風もある、また已婚の朋友を訪問するには、其婦人が不在である時は、自分の名刺一葉を夫の名刺二葉とを置き、又獨身の婦人を訪ねた場合には、自身の名刺のみで宜しい、初めての訪問の時に自分の在宿日を記入した名刺を置くは、禮に適はなくもない、其後の訪問には只夫の名刺ばかりを置いて來るので、主婦が不在の時でなければ、決して自分の名刺を置くことではない、極年若な婦人は自分の名を母の名刺に添書するが普通である、であるから殊更に訪問用の名刺の入用はないのである、それで名刺の一隅を折曲げるのは、元は向の家族全躰に當て、此名刺を差出すとの意味であつたが、今日では自ら差出したもので決して使の者や人傳で送つたのでないと云ふ證になつて居る、併し主婦が不在の時でなければ、名刺を折曲げてはならぬのは勿論の事である若し在宿であるに折曲げて置いては、主婦が後に其名刺を見て扨ては先の面會後にまた訪問があつたかと思ふは、必定であるから、そんな思違の種子を播くのは馬鹿氣た話である。

（以下次號）

育兒法

前號の續き

叢村

乳の事

乳の事を說くに就てはこれを別つて母の乳、乳母の乳、牛乳、煉乳の四種となし詳論するを要す。

第一母乳　人の乳とは婦人の血液が變化して青白色の汁となり「アルカリ」性反應を呈し、初生兒の腸胃の消化力に適したる滋養物を云ふものにして、初生兒が消化器の働きによりて消化し、再び原の血液に還元て初生兒の身體を養育するものなり。獨り人間と謂はず都ての動物の乳は溫にして一定量の牛酪、乾酪質、乳糖、水、鹽類を含むものにして、是を顯微鏡にて撿するときは小さき圓球が饒多集合するを見るべし是れは脂肪球が薄き膜に包まれて簇々見ゆるものにして之を乳球と云ひ又牛酪球ともいふなり。前に乳の青白色と云ひしものは則此の乳球が水分中に夥多混和しあるために此の色を爲すものにて、試みに水中に油を混じ而して之を攪亂せば同じく白色となるを見るべし。

抑乳の効力は乳汁中に含む所の乾酪質より血及び筋肉の主成分を造成するに在るを以て、乾酪質を最も緊要成分なりとす、次に牛酪及び乳糖は、乳汁に甘味を與へ、而して消化後は體溫となるの効あり。

斯の如き効力あるものなるを以て獨り乳汁は初生兒の生命を保つのみならず完全なる人物を搆成する緊要物たることは讀者の了解せらるゝ所なるべし。

係る緊要なる乳汁の製造は母の身躰よりするものなれば、母親の身神に異常を來すときは忽にして乳汁に變化の起るものなるが故に該變化したる乳汁を哺みたる當然の結果として直に小兒の健康を害ふべく、實に母親が衛生を懈るの罪は恰も無心の小兒に毒を飲ましむるに等しといふを憚らざるなり故に母親の最も注意すべき食物のことを說くべし。

抑食物は良き乳を製造してこれを愛兒に授けんとする目的なれば、前にも云ふ如く專ら血液筋肉を造り且甘味を加えて躰溫を發生すべき調理配合を撰擇することを心掛ること緊要なりとす。

此の目的を達するに必要なる食餌材料を擧ぐれば、米飯、獸肉、鳥肉、魚肉類其他牛乳、鷄卵、牛酪、麵餅、饂飩、蕎麥、野菜類、肉羹汁、鳥肉又は魚は吸物、砂糖、菓子類等總て腸胃に停滯せざる消化し易き物を撰ぶべく、餘りに肉食に偏して米、麥、饂飩、蕎麥等の如き澱粉質食餌を採らざるときは乳汁の分泌を妨ぐるものなり。

飲料水が哺乳兒養育中の母躰に最も必要なることは今更言ふを俟たず、即ち消化を助け、血液を清淨にし、加旃も乳汁の分泌を促進するの効あり、彼の長時間哺乳せしめたる後口喝き飲を欲するものは母躰中の水分を乳に奪はれこれが爲に水分の缺乏したる徵候なり、故に此の場合には、新鮮の水道水（若し完全なる水道

なき地方に在ては新たに汲みたる水を一ト度沸して後ち冷却し飲用に供すべし）又煎茶、珈琲「ショコラート」或は牛乳を用ゆるも可なり、若し又乳汁の分泌宜しからざるときは、葛湯、道三湯（味噌汁を薄めたるもの）特に鯉の濃漿は最も妙なり。

笑門

丈八述

○寫眞

自惚と衒氣の無いものはないといふことは昔から俗間に傳はつて居る譬諭でありますが、中にも美術家とか工藝家とかいふものほど自惚の強いものは有りません。

猫で無い證據に側へ竹を畫き
猫かハイ虎か左樣と平凡畫書き

など、川柳點には甘いことが澤山言つて有ります、其の猫かハイ先生に逢つて見ますと大變な威勢で氣焔萬丈當る可からずといふ爲體。

ニヤア丈八可く御出だ久濶不中用な御面

相を拝見せんが生憎お健全で……。』

『是は怪しからん丈八ほどの美男を不中用などゝ……』

『無論不中用さね、第一鼻が失禮ではないか畫伯の御前へ出るのに何時でも胡座をかいて居るなどは、先見た所が故人北齋の水滸傳式の鼻だナ』

『是は恐れ入ります、唐突丈八の容貌を棚卸してすかナ』

『待ち給へ、次に何となく品位に乏しい所はソーサ呉春の人物其の儘だノ、眉毛の惡く太い所は探幽は達磨、先君の面構へは故人合作だね……。夫れはソーと世の中は瞽者千人識者千人搗加に年中デレ〳〵紅裾の尻ばかり撫たがる粂の仙人まで殖たには恐れるて、乃公ほどの畫を見解る伯樂が無いとは情ないではないか』


など〳〵捲しかけられて丈八這々の體で逃げ出す、この先生が何れ程の書き人かと申しますと彌早鶩が唐黍の下に游んで居るやうな蘆雁や鷺と泥鼈の喧嘩のやうな鶴龜などを書きまして獨り得意がつて居ります。

偖或る所に前に申し上げましたやうな自稱畫伯が有りました所が些と賴み人が厶りません、で朋友が見かねまして何か人の目に注くやうな看板を掲けたら可からう、夫れには君と細君の肖像を描いて扁にして掲けたら一目廣告になるだらうと勸めましたので、一心不亂に自分と妻の肖像を書き上げました。

或る時丈人が訪ねて參りまして熟其の額を見て居りましたが、稍あつて、

『聟殿此の婦人は何處の婦人です？』

『ハイ……是は貴君の娘御で僕の妻で

す』
『是は怪しからん、君の妻ならば何で這のやうな他人と睦ましそうに同座に居るのです？』

原文

有二畫員者一、絶無二生意一、或勸レ他將二自巳夫妻一畫二一幅行樂一貼出入見方知、畫者乃依レ計而行、一日丈人來望因問此女是誰、答云、就是令愛、又問他爲レ甚與二這面生人一同坐。

〇雷の玉子　桑柿亭　喜丸作

鳥渡昔の落し噺を御覧に入れます
或る人が日光山へ參りまして華嚴の瀧の茶屋で日光名物の雷の話しを聞きまして終に雷公の卵子を貰つて持て歸りました、隨分物數奇な人物で、何とかして孵して見たいと思ひましたが自分の手際にはまいりません、で近所の鳥屋に相談しました所が、天狗などは羽根の有るものですから孵した例もムりますが、雷公の卵子は試した事がムりません、兎にかく行つて見ませうと彼の卵子を持ち歸りまして頓て十日ほど經ち

まして

『へ、へゝゝ旦那彼の卵子が孵りました夕アもコヨ〳〵と鳴りました』

『此は妙だ早く見せて呉れ』

『ソレお目に掛けます』と袂を捜して『ハテ道で落したかトンだ事だ』と大袒を脱いで方々捜して『イヤ有りました〳〵是れ御覧じませ、爭そはれぬものでムります、』

『どふした』

『ハイちやんと私の臍にひつ付いて居りました』

素人醫者

○肋膜炎

此の疾病は冬の初めに發するもので、往々小兒に多く日本では十五歳から二十五歳までの間に此の病に罹るものが多い。

原因は寒冒に由るのであるが他に素因を有するので、而して一回此の病に罹るときはその素因を增加するもので有る。

又外傷に由て發するものも有る、これは胸壁の創傷（挫傷、突衝、打撲、落撲、肋骨の骨傷等）

又續發する場合も數多あるが中に就て特に

糸織かすり三種

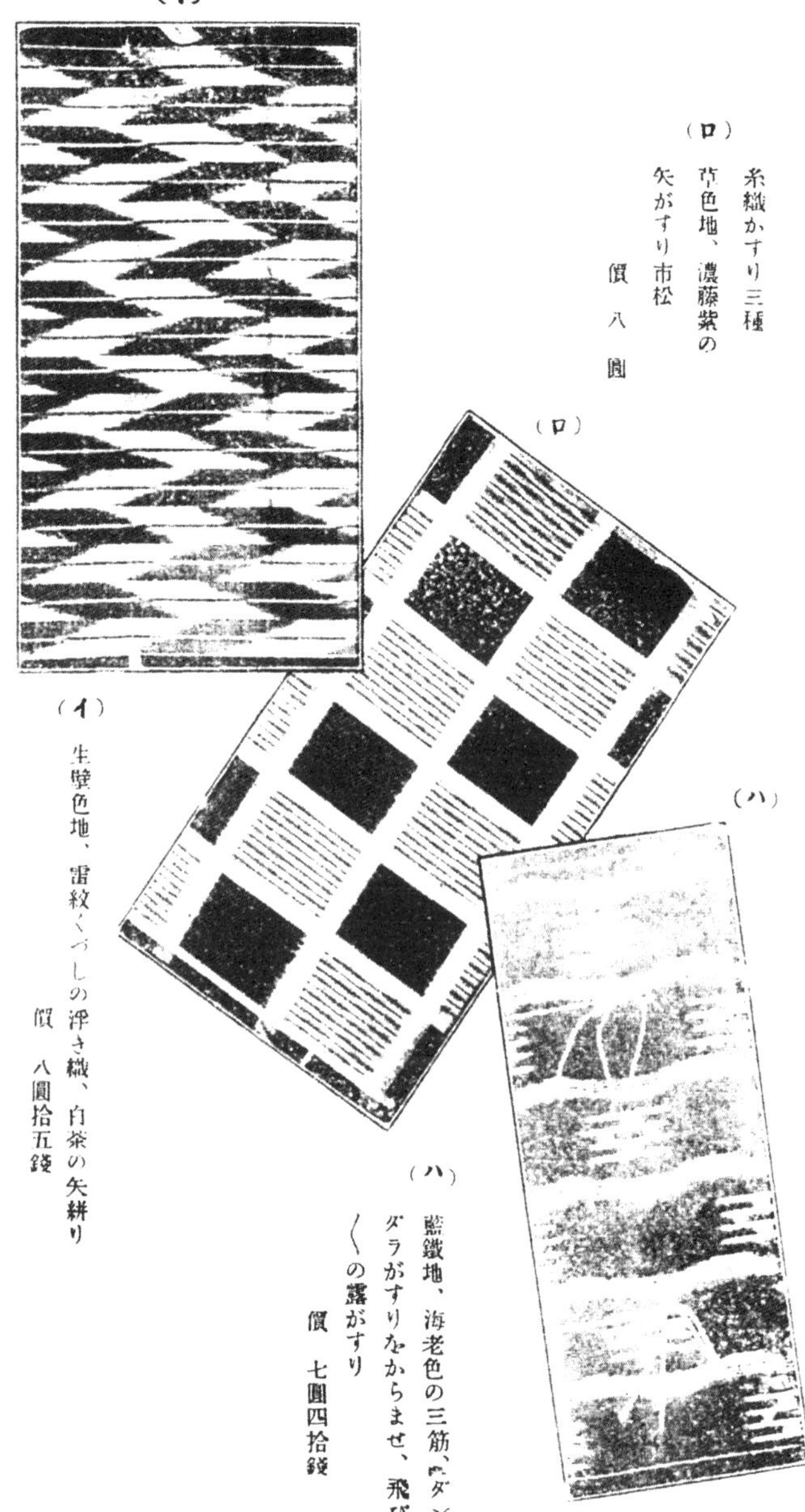

（ロ）
草色地、濃藤紫の矢がすり市松
價　八圓

（イ）
生壁色地、雷紋くづしの浮き織、白茶の矢絣り
價　八圓拾五錢

（ハ）
藍鐵地、海老色の三筋、ダンダラがすりなからませ、飛び〳〵の露がすり
價　七圓四拾錢

繻珍丸帯
茶地金通し
金又は金茶の遠山
霞に白梅の立樹
價　貳拾八圓

厚板片側帯地
草色地細き廣東縞
に孔雀の尾
價　七圓五拾錢

博多片側帯地　ナリーブ色遠山に梅
價　六圓八拾錢

博多片側帯地
ナリーブ色、胡蝶の舞
價　六圓八拾五錢

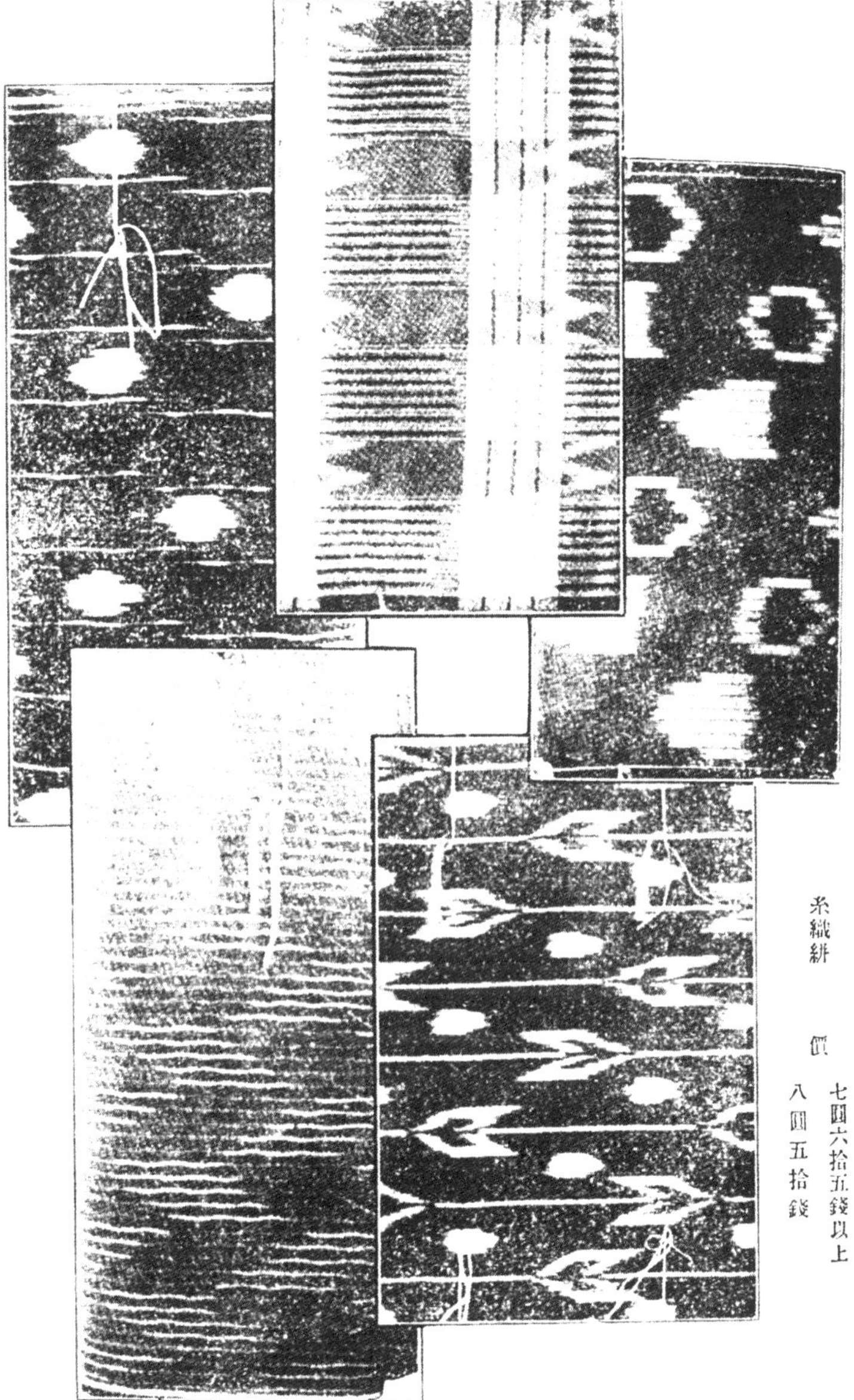

糸織絣　價　七圓六拾五錢以上
八圓五拾錢

甲

流行欄參看

催進し易いのは膿毒症、腎炎、急性「レウマチス」である。

此の病に罹るときは大抵疼痛があつて胸部の右或は左に刺すが如く殊に乳の外下に當つては著しく吸氣に由て增々劇しい痛みの有るもので有る、而して惡寒がして三十九度位の熱氣あるが初めて重症のものは戰慄して忽ち四十度の熱に昇ることがあつて、數週乃至數月に渉ることが有る、偶には全く熱の無い症も有るがこれは慢性に屬して結核となるので殊に日本に多いので有る。又咳嗽を發してこれがために疼痛を增すのが有る、で、努めて咳嗽を抑制しやうとして輕く咳をする、その咳は多く乾咳で痰を喀くものは少い。

此の病は胸部に侵出液が貯留するに從つて呼吸が困難になつて漸次進んで終には寢ても居られず端座して稍と呼吸するに至る、而して呼吸の淺表であることを認むるのである、

此の患者は顏面汚穢の灰白色或は蒼白色又屢々青色を呈して、水腫を兼ることが有る、又恐懼の狀が見える。

大抵此の病氣に罹ると患者は肩の痛みに堪えかねて按摩などさせる、其の按摩に背部をドコ〳〵敲かれて初めて左右の一方に濁音を發するのに心付いて、驚いて醫士の診斷を乞ふて水の貯留して居るといふことを知るのが多い。先寒冒に罹つて背部に痛みが有つたならば試みに打いて見て、左右の響きが異なることを知つたらば其處へ兩手の掌をその響きの異なる部へ宛て丶、患者に一イ二ウ三イ四ウと發音させると惡い方は其の掌に響かない、其れが水の貯留つて

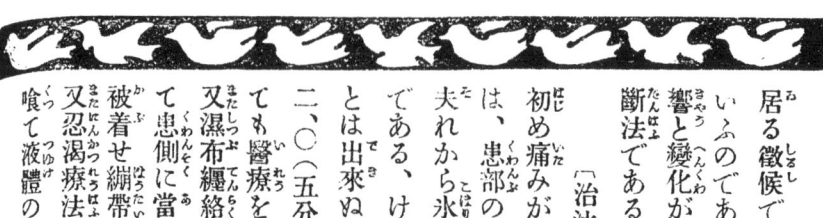

居る徴候である、これを醫士が聲音震盪といふのである、肺病にも濁音は有るが聲音響と變化が無いので診別けられるこれが診斷法である。

〔治法〕

初め痛みが劇しくて呼吸促迫が甚しいときは、患部の側へ水蛭を附けて血を吸はせ、夫れから氷嚢をあてると大に寛快するものである、けれどもこれで病勢を防禦することは出來ぬ、又強い熱には撒里失兒酸曹達二、〇（五分）頓服するのが可い、何れにしても醫療を乞ふが肝要である。

又濕布纒絡法といふて、「タオル」を濕ほして患側に當て、綿を覆ひ、其の上に油紙を被着せ繃帶で捲くは快く且有効である。

又忍渇療法と云ふて、乾涸した食餌ばかり喰て液體のものを禁ずるのも可しい。

又穿胸術は滯出物が倍々饒多増加して危篤の病状を來す恐れのあるときに施す術で多少危險が無いとは云はれぬが猶豫の出來ない場合に行ふ術で、急性期の終り（大約一ヶ月）に於て施すのである。

快復期に至れば屢々強壯療法即ち鐵劑、肝油、牛乳、などを用ゆるのは最も佳い。

陣舊の患者は恒に溫暖に氣候の平然な土地に居住して、盛夏の候には山間に在つて療養すれば速かに治療するものである。

高利貸

靑旻

上

會社員角田小市と云つても、何所の會社へ勤めて居るのか、知つた者がない。三十一二の小躰で、眼の厭に黒い光を持つた赤ら顏、薄い五分刈頭が如何にも相を惡く見せるのであつた。始終縞の羽織双子の綿入に角帶、キヤラコの白足袋、二枚裏の雪駄と云ふ扮裝で、折鞄片手に朝から出て、晝少し前に戻つて來るのが例。家は赤坂田町に檜の香のする新らしい格子戸造りのチンマリした平家建、專用水道の紀章と並べて、分厚の檜柾に角田小市と、是は又類のない拙い行書。去年の十月引越して來て、お極りの蕎麥を配つた限り、以來は朝顏を合せても、ギロリ例の眼を光らせるのみで、口も利かねば無論會釋もしない。女房の琴と今年八歳になる一子小三郎も、湯へ行く位の外は滅多に顏を出さないので、惡

くすると新平民か何かで、人並に交際の出來ぬ側かも知れぬと、蔭口を利く者もあつた。が三度が三度、小料理屋から持運ぶ仕出しを、家内三人舌皷打つ贅澤な生計は、界隈の有象無象の眼を丸くさせた。

世は冬ながら、風も吹かねば寒さも和らいで、紺青色の空美くしく晴れ渡り、梅一輪づゝの暖かさとまではないが、餘程春めいて來た一月半、角田は誕生日と云ふので、珍らしくも最愛の小三郎に、海軍々人を摸した可愛い服の上へ、緋羅紗裏の外套を被らせ、自分は例の羽織例の雪駄で家を出て、見る物もない冬景色、化粧を落した生地其儘の上野公園へ來た。

『お父さん、此處は何處なの。』

『ウム、此處は上野の公園じやないか。』

話しながら父子は、今しも石段の下まで來て一段上らうとする一刹那、バタ〳〵轉げ落る樣にして駈け下りて來た十八九の書生風の青年、アツと云ふ間もなく、バツタリ小三郎に突當つた。一堪りもなくコロ〳〵〳〵。火の着く樣に泣き出すを見も返らず一散走り。斯くと見た子に甘い小市は、小三郎を抱き起すが早いか、一目散に後を追うて、漸く櫻館の前で間僅かに一尺後から右手で一突き、少し坂道ではあり、走つて來た餘勢とで、機を食つてトン〳〵三ツばかり泳いで、ペツタリ平蜘蛛の樣、呼吸喘ませなからグイと首筋摑んで引起し、片手で右の頰を太か毆り付けた

『何うか貴方御免なすつて、ツイ急いで居たもんですから。』

『ソレ其通り承知して居ながら、挨拶もしないで行く奴があるか、太い奴だ。サア彼處へ行け、若し子供が怪我でもして居様ものなら承知しないぞ。サツ立て立たんか。』

眼の色變へて、ヅル〳〵引摺つて行く

『旦那何うも有り難う御座いました、何うも濟みません、其奴太い野郎で』

町内の若者と云つた樣な小意氣な男、新らしい印半纏の尻の上へ縮緬を巻き付け、前で大きく結んだ突つ掛け草履の二人、ピヨコ〳〵頭を下けて小市の後に續き、

『ヘエ、其野郎が、今西鄕さんの銅像の前で、何所かのお孃さんの、アツ彼處に居る背の高い人の何、ソレ蟇口を掏つたんで。俺共の持場で、斯樣青二才に仕事をされちやア、先祖の助六に濟まねいんで、ヘエ。』

若者の指す石段の方を見れば、未だ泣き歇まぬ小三郎を取り圍んだ女學生の四人連、何れも純白の肩掛、海老茶の袴、踵の小さい靴、花月巻、違つて居るのは羽織被布の色合縞柄と、四人四色の拙い顏とで。

『フム此奴が、好い都合じやつた子。』

歩きながら得意になつて元の處へ來る。小三郎は父の顏を見て又もワツと泣き出す。外套の土は女學生が拂ひ落して呉れたのであらう

『旦那何うか蟇口をお取り戾しなすつて。』

『蟇口、此男の盗つた蟇口を、お前達に遣る必用はない。』

『イエ俺共が頂戴するんじやないんで、お嬢さんにお渡しするので、ヘエ』

『餘計なお世話だ、僕が直接に渡して相當の報酬は僕が貰うんだ。』

若者二人は顔見合せて呆れながら、石段に腰を卸して烟草にする。

『貴方お許しなすつて、出來心なんで、何うか御勘辨を、今後は決して致しませんから。』

拜まんばかりに振り放さうと身を藻搔く。全く此道には素人らしい。

『夫れを云ふ隙に品物を出せ。』

云ふなり、又も續け樣に肩と云はず背と云はず力任せに打擲する。若者も見るに見兼たか。

『旦那彼樣に詫てるんですから、品物さへ元へ戻れば……』

『イヤ充分懲らしめんじや。』

『マア、彼樣にしなくつても可いわヨー。』

『餘り殘酷だわ。』

絣の被布と小豆縮緬の羽織とが氣の毒さうに眉顰めて囁き合ふ。其間に角田は、強て青年の懐から取り出した婦人持の可愛い博多織の財布、お納戸色の表に千鳥の織出し摸樣。

『サア今日はこれで許してやる、二度と斯う云ふ事した日にや、其分には置かないぞ。』

如何にも自分の所業を耻ぢたかの樣、顔も得上けなかつた青年は、突放されると其儘身の痛さも忘れて池の方へ駈けて行く。後見送つて角田は、最う小三郎の痛み所も、お納戸色の財布の爲に忘れたか、調べもしないで顏を女學生の方に振り向けた。目白の樣にヅラリ並んだ四人は、一樣に輕く頭を下げたが、何故か其内で一人、茶と黑の格子縞の羽織を着た先目鼻立の揃つた色白の背の高いのが、サッと顏赧めて差俯向いたのである。

『好い鹽梅でしたな、何誰ですか、盜られなすつたのは。』

『ハア、二宮さんなの、奈賀子さんお貰ひなさい。』

三人は一番端に居る一人を見やつた。取返されて飛び付く程喜びさうに思つた當人は、何故か、外方を向ひて身を顫はせて居る

『エッ、二宮。』

角田は顏を見られまいとして居る奈賀子の横顏を繁々見つめて、

『アヤ奈賀子さんですね、貴女が盜られたので、爾うでしたか。』

一寸考へ込んで。

『奈賀子さん、何程這入つてるか知らないが、兎も角これはお預りして置きますよ。』

角田は無遠慮に中を改めにかゝる。奈賀子は堪らず其場に打伏した。三人は事の意外に目を峙て、奈賀子を中に取り卷いて、何か秘々早口で話し合つて居たが、一番年上らしい、小紋縮緬の波布を着た、極めてお亘額の縮れつ毛、忌々しさうに角田の前へツカ〳〵と出る。小市は思はず一足後へ退つた。

『失禮ですが、妾は遠藤久と申す者で、奈賀子さんとは無二の親友です。何う云ふお考へで、奈賀子さんの御所持の品をお改めなさるばかりか、其儘お預りになる。餘り酷いではありませんか。』

切口上で詰り出した。

『貴方は御存じない筈、是は他人が彼是云ふべき筋の者じやない、構ひません、僕が預るだけの理由もあり權利もあるです。』

『權利、ホヽヽヽ現在奈賀子さんの品物なんですに、夫れを本人の承諾も得ないで、何が權利です、那樣不條理な事がありますか。』

『女の分際で何だ、生意氣な事云ふな。』

『條理に男女の區別はありません。』

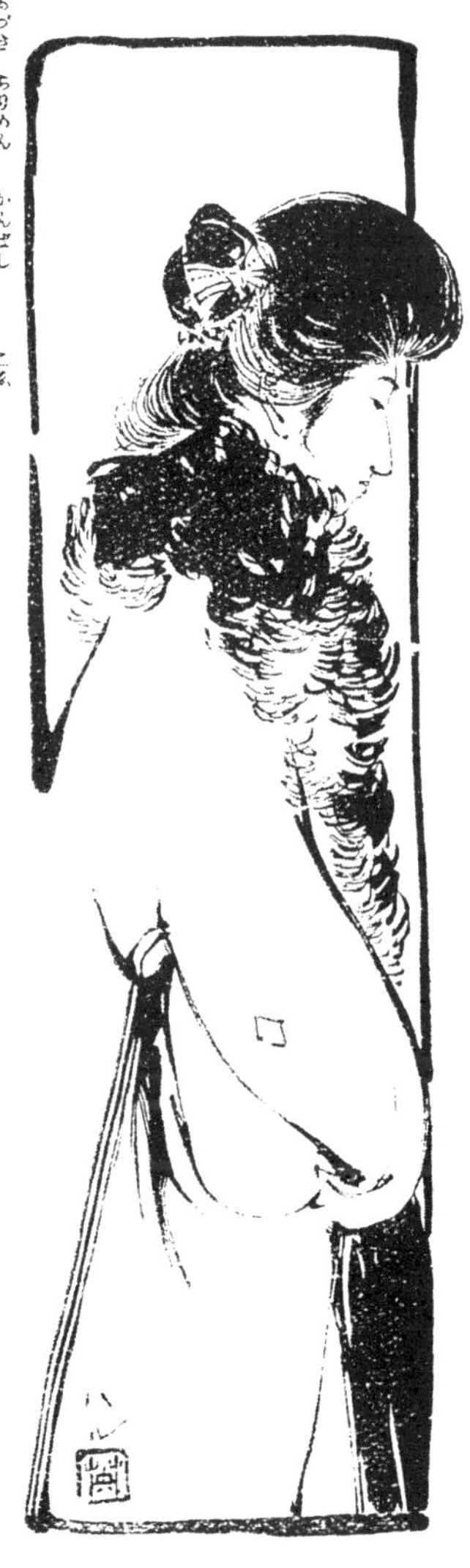

小豆縮緬が疳走つた聲。

『喧しい、可いんだから可いんだ。』

平氣で鞄へ仕舞ひ込むのである。

『村山さん、仕方がありません、一寸彼處の交番へ行つて頂戴な、餘り人權を無視してるんですもの。』

遠藤久子は中々の權幕。

『ハア呼んで來ませう。』

奈賀子は何と思つたか、涙の顏を袖で蔽ひながら、

『村山さん、一寸待つて下さいな。』

駈出す村山の袖を引留める。

『二宮さん、斯樣不法な事に貴方服從するの。』

『ハア、御親切は有り難う御座いますが少し事情もありますから。』

四人は又何かコソ〳〵談合して力無氣に、彼の小紋縮緬は獨り未だブツ〳〵見返り勝に、石段を上つて行く。

『お父さん、最う行かう。』

『アー、好い誕生日だつた。』

袂から烟草を出して、此時迄も居た若者の前へ差出して、

『一寸火を。』

若者は口にしたのを手に取つたが、

『オツと、お前さんに貸す火はお生憎樣で。』

憎々しく云つて、氣味好さゝうに呵々と笑ふ。

『お止しなさいとも、燐寸は持つてるんで。』

袂から蠟燐寸を出す。何うしても一枚上手。

下

所々縁の脫れた古疊の六疊の座敷。床には元祿姿の小娘春駒を持つての立姿を、極彩色に畫いた半截、床柱の一輪活には梅の造花が一枝、陶器の丸火鉢を前に床柱に凭れて腕拱いて居るのは、奈賀子の父二宮勘齋、乳の下まで伸びた白髯の美事さ。頭は大方禿げて、後

の方に僅か殘つた白髮、頓て耳順に近い年頃。今日此頃の一家の悲慘に例へ樣もない程貧に窶れて見すぼらしい、頰の肉も落ちて見る影もない。不圖した事で、去年の夏、角田小市に借りた金が、今以て滯り勝、沒義道な手嚴しい居催促も、一寸延れば一尋の例へで、月に二度は熱鐵を呑む苦しい中から、今日奈賀子が學友と音樂會へ行くと云ふので、人中で負けを取らせまい親の情け、其前日秘藏の脇差を賣り拂つた血の出る樣な金を、角田に卷上げられたと聞いた時の無念さ、氣も狂ふばかり、果ては老の眼に淚を泛べて、

『奈賀勘忍して呉れ、俺が惡いのじや。耻かしい目をさせまいと思つて、却つて耻の上塗させた、嘸辛い事であつたらうが、諦めて呉れい、何時までも斯うした思ひはさせないからな。』

泣いて泣いて泣き已まぬ奈賀子は、

『お父樣、最う何にも……勿躰ない、皆妾の不行屆から起りました事、折角御心配下すつたのを申譯も御座いません。』

止め度もなく泣き崩れる。

『奈賀、最う泣くな、よ、泣いたつて……。』

奈賀子は漸う顏を上げたが、一週間も前から樂しんで居た音樂會も中途で歸つた位、思へば思ふ程口惜しく悲しく、拭へば拭ふ程淚は溢れて來る。勘齋は氣を紛らす爲か、手馴れた謠本と見臺を取り出し、小音に羽衣を謠ひ出した。奈賀子は獨り何か思案に暮れて居た

が、ツと立つて勝手元で、濡れ手拭を取り出し、涙を拭いて父にも告げず外出しやうと閾を跨ぐ出會頭。

『奈賀子さんじやないか。』

聲をかけたは眉目清秀の陸軍大尉、松樹山砲臺突撃の際右眼に受けた名譽の負傷は、今も尚繃帶を施して居る。

『アラ齋藤の兄さん、好い所へ來らしつたこと、妾是から伺はうと思つたのよ。』

最う泣顏は何所へか消えて了つた。

『爾う、お父さんは相變らずお達者か子。』

『ハア有り難う、貴方のお怪我は如何で御座いますか。』

『何、ホンの一寸した事で最う大丈夫、又行かんけりやならんかも知れないよ。』

『又ですか。』

一寸眉を顰めたが、氣を變へて、

『マアお這入りなすつて。』

『ハア。』

奈賀子はイソ〳〵先に立つ。

『お父さん相變らず御勉强ですな。』

朗かな聲の勘齋は、未だ口の中に何か謡ひながら振り向いて、

『オウ、浩さんか、能く來て呉れた、何うじやネ見舞にも行かんじやつたが。』

『有り難う、斯樣ですから最う。』

奈賀子が請ずる座蒲團の上に立ち、腰の劍をガチャ〳〵させて脫す。奈賀子は嬉しさうに手に受けて、床の間の劒臺に立てかけて、茶の用意に勝手へ行く。齋藤大尉は奈賀子が許嫁の婿である。

『左うか、夫れは何より結構じや。』

緩かに烟草を燻らす折柄、奈賀子は血相變へながら駈けて來て
『お父樣又厭な人が來ました。』

『厭な人……。』

『ハア、彼の角田が。』

『お客樣じやと云つて斷りなさい。』

『爾う申しましたが、アレ參りました。』

と云ふ内に角田は閾際で、

『ヘッ御隱居、每度厭な者が。』

無遠慮にノツ〳〵這入つて來る無作法に、齋藤大尉は內心快からずジロ〳〵角田を見やり、

『お父さん是ですか、御手紙であつた例の口は。』

『オヽ困るじや。』

『何所か私は見た事がありますよ。』

尚も角田を見つめる。小市は薄氣味悪く齋藤を熟つと見て、思はず手にした烟管を取り落したが、周章てゝ烟草入を腰に差し、

『御隱居、今日はこれで。』

顔色變へて俄に立上り座敷を出る。大尉は小首傾げて居たが、ハタと膝を叩いて大喝一聲。

『丸山待てッ。』

ツカ〳〵玄關で前に立塞り、

『オイ丸山久し振りじやのう、逃げるにも及ばん、昔話もあらうと云ふ者じや、マア〳〵』

角田か丸山かは眞蒼になつて、始めの威勢何所へやら、オヅ〳〵元の座に小さくなる。

『マア兄さんは知つてる人なの。』

『浩さんの知り合なのかイ。』

角田小市と云ふのは徵兵忌避の罪を免れる僞名で、二十七八年の役後、齋藤が士官學校へ這入る時分、兵役を恐れ、親の金を引攫つて姿を隱し、安宿にゴロ〳〵する內、拐帶した金を小貸の末、高利の味を占めて、今では小口の貸金も少くないとの事。

＊　＊　＊　＊　＊　＊　＊　＊　＊　＊

其後田町に角田の標札は見られなかつた

（大尾）

白木屋呉服店御注文の栞り

△白木屋呉服店は　寛文二年江戸日本橋通一丁目え開店以來連錦たる老舗にして呉服太物一切を營業とし傍ら洋服部を設け歐米各國にまで手廣く御得意樣の御愛顧を蒙り居り候

△白木屋呉服店は　呉服太物各產地に仕入店又は出張所を設け精良の品新意匠の柄等澤山仕入有之又價格の低廉なるは他に比類なき事と常に御賞讃を蒙る所に御座候故に益〻勉强販賣仕居候且洋服部は海外各織物產地へ注文し新柄織立させ輸入致候間嶄新なる物品不斷仕入有之是等は本店の特色に御座候

△白木屋呉服店は　數百年間正札附にて營業致居候間遠隔地方より御書面にて御注文被下候とも値段に高下は無之候

△白木屋呉服店は　店内に意匠部を設け圖案家畵工等執務致居候に付御模樣物等は御好に從ひ嶄新の圖案調進の御需めに應じ可申候

△白木屋呉服店は　御紋付用御着尺物御羽織地御裾模樣物等急場の御用に差支無之樣石持にて染上置候に付何時にても御紋章書入れ迅速御間に合せ調進可仕候

△白木屋呉服店へ　染物仕立物等御注文の節は御注文書に見積代金の凡半金を添へ御申越可被下候

△白木屋呉服店は　前金御送り被下候御注文品の外は御注文品を代金引換小包郵便にて御

送附可仕候
但し郵便規則外の重量品は通常運送便にて御屆け可申候
白木屋呉服店は當分の内絹物の運賃は負擔仕候但清國韓國臺灣は半額申受候
白木屋呉服店へ爲換にて御送金の節は日本橋區萬町第百銀行又は東京中央郵便局へ御振込み可被下候
白木屋呉服店へ電信爲換にて御送金の節は同時に電信にて御通知被下候樣奉願上候
白木屋呉服店へ御通信の節は御宿所御姓名等可成明瞭に御認め被下度奉願上候

白木屋呉服店販賣呉服物代價表

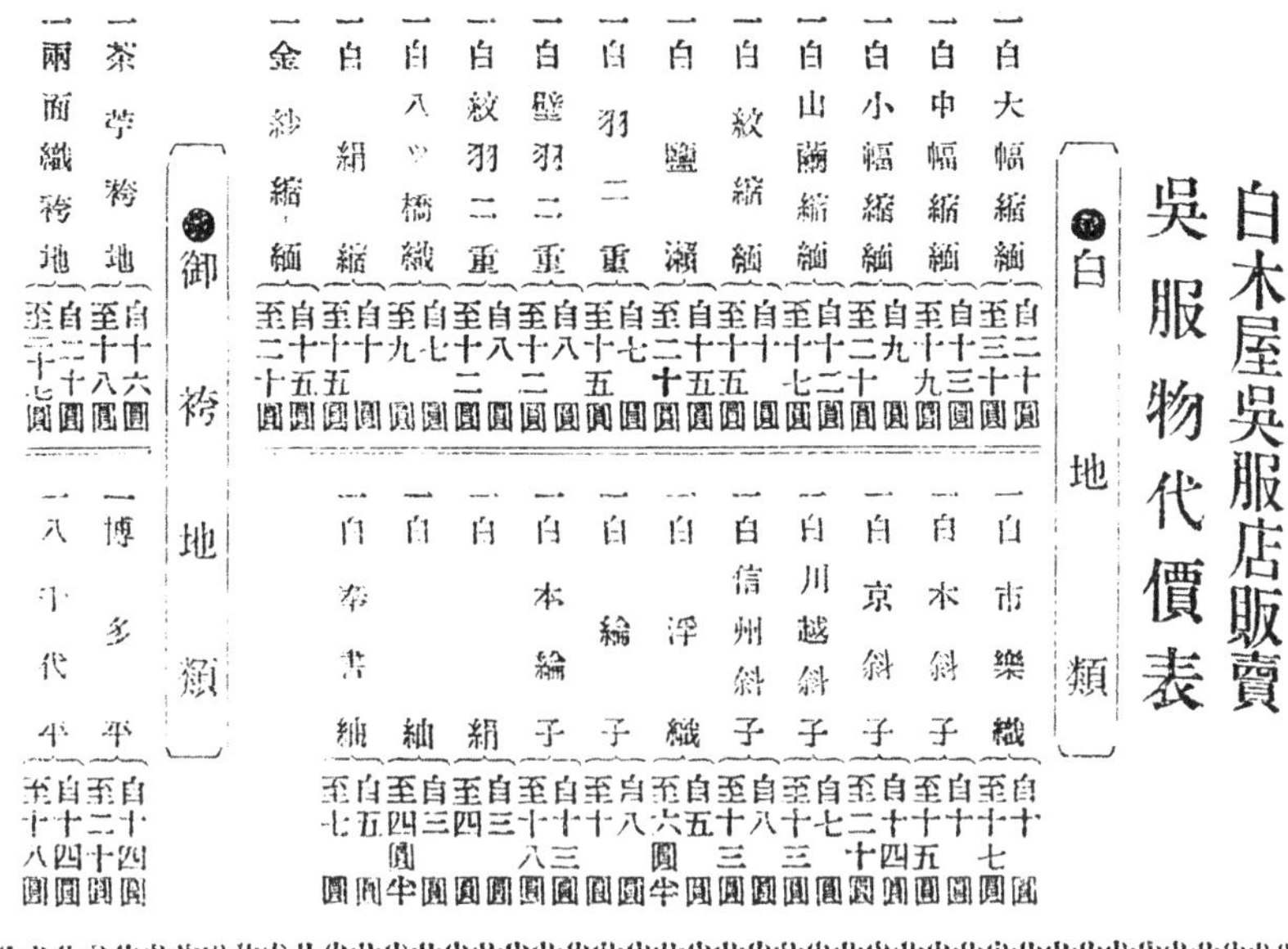

●白地類

一白大幅縮緬	自二十圓	至三十圓
一白中幅縮緬	自十三圓	至十九圓
一白小幅縮緬	自九圓	至二十圓
一白山繭縮緬	自十二圓	至十七圓
一白紋縮緬	自十圓	至十五圓
一白鹽瀬	自十五圓	至二十圓
一白羽二重	自七圓	至十五圓
一白壁羽二重	自八圓	至十二圓
一白紋羽二重	自八圓	至十二圓
一白八ッ橋織	自七圓	至九圓
一白絹縮	自十圓	至十五圓
一金紗縮緬	自十五圓	至二十圓
一白市樂織	自十圓	至十七圓
一白木斜子	自十圓	至十五圓
一白京斜子	自十四圓	至二十圓
一白川越斜子	自七圓	至十三圓
一白信州斜子	自八圓	至十三圓
一白浮織	自五圓	至六圓半
一白綸子	自八圓	至十圓
一白本綸子	自十三圓	至十八圓
一白絹	自三圓	至四圓
一白紬	自三圓	至四圓半
一白奉書紬	自五圓	至七圓

●御袴地類

一茶苧袴地	自十六圓	至十八圓
一兩面織袴地	自二十圓	至二十七圓
一博多平	自十四圓	至二十圓
一八千代平	自十四圓	至十八圓

●男帯地類

一仙臺平	自十圓	至十八圓
一五泉平	自九圓	至十圓
一色琥珀平	自十圓	至十三圓
一節糸織平	自五圓	至七圓
一カシミヤ	自三圓	至四圓
一綴織	自十七圓	至二十圓
一繻珍織	自八圓	至十三圓
一博多織	自四圓	至十圓
一紋織博多	自六圓	至十圓
一厚板織	自六圓	至八圓
一博多兒帯	自二圓	至六圓
一繻珍兒帯	自三圓	至四圓

●御婦人帯地類

一繻珍丸帯	自十五圓	至百圓
一綴錦丸帯	自百圓	至二百圓
一厚板丸帯	自十六圓	至六十圓
一博多丸帯	自十四圓	至二十五圓
一支那繻子丸帯	自九圓	至十圓
一黒唐繻子丸帯	自十一圓	至十四圓
一色繻子丸帯	自十圓	至十六圓
一繻珍中帯	自八圓	至廿五圓
一博多中帯	自七圓	至十圓

●縞着尺地及御羽織地類

一風通御召	自十四圓	至十九圓
一同四丈五尺物	自廿二圓	至廿五圓
一縞御召	自十圓	至十三圓
一同四丈五尺物	自十五圓	至二十圓

一吉野入紋御召　自十七圓　至十八圓
一吉野御召　自十二圓　至十四圓
一無地御召　自十三圓　至十四圓
一扶桑御召　自十二圓　至十四圓
一風通糸織　自十二圓　至十五圓
一繻珍織　自十四圓　至十六圓
一桑都織　自十三圓　至二十圓
一縞市樂　自十三圓　至二十圓
一緊糸織　自十三圓　至十八圓
一吉野織　自七圓　至十圓
一八端織　自十圓　至十六圓
一本八丈　自五圓　至八圓

一元龜織　自十四圓　至十六圓
一光輝織　自十二圓　至十五圓
一大島紬　自十三圓　至二十圓
一大島風通　自十圓　至十五圓
一米澤琉球　自四圓半　至八圓
一結城紬　自九圓　至十二圓
一信州紬　自六圓半　至八圓
一上田紬　自七圓　至九圓
一伊勢崎銘仙　自四圓半　至八圓
一秩父銘仙　自四圓　至六圓
一節糸織　自五圓　至八圓

◉友禪及染地類

一友禪中巾縮緬　自十三圓　至十八圓
一友禪小巾縮緬　自十三圓　至十七圓
一小紋縮緬　自九圓半　至十三圓
一更紗縮緬　自九圓　至十二圓
一板〆縮緬　自九圓　至十三圓
一玉糊縮緬　自九圓　至十二圓

一絞り縮緬　自九圓　至十三圓
一玉糊紋羽二重　自八圓　至十二圓
一友禪紋羽二重　自十二圓　至十五圓
一色紋羽二重　自九圓　至十三圓
一更紗綸子　自八圓　至十圓
一更紗奉書　自六圓　至七圓半

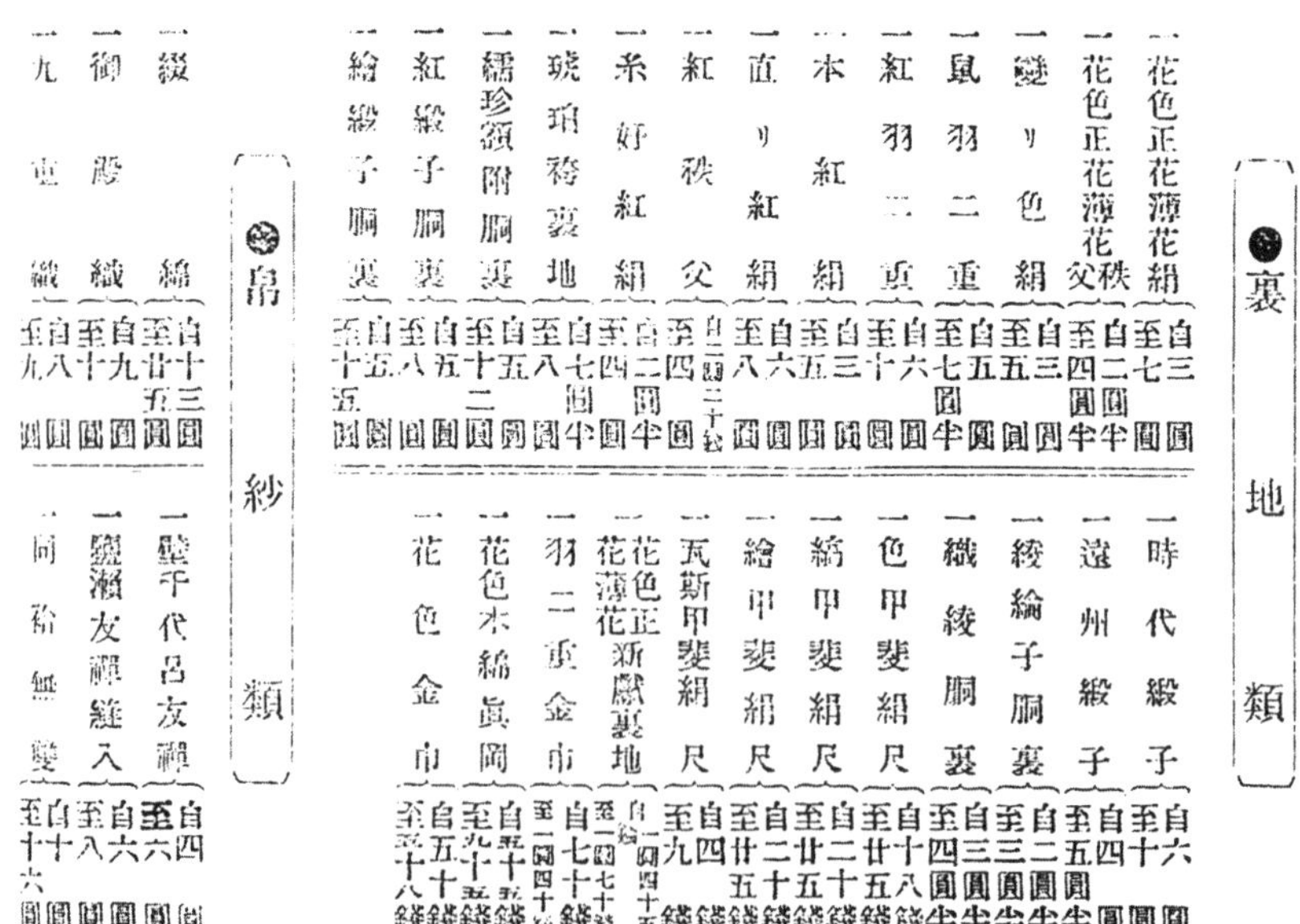

◉裏地類

一花色正花薄花絹　自三圓　至七圓
一花色正花薄花秩父　自二圓半　至四圓半
一縺り色絹　自三圓　至五圓
一鼠羽二重　自五圓　至七圓半
一紅羽二重　自六圓　至十圓
一本紅絹　自三圓　至五圓
一直り紅絹　自六圓　至八圓
一紅秩父　自二圓二十錢　至四圓
一糸好紅絹　自二圓半　至四圓
一琥珀袴裏地　自七圓半　至八圓
一繻珍額附胴裏　自五圓　至十二圓
一紅緞子胴裏　自五圓　至八圓
一綸緞子胴裏　自五圓　至十五圓

一時代緞子　自六圓　至十圓
一遠州緞子　自四圓　至五圓半
一綾綸子胴裏　自二圓半　至三圓半
一織綾胴裏　自三圓半　至四圓半
一色甲斐絹尺　自十八錢　至廿五錢
一綿甲斐絹尺　自二十錢　至廿五錢
一繪甲斐絹尺　自二十錢　至廿五錢
一瓦斯甲斐絹尺　自四錢　至九錢
一花色正花薄花新獻裏地　自一圓四十五錢　至一圓七十錢
一羽二重金巾　自七十錢　至一圓四十錢
一花色木綿眞岡　自三十五錢　至九十五錢
一花色金巾　自五十錢　至[illegible]十八錢

◉帛紗類

一綴錦　自十三圓　至廿五圓
一御殿織　自九圓　至十圓
一九重織　自八圓　至九圓

一壁千代呂友禪　自四圓　至六圓
一鹽瀬友禪縫入　自六圓　至八圓
一同袷無變　自十圓　至十六圓

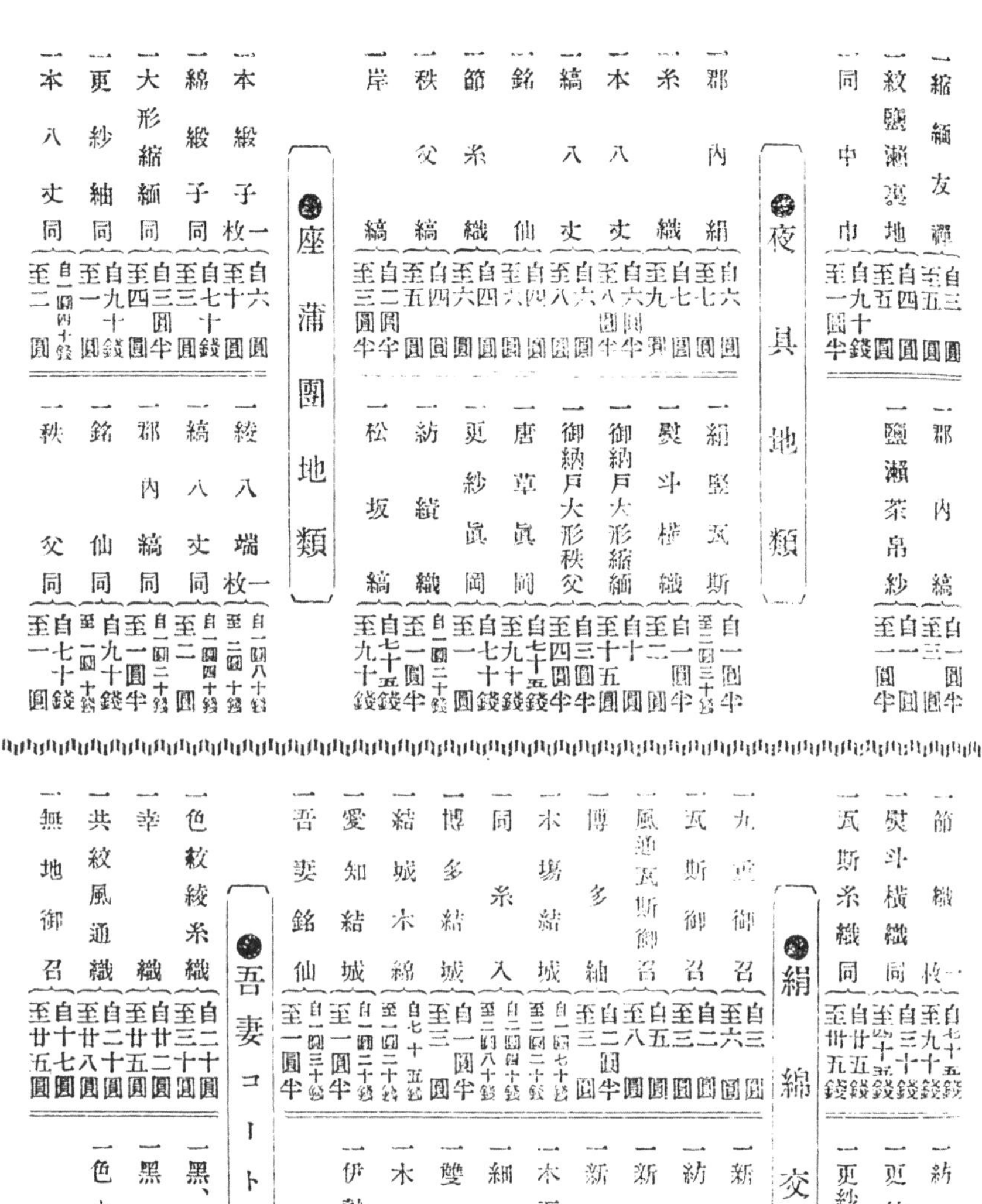

品名		自	至
一縮緬友禪		三圓	五圓
一紋鹽瀨裏地		四圓	五圓
一同中巾		九十錢	一圓半
一郡内縞		一圓半	三圓
一鹽瀨茶帛紗		一圓	一圓半

●夜具地類

品名	自	至
一郡内絹	六圓	七圓
一糸織	七圓	九圓
一本八丈	六圓半	八圓半
一縞八丈	六圓	八圓
一銘仙	四圓	六圓
一節糸織	四圓	六圓
一秩父縞	四圓	五圓
一岸縞	二圓半	三圓半
一絹瓦斯	一圓半	二圓三十錢
一熨斗横織	一圓半	二圓
一御納戸大形縮緬	十圓	十五圓
一御納戸大形秩父	三圓半	四圓半
一唐草眞岡	七十五錢	九十錢
一更紗眞岡	七十錢	一圓
一紡績織	一圓二十錢	一圓半
一松坂縞	七十五錢	九十錢

●座蒲團地類

品名		自	至
一本緞子	一枚	六圓	十圓
一綿緞子	同	七十錢	三圓
一大形縮緬	同	三圓半	四圓
一更紗紬	同	九十錢	一圓
一本八丈	同	一圓四十錢	二圓
一綾八端	一枚	一圓八十錢	二圓十錢
一縞八丈	同	一圓四十錢	二圓
一郡内縞	同	一圓三十錢	一圓半
一銘仙	同	九十錢	一圓十錢
一秩父	同	七十錢	一圓

品名		自	至
一節織	一枚	七十五錢	九十錢
一熨斗横織	同	三十錢	四十五錢
一瓦斯糸織	同	廿五錢	卅九錢
一紡績織	一枚	三十錢	卅五錢
一更紗眞岡	同	十三錢	二十錢
一更紗縮緬斜子	同	二十錢	廿五錢

●絹綿交織

品名	自	至
一九重御召	三圓	六圓
一瓦斯御召	二圓	三圓
一風通瓦斯御召	五圓	八圓
一博多紬	二圓半	三圓
一木場結城	一圓七十錢	二圓二十錢
一同糸入	二圓四十錢	二圓八十錢
一博多結城	一圓半	三圓
一結城木綿	七十五錢	一圓二十錢
一愛知結城	一圓二十錢	一圓半
一吾妻銘仙	一圓三十錢	一圓半
一新秩父縞	一圓半	三圓
一紡績織	一圓	二圓
一新琉球絣	一圓半	二圓四十錢
一新大島絣	二圓半	四圓
一本瓦斯雙子	二圓	三圓
一細雙子	一圓二十錢	二圓
一雙子織	八十錢	一圓三十錢
一木綿紺縞	一圓半	二圓半
一伊勢松坂縞	八十錢	一圓

●吾妻コート地類（仕立上り）

品名	自	至
一色紋綾糸織	二十圓	三十圓
一幸織	廿二圓	廿五圓
一共紋風通織	二十圓	廿八圓
一無地御召	十七圓	廿五圓
一黒、紺、色綾絨	十五圓	廿五圓
一黒紺色絨	十五圓	二十圓
一色カシミヤ	十圓	十二圓

●色物類

一色大巾縮緬一尺	自八十錢 至一圓二十錢
一色中巾縮緬一尺	自四十五錢 至七十錢
一色小巾縮緬	自八圓 至十三圓
一色紋縮緬	自十圓 至十五圓
一色紋羽二重	自八圓 至十二圓
一色紬	自三圓半 至四圓半
一色太織	自二圓 至三圓
一色獻中	自二圓半 至二圓八十錢

一色獻緞	自三圓半 至五圓
一色絹縮	自九圓 至十二圓
一色、紅、絞り絹	自三圓 至四圓半
一紅、色、板締絹	自三圓 至四圓半
一地白板締絹	自三圓半 至四圓半
一紅色紋鹽瀬大巾尺	自一圓 至一圓半
一紅色壁千代呂大巾一尺	自八十錢 至一圓十錢
一木摺眞岡合羽地	自九十錢 至一圓十錢

一鐵色眞岡合羽地	自七十錢 至一圓
一色キヤラコ	自五十錢 至七十錢
一萠黄唐草染	自七十錢 至八十五錢
一萠黄眞岡木綿	自六十錢 至八十錢
一白大巾縮緬兵兒帶	自六圓 至十三圓
一同中巾兵兒帶	自四圓 至八圓
一白獻緞兵兒帶	自一圓半 至二圓
一縮緬下締	自一圓八十錢 至二圓半
一海老色琥珀袴	自十圓 至十三圓

一海老色カシミヤ袴	自四圓 至五圓
一海老色毛朱子袴	自二圓八十錢 至三圓三十錢
一友禪縮緬蹴出	自四圓 至五圓
一縮緬頭巾	自三圓 至五圓
一縮緬半襟	自五十錢 至二圓
一縮緬シゴキ地	自四圓 至六圓
一縮緬帶揚ケ	自一圓三十錢 至四圓半
一紋羽二重帶揚	自一圓 至四圓

白木屋洋服店洋服目録

品名	地質	製式	價格
勅任官御大禮服	表、最上等黑無地絨 裏、白綾絹	銀䥫金消モールにて御制規の通、縫、帽子、劍、劍釣、正緒共	金二百七十圓
奏任官御大禮服	表、同上 裏、同上	同	金百八十圓
爵位御大禮服	表、同上 裏、同上	同上外に肩章付	金二百圓
陸軍御正服	表、上等濃紺無地絨 裏、黑毛朱子	御制規の通 將官	金八十圓
		佐官	金五十五圓
		尉官	金四十圓
同略服	表、同上 裏、同上	同 將官	金三十圓
		佐官	金二十七圓
		尉官	金二十三圓

同外套	表、同上 裏、同上（但將官ハ紅絨）	同	將官 佐官 尉官	金三十五圓 自金二十三圓 至金二十五圓
海軍御正服	表、濃紺無地絨 裏、黑佛蘭西絹及綾絹	同	將官 佐官 尉官	金八十五圓 金七十五圓 金六十五圓
同軍服	表、同上 裏、黑毛朱子	同	將官 佐官 尉官	金六十圓 金五十圓 金四十五圓
同上通常軍服	表、同上 裏、同上	同	將官 佐官 尉官	自金二十三圓 至金三十八圓
同外套	表、同上 裏、同上	同	將官 佐官 尉官	自金二十三圓 至金三十圓
燕尾服	表、上等黑無地絨 裏、黑佛蘭西絹	三ツ揃琥珀見返付		自金四十五圓 至金六十五圓
タキシード	表、黑朱子絨及無地絨 裏、黑佛蘭西絹	三ツ揃琥珀見返付		自金四十圓 至金四十五圓
フロックコート	表、黑無地絨或は朱子目綾絨 裏、綾絹	同		自金三十五圓 至金六十五圓
モーニングコート	表、黑、紺、斜綾絨或はメルトン、裏付朱子及ビ綾絹 裏、黑毛朱子及綾	上衣、チヨキ、黑及紺ヅボン立縞		自金二十八圓 至金四十五圓
片前背廣	表、相鼠、濃鼠、霜降メルトン、スコチ或は綾絨 裏、同色毛朱子或はアルパカ	三ツ揃		自金十八圓 至金三十三圓
兩前背廣	表、黑、紺、綾メルトン或は玉ヘル及霜降太綾絨 裏、縞サーヂ	三ツ揃		自金二十圓 至金三十五圓
チーバコート	表、鼠、茶、霜降絨、同斜子綾絨 裏、共色綾絹	カクシ釦絹天鵞絨衿付		自金二十八圓 至金三十五圓
同中等	表、同上 裏、共色毛朱子及綾アルパカ	カクシ釦共ゑり		自金十八圓 至金二十五圓
ロングコート	表、シクダ玉絨、厚地綾メルトン 裏、佛蘭西絹	ゑり及見返し袖先獺毛皮付裏綿入菱形さし縫		自金八十圓 至金百十圓

同中等	表、玉絨、厚地スコッチ 裏、縞サージ	頭巾付兩前	自金三十圓 至金四十五圓
インバネス	表、茶鼠霜降綾絨 裏、共色毛朱子、或は甲斐絹	和洋兼用脇釦掛	自金十八圓 至金三十圓
銃猟服	表、枯葉色スコッチ 裏、共色毛朱子	半ヅボン脚絆付三ツ揃	自金十八圓 至金三十圓
小裁海軍形	表、紺天鵞絨及紺絨 裏、毛朱子	五才位より八才迄錨縫箔付	自金六圓 至金九圓
和服用外套	表、黒、紺綾絨及霜降 裏、緞子及綾絹	英形(一名ダルマ形)(帶ヒダなし)頭巾付	自金三十五圓 至金四十八圓
同中等	表、同上 裏、甲斐絹及毛朱子	同上	自金二十圓 至金三十五圓
同角袖外套	表、同上 裏、甲斐絹	頭巾付	自金十八圓 至金二十五圓
吾妻コート	表、紺、黒紋織綾絨 裏、緞子及繻珍	被布ゑり及道行ゑり共色糸飾紐付	自金二十圓 至金三十圓
同	表、同上 裏、甲斐絹及綸子	同上	自金十五圓 至金二十圓
同	表、風通紋織、綾絲織 裏、綾綸子、紋羽二重	同上	自金二十三圓 至金三十圓
判、檢、辯護士法服	表、黒絹セル、及琥珀 裏、黒甲斐絹スベリ	正帽付制規の縫箔	自金十六圓 至金二十八圓
學校用御袴	表、海老色カシミヤ	單仕立太白糸腰紐	自金四圓 至金五圓五十錢

右之外陸海軍各學校御制服等御好ニ應シ入念御調製可仕候

◎白木屋呉服店 大阪出張店ハ當分呉服類而已取扱居リ候間洋服御用ノ際ハ東京本店洋服部へ御注文願上候

◎白木屋呉服店 大阪出張店へ爲替ニテ御送金ノ際ハ大阪今橋貳丁目鴻池銀行又ハ大阪心齋橋局へ御振込願上候

白木屋洋服店販賣
小間物目錄

毛布類

白毛布二枚織キ（自八圓八十錢 至十九圓）

膝掛及肩掛類

最優等毛織膝掛（自三十圓 至五十八圓）
上等絹ブラシ膝掛（自二十五圓 至三十二圓）
並等同（自十三圓 至十五圓）

絹ラッコ製膝掛（自十三圓五十錢 至十八圓）
駱駝織膝掛（自二十二圓五十錢 至二十五圓）
同肩掛（自二十二圓 至二十五圓）

衿巻及ショール

絹ラッコ製（自四圓九十錢 至五圓八十錢）
鳥毛織（三圓五十錢）

各種ショール（自一圓四十五錢 至七圓五十錢）

メリヤス類

白毛メリヤスシャツ（自二圓十錢 至五圓五十錢）
同ズボン下 同斷
白地綿物シャツ（自一圓 至一圓三十錢）
同ズボン下 同斷
鼠毛メリヤスシャツ（自一圓五十錢 至三圓）
同ズボン下 同斷

鼠厚毛メリヤスシャツ（自三圓六十錢 至四圓七十五錢）
同ズボン下 同斷
茶毛メリヤスシャツ（自一圓八十錢 至二圓九十錢）
同ズボン下 同斷
鼠毛メリヤス股引（自二圓二十錢 至三圓）
婦人物シャツ（自一圓九十五錢 至五圓）

小兒物シャツ（一圓三十錢）
縞ジャケッツ（自一圓五十錢 至二圓九十錢）

手袋類

男物メリヤス製（自四十錢 至一圓五十錢）
同皮製（自二圓五十錢 至三圓五十錢）
婦人物メリヤス製（自三十八錢 至一圓六十錢）
同ビーズ入半手袋（自三十八錢 至一圓二十錢）

同絹糸製（自一圓 至二圓）
同革製（自二圓八十錢 至三圓三十錢）
防寒用皮製（二圓八十錢）
同フラン製（一圓三十錢）

ハンカチーフ類

金巾製（一ダース）（自六十六錢 至二圓二十錢）
麻製（一ダース）（自一圓九十五錢 至八圓）

絹製（一枚）（二付）（自四十錢 至一圓九十五錢）
羽二重製戦捷組金（一枚）（二付）（自三十錢 至四十五錢）

櫛、簪類

ゴム製櫛（自十錢 至九十五錢）
同ヘーヤピン（自八錢 至八十三錢）

飾ピン（自一圓五十錢 至二圓）
ショール留メ（自六十錢 至三圓八十錢）

帽子類

禮帽（シルクハット）（自七圓五十錢 至十一圓五十錢）
鳥打帽子（自一圓五十錢 至二圓）

乳兒用帽子毛糸製（自一圓二十錢 至一圓七十錢）
同絹天製（自二圓八十錢 至三圓三十錢）

●羽根布團類

- 更紗シルケット大布團　自十三圓　至十四圓五十錢
- 同舶來物　自二十五圓　至三十圓
- 純子縮緬製　自三十五圓　至三十七圓
- 舶來物枕布團　自四圓五十錢　至七圓八十錢
- 枕布團（パンヤ入）縮緬製　五圓五十錢
- 枕布團（パンヤ入）純子製　六圓
- 同（パンヤ入）羽二重製　自四圓五十錢　至五圓三十錢
- 同小形（パンヤ入）純子製　三圓八十錢
- 同綴錦製　自二十五圓　至二十八圓
- 車掛純子縮緬製　自八圓三十錢　至十二圓

●襟飾

- 結び下げ　自五十錢　至一圓五十錢
- ダビー（ソオーアインハンド）　自六十錢　至一圓三十錢
- ボー蝶形　自三十五錢　至一圓
- 巾ダビー（フローイングフオーアインハンド）　自一圓三十錢　至二圓八十錢
- 縮緬製　自九十錢　至一圓十錢
- 縫模様入同　自一圓三十錢　至一圓八十錢
- 戰捷紀念いろ／＼　自八十錢　至一圓五十錢

●出來合物類

- インバネース甲斐絹裏　自十七圓　至二十四圓
- 東コート（甲斐絹、リンズ裏）　自十一圓五十錢　至十五圓五十錢
- 和服用外套（甲斐絹、ドンス裏）　自十七圓五十錢　至三十二圓
- 縞フランネルシヤツ　自二圓十五錢　至二圓七十五錢
- カシミヤ袴寸法は紐下一尺八寸ゟ二尺五寸迄　自二圓八十錢　至四圓五十錢
- 國旗（モスリン製）巾は一布、一布半、二布　自三十六錢　至三圓三十錢

●ズボン釣及胴締

- 並物　自八十五錢　至一圓二十錢
- ゴム入　自一圓　至三圓五十錢
- 絹製　自一圓八十錢　至三圓
- 皮製胴締　自一圓五十錢　至三圓五十錢

●釦類

- カフスリング釦　自六十錢　至二圓八十錢
- 同金製　自七圓　至三十五圓
- 胸釦　自五十錢　至一圓八十錢
- カラ釦　自十錢　至四十錢

●靴下類

- メリヤス製　自四十錢　至九十八錢
- スコッチ製　自四十三錢　至一圓三十錢
- 同自轉車用　自一圓　至一圓九十五錢
- 絹製　自一圓八十錢　至二圓
- 小供物　自二十八錢　至八十錢
- 乳兒用　二十二錢

●タヲール類

- 和製　自三十三錢　至九十錢

●ホワイトシヤツ

- 並物一枚に付　自一圓二十錢　至二圓五十錢
- シングルカラ一本に付　三十三錢
- ダブルカラ一本に付　五十五錢
- 麻製一枚に付　自六圓五十錢　至十一圓
- 縞物カラ二本付　自二圓九十錢　至三圓八十錢

●リボン類

- 一吋半巾一ヤード模様物　自二十五錢　至五十錢
- 同水波一ヤード　自三十錢　至四十錢
- 一吋巾模様一ヤード　自二十錢　至三十五錢
- 同水波一ヤード　自二十錢　至二十五錢
- 細目各種一ヤード　自八錢　至二十錢
- リボン製簪一個に付　自七錢　至五十錢

●靴及足袋

- 色羅紗製小供用靴　自一圓七十錢　至二圓
- 毛足袋小兒用　四十五錢
- 毛足袋大人用　五十八錢

注文書

男子 女子 用衣裳又は羽織等

年齢

用途

品柄

好みの色

好みの柄

紋章并大さ及び数

好みの模様

惣模様

腰模様

裾（スソ）模様

江戸褄（ツマ）模様

奴褄（ヤッコヅマ）模様

袘（フキ）模様

仕立寸法

丈

袖

ゆき

口明

袖幅

袖付

前幅

後幅

衽（オクミ）幅

衽（オクミ）下り

衿（エリ）幅

褄（ツマ）下

袘（フキ）の厚（アツ）さ

八形

紐（ヒモ）付

前下り

紐下

備考

右注文候也

住所

明治　年　月　日

姓名

白木屋呉服店地方係中

明治卅　　年　　月　　日

御注文用箋

御宿所貴名	服名	地質 見本 番號	見積金額

摘要

白木屋洋服店

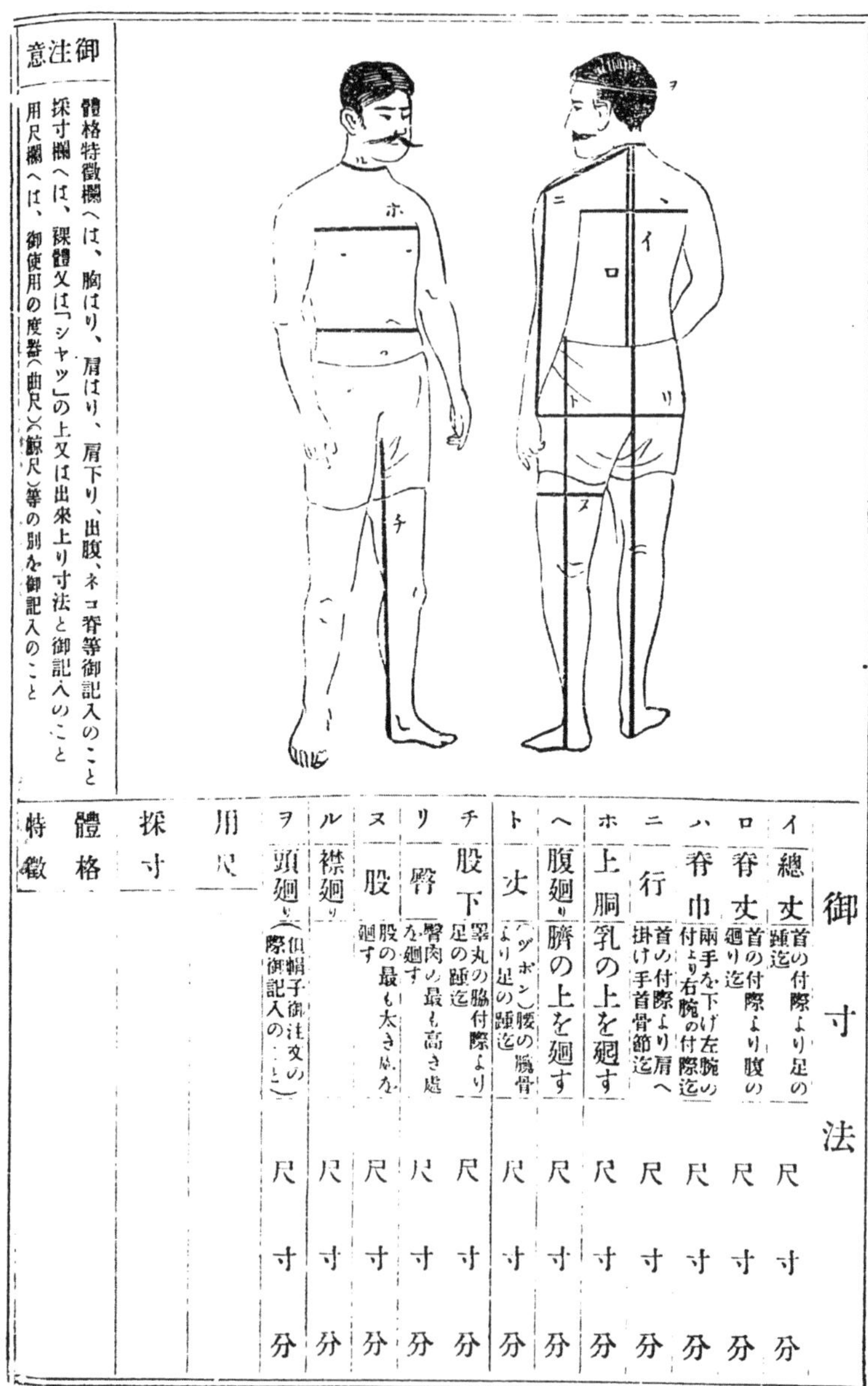

御寸法

イ	總丈	首の付際より足の踵迄	尺	寸	分
ロ	脊丈	首の付際より腹の廻り迄	尺	寸	分
ハ	脊巾	兩手を下げ左腕の付より右腕の付際迄	尺	寸	分
ニ	行	首の付際より肩へ掛け手首骨節迄	尺	寸	分
ホ	上胴	乳の上を廻す	尺	寸	分
ヘ	腹廻り	臍の上を廻す	尺	寸	分
ト	丈	(ヅボン)腰の臗骨より足の踵迄	尺	寸	分
チ	股下	睾丸の脇付際より足の踵迄	尺	寸	分
リ	臀	臀肉の最も高き處を廻す	尺	寸	分
ヌ	股	股の最も太き處を廻す	尺	寸	分
ル	襟廻り		尺	寸	分
ヲ	頭廻り	(但帽子御注文の際御記入のこと)	尺	寸	分
用尺					
採寸					
體格特徴					

御注意

體格特徴欄へは、胸はり、肩はり、肩下り、出腹、ネコ脊等御記入のこと

採寸欄へは、裸體又は「シャツ」の上又は出來上り寸法と御記入のこと

用尺欄へは、御使用の度器(曲尺)(鯨尺)等の別を御記入のこと

戰捷紀念袋物帯留等各種出來仕居候

美術小間物袋物商

原田久兵衛

最新流行品陳列

万久商店

京橋鍋屋町

電話九九二

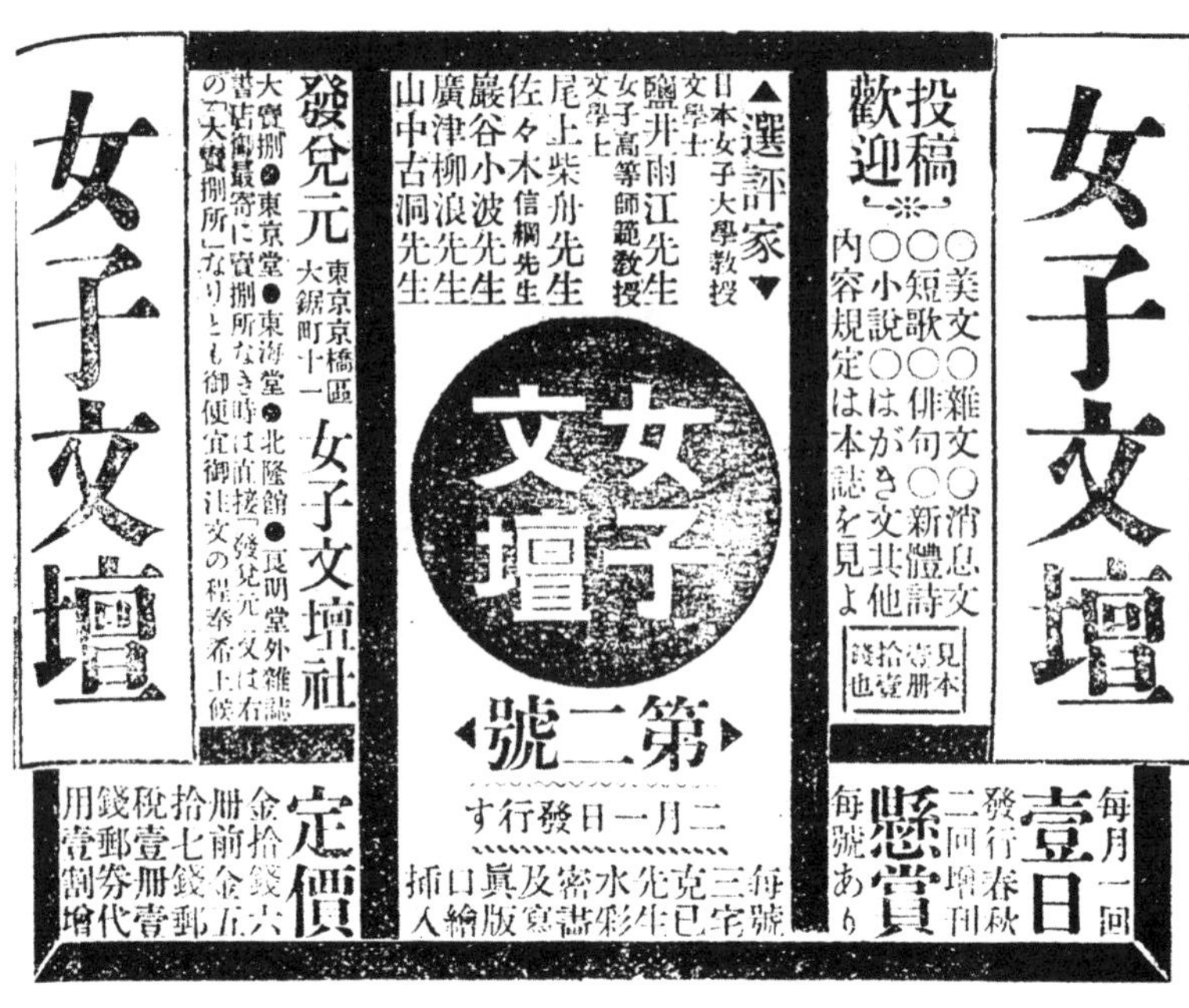

女子文壇
投稿歡迎
○美文○雜文○消息文
○短歌○俳句○新體詩
○小說○はがき文其他
內容規定は本誌を見よ
見本壹冊拾壹錢也
▲選評家▼
日本女子大學教授文學士 鹽井雨江先生
女子高等師範教授文學士 尾上柴舟先生
佐々木信綱先生
巖谷小波先生
廣津柳浪先生
山中古洞先生
女子文壇
第二號
二月一日發行す
每號 三宅克巳先生水彩寄書及寫眞版口繪挿入
每月一回 壹日 發行 春秋二回增刊
懸賞 每號あり
發兌元 東京京橋區大鋸町十一 女子文壇社
大賣捌◎東京堂●東海堂◎北隆館●良明堂外雜誌書店御最寄に賣捌所なき時は直接「發兌元」又は右の「大賣捌所」なりとも御便宜御注文の程奉希上候
定價 金拾錢 六冊前金五拾七錢 郵稅壹冊壹錢 郵券代用壹割增
女子文壇

本社製造の織姫繻子の義は品質精良にして堅牢耐久なることは世間既に定評あり御帯側御半襟御袖口等に御使用の方々其結果の僞ならざるを御風聽を祈る

殊に流行色は其時好に從ひ時々新品織出し申候

賜各博覧會賞状賞牌

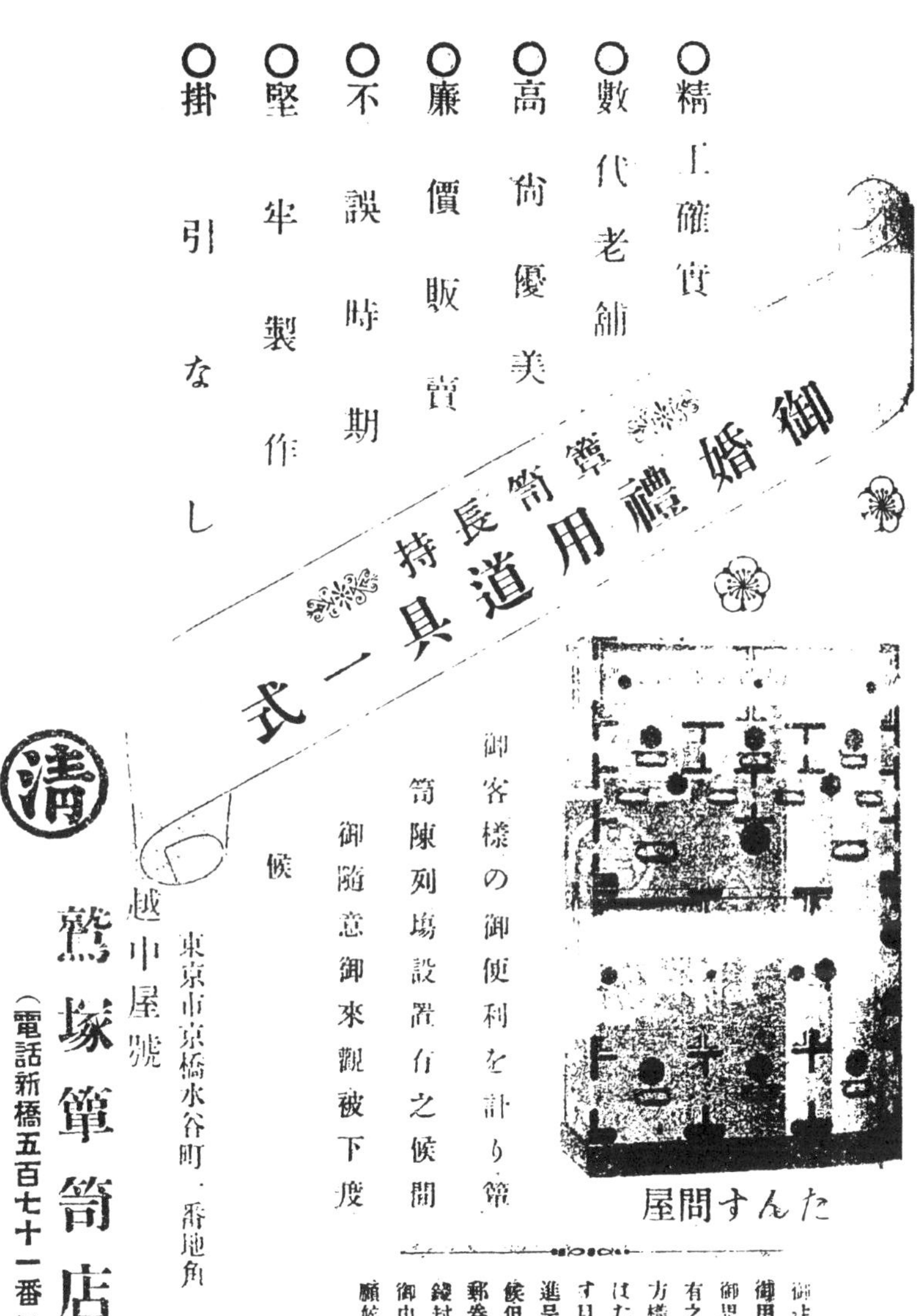

○精工確實
○數代老舗
○高尚優美
○廉價販賣
○不誤時期
○堅牢製作
○掛引なし
御婚禮用道具一式
箪笥長持
御客様の御便利を計り箪笥陳列場設置有之候間御随意御來觀被下度候
たんす問屋
御注文御用の御思召有之御方様へはたんす目録進呈仕候但し郵券二錢封入御申越願候
清
越中屋號
東京市京橋水谷町一番地角
鷲塚箪笥店
（電話新橋五百七十一番）

成女學校立案●本社編纂

●新刊珍書四種●

料理節用 家庭暦

如何なる家庭にも此書一册を備へ置けば和漢洋何れの料理たりとも調理するにもお稽古なしにすぐに幾人前の料理でも出來る最新調法なり附録實用化粧法及び日用賄帳は女といふ女の必ず要する世間無類の珍本也

總クロース金文字入四六版優美製本 一册金三十五錢 郵税金六錢

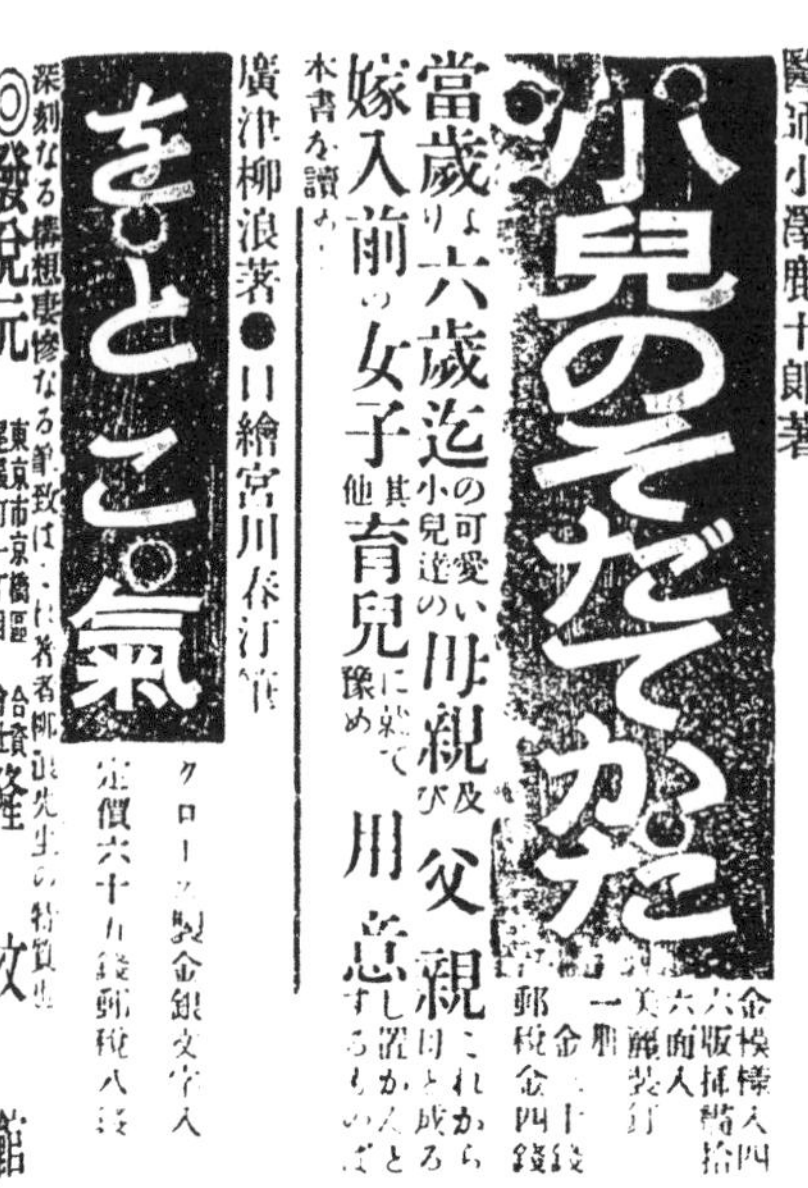

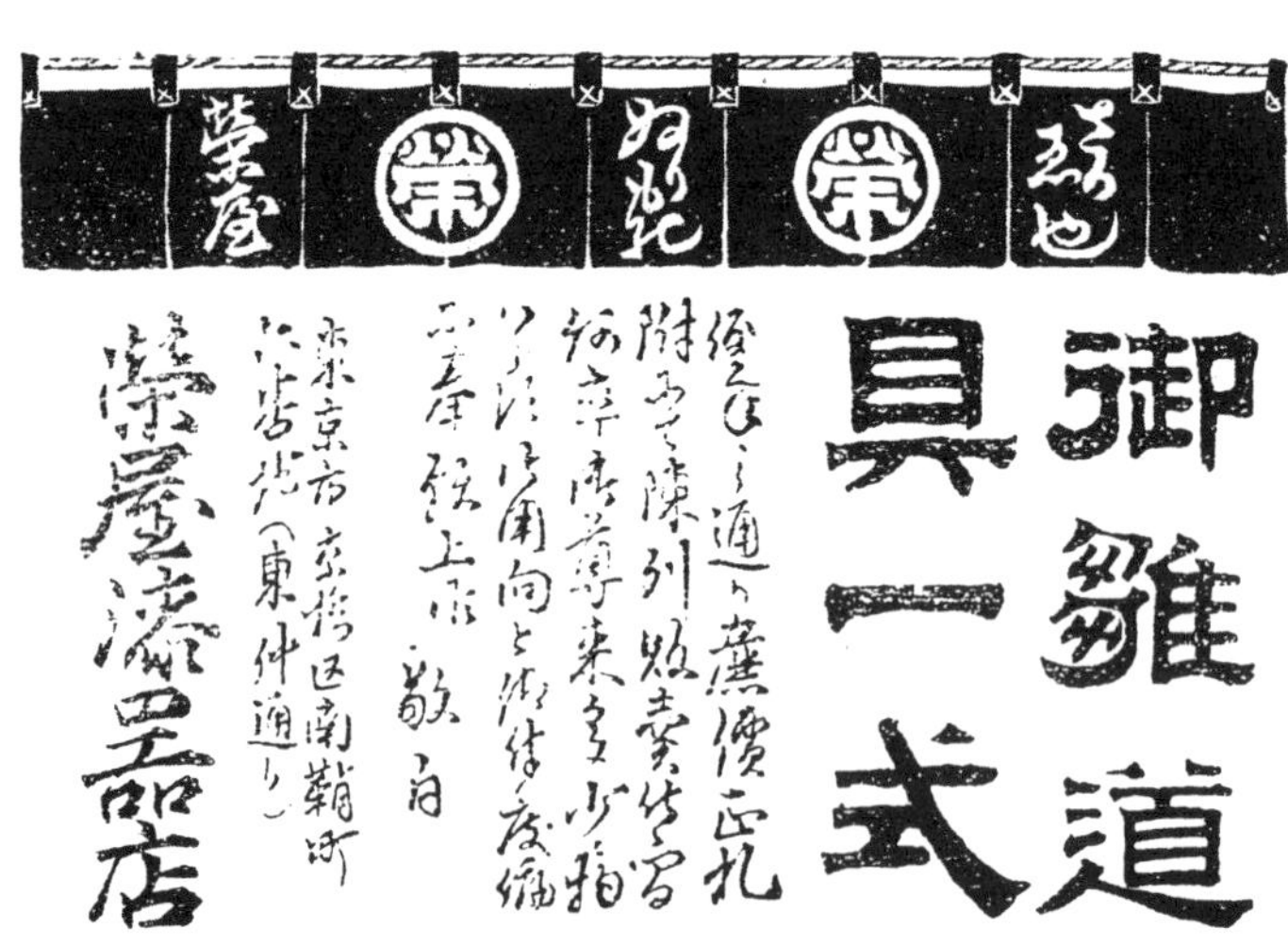

徳富健次郎著第五十版

不如歸

上製定價六十錢
並製定價三十五錢
郵税六錢

明治の小說界に嶄然頭角を現はし、新なる天地を開拓したる本書は、我が讀書界空前の歡迎を受け、今や版を重ぬる五十に及び、歐米諸國に於ても廣く翻譯せらるゝに至れり、若し夫れ明治の讀書子にして一度も本書を手にせざるが爲に、共に文學を語るに足らずと云はるゝも、謚し辭なかるべき也。

徳富健次郎著第十八版

思出の記

上製定價壹圓
並製定價六十五錢
郵税十錢

文の妙と想の高とは更に贅せず、一面に於ては青年立志編たり、一面に於ては樂しき家庭の好模範たり、父子團欒の間、和樂して讀む可きもの、本書の如きは眞に稀なり。其の樂天平和の間に於て、能く人生の歸趣を描き、深き信仰あり、高き道念あり、而して詩味津々として盡きざるもの、稱して明治文壇の珍となすも過言に非ろ也。

徳富健次郎著第二版

古今世界名婦鑑

定價二十五錢
郵税六錢

古の婦人が歷史に輝やきし跡を尋ね、今の婦人が現に世界の四方に爲しつゝある事業と、其人物を紹介するが如き、婦人諸賢の志氣を振興し、且つ見聞を廣むるの道を繁くするに足らん。此篇載する所、一として婦人の光輝を發揮するものにあらざるなし。薔薇は一瓣も猶よく香る。幸に姉妹諸賢の眼にのぼりて聊か、慰藉となり興奮となる所あらば幸也。

發行所 東京市京橋區日吉町四番地 民友社

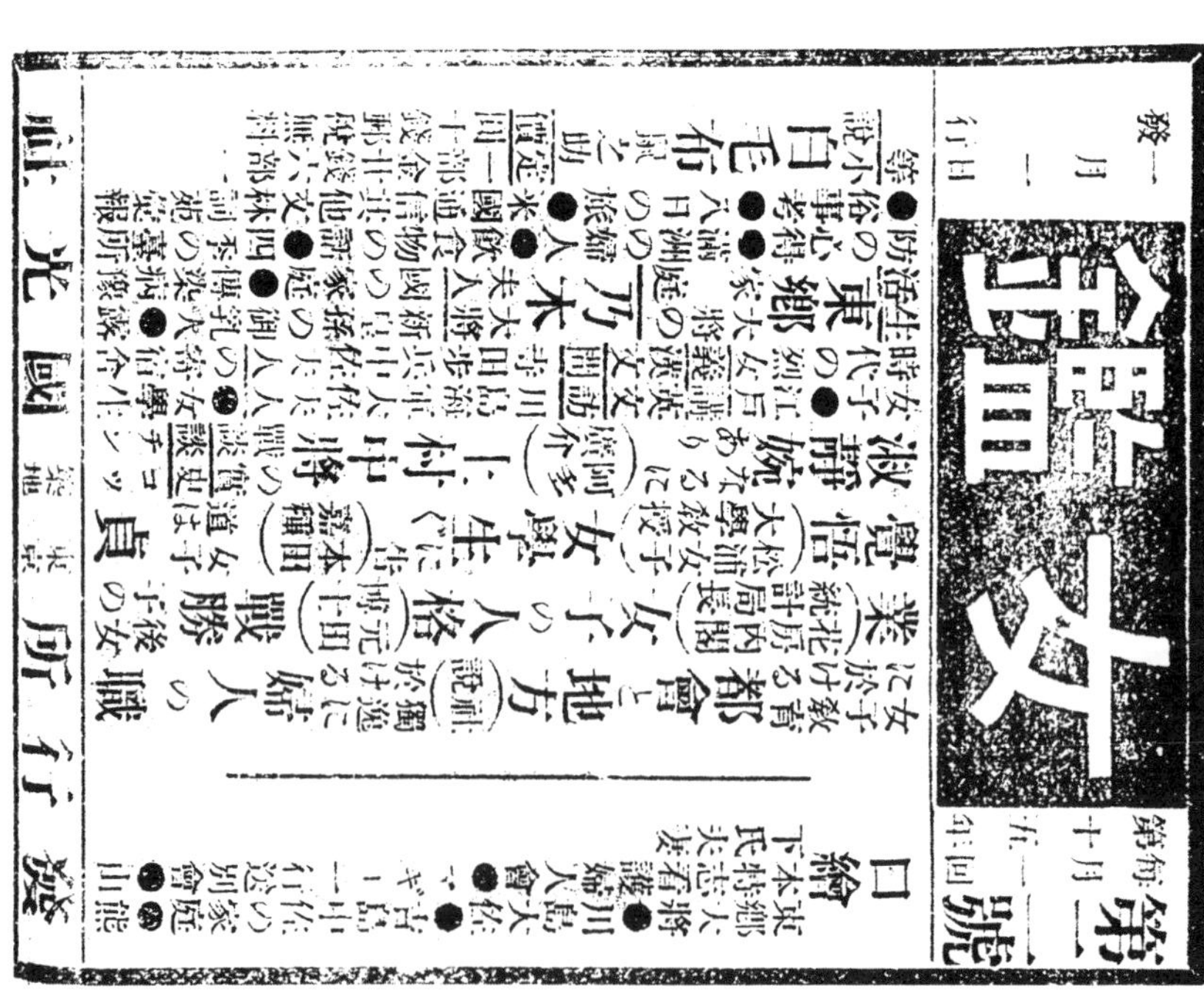

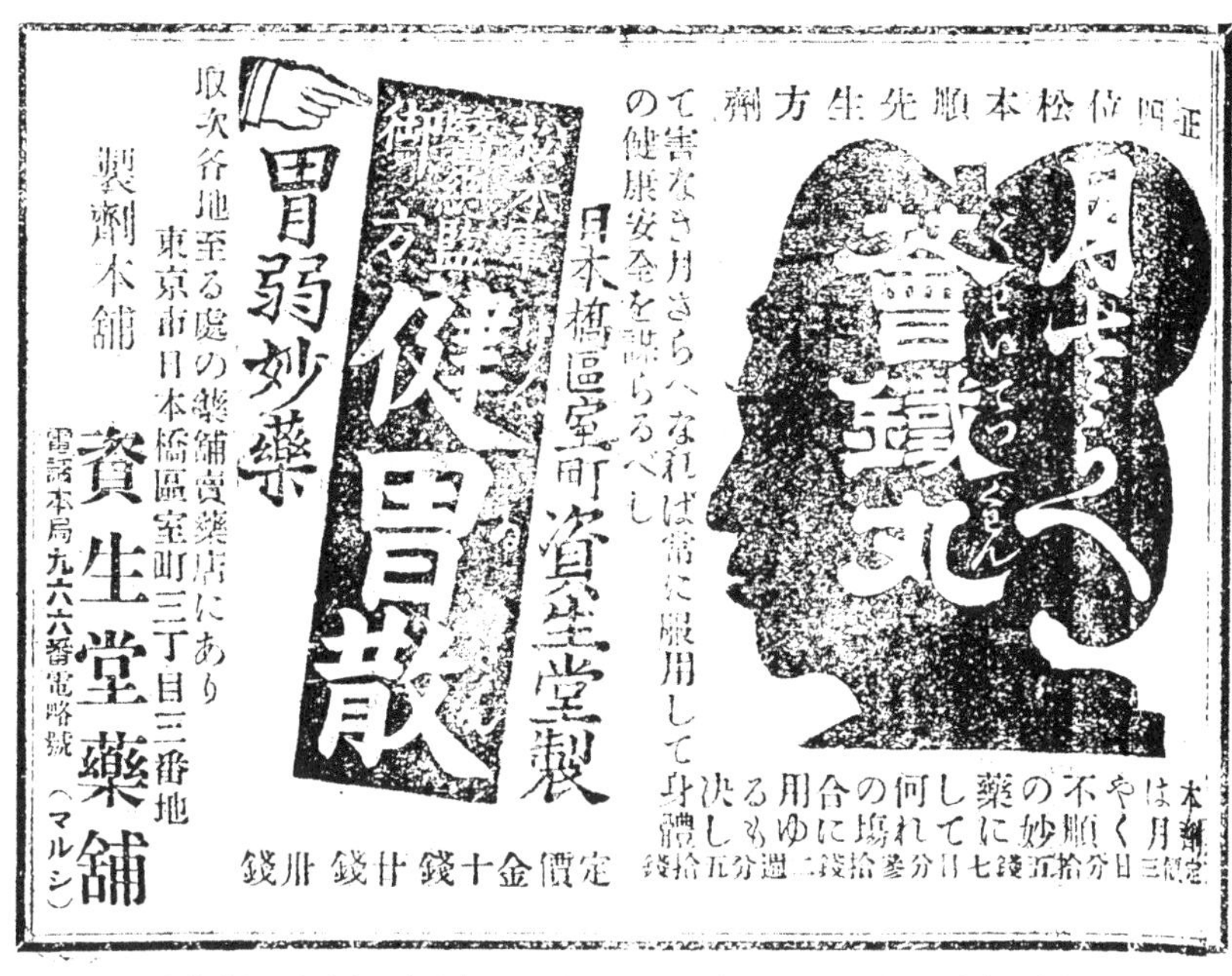

第五回内國勸業博覽會賞牌受領

賣捌全國小間物店にあり

家庭のしるべ

第八號

明治三十七年七月四日第三種郵便物認可
明治三十八年二月一日発行毎月一回一日発行

シリーズ 百貨店宣伝資料 2 白木屋①

2018年11月15日 印刷
2018年11月22日 第1版第1刷発行

[監 修] 瀬崎圭二

[発行者] 荒井秀夫

[発行所] 株式会社ゆまに書房
〒101-0047 東京都千代田区内神田2-7-6
tel. 03-5296-0491 / fax. 03-5296-0493
http://www.yumani.co.jp

[印刷] 株式会社平河工業社

[製本] 東和製本株式会社

落丁・乱丁本はお取り替えいたします。 Printed in Japan

定価：本体18,000円＋税 ISBN978-4-8433-5447-6 C3363